Allez, viens!

Holt French

Level 2

HOLT, RINEHART AND WINSTON
Harcourt Brace & Company

Austin • New York • Orlando • Atlanta • San Francisco • Boston • Dallas • Toronto • London

Director Lawrence Haley

Executive Editor Robert Didsbury

Editorial Staff Julie Barnett, Marion Bermondy, Priscilla Blanton, Lisa Bruce, Séverine Champeny, Dana Chicchelly, Craig Gilchrist, Jamie Jones, Heidi Miller, Cherie Mitschke, Pamela Pate, Stan Rappaport, Dana Riggs, Dianne Schrader, Kim Smith; Beth Goerner, *Department Secretary*

Editorial Permissions Carrie Jones

Design, Production, and Photo Research Pun Nio, *Senior Art Director;* Candace Moore, Robin Bouvette, *Designers;* Sally Bess, Carol Colbath, Rhonda Holcomb, Alicia Sullivan, *Design Staff;* Bob Bretz, Donna McKennon, *Media Designers;* Simira Davis, *Photo Researcher;* Angi Cartwright, *Photo Research Staff;* Gene Rumann, *Production Supervisor;* Amber P. Martin, *Production Assistant;* George Prevelige, *Manufacturing Manager;* Jenine Street, *Manufacturing Assistant;* Betty Wong, *Design Secretary*

Video Production Video materials produced by Edge Productions, Inc., Aiken, S.C.

ACKNOWLEDGMENTS

For permission to reprint copyrighted material, grateful acknowledgment is made to the following sources:

A l'Escargot d'Or: Advertisement, "A l'Escargot d'Or," from *Chartres: Ville d'Art.*

Association de Promotion du Tourisme Fluvial sur le Bassin du Maine: Advertisement, "Tourisme Fluvial dans les pays de la Loire" from *Évasions.*

Au Plaisir d'offrir: Advertisement, "Au Plaisir d'offrir," from *Chartres: Ville d'Art.*

Bayard Presse Jeune: "Êtes-vous un bon copain?" from *Okapi,* October 15–31, 1989. Copyright © 1989 by Okapi. From "12 Sports à la Carte" from *Okapi,* no. 507, January 1–15, 1993. Copyright © 1993 by Okapi. Text from "Les enfants du paradis," text from "2001, l'Odyssée de l'espace," text from "Il était une fois dans l'ouest," text from "Le cercle des poètes disparus," text from "Cyrano de Bergerac," and text from "Terminator 2" from "10 Films Qui Ont Fait Date" from *Okapi: Cinéma mon plaisir.* Copyright © by Okapi. Text from *"La leçon, la cantatrice chauve* by Eugène Ionesco" by Rémy Lillet from *Phosphore,* no. 94, November 1988. Copyright © 1988 by Bayard Presse Jeune. Text from *"B.D.* by Bill Waterson" by Yves Frémion and text from *"Daïren* by Alain Paris" by Denis Guiot from *Phosphore,* no. 97, February 1989. Copyright © 1989 by Bayard Presse Jeune.

ACKNOWLEDGMENTS continued on page 387 which is an extension of the copyright page.

AUTHORS

Emmanuel Rongiéras d'Usseau
Le Kremlin-Bicêtre, France

Mr. Rongiéras d'Usseau contributed to the development of the scope and sequence for the chapters, created the basic material and listening scripts, selected realia, and wrote activities.

John DeMado
Washington, CT

Mr. DeMado helped form the general philosophy of the French program and wrote activities to practice basic material, functions, grammar, and vocabulary.

CONTRIBUTING WRITERS

Jayne Abrate
The University of Missouri
Rolla, MO

Jill Beede
Educational writer
Tahoma, CA

Judith Ryser
San Marcos High School
San Marcos, TX

REVIEWERS

Jeannette Caviness
Mount Tabor High School
Winston-Salem, NC

Jennie Chao
Consultant
East Lansing, MI

Gail Corder
Trinity Valley School
Ft. Worth, TX

Jennifer Jones
U.S. Peace Corps volunteer
Côte d'Ivoire 1991–1993
Austin, TX

Joan H. Manley
The University of Texas at El Paso
El Paso, TX

Marie Line McGhee
Consultant
Austin, TX

Gail Montgomery
Foreign Language Program
Administrator
Greenwich, CT Public Schools

Agathe Norman
Consultant
Austin, TX

Marc Prévost
Austin Community College
Austin, TX

Norbert Rouquet
Consultant
La Roche-sur-Yon, France

Robert Trottier
St. Johnsbury Academy
Saint Johnsbury, VT

Michèle Viard
The Dalton School
New York, NY

Jack Yerby
Farmington High School
Farmington, NM

FIELD TEST PARTICIPANTS

Marie Allison
New Hanover High School
Wilmington, NC

Gabrielle Applequist
Capital High School
Boise, ID

Jana Brinton
Bingham High School
Riverton, UT

Nancy J. Cook
Sam Houston High School
Lake Charles, LA

Rachael Gray
Williams High School
Plano, TX

Priscilla Koch
Troxell Junior High School
Allentown, PA

Katherine Kohler
Nathan Hale Middle School
Norwalk, CT

Nancy Mirsky
Museum Junior High School
Yonkers, NY

Myrna S. Nie
Whetstone High School
Columbus, OH

Jacqueline Reid
Union High School
Tulsa, OK

Judith Ryser
San Marcos High School
San Marcos, TX

Erin Hahn Sass
Lincoln Southeast High School
Lincoln, NE

Linda Sherwin
Sandy Creek High School
Tyrone, GA

Norma Joplin Sivers
Arlington Heights High School
Fort Worth, TX

Lorabeth Stroup
Lovejoy High School
Lovejoy, GA

Robert Vizena
W.W. Lewis Middle School
Sulphur, LA

Gladys Wade
New Hanover High School
Wilmington, NC

Kathy White
Grimsley High School
Greensboro, NC

To the Student

Some people have the opportunity to learn a new language by living in another country. Most of us, however, begin learning another language and getting acquainted with a foreign culture in a classroom with the help of a teacher, classmates, and a book. To use your book effectively, you need to know how it works.

Allez, viens! *(Come along!)* takes you to six different French-speaking locations. Each location is introduced with photos and information on four special pages called Location Openers.

There are twelve chapters in the book, and each one follows the same pattern.

The two Chapter Opener pages announce the chapter theme and list the objectives. These objectives set goals that you can achieve by the end of the chapter.

Mise en train *(Getting started)* The next part of the chapter is an illustrated story that shows you French-speaking people in real-life situations, using the language you'll be learning in the chapter. You'll also have fun watching this story on video.

Première, Deuxième, Troisième Etape *(First, Second, Third Part)* Following the opening story, the chapter is divided into three parts, called **étapes.** At the beginning of each **étape** there's a reminder of the objective(s) you'll be aiming for in this part. In order to communicate, you'll need the French expressions listed in boxes called **Comment dit-on... ?** *(How do you say . . . ?)*. You'll also need vocabulary; look for new words under the heading **Vocabulaire.** You won't have trouble finding grammar, for you're sure to recognize the headings **Grammaire** and **Note de Grammaire.** Now all you need is plenty of practice. In each **étape** there are listening, speaking, reading, and writing activities for you to do individually, with a partner, or in groups. By the end of the **étape,** you'll have achieved your objective(s).

This book will also help you get to know the cultures of the people who speak French.

Panorama Culturel *(Cultural Panorama)* On this page of the chapter you'll read interviews with French-speaking people around the world. They'll talk about themselves and their lives, and you can compare their culture to yours. You'll watch these interviews on video or listen to them on audiocassette or CD.

Note Culturelle *(Culture Note)* These notes provide a lot of interesting cultural information.

Rencontre Culturelle *(Cultural Encounter)* This page in six of the chapters offers a firsthand encounter with French-speaking cultures.

Lisons! *(Let's read!)* After the three **étapes,** one or more reading selections related to the chapter theme will help you develop your reading skills.

Mise en pratique *(Putting into practice)* A variety of activities gives you opportunities to put into practice what you've learned in the chapter in new situations. You'll improve your listening skills and practice communicating with others orally and in writing.

Que sais-je? *(What do I know?)* On this page at the end of the chapter, a series of questions and short activities will help you decide how well you can do on your own.

Vocabulaire *(Vocabulary)* On the last page of the chapter, you'll find a French-English vocabulary list. The words are grouped by **étape** and listed under the objectives they support. You'll need to know these words and expressions for the Chapter Test!

Throughout the book, you'll get a lot of help.

De bons conseils *(Good advice)* Check out the helpful study hints in these boxes.

Tu te rappelles? *(Do you remember?)* Along the way, these notes will remind you of things you might have forgotten.

A la française *(The French way)* Be on the lookout for these boxes, too. They'll give you additional language tips to help you sound more like a native speaker.

Vocabulaire à la carte *(Your choice of vocabulary)* From these lists, you'll be able to choose extra words and expressions you might want to use when you talk about yourself and your interests.

At the end of your book, you'll find more helpful material, including a list of the communicative expressions you'll need, a summary of the grammar you've studied, supplementary vocabulary, and French-English, English-French vocabulary lists with the words you'll need to know in bold type.

Allez, viens! Come along on an exciting trip to a new culture and a new language.

Bon voyage!

Contents

ALLEZ, VIENS

aux environs de Paris!

LOCATION • CHAPITRES 1, 2, 3 XXIV

VISIT THE REGION AROUND PARIS AND—

Imagine what you'd do if you were an exchange student • **CHAPITRE 1**
Find out what French homes and towns are like • **CHAPITRE 2**
Shop for a meal and gifts for special occasions • **CHAPITRE 3**

CHAPITRE 1

Bon séjour! 4

MISE EN TRAIN 6
Une méprise

PREMIERE ETAPE 9
FUNCTIONS
• Describing and characterizing yourself
and others
(Adjective agreement)
• Expressing likes, dislikes, and
preferences
• Asking for information

DEUXIEME ETAPE 13
FUNCTIONS
• Asking for and giving advice
(The imperative)

PANORAMA CULTUREL 17
Quels conseils donnerais-tu à un élève
américain qui arrive dans ton pays?

TROISIEME ETAPE 18
FUNCTIONS
• Asking for, making, and responding to
suggestions
• Relating a series of events
(The future with **aller**)

LISONS! 22
Une année scolaire aux USA
A French exchange program to the
United States

Reading Strategy: Previewing and
skimming

MISE EN PRATIQUE 24

QUE SAIS-JE? 26

VOCABULAIRE 27

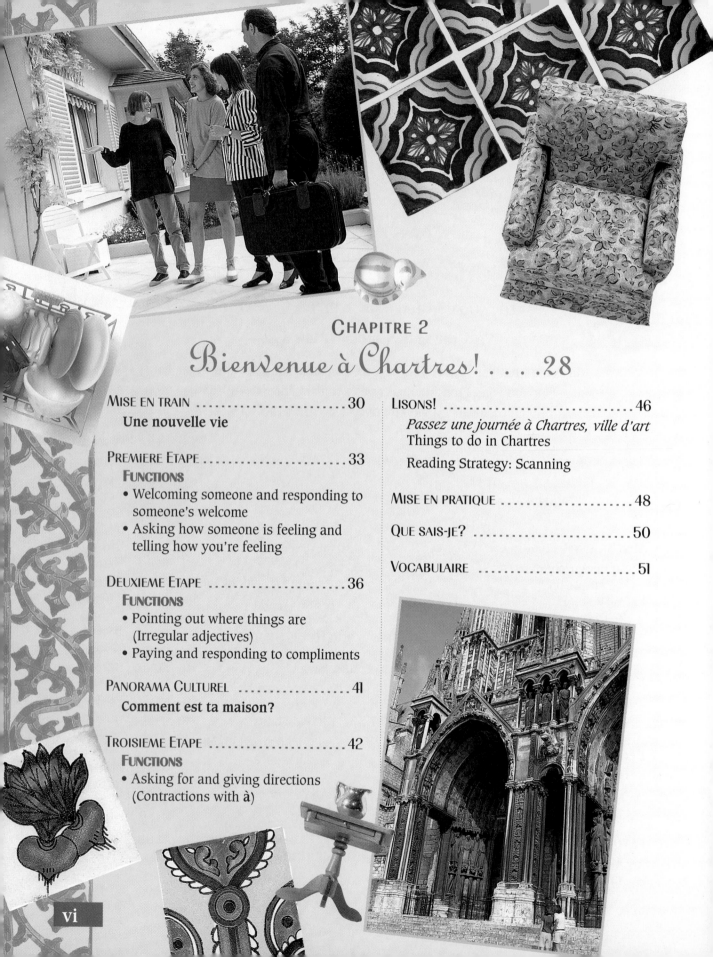

CHAPITRE 2
Bienvenue à Chartres! 28

MISE EN TRAIN 30
   Une nouvelle vie

PREMIERE ETAPE 33
   FUNCTIONS
   • Welcoming someone and responding to
     someone's welcome
   • Asking how someone is feeling and
     telling how you're feeling

DEUXIEME ETAPE 36
   FUNCTIONS
   • Pointing out where things are
     (Irregular adjectives)
   • Paying and responding to compliments

PANORAMA CULTUREL 41
   Comment est ta maison?

TROISIEME ETAPE 42
   FUNCTIONS
   • Asking for and giving directions
     (Contractions with à)

LISONS! 46
   Passez une journée à Chartres, ville d'art
   Things to do in Chartres

   Reading Strategy: Scanning

MISE EN PRATIQUE 48

QUE SAIS-JE? 50

VOCABULAIRE 51

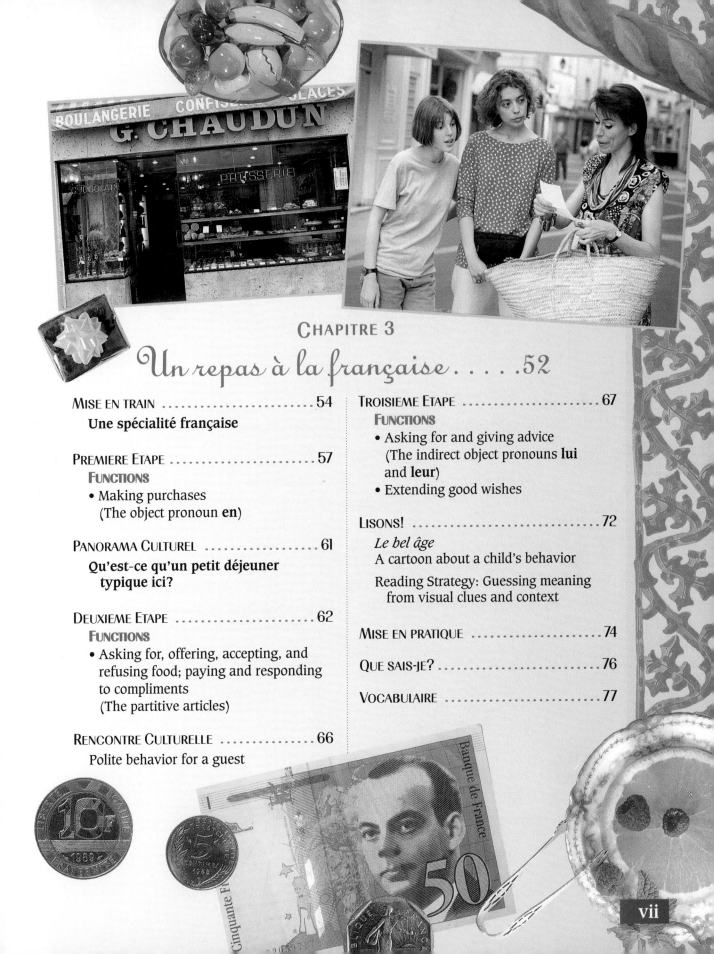

CHAPITRE 3
Un repas à la française.....52

MISE EN TRAIN 54
   Une spécialité française

PREMIERE ETAPE 57
   FUNCTIONS
   • Making purchases
     (The object pronoun **en**)

PANORAMA CULTUREL 61
   Qu'est-ce qu'un petit déjeuner typique ici?

DEUXIEME ETAPE 62
   FUNCTIONS
   • Asking for, offering, accepting, and refusing food; paying and responding to compliments
     (The partitive articles)

RENCONTRE CULTURELLE 66
   Polite behavior for a guest

TROISIEME ETAPE 67
   FUNCTIONS
   • Asking for and giving advice
     (The indirect object pronouns **lui** and **leur**)
   • Extending good wishes

LISONS! 72
   Le bel âge
   A cartoon about a child's behavior

   Reading Strategy: Guessing meaning from visual clues and context

MISE EN PRATIQUE 74

QUE SAIS-JE? 76

VOCABULAIRE 77

ALLEZ, VIENS

à la Martinique!

LOCATION • CHAPITRE 4 78

VISIT THE ISLAND OF MARTINIQUE AND—

Learn about what there is to see and do
in Martinique • CHAPITRE 4

CHAPITRE 4

Sous les tropiques 82

MISE EN TRAIN 84
   Un concours photographique

PREMIERE ETAPE 87
   FUNCTIONS
   • Asking for information and describing
     a place
     (The use of **de** before a plural
     adjective and a noun)

PANORAMA CULTUREL 91
   **Qu'est-ce qu'il y a à visiter dans cette
   région?**

DEUXIEME ETAPE 92
   FUNCTIONS
   • Asking for and making suggestions
     (Recognizing reflexive verbs)
   • Emphasizing likes and dislikes
     (The reflexive verbs **se coucher** and
     se lever)

RENCONTRE CULTURELLE 97
   Carnaval in Martinique

TROISIEME ETAPE 98
   FUNCTIONS
   • Relating a series of events
     (The present tense of reflexive verbs)

LISONS! 102
   An sèl zouk
   A **zouk** song by Kassav'

   Reading Strategy: Looking for the main
     idea and decoding

MISE EN PRATIQUE 104

QUE SAIS-JE? 106

VOCABULAIRE 107

ALLEZ, VIENS

en Touraine!

LOCATION • CHAPITRES 5, 6, 7 108

VISIT THE TOURAINE REGION OF FRANCE AND—

Find out what it's like to attend a **lycée** in France • **CHAPITRE 5**
Learn about châteaux and how to travel in France • **CHAPITRE 6**
Talk about health and ways to stay healthy • **CHAPITRE 7**

CHAPITRE 5
Quelle journée! 112

MISE EN TRAIN 114
   C'est pas mon jour!

PREMIERE ETAPE 117
   FUNCTIONS
   • Expressing concern for someone
     (The **passé composé** with **avoir**)

DEUXIEME ETAPE 122
   FUNCTIONS
   • Inquiring; expressing satisfaction and
     frustration
     (Introduction to verbs that use **être**
       in the **passé composé**)
   • Sympathizing with and consoling
     someone

TROISIEME ETAPE 126
   FUNCTIONS
   • Giving reasons and making excuses
   • Congratulating and reprimanding
     someone

PANORAMA CULTUREL 129
   Qu'est-ce que tu aimes à l'école?

LISONS! 130
   Le cancre and *Page d'écriture*
   Two poems by Jacques Prévert

   Reading Strategy: Deducing the
     main idea

MISE EN PRATIQUE 132

QUE SAIS-JE? 134

VOCABULAIRE 135

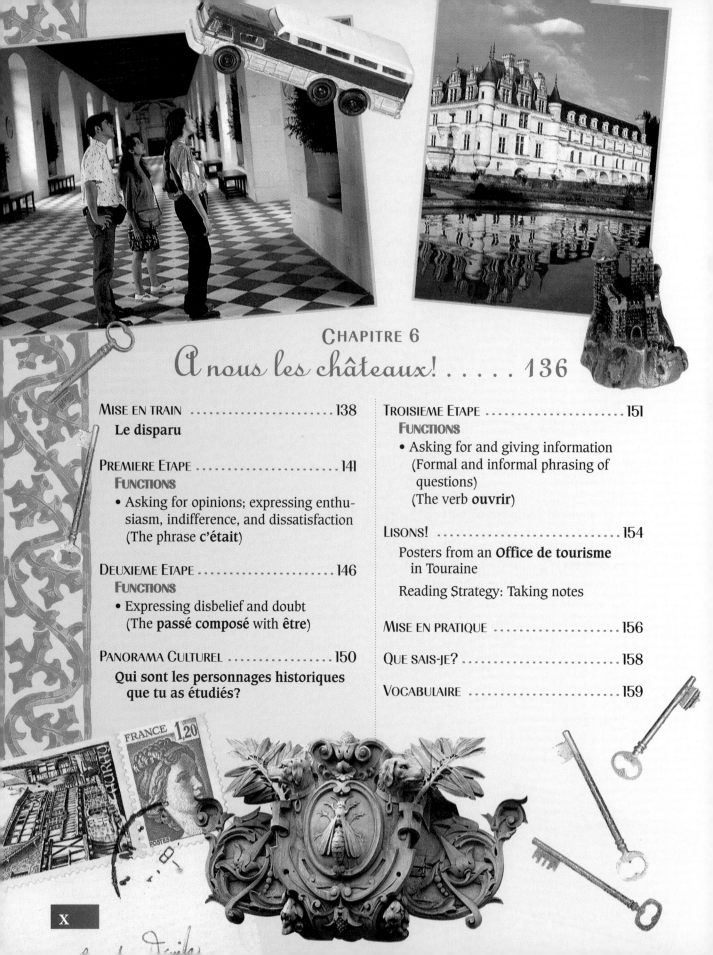

CHAPITRE 6
A nous les châteaux! 136

MISE EN TRAIN 138
Le disparu

PREMIERE ETAPE 141
FUNCTIONS
• Asking for opinions; expressing enthusiasm, indifference, and dissatisfaction
(The phrase **c'était**)

DEUXIEME ETAPE 146
FUNCTIONS
• Expressing disbelief and doubt
(The **passé composé** with **être**)

PANORAMA CULTUREL 150
Qui sont les personnages historiques que tu as étudiés?

TROISIEME ETAPE 151
FUNCTIONS
• Asking for and giving information
(Formal and informal phrasing of questions)
(The verb **ouvrir**)

LISONS! 154
Posters from an **Office de tourisme** in Touraine
Reading Strategy: Taking notes

MISE EN PRATIQUE 156

QUE SAIS-JE? 158

VOCABULAIRE 159

CHAPITRE 7

En pleine forme 160

MISE EN TRAIN 162
  Trop de conseils

PREMIERE ETAPE 165
  FUNCTIONS
  • Expressing concern for someone and
    complaining
    (Reflexive verbs in the **passé composé**)

RENCONTRE CULTURELLE 169
  Figures of speech using parts of the body

DEUXIEME ETAPE 170
  FUNCTIONS
  • Giving advice; accepting and
    rejecting advice
    (The pronoun **en** with activities)
  • Expressing discouragement and
    offering encouragement

PANORAMA CULTUREL 175
  **Qu'est-ce qu'il faut faire pour être
    en forme?**

TROISIEME ETAPE 176
  FUNCTIONS
  • Justifying your recommendations;
    advising against something
    (The verb **se nourrir**)

LISONS! 180
  Sports à la carte
  Articles about popular sports

  Reading Strategy: Paraphrasing

MISE EN PRATIQUE 182

QUE SAIS-JE? 184

VOCABULAIRE 185

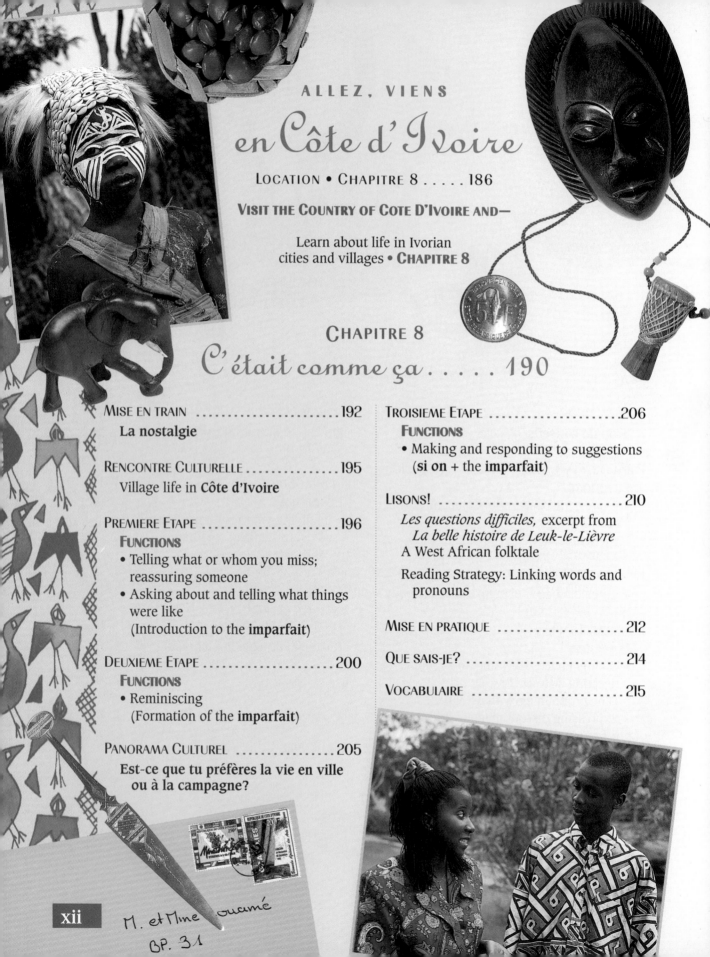

ALLEZ, VIENS

en Côte d'Ivoire

LOCATION • CHAPITRE 8 186

VISIT THE COUNTRY OF COTE D'IVOIRE AND—

Learn about life in Ivorian
cities and villages • **CHAPITRE 8**

CHAPITRE 8

C'était comme ça 190

MISE EN TRAIN 192
   La nostalgie

RENCONTRE CULTURELLE 195
   Village life in **Côte d'Ivoire**

PREMIERE ETAPE 196
   FUNCTIONS
   • Telling what or whom you miss;
     reassuring someone
   • Asking about and telling what things
     were like
     (Introduction to the **imparfait**)

DEUXIEME ETAPE 200
   FUNCTIONS
   • Reminiscing
     (Formation of the **imparfait**)

PANORAMA CULTUREL 205
   **Est-ce que tu préfères la vie en ville
   ou à la campagne?**

TROISIEME ETAPE 206
   FUNCTIONS
   • Making and responding to suggestions
     (**si on** + the **imparfait**)

LISONS! 210
   Les questions difficiles, excerpt from
   La belle histoire de Leuk-le-Lièvre
   A West African folktale

   Reading Strategy: Linking words and
   pronouns

MISE EN PRATIQUE 212

QUE SAIS-JE? 214

VOCABULAIRE 215

M. et Mme ouamé
BP. 31

ALLEZ, VIENS
en Provence!

LOCATION • CHAPITRES 9, 10, 11 216

VISIT THE FRENCH REGION OF PROVENCE AND—

Talk about what's happening with you and
your friends • **CHAPITRE 9**
Share confidences and give advice • **CHAPITRE 10**
Give your opinions on music, movies,
and books • **CHAPITRE 11**

CHAPITRE 9
Tu connais la nouvelle? 220

MISE EN TRAIN 222
Il ne faut pas se fier aux apparences

PREMIERE ETAPE 225
FUNCTIONS
• Wondering what happened; offering
possible explanations; accepting and
rejecting explanations
(**avoir l'air** + adjective)

PANORAMA CULTUREL 229
Comment est l'ami idéal?

DEUXIEME ETAPE 230
FUNCTIONS
• Breaking some news; showing interest
(The **passé composé** vs. the **imparfait**)

TROISIEME ETAPE 235
FUNCTIONS
• Beginning, continuing, and
ending a story
(The **passé composé** and the
imparfait with interrupted actions)
(**être en train de**)

LISONS! 238
La cantatrice chauve : scène IV
A scene from a play by Ionesco

Reading Strategy: Reading with a
purpose

MISE EN PRATIQUE 240

QUE SAIS-JE? 242

VOCABULAIRE 243

CHAPITRE 10

Je peux te parler? 244

MISE EN TRAIN 246
   Qu'est-ce que je dois faire?

PREMIERE ETAPE 249
   FUNCTIONS
   • Sharing a confidence
   • Asking for and giving advice
     (Placement of object pronouns)

DEUXIEME ETAPE 254
   FUNCTIONS
   • Asking for and granting a favor;
     making excuses
     (Direct object pronouns with the
     passé composé)

TROISIEME ETAPE 258
   FUNCTIONS
   • Apologizing and accepting an apology;
     reproaching someone
     (Object pronouns before an infinitive)

PANORAMA CULTUREL 261
   Qu'est-ce que tu fais quand tu as un
   problème?

LISONS! 262
   Etes-vous un bon copain?
   A magazine quiz about friendship

   Reading Strategy: Reading inductively

MISE EN PRATIQUE 264

QUE SAIS-JE? 266

VOCABULAIRE 267

C'est
L'ANNIVERSAIRE
de Manu !
ous voulez faire
avec nous, ven
SURPRISE
que nou
edi 14 avril
9 HEURES
rine Morel
e 26, rue V. Hugo

CHAPITRE 11
Chacun ses goûts 268

MISE EN TRAIN 270
    Bientôt la Fête de la musique!

PREMIERE ETAPE 273
    FUNCTIONS
    • Identifying people
      (The verb **connaître**)
      (**il/elle est** vs. **c'est**)

PANORAMA CULTUREL 278
    **Qu'est-ce que tu aimes comme
    musique?**

DEUXIEME ETAPE 279
    FUNCTIONS
    • Asking for and giving information

RENCONTRE CULTURELLE 283
    Using the **Minitel**

TROISIEME ETAPE 284
    FUNCTIONS
    • Giving opinions
    • Summarizing
      (The relative pronouns **qui** and **que**)

LISONS! 288
    6 films qui ont fait date
    An article about significant movies

    Reading strategy: Combining reading
    strategies

MISE EN PRATIQUE 290

QUE SAIS-JE? 292

VOCABULAIRE 293

ALLEZ, VIENS

au Québec!

LOCATION • CHAPITRE 12 294

VISIT THE PROVINCE OF QUEBEC AND—

Find out about camping, outdoor
activities, and wildlife • CHAPITRE 12

CHAPITRE 12
A la belle étoile 298

MISE EN TRAIN 300
    Promenons-nous dans les bois

PREMIERE ETAPE 303
    FUNCTIONS
    • Asking for and giving information;
      giving directions

DEUXIEME ETAPE 308
    FUNCTIONS
    • Complaining, expressing discourage-
      ment, and offering encouragement
    • Asking for and giving advice
      (The verb **emporter**)

PANORAMA CULTUREL 313
    **Quels sont les animaux en voie de
    disparition dans ta région?**

TROISIEME ETAPE 314
    FUNCTIONS
    • Relating a series of events; describing
      people and places
      (The **passé composé** versus the
      imparfait)

RENCONTRE CULTURELLE 317
    French-Canadian expressions

LISONS! 318
    A French travel brochure about trips to
    Canada
    Reading strategy: Summarizing

MISE EN PRATIQUE 320

QUE SAIS-JE? 322

VOCABULAIRE 323

REFERENCE SECTION

SUMMARY OF FUNCTIONS 326
SI TU AS OUBLIÉ 336
SUPPLEMENTARY VOCABULARY 337
PRONUNCIATION GUIDE 343
GRAMMAR SUMMARY 344

VOCABULARY:
    FRENCH—ENGLISH 354
    ENGLISH—FRENCH 372
GRAMMAR INDEX 386
CREDITS 388

Cultural References

CASTLES AND PALACES

Azay-le-Rideau (photo) 141

The fountains at **Versailles** (photo) 3

Loches (photo) 141

Map of châteaux region 110

Realia: Brochure of bus tours
in Touraine 151

Realia: Guide to
château de Chenonceau 149

Realia: Information poster
about **Amboise** 156

CHURCHES AND MOSQUES

Basilica of **Notre-Dame,**
Yamoussoukro (photo) 189

A mosque in Abidjan (photo) 206

Notre-Dame-de-Chartres
(Note Culturelle) 44

The Saint Paul Cathedral, Abidjan (photo) . . . 206

CINEMA

Realia: Movie listings 279, 282

Movie theaters in France
(Note Culturelle) 282

Realia: *6 films qui ont*
fait date (article) 288–289

CITIES, TOWNS, AND VILLAGES

Abidjan **(Note Culturelle)** 207

The **Cours Mirabeau,**
Aix-en-Provence **(Note Culturelle)** 225

Montreal (photo) 297

Realia: *Passez une journée*
à Chartres (brochure) 46–47

La ville de Saint-Pierre
(Note Culturelle) 87

CLOTHING

Carnaval costumes (photo) 97

West African **pagnes** (photo) 207

COMIC STRIPS

Realia: *Le bel âge* (cartoon) 72–73

ENVIRONMENT

Ecology in Canada
(Note Culturelle) 312

Endangered animals
(Panorama Culturel) 313

Realia: *Bienvenue dans le*
parc de la Jacques-Cartier 311

FAMILY LIFE

City living versus country living
(Panorama Culturel) 205

Ethnic groups in West Africa
(Note Culturelle) 196

Friendship
(Panorama Culturel) 229

Houses in francophone countries
(Panorama Culturel) 41

Paying and receiving compliments
(Note Culturelle) 40

Polite behavior for a guest
(Rencontre Culturelle) 66

Talking about personal problems
(Panorama Culturel) 261

Teenagers' bedrooms in France
(Note Culturelle) 38

FOLKLORE

Realia: *Les questions difficiles*
(story) 210–211
Realia: *L'histoire de Mamy Wata* (story) 212

FOOD

Courses of a meal **(Note Culturelle)** 62
Ethnic restaurants **(Note Culturelle)** 19
A **maquis** in Abidjan (photo) 207
Meals at school **(Note Culturelle)** 122
Provençale cuisine **(Note Culturelle)** 257
Realia: Recipe for **pissaladière** 257
Realia: Recipes from Martinique,
Canada, and France. 74
Realia: *Les restaurateurs de la rue de
la Porte-Morard* (advertisement) 19
Special occasions **(Note Culturelle)** 67
Typical meals in the francophone
world **(Panorama Culturel)** 61

HEALTH

Realia: *Secret de beauté* 182
Mineral water **(Note Culturelle)** 176
Pharmacies in France **(Note Culturelle)** 167
Realia: *Des astuces pour bien
se nourrir* (brochure) 176
Realia: Government health poster 179
Realia: **Test Super-forme!** (health quiz) 177
Staying healthy **(Panorama Culturel)** 175

LEISURE ACTIVITIES

Carnaval (Rencontre Culturelle) 97
Le centre Georges Pompidou,
Paris (photo) 3
People playing the game of **awalé** (photo) . . . 196
Realia: Brochures about campgrounds 320

Realia: Brochures about
camping trips 318–319
Realia: Calendar of events
in Martinique 95
Realia: *Cette semaine à Abidjan*
(brochure) 213
Realia: *Les exclus du loisir* (chart) 145
Realia: *Guide de l'été* (brochure) 290–291
Realia: Posters about leisure
activities in Touraine 154–155
Realia: TV listings from *Télé 7 Jours* 21
Yoles rondes (Note Culturelle) 92

MAPS

Abidjan 206
Africa xxi
North America xxii
Chartres 42
France xx
The francophone world xxiii
Guadeloupe 104
Martinique 88
Quebec 303

MUSIC

Patrick Bruel (photo) 10
Elsa (photo) 10
La Fête de la musique (Note Culturelle) . . . 272
Kassav' (photo) 274
Music and dance in Martinique
(Note Culturelle) 98
Musical tastes **(Panorama Culturel)** 278
Vanessa Paradis (photo) 10
MC Solaar (photo) 10
Roch Voisine (photo) 269
Zouk song by Kassav' 102–103

PARKS

Les gorges du Verdon (photo) 218

Le jardin de Balata 81

Le parc de la Jacques-Cartier
(Note Culturelle) 304

Le parc du Mont-Tremblant (photo) 304

Le parc du Saguenay (photo) 304

PEOPLE

Realia: *Un jeune Ivoirien
s'en souvient...* (article) 203

Paul Cézanne (**Note Culturelle**) 248

Realia: *Les personnages de Chenonceau* 149

Realia: *Un homme de goût* 157

Félix Houphouët-Boigny
(**Note Culturelle**) 203

REGIONAL DIFFERENCES

The **créole** language (**Note Culturelle**) 94

Figures of speech
(**Rencontre Culturelle**) 169

French-Canadian expressions
(**Rencontre Culturelle**) 317

Histoires marseillaises
(**Note Culturelle**) 233

Places to visit in different regions
(**Panorama Culturel**) 91

Village life in Côte d'Ivoire
(**Rencontre Culturelle**) 195

SCHOOL LIFE

Carnet de correspondance
(**Note Culturelle**) 117

French grades and report cards
(**Note Culturelle**) 126

High school in Côte d'Ivoire
(**Note Culturelle**) 201

Meals at school (**Note Culturelle**) 122

Realia: **Bulletin trimestriel**. 126

Realia: French tardy slip 117

Realia: Two poems about school by
Jacques Prévert 130–131

School life in francophone
countries (**Panorama Culturel**) 129

Studying historical figures
in school (**Panorama Culturel**) 150

SHOPPING

Market at Treichville, Abidjan (photo) 206

Markets in Abidjan (photos) 207

Neighborhood stores (**Note Culturelle**) 58

SPORTS

Realia: *Le sport et les jeunes* 171

Realia: Schedule of activities
offered at **Gymnase-Club** 170

Realia: *Sports à la carte*. 180–181

Teens' exercise habits
(**Note Culturelle**) 171

TECHNOLOGY

The **Minitel** (**Rencontre Culturelle**) 283

TRANSPORTATION

Buses and trains in France
(**Note Culturelle**) 151

Realia: Train schedule 153

TRAVEL

Realia: Study-abroad brochures. 22–23

Studying abroad (**Panorama Culturel**) 17

Travel documents for foreign countries
(**Note Culturelle**) 14

La France

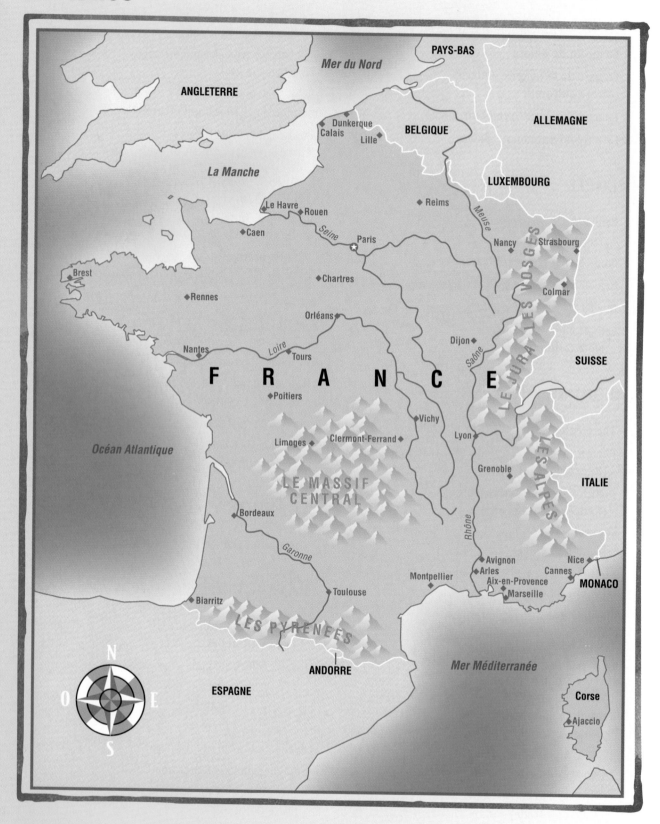

ANGLETERRE

PAYS-BAS

Mer du Nord

ALLEMAGNE

BELGIQUE

• Dunkerque
Calais
• Lille

LUXEMBOURG

La Manche

• Reims

Le Havre • Rouen

• Caen

Seine

Meuse

Nancy • • Strasbourg

★ Paris

• Brest

• Chartres

• Colmar

• Rennes

• Orléans

Dijon •

LE JURA LES VOSGES

SUISSE

Nantes •

Loire

• Tours

Saône

F R A N C E

• Poitiers

• Vichy

Lyon •

Océan Atlantique

Limoges • Clermont-Ferrand •

• Grenoble

LE MASSIF
CENTRAL

LES ALPES

ITALIE

Bordeaux •

Garonne

Rhône

• Avignon
• Arles
Aix-en-Provence •

Nice •
Cannes

Montpellier •

MONACO

• Biarritz

• Toulouse

• Marseille

LES PYRÉNÉES

Mer Méditerranée

ANDORRE

N

Corse

O   E

ESPAGNE

• Ajaccio

S

L'Afrique francophone

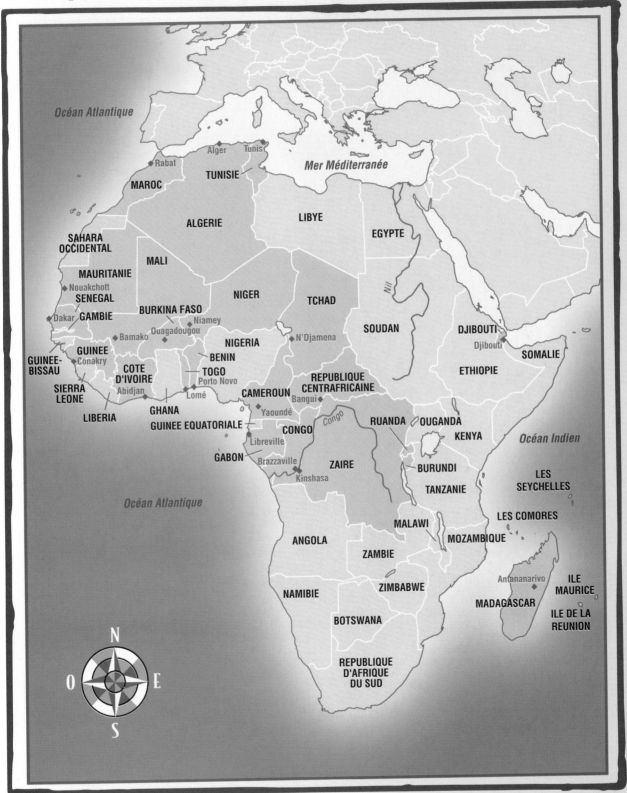

Océan Atlantique

Mer Méditerranée

Alger   Tunis

Rabat

MAROC   TUNISIE

ALGERIE   LIBYE   EGYPTE

SAHARA
OCCIDENTAL

MALI

MAURITANIE

Nouakchott

SENEGAL   NIGER   TCHAD   SOUDAN   DJIBOUTI

Dakar   GAMBIE   BURKINA FASO   Djibouti

Niamey   N'Djamena   SOMALIE

Bamako   Ouagadougou

NIGERIA   ETHIOPIE

GUINEE   BENIN

GUINEE-   Conakry   COTE   TOGO
BISSAU   D'IVOIRE   Porto Novo   REPUBLIQUE
CENTRAFRICAINE

SIERRA   Abidjan   CAMEROUN
LEONE   Lomé   Bangui

LIBERIA   GHANA   Yaoundé   RUANDA   OUGANDA

GUINEE EQUATORIALE   Congo   KENYA   Océan Indien

CONGO

Libreville   BURUNDI

GABON   Brazzaville   ZAIRE   LES
Kinshasa   SEYCHELLES

TANZANIE

LES COMORES

MALAWI

Océan Atlantique   ANGOLA   MOZAMBIQUE

ZAMBIE

Antananarivo   ILE
MAURICE
NAMIBIE   ZIMBABWE   MADAGASCAR
ILE DE LA
REUNION
BOTSWANA

REPUBLIQUE
D'AFRIQUE
DU SUD

N

O   E

S

xxi

L'Amérique francophone

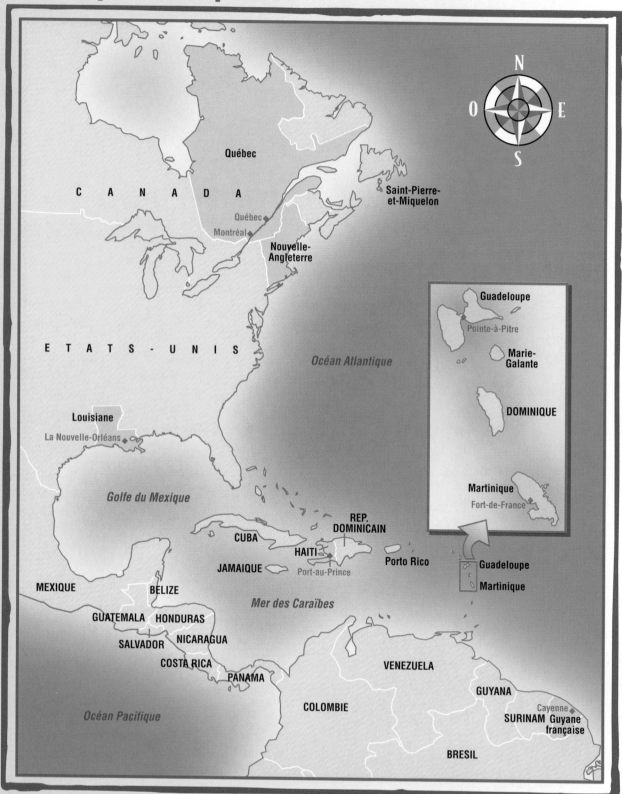

Québec

C A N A D A

Saint-Pierre-
et-Miquelon

Québec
Montréal
Nouvelle-
Angleterre

E T A T S - U N I S

Océan Atlantique

Louisiane
La Nouvelle-Orléans

Golfe du Mexique

CUBA

REP.
DOMINICAIN
HAITI
JAMAIQUE   Porto Rico
Port-au-Prince

MEXIQUE

BELIZE

Mer des Caraïbes

GUATEMALA   HONDURAS

SALVADOR   NICARAGUA

COSTA RICA
PANAMA   VENEZUELA

GUYANA
Cayenne

COLOMBIE   SURINAM   Guyane
française

Océan Pacifique

BRESIL

Guadeloupe
Pointe-à-Pitre

Marie-
Galante

DOMINIQUE

Martinique
Fort-de-France

Guadeloupe
Martinique

N
O   E
S

Le Monde francophone

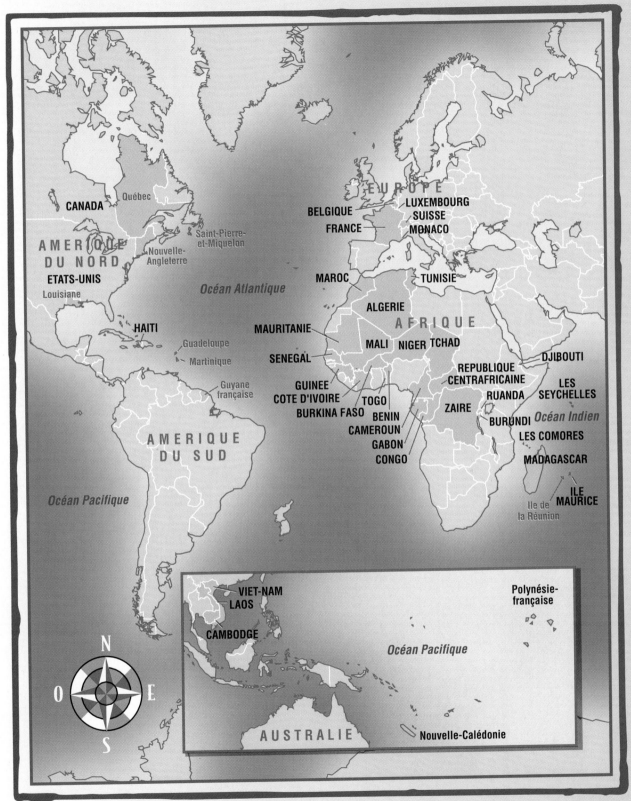

CANADA
Québec
AMÉRIQUE DU NORD
Saint-Pierre-et-Miquelon
Nouvelle-Angleterre
ÉTATS-UNIS
Louisiane
Océan Atlantique
HAITI
Guadeloupe
Martinique
Guyane française
AMÉRIQUE DU SUD
Océan Pacifique

EUROPE
BELGIQUE
LUXEMBOURG
SUISSE
FRANCE
MONACO
MAROC
TUNISIE
ALGERIE
AFRIQUE
MAURITANIE
MALI
NIGER
TCHAD
SENEGAL
DJIBOUTI
REPUBLIQUE CENTRAFRICAINE
GUINEE
LES SEYCHELLES
COTE D'IVOIRE
TOGO
RUANDA
BURKINA FASO
BENIN
ZAIRE
Océan Indien
CAMEROUN
BURUNDI
GABON
LES COMORES
CONGO
MADAGASCAR
Île de la Réunion
ILE MAURICE

N O E S

VIET-NAM
LAOS
Polynésie-française
CAMBODGE
Océan Pacifique
AUSTRALIE
Nouvelle-Calédonie

Allez, viens aux environs de Paris!

Les environs de Paris

Population : plus de 11.000.000

Villes : Paris, Chartres, Chantilly, Provins, Rambouillet, Barbizon, Malmaison, Compiègne

Châteaux : Vaux-le-Vicomte, Versailles, Fontainebleau

Points d'intérêt : le Parc Astérix, la cathédrale de Notre-Dame-de-Chartres, le centre Georges Pompidou

Parcs et jardins : le bois de Vincennes, le bois de Boulogne, le parc des bords de l'Eure

Ressources et industries : agriculture, tourisme, transports

Personnages célèbres : Claude Monet, George Sand, Simone de Beauvoir, Marcel Proust

La cathédrale de Notre-Dame-de-Chartres

Les environs de Paris

Avec ses nombreux châteaux au milieu des forêts, ses cathédrales gothiques et sa merveilleuse campagne immortalisée par les peintres impressionnistes, la région parisienne est le cœur historique et culturel de la France.

① C'est à partir de **l'île de la Cité** que la ville de Paris s'est développée petit à petit.

② En 1886, quand Georges Seurat a peint ce tableau, **l'île de la grande Jatte** n'était encore qu'une banlieue où les Parisiens aimaient aller se détendre.

③ Le jardin de Claude Monet à **Giverny**

④ La modernité du **centre Georges Pompidou**, grande structure mi-métal, mi-verre, attire de nombreux visiteurs à l'intérieur comme à l'extérieur.

Dans les chapitres suivants, tu vas faire la connaissance d'une élève américaine et de la famille chez qui elle va faire un séjour. Ils habitent à Chartres, à 180 kilomètres au sud-ouest de Paris. C'est dans la Beauce, une grande région agricole que l'on a surnommée «le grenier à grain» de la France.

⑤ Une vue pittoresque de **la ville de Chartres** et de sa belle cathédrale

⑥ Les grandes eaux, ou fontaines, du **château de Versailles** consomment 3,8 millions de litres d'eau par heure.

⑦ Astérix le Gaulois est devenu le sujet d'un parc d'attractions, **le Parc Astérix**, qui se trouve à moins d'une heure de Paris.

1

Bon séjour!

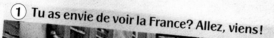

① **Tu as envie de voir la France? Allez, viens!**

Many students experience other cultures as exchange students. One day you might have the opportunity to visit another country and live with a family. What would you do to get ready? You'd exchange letters with your family, decide what to pack, make plans for your stay . . . and be prepared for anything to happen!

In this chapter you will review and practice

- describing and characterizing yourself and others; expressing likes, dislikes, and preferences; asking for information
- asking for and giving advice
- asking for, making, and responding to suggestions; relating a series of events

And you will

- listen to people talk about their families
- read about French exchange students who've come to the United States
- write a description of yourself
- find out what it's like to be an exchange student in a francophone country

② J'aime bien faire des photos... et j'adore Paris!

③ Qu'est-ce que je dois prendre?

MOORE

DE / from
HOUSTON   IA

A / to
PARIS/C GAULLE

VOL / flight   CLASSE   DATE   DEPART / time

035   Y   13MAR   23H2

Mise en train

Sandra   M. Lepic   Mme Lepic

Une méprise

The Lepic family is going to pick up their exchange student at the airport, but they're having a few problems. Can you guess what these problems might be from looking at the photos?

Chez la famille Lepic à Chartres : Il est 9 h du matin et on est en retard.

Pamela arrive à l'aéroport à dix heures vingt. Dépêchez-vous!

N'oublie pas que d'abord elle va récupérer ses bagages et puis passer à la douane. Alors, comment est-elle? Brune? Blonde? Grande? Petite?

Elle a 16 ans. Elle est grande et elle a les cheveux bruns. D'après sa lettre, elle va porter une jupe rouge et elle aura une valise noire.

1

2

A l'aéroport...

Si tu veux, je peux vous retrouver ici..

D'accord. Bonne idée.

Bien. Allez-y!

3

Quelques minutes plus tard...

Ah, c'est elle. Brune, une jupe rouge, une valise noire...

4

Bonjour! Tu n'as pas vu ma femme et ma fille?

122 KYA 75

5

1 Tu as compris?

1. Why does Sandra tell her family to hurry?
2. How does Sandra describe her friend?
3. When they arrive at the airport, what do Sandra and Mrs. Lepic do?
4. What's Mr. Lepic's first mistake? Why does he make it?
5. What happens at the end of **Une méprise?**

2 Arrange la scène

Choisis la photo qui correspond à chaque phrase. Ensuite, mets les phrases en ordre d'après **Une méprise.**

1. Pamela arrive à la voiture avec Mme Lepic et Sandra.
2. Mme Lepic, Pamela et Sandra sortent de l'aéroport.
3. Bertrand arrive à la voiture.
4. M. Lepic voit Patricia.
5. La famille Lepic arrive à l'aéroport.
6. Patricia a la valise de Pamela.

a.

b.

c.

d.

e.

f.

3 Cherche les expressions

According to **Une méprise,** how do you . . .

1. tell what time it is?
2. ask what someone looks like?
3. ask how someone's trip was?
4. express concern for someone?
5. introduce someone?
6. apologize for your mistake?

4 Et maintenant, à toi

With a partner, talk about what might happen next in **Une méprise.**

Describing and characterizing yourself and others; expressing likes, dislikes, and preferences; asking for information

Chartres, le 30 juillet

Chère Pamela,

La dame qui s'occupe des échanges franco-américains a téléphoné hier pour nous annoncer la bonne nouvelle. Tu vas donc venir passer un an avec nous. J'espère que tu vas te plaire ici.

Voilà, je m'appelle Sandra. J'ai quinze ans. Je suis brune, plutôt moyenne, j'ai les yeux marron. Et toi? Tu es comment? Envoie-moi vite une photo.

Dans notre famille, nous sommes quatre, enfin cinq avec notre chat. Il s'appelle Félisc et il est très gros. Mon père travaille dans un bureau d'informatique et ma mère travaille à mi-temps dans une boutique de souvenirs près de la cathédrale. Mon père a quarante-deux ans et ma mère trente-neuf. Ils sont très jeunes de caractère.

Mon frère Etienne a dix-sept ans. Je l'aime bien, il est sympa. Pour l'instant, il va au lycée au Texas dans le cadre d'un échange. Lui, il adore le sport. Moi, mon truc, c'est plutôt le cinéma ou les magasins. En sport, je suis nulle. Je peux rester des heures dans ma chambre à écouter de la musique. Et toi, quels sont tes groupes préférés? J'ai tellement de questions à te poser sur ta vie aux Etats-Unis, ta famille, tes amis, l'école... Qu'est-ce que tu aimes faire?

5 Ecoute!

Ecoute Sandra qui parle de sa famille. De quelle photo est-ce qu'elle parle?

a.

b.

c.

d.

e.

COMMENT DIT-ON...?

Describing and characterizing yourself and others

Je m'appelle Catherine et j'ai quinze ans. J'ai les yeux bleus et les cheveux châtain. Je suis de taille moyenne. J'adore les bandes dessinées.

Voilà Astérix. Il a les yeux noirs et les cheveux blonds et courts. Il est petit. Il est beau? Pas vraiment, mais il est brave et toujours prêt à partir pour une nouvelle aventure.

Et voici Obélix. Il a les yeux verts? marron? On ne sait pas, ils sont si petits. Il a les cheveux roux et longs. Il est très grand, très fort et très gourmand. C'est le meilleur ami d'Astérix.

To describe yourself:
J'ai quinze **ans.**
J'ai les yeux bleus.
I have . . . eyes.
J'ai les cheveux courts.
I have . . . hair.
Je suis grand(e).

To characterize yourself:
Je suis gourmand(e)!

To describe others:
Elle a sept **ans.**
Elles ont les yeux marron.
Ils ont les cheveux bruns.
Elle est petite.
Ils sont de taille moyenne.
They're of medium height.

To characterize others:
Il est intelligent.
Elles sont sympa.

6 Ecoute!

Match the descriptions of these stars with their photos.

a.

b.

c.

d.

Tu te rappelles?

Do you remember how to make **liaisons?** You pronounce the final consonant of one word when the following word begins with a vowel sound, as in **les yeux** and **ils ont.**
z   z

*G*rammaire   Adjective agreement

As you remember, you often change the forms of adjectives in French to match the nouns they describe.

- You add an **e** to the masculine form of most adjectives to describe feminine nouns or pronouns.

    Il est **intelligent**. Elle est **intelligente**.

- You don't have to change singular adjectives that already end in a silent **e**.

    Il est **jeune**. Elle est **jeune**.

- You add an **s** to adjectives when you're describing plural nouns, unless the adjectives end in **s** or **x**.

    Ils sont **jeunes**. Elle a les cheveux **gris**. Ils sont **heureux**.

- Remember that some adjectives have irregular feminine forms.

    Il est **beau**. Elle est **belle**.
    Il est **gentil**. Elle est **gentille**.
    Il est **sportif**. Elle est **sportive**.

- You don't have to change the form of some adjectives. How many of these can you find in **Comment dit-on... ?** on page 10?*

7 Jeu de portraits

Take on the identity of a cartoon or TV character and describe yourself to your group. The person who guesses who you are takes the next turn.

8 Mon journal

Décris-toi, ainsi que ta famille réelle ou imaginaire, dans ton journal.

Si tu as oublié *family vocabulary* va à la page 336.

va à la page 336.

Tu te rappelles ?

Here are some more adjectives to help you characterize people:
méchant(e)
gentil (gentille)
amusant(e)
pénible
mignon (mignonne)
embêtant(e)

COMMENT DIT-ON... ?
Expressing likes, dislikes, and preferences

To tell what you like:
J'adore le sport.
J'aime bien faire des photos.

To tell what you dislike:
Je n'aime pas le tennis.

To tell what you prefer:
Je préfère jouer au foot.
J'aime mieux faire de la vidéo.

---

* **marron, sympa,** and **châtain**

9 Ecoute!

Listen to Etienne describe his cousins Eric and Caroline. Look at his self-portrait below and decide which cousin has more in common with him.

10 Un auto-portrait

Make a self-portrait like Etienne's. Use the categories he used, some of those suggested below, or some of your own.

livre préféré

musique préférée

groupe préféré

jeu préféré

acteur/actrice préféré(e)

couleur préférée

Nom :	LEPIC
Prénom :	Etienne
Né(e) le :	10 mai
A :	Dijon
Résidence :	Chartres
Animaux domestiques :	un chat et deux poissons rouges
Sports pratiqués :	le tennis, le vélo, le foot
Lieu(x) de vacances préféré(s) :	la plage, l'Italie
Plats préférés :	les hamburgers et le bœuf bourguignon
Passions :	le sport, la musique rock, les copains, la lecture
Ambition :	participer au Tour de France

COMMENT DIT-ON... ?
Asking for information

Qu'est-ce que tu aimes faire?
Qu'est-ce que tu fais comme sport?
Qu'est-ce que tu aimes comme musique?
Quel est ton groupe/film/cours/plat préféré? *What is your favorite . . . ?*
Qui est ton acteur/actrice préféré(e)? *Who is your favorite . . . ?*

11 Sondage

Using the questions in **Comment dit-on... ?** and the self-portrait you made in Activity 10, interview three classmates to find the person whose interests most closely match yours.

12 Jeu de rôle

Choose a famous person you and your partner are interested in and stage an interview. One of you is the famous person; the other is the interviewer. When you present your interview to the class, use props, costumes, or music to entertain your audience.

Asking for and giving advice

Ici, le climat est assez doux. Apporte quand même un manteau et deux ou trois gros pulls; il peut faire froid en hiver. Prends aussi un imperméable et des bottes parce qu'il pleut souvent. L'été, il fait chaud mais pas trop. Pense à prendre un maillot de bain. Quand il fait beau, on peut aller se baigner au lac. Pour l'école, on y va le plus souvent en jean et en tee-shirt. Apporte une tenue pour sortir aussi.

13 Pense à prendre...

D'après la lettre de Sandra, quels vêtements est-ce que Pamela doit mettre...

1. en hiver?   2. quand il pleut?   3. pour se baigner au lac?   4. pour l'école?

a.
b.
c.
d.
e.
f.

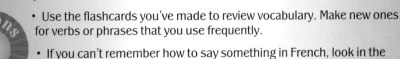

De bons conseils

Do you recall everything you learned last year? It's easy to forget your French when you don't use it for a while. Here are some tips.

- Use the flashcards you've made to review vocabulary. Make new ones for verbs or phrases that you use frequently.

- If you can't remember how to say something in French, look in the glossary or ask someone **Comment dit-on... ?** You can also try using words you do know or gestures to explain what you mean.

- Don't be afraid to speak out. Attempting to speak will sometimes jog your memory. Even if you make a mistake, you're still communicating.

Vocabulaire

Pour mon voyage, il me faut...

- des baskets
- une écharpe
- un sweat
- mon passeport
- un imperméable
- deux pulls
- un anorak
- des bottes
- deux tee-shirts
- des gants
- mon billet d'avion
- deux jeans
- mon appareil-photo
- des chèques de voyage

14 Que mettre?

Qu'est-ce que tu mets...

1. pour aller dans un restaurant chic?
2. pour aller à l'école?
3. pour aller à la plage?
4. pour faire du ski?
5. pour aller à un concert de ton groupe préféré?

Si tu as oublié
clothing and colors
va à la page 336.

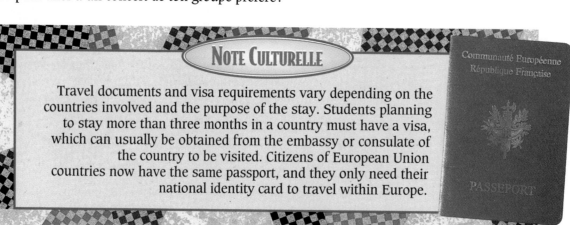

NOTE CULTURELLE

Travel documents and visa requirements vary depending on the countries involved and the purpose of the stay. Students planning to stay more than three months in a country must have a visa, which can usually be obtained from the embassy or consulate of the country to be visited. Citizens of European Union countries now have the same passport, and they only need their national identity card to travel within Europe.

Communauté Européenne
République Française

PASSEPORT

15 Devinons!

Write down three activities that you'd like to do. Choose one of the activities. Then, tell your group what you're going to wear for the activity. The person who guesses what you're going to do takes the next turn.

—Je vais mettre un jean et un gros pull, un anorak, des gants et des bottes.
—Tu vas faire du ski!

COMMENT DIT-ON... ?
Asking for and giving advice

To ask for advice:
Qu'est-ce que je dois prendre?
What should I . . . ?

To give advice:
Pense à prendre ton passeport.
Remember to take . . .
Prends un dictionnaire bilingue.
N'oublie pas tes bottes.

Note de Grammaire

One way to give advice is to use commands.

- When you're talking with a friend, use the **tu** form of the verb without **tu**: **Prends ton maillot de bain.**

- Don't forget to drop the **s** when you're using the **tu** form of an **-er** verb as a command: **Pense à moi!**

- To make a command negative, put **ne... pas** around the verb: **N'oublie pas ton billet!**

16 Ecoute!

D'après ces conversations, où est-ce que ces gens vont pour les vacances?

a. à Paris **b.** à la plage **c.** à New York **d.** à la montagne pour faire du ski

17 A mon avis

Your friends Joseph and Marie-Claire are packing for their vacations, but they've forgotten a few things. Give them advice on what else they should bring.

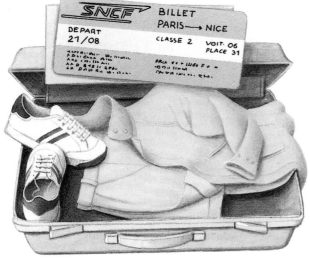

Joseph

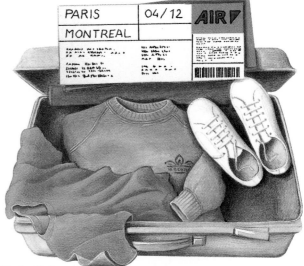

Marie-Claire

18 Qu'est-ce que je dois faire?

A lot can happen when you travel. What would you do if you found yourself in the situations pictured below? With a partner, take turns asking and giving advice about what to do next.

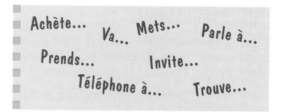
Achète... Va... Mets... Parle à...
Prends... Invite...
Téléphone à... Trouve...

19 Qu'est-ce qu'on prend?

Ton ami(e) français(e) va passer une année chez toi. Il/Elle te téléphone pour savoir quoi prendre comme vêtements pour chaque saison. Joue la scène avec un(e) camarade.

Si tu as oublié weather expressions and seasons va à la page 336.

—Qu'est-ce que je prends pour l'été?
—Bon... Il fait très chaud ici. Pense à prendre un short et un tee-shirt.

20 Des cartes postales

Imagine you're spending some time in one of the places shown on these postcards. A friend is going to join you later. Write a message for the postcard advising your friend what to bring.

PANORAMA CULTUREL

Yvette • Côte d'Ivoire

Jean-Christophe • France

Onélia • France

We talked to some francophone students about traveling and studying abroad. We asked them for advice for students planning to study in their countries. Here's what they had to say.

Quels conseils donnerais-tu à un élève américain qui arrive dans ton pays?

«Si cet élève vient en Côte d'Ivoire pour faire ses études, je lui dirais de bien apprendre le français, de ne pas se décourager si c'est un peu difficile. En tout cas, d'être patient, sérieux, tout ça... c'est pas facile.»

—Yvette

«Un conseil que je donnerais à un étudiant américain arrivant en France... ce serait de s'incorporer dans une famille pour bien s'habituer à leurs manières, pour travailler avec eux, pour voir comment nous vivons et de sortir parce que les jeunes Français savent s'amuser.»

—Jean-Christophe

«La France est très différente des Etats-Unis. Aux Etats-Unis, on n'a pas le droit de sortir [en boîte] avant 21 ans... [La France,] c'est un peu plus libéral que les Etats-Unis, donc, [il] faut faire attention. [Il ne] faut pas non plus abuser de l'alcool par exemple, ou du tabac quand on arrive en France. Donc, voilà. C'est les conseils que je pourrais donner aux Américains.»

—Onélia

Qu'en penses-tu?

1. Are there any exchange students in your school? Where are they from? What languages do they speak?
2. If you were to study in a francophone country, how might things be different for you? What kinds of problems might you have adjusting to life in a foreign country?
3. What advice do you have for foreign students who want to study in your area?

Asking for, making, and responding to suggestions; relating a series of events

J'ai beaucoup de projets pour cette année avec toi. D'abord, je voudrais te présenter tous mes amis. Ils sont super sympa. Ensuite, tu vas voir Chartres; c'est une très jolie ville et il y a des tas de choses à faire. Si tu veux, on peut aller voir la cathédrale, aller au cinéma, écouter de la musique française, manger de la cuisine française... Tu n'as pas envie de manger du bon pain français?... Et pendant les vacances de Noël, on pourrait aller faire du ski avec mes cousins! Écris-nous vite. Pose toutes les questions que tu veux. Vivement ton arrivée! On va bien s'amuser!

Sincères amitiés et à bientôt. Bises,

Sandra

21 Que faire?

What are some of the things Sandra plans to do when Pamela arrives? What would you like to do if you were visiting France?

COMMENT DIT-ON...?

Asking for, making, and responding to suggestions

To ask for suggestions:

Qu'est-ce qu'on fait? *What should we do?*

To make suggestions:

Si tu veux, on peut jouer au foot.
If you like, we can . . .

On pourrait aller au fast-food.
We could . . .

Tu as envie de faire les magasins?
Do you feel like . . . ?

Ça te dit de manger du couscous?
Does . . . sound good to you?

To respond to suggestions:

D'accord.

C'est une bonne/excellente idée.
That's a good/excellent idea.

Je veux bien.

Je ne peux pas.

Ça ne me dit rien.

Non, je préfère... *No, I'd rather . . .*

Pas question!

22 Écoute!

Sandra et Etienne vont manger au restaurant ce soir. D'abord, lis ces descriptions de restaurants. Ensuite, écoute Sandra et Etienne. Où est-ce qu'Etienne veut aller? Et Sandra? Qu'est-ce qu'ils décident de faire?

Les restaurateurs de la rue de la Porte-Morard

Au cœur du Secteur Sauvegardé, en prolongement du pont St-Hilaire qui offre un beau panorama sur la rivière et la Cathédrale, les cinq restaurants de la rue de la Porte-Morard vous proposent cinq façons différentes d'apprécier une bonne table :

au n°6 **LE MAHARADJA** - Spécialités indiennes et pakistanaises - Tél. 37 31 45 06.

au n°14 **LE CHENE FLEURI** - Hôtel-restaurant avec grande terrasse en saison - Cuisine traditionnelle - Tél. 37 35 25 70.

au n°24 **LA CAVE** - Restaurant de fromages, une autre façon de déguster la richesse de la cuisine française - Tél. 37 30 18 64.

au n°25 **LE P'TIT MORARD** - Cuisine traditionnelle dans un cadre rustique - Tél. 37 34 15 89.

au n°28 **LE TEMPLE D'ANGKOR** - Restaurant indochinois, spécialités du Sud-Est Asiatique - Tél. 37 30 01 66.

Parking gratuit proche, place Morard.

NOTE CULTURELLE

As you know, French is spoken in many countries outside of France. People from all over the world come to France to study or work, bringing with them the unique aspects of their culture. In many French cities, it is common to find restaurants offering diverse ethnic specialties.

23 Qu'est-ce qu'on mange?

Tu es à Paris avec ton ami(e). Vous choisissez un restaurant, mais ce n'est pas facile!

—Tu as envie d'aller dans un restaurant chinois?
—Non, ça ne me dit rien. Je préfère un restaurant...

marocain   indonésien
cambodgien   mexicain
russe   vietnamien
français traditionnel
indien
libanais   grec
thaïlandais   antillais

24 Qu'est-ce qu'on fait?

You, your friends, and a French guest are spending Saturday together. Decide on three things you want to do.

faire la cuisine

aller danser à...   faire les magasins

aller au cinéma pour voir...   aller au match de...   déjeuner au restaurant

faire du roller en ligne

faire un pique-nique au parc

COMMENT DIT-ON... ?
Relating a series of events

25 Ecoute!

Tarek raconte ses projets pour samedi. Mets les images en ordre.

a.

b.

c.

d.

26 Les vacances de mes rêves

Choose a vacation destination and tell your partner what you're going to do there. Can your partner guess where you're going?

D'abord,
Ensuite,
Puis,
Enfin,

je vais
je voudrais

manger...
visiter...
faire la connaissance de...
voir...
acheter...
faire...
aller à...

MERCREDI

TF1

13.00 LE JOURNAL DE LA UNE
avec LA METEO, LA BOURSE.
et LA METEO DES PLAGES.

13.35 LES FEUX DE L'AMOUR ↗
Feuilleton américain
Nikki..........................Melody Thomas Scott
Ashley..........................Brenda Epperson
Jessica..........................Rebecca Street

14.30 MEDECIN A HONOLULU ↗
I CARE
Daniel Kulani.............Richard Chamberlain
Nana Kulani ....Betty Carvalho
Caitlin McGrath......................Carol Huston

15.20 ®HAWAI, POLICE D'ETAT ↗
HOROSCOPE POUR UN MEURTRE
McGarrett..........................Jack Lord
Danny Williams.................James McArthur

16.15 UNE FAMILLE EN OR

16.45 CLUB DOROTHEE VACANCES Ⓙ
ARNOLD ET WILLY
CHARLES S'EN CHARGE
LES JEUX

18.00 ®CHIPS ↗
SUR LE TOURBILLON
Jon..........................Larry Wilcox
Ponch..........................Erik Estrada

France 2

13.00 JOURNAL
présenté par Laurence Piquet et Gérard
Morin

13.35 METEO
13.40 INC
13.45 TATORT
Téléfilm allemand
15.30 LES DEUX FONT LA PAIRE
LE FILM DE SCOTTI
16.15 ®DES CHIFFRES ET DES LETTRES
16.45 ®L'EQUIPE DU PONEY EXPRESS
UNE AUTRE VIE

Ty Miller

Le Kid..Ty Miller
James Butler Hickok..................Josh Brolin

France 3

13.00 MISS MARPLE
LE MANOIR DE L'ILLUSION
14.00 DYNASTIE ↗
UN AVENIR MOINS SOMBRE

14.45 LES LOUPS BLANCS DE L'ARCTIQUE
15.40 LA CROISIERE S'AMUSE
MONNAIE DE SINGE
16.30 40° A L'OMBRE
En direct d'Antibes
Avec Johnigo et Claude Barzotti
18.25 QUESTIONS POUR UN CHAMPION
Par Julien Lepers

---

27 Le petit écran

Tu es malade et tu dois rester chez toi tout l'après-midi. Fais une liste des émissions que tu vas regarder et à quelle heure. Ensuite, compare ta liste avec la liste de ton ami(e).

> D'abord, je vais regarder Miss Marple à 13h, puis Médecin à Honolulu à 14h30. Ensuite,... Enfin,...

Si tu as oublié how to tell time va à la page 336.

28 Qu'est-ce que tu vas faire samedi?

Make a list of four things you're going to do Saturday and at what time you plan to do them. Then, find someone to do them with by asking some classmates what they plan to do and at what time.

29 Mon journal

You probably have lots of plans for what you're going to do—and not do!—this school year. Make at least five resolutions.

> ### Note de *G*rammaire
>
> Use the appropriate form of **aller** followed by an infinitive to say that you're going to do something:
>
> — Tu **vas sortir** ce soir?
> — Oui, je **vais manger** au restaurant.
>
> To say that you aren't going to do something, put **ne... pas** around the form of **aller**.
>
> Je **ne vais pas** sortir ce soir.

LISONS!

A. Preview the article. What kind of text do you think it is?
  a. a pamphlet
  b. a pen pal letter
  c. an essay

B. Skim the reading to answer the *W* questions.
  1. Read the major headings. *What* is the article about?
     a. a scholar
     b. an academic year in a high school
     c. a year in France
  2. Look at the photos. *Where* and *why* do you think they were taken?
  3. The major headings talk about **votre année** and the school year being **pour vous.** The headings of the first two paragraphs say "Live the American dream" and "Welcome to the United States." Look at the captions under Guillaume and Sonia's names. *Who* are the intended readers?

Une année scolaire aux USA

Une année scolaire à l'étranger pour vous qui avez entre 15-18 ans

Vous serez rapidement la mascotte de l'école, tout le monde viendra vous poser des questions sur la France.

Vivez le "rêve américain"

"The American Dream" est un idéal de liberté, de bonheur et la possibilité de décider de son propre avenir. Une année dans une High School est pour vous l'occasion de découvrir "le pays où tout est possible". Celle-ci sera l'une des plus belles de votre vie! Profitez de cette occasion unique pour devenir américain pendant un an. Ce sera passionnant et vous en tirerez le plus grand profit.

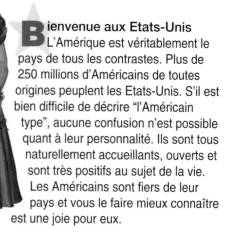

Bienvenue aux Etats-Unis

L'Amérique est véritablement le pays de tous les contrastes. Plus de 250 millions d'Américains de toutes origines peuplent les Etats-Unis. S'il est bien difficile de décrire "l'Américain type", aucune confusion n'est possible quant à leur personnalité. Ils sont tous naturellement accueillants, ouverts et sont très positifs au sujet de la vie. Les Américains sont fiers de leur pays et vous le faire mieux connaître est une joie pour eux.

Participez au bal de la High School, le "Prom".

Votre année en High School aux USA

La fête de la "Graduation" restera un jour mémorable dans votre vie.

GUILLAUME

SONIA

"20 août à l'aéroport d'Orly. Ma destination était Binghamton, petit point sur la carte de l'état de New-York. C'était le début d'une merveilleuse aventure. J'allais avoir 18 ans; j'aurais dû entrer en terminale et je découvrais une autre vie. J'étais le fils de ma famille d'accueil. L'école était comme dans les films américains: des profs très proches des élèves, des copains sûrs faisant tout pour m'aider, et ce jour inoubliable de la graduation avec ma robe de "gradué" et mon bonnet carré. Aujourd'hui je crois que j'ai rêvé mais les rêves sont peut-être ce qu'il y a de plus vrai."

"Le Michigan est devenu, après mon année en high school, ma deuxième maison. Avec les amis que je m'y suis faits, j'ai vécu les meilleurs moments de mon année: la graduation, le "bal de prom", les matchs de foot-ball. En cas de problème, les professeurs, devenus eux aussi des amis, étaient toujours là. J'ai également découvert lors de cette année un "nouveau monde", les U.S. mais aussi celui des exchange students. Ils venaient de tous les pays: de la Colombie à l'Australie en passant par les pays scandinaves... Je vous souhaite donc à tous de vivre la même expérience extraordinaire."

4. *Why* was this text written?
   a. to show American students how their schools differ from French schools.
   b. to describe the average American high school.
   c. to persuade a French student to consider a year abroad in an American high school.

Vivez le "Rêve Américain"

C. What are some phrases used to describe "The American Dream"? Do you agree?

Bienvenue aux Etats-Unis

D. If **accueillir** means *to welcome,* someone who is **accueillant** is ___1___.

   If **ouvrir** means *to open,* someone who is **ouvert** is ___2___.

   If **la fierté** is *pride,* someone who is **fier** is ___3___.

E. Are Americans described favorably? Are all Americans like this? Are you?

Guillaume Fabry

F. Guillaume says his host school is like schools he's seen in American movies. In what way? Did Guillaume have a good time as an exchange student? How do you know?

Sonia Gabor

G. How does Sonia describe her experience in the States?

H. If you were a French student, would you want to come to the United States after reading this article? Why or why not?

I. Make a pamphlet describing your school to attract French-speaking exchange students. Include events and distinctive features. Add photos or drawings with captions to your pamphlet.

MISE EN PRATIQUE

After a year of studying French, you're going to host a French exchange student in your home! He writes to you and sends a photo of his family to introduce himself.

Bonjour,

Super! J'ai reçu une bonne nouvelle. Je vais aller passer un an en Amérique. Je suis fou de joie. J'ai plein de questions, trop. Mais d'abord, je me présente. Je m'appelle Patrick, j'ai 15 ans, et j'habite à Poitiers avec mes parents et mon petit frère. On a aussi un chien de chasse.

Je voudrais te demander ce que je pourrais acheter comme cadeau pour tes parents. Et pour toi? Qu'est-ce que tu aimes comme musique? Dis-moi aussi ce qu'il faut prendre comme vêtements. Pour aller au lycée, un pantalon, une chemise, et un pull, ça va? Je m'inquiète aussi pour les profs. Ils sont sévères? Mon anglais n'est pas très bon.

Est-ce que tu fais du sport? À ton avis, j'apporte ma raquette de tennis ou non? Il y a un stade près de chez toi? Est-ce qu'on peut jouer au foot? Qu'est-ce que vous faites après l'école? J'attends avec impatience une réponse. Si tu peux, envoie-moi une photo de ta maison et de ta famille.

Amicalement,

Patrick

1 How would you describe Patrick? Where is he from? Who does he live with? What is he worried about? Can you figure out what his favorite sports are?

2 Answer Patrick's letter. Write about yourself and your family. Don't forget to answer his questions.

3 There's a message on your answering machine from Patrick to let you know when he's arriving, at what time, and on what flight. He also describes himself so you'll recognize him. Jot down the necessary information.

4 What are some of the activities Patrick should do in the coming school year that would really show him what life is like where you live? With a partner, decide on four or five things to do when Patrick arrives.

> Si Patrick veut, on peut...   C'est barbant!
>
>   Non, je préfère...   Bof!   Pas question!
>
> On pourrait...   C'est une bonne idée.   Chouette!

5 From what you know about life in France and what exchange students expect to find in the United States, what do you think Patrick might have trouble adjusting to? What might surprise him about your home and your school?

6

J E U   D E   R O L E

Patrick has arrived! It's the first day of school, and you're both getting ready. Create a conversation to include the following:

- Advise him on what to wear.
- Ask him what his favorite classes are.
- Describe your principal and your favorite teacher.
- Talk about what you're going to do after school.

Can you describe and
characterize yourself
and others? p. 10

Can you express likes
and dislikes? p. 11

Can you ask for
information? p. 12

Can you ask for and
give advice? p. 15

Can you ask for,
make, and respond to
suggestions? p. 18

Can you relate a
series of events?
p. 20

Can you use what you've learned in this chapter?

1 How would you describe and characterize . . .

1. yourself?   2. your best friend?   3. a family member?

2 How would you say that you like the following things? How would you
say that you dislike them? That you prefer something else?

1.

2.

3.

3 How would you ask someone . . .

1. what he or she likes to do?   3. what type of music he or she likes?
2. what sport he or she plays?   4. what his or her favorite film is?

4 How would you ask what to take on a trip?

5 What would you advise a friend to bring to...

1. the beach?   2. the mountains   3. Chicago in the spring?
in the winter?

6 How would you . . .

1. ask a friend what to do?
2. suggest that you can go shopping if your friend wants to?
3. suggest that you could play soccer?
4. ask your friend if he or she would like to go to the movies?

7 How would you respond to the following suggestions if you agreed?
If you disagreed? If you preferred to do something else?

1. On pourrait faire les magasins.
2. Tu as envie de regarder la télévision?

8 How would your friend tell you that she is going to do these activities
in this order?

1.

2.

3.

VOCABULAIRE

PREMIERE ETAPE

Describing and characterizing yourself and others

avoir... ans *to be . . . years old*
J'ai... *I have . . .*
Il/Elle a... *He/She has . . .*
Ils/Elles ont... *They have . . .*
les yeux marron *brown eyes*
  bleus *blue*
  verts *green*
  noirs *black*
les cheveux blonds *blond hair*
  bruns *dark brown*
  châtain *brown*
  courts *short*
  longs *long*
  noirs *black*
  roux *red*
Je suis... *I am . . .*
Il/Elle est... *He/She is . . .*
Ils/Elles sont... *They are . . .*

amusant(e) *funny*
beau (belle) *handsome (beautiful)*
brave *brave*
de taille moyenne *of medium height*
embêtant(e) *annoying*
fort(e) *strong*
gentil (gentille) *nice*
gourmand(e) *someone who loves to eat*
grand(e) *tall, big*
intelligent(e) *smart*
jeune *young*
méchant(e) *mean*
mignon (mignonne) *cute*
petit(e) *short, small*
pénible *a pain*
sportif (sportive) *athletic*
sympa *nice*

Expressing likes, dislikes, and preferences

J'adore... *I love . . .*
J'aime bien... *I like . . .*
Je n'aime pas... *I don't like . . .*
J'aime mieux... *I prefer . . .*
Je préfère... *I prefer . . .*

Asking for information

Qu'est-ce que tu aimes faire? *What do you like to do?*
Qu'est-ce que tu fais comme sport? *What sports do you play?*
Qu'est-ce que tu aimes comme musique? *What music do you like?*
Quel(le) est ton/ta... préféré(e)? *What is your favorite . . . ?*
Qui est ton/ta... préféré(e)? *Who is your favorite . . . ?*

DEUXIEME ETAPE

Asking for and giving advice

Qu'est-ce que je dois... ? *What should I . . . ?*
Pense à prendre... *Remember to take . . .*
Prends... *Take . . .*
N'oublie pas... *Don't forget . . .*

Clothing and travel items

un imperméable *a raincoat*
un jean *a pair of jeans*
un tee-shirt *a T-shirt*
des bottes (f.) *a pair of boots*
des baskets (f.) *a pair of sneakers*
un anorak *a ski jacket*

un pull *a sweater*
un sweat *a sweatshirt*
une écharpe *a scarf*
des gants (m.) *a pair of gloves*
un appareil-photo *a camera*
un passeport *a passport*
un billet d'avion *a plane ticket*
des chèques (m.) de voyage *traveler's checks*

TROISIEME ETAPE

Asking for, making, and responding to suggestions

Qu'est-ce qu'on fait? *What should we do?*
Si tu veux, on peut... *If you like, we can . . .*
On pourrait... *We could . . .*
Tu as envie de... ? *Do you feel like . . . ?*
Ça te dit de... ? *Does . . . sound good to you?*

D'accord. *OK.*
C'est une bonne/excellente idée. *That's a good/excellent idea.*
Je veux bien. *I'd like to.*
Je ne peux pas. *I can't.*
Ça ne me dit rien. *That doesn't interest me.*
Non, je préfère... *No, I'd rather . . .*
Pas question! *No way!*

Relating a series of events

Qu'est-ce que tu vas faire... ? *What are you going to do . . . ?*
D'abord, je vais... *First, I'm going to . . .*
Ensuite,... *Next, . . .*
Puis,... *Then, . . .*
Enfin,... *Finally, . . .*

CHAPITRE

2

Bienvenue à Chartres!

① **Bienvenue chez nous!**

Living with a new family in a foreign country . . . what a change! What do you think you might see in a French home that would be different from your home? How would a French town differ from your town? The contrasts and the similarities might surprise you!

In this chapter you will review and practice

- welcoming someone; responding to someone's welcome; asking how someone is feeling and telling how you are feeling
- pointing out where things are; paying and responding to compliments
- asking for and giving directions

And you will

- listen to people give directions
- read about what you can do in Chartres
- write a description of your room and how to get to your home
- find out about types of homes in the francophone world

② Où est la cathédrale?

③ Il est génial, ce poster.

Mise en train

Une nouvelle vie

Look at the photos. How is this house different from those where you live?

Sandra   Pamela   M. Lepic

Mme Lepic

CHAPITRE 2   Bienvenue à Chartres!

1 Tu as compris?

1. Which rooms of the Lepic house does Pamela see?
2. What would Pamela like to do?
3. Why don't the girls visit the cathedral?

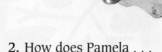

2 Qui...

1. trouve la maison sympa?
2. montre la maison à Pamela?
3. aimerait bien visiter la cathédrale?
4. explique comment aller à la cathédrale?

3 Cherche les expressions

1. How does . . .

   a. Sandra welcome Pamela?
   b. Mrs. Lepic respond to a compliment?
   c. Sandra ask how Pamela's feeling?
   d. Sandra tell her to make herself at home?

2. How does Pamela . . .

   a. pay compliments?
   b. say how she's feeling?
   c. express a desire to do something?

4 C'est quelle pièce?

Qu'est-ce que Sandra dit pour montrer chaque pièce?

1.

2.

3.

4.

5.

5 Et maintenant, à toi

If you had just arrived in a town in France, what would you want to do?

Welcoming someone; responding to someone's welcome; asking how someone is feeling and telling how you are feeling

6 Qu'en penses-tu?

How does the guest in the cartoon act? How should he act?

COMMENT DIT-ON...?

Welcoming someone; responding to someone's welcome

To welcome someone:

Bienvenue chez moi (chez nous).
Welcome to my home (our home).
Faites comme chez vous.
Fais comme chez toi.
Make yourself at home.
Vous avez fait bon voyage?
Tu as fait bon voyage?
Did you have a good trip?

To respond:

Merci.
Thank you.
C'est gentil de votre part.
C'est gentil de ta part.
That's nice of you.
Oui, excellent. *Yes, excellent.*
C'était fatigant! *It was tiring!*

7 Ecoute!

Listen to the following dialogues in which people are being welcomed. Did they have a good trip or a tiring trip?

8 Bienvenue!

How would you welcome the following people to your home and ask about their trip? What would they answer?

Tu te rappelles ?

Do you remember when to use **tu** and when to use **vous**? Use **tu** when you talk to people your age or younger, but when you talk to people older than you, use **vous.** After a while, they might suggest using the **tu** form: **Alors, on se tutoie?** Don't let worries about using **tu** or **vous** keep you from speaking. Follow the lead of the people you're with.

Mme Ducharme

Sandra

Thierry

M. Belleau

COMMENT DIT-ON... ?

Asking how someone is feeling and telling how you are feeling

To ask how someone is feeling:

Pas trop fatigué(e)?
  (You're) not too tired?
Vous n'avez pas faim?
Tu n'as pas faim?
  Aren't you hungry?
Vous n'avez pas soif?
Tu n'as pas soif?
  Aren't you thirsty?

To tell how you are feeling:

Non, ça va. *No, I'm fine.*
Si, je suis crevé(e).
  Yes, I'm exhausted.
Si, un peu. *Yes, a little.*
Si, j'ai très faim/soif!
  Yes, I'm very hungry/thirsty!
Si, je meurs de faim/soif!
  Yes, I'm dying of hunger/thirst!

9 Les deux font la paire

Match the question or comment with the appropriate response. Then, arrange the exchanges to make a conversation.

1. Tu as fait bon voyage?
2. Tu n'as pas soif?
3. Fais comme chez toi.
4. Bienvenue!
5. Pas trop fatiguée?
6. Tu n'as pas faim?

a. Non, ça va.
b. Si, j'ai très soif.
c. Merci.
d. C'est gentil de ta part.
e. Si, je meurs de faim!
f. Oui, excellent.

Tu te rappelles ?

Do you remember the *intonation,* or the way your voice rises and falls, for yes-or-no questions? Your voice falls at the end of statements and most questions, but when you ask a question like **Tu as fait bon voyage?** or **Tu n'as pas faim?,** you raise your voice at the end.

10 Ecoute!

Il y a beaucoup de visiteurs chez Robert. Ecoute les conversations et choisis la scène qui représente chaque conversation.

a.

b.

c.

11 Ça ne va pas très bien!

How would you ask these people how they're feeling? How would they answer?

Caroline

Roberto

Mme Prévost

12 Jeu de rôle

An exchange student from Morocco arrives at your home. Welcome the student, ask about the trip, and find out how he or she is feeling. The student should respond appropriately. Continue the conversation. Act out the scene with a partner. Then, change roles.

ᴬla française

There are many colorful expressions you can use to sound like a native speaker of French. When you're talking with friends, try saying **J'ai une faim de loup!** *(I'm as hungry as a wolf!)* when you're very hungry and **Je boirais la mer!** *(I could drink the sea!)* when you're very thirsty.

13 Une bande dessinée

Using magazine cutouts or your own drawings, create a cartoon about a visitor who is very difficult to please. Write what is being said in speech bubbles or in captions below the pictures.

Pointing out where things are; paying and responding to compliments

le 2 septembre

Cher journal,
    Quelle journée! C'est aujourd'hui mon premier jour en France. La famille Lepic est super gentille.
    Sandra m'a fait voir la maison. Elle est jolie, mais un peu bizarre. Ce n'est pas comme aux Etats-Unis. D'abord, quand on entre dans la maison, on n'est pas au premier étage, on est au rez-de-chaussée. Quand on monte l'escalier, on n'est pas au deuxième étage, on est au premier étage.

En plus, la salle de bains, c'est juste pour se laver. Les toilettes sont à part, de l'autre côté du couloir.
    J'ai remarqué que les portes des chambres sont toujours fermées et qu'il faut frapper avant d'entrer. Dans ma chambre, mon lit est très confortable mais un des oreillers a une drôle de forme. Il est aussi large que mon lit. Ils appellent ça un traversin. Il n'y a pas de placard, mais une armoire pour les vêtements.
    En tout cas, j'aime beaucoup la vie ici. C'est différent, mais c'est bien.

14 Ce n'est pas comme aux Etats-Unis!

Pamela a pris des photos pour illustrer son journal. Quelle photo correspond à ce qu'elle a écrit?

1. c'est juste pour se laver.
2. Quand on monte l'escalier, on n'est pas au deuxième étage, on est au premier étage.
3. mon lit est très confortable
4. Il n'y a pas de placard, mais une armoire pour les vêtements.

a.

b.

c.

d.

VOCABULAIRE

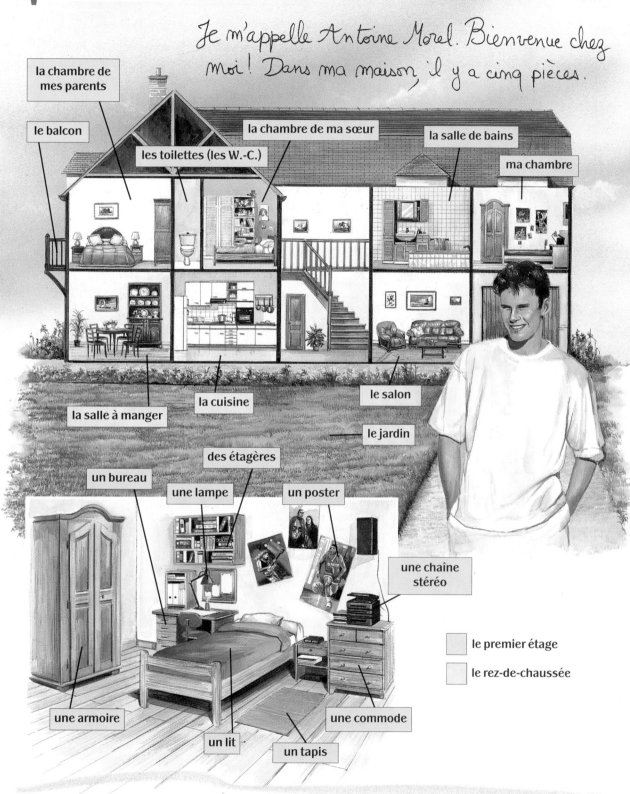

Je m'appelle Antoine Morel. Bienvenue chez moi! Dans ma maison, il y a cinq pièces.

la chambre de mes parents

le balcon

la chambre de ma sœur

la salle de bains

ma chambre

les toilettes (les W.-C.)

la salle à manger

la cuisine

le salon

le jardin

des étagères

un bureau

une lampe

un poster

une chaîne stéréo

une armoire

un lit

un tapis

une commode

le premier étage

le rez-de-chaussée

15 Ecoute!

The Morels are moving into their new home. Match the furniture with Mrs. Morel's instructions to the movers.

a.

b.

NOTE CULTURELLE

You might be surprised at what you'll see—or won't see—in a typical French teenager's room. Some French homes don't have closets in the bedrooms, so clothes are hung in an armoire. Most families have just one television set, and it's in a room where everyone can watch it. Having a phone is expensive in France; there is a charge for each call made. For this reason, few young people have a phone in their room.

c.

d.

e.

16 Vive la différence!

Julie and Nicole have some of the same things in their rooms and some different things. Can you name them? Which room is more likely an American teenager's room? Why?

La chambre de Julie

La chambre de Nicole

17 Dessiner, c'est gagner!

Draw a part of a house, a piece of furniture, or a room decoration from the **Vocabulaire** on page 37. The first person in your group to call out the French word makes the next drawing. The group that guesses the most words in five minutes wins.

COMMENT DIT-ON... ?

Pointing out where things are

Là, c'est la cuisine.
Here/There is . . .

A côté de la cuisine, **il y a** la salle à manger.
Next to . . .   there is . . .

Ça, c'est la chambre des parents **en face des** toilettes.
This is . . .   across from . . .

18 Ecoute!

Look at the **Vocabulaire** on page 37 as you listen to a description of the Morel house. Is each statement true or false? Listen again and write down each statement, correcting those that are false.

19 C'est toi, le prof

Write as many statements as you can about the Morel house, some true and some false. Read your statements to a partner, who will guess whether they are **vrai** or **faux.**

20 Fais-moi un dessin

How good are you at descriptions? Draw two floor plans of a home you'd like to have and label the rooms on one of the plans. Hand the blank plan to a partner. As you describe the plan, your partner will try to label the rooms correctly.

> Quand tu entres dans l'appartement, le salon est à gauche. A côté du salon, il y a la salle à manger. En face de la salle à manger, il y a...

21 Mon journal

Imagine la chambre idéale. Fais-en une description dans ton journal. N'oublie pas les couleurs! Tu peux aussi faire un dessin.

Tu te rappelles ?

To indicate where things are, you might also want to use **à gauche de** *(to the left of)*, **à droite de** *(to the right of)*, or **près de** *(near)*. Don't forget that after these prepositions, **de** becomes **du** before masculine nouns, and **des** before plural nouns. It doesn't change before feminine nouns or nouns that begin with a vowel.
A gauche **du** salon...
A droite **des** toilettes...
Près **de la** cuisine...
A côté **de l'**étagère...

Note de *Grammaire*

To describe, you can use adjectives like **beau, joli, grand,** and **petit.** Remember that they go before the nouns they describe. The feminine form of **beau** is **belle.** Before a masculine noun that begins with a vowel, **beau** changes to **bel.** Two other adjectives that follow this pattern are **vieux** *(old)* and **nouveau** *(new)*. Their feminine forms are **vieille** and **nouvelle,** and in front of a masculine noun that begins with a vowel, they change to **vieil** and **nouvel.**

COMMENT DIT-ON... ?

Paying and responding to compliments

To pay a compliment:

Elle est vraiment bien, ta chambre.
  Your . . . is really great.
Elle est cool, ta chaîne stéréo.
Il est beau, ton poster.
  génial(e) *great*
  chouette *very cool*

To respond:

Tu trouves?
  Do you think so?
C'est vrai? (Vraiment?)
  Really?
C'est gentil!
  That's nice of you.

22 Ecoute!

Listen as Solange gives Arnaud a tour of her home. What does Arnaud compliment?

23 Des compliments

Give your group a "tour" of your ideal room by reading the description you wrote for Activity 21 on page 39. Each person will compliment something. Take turns until everyone has given a tour of his or her ideal room.

NOTE CULTURELLE

When you compliment a French person's home or possessions, the response will be the same as if you complimented the person's clothing or appearance. **Tu trouves? C'est vrai? Vraiment?** or **C'est gentil!** are standard responses to compliments. Remember that **Merci** is not the only appropriate response.

24 Elle est géniale, ta chambre!

Suppose Nicole sent you a sketch of her room (see Activity 16 on page 38). Write her a note complimenting some things in the room. Then, describe what you have in your room and how it's similar or different.

De bons conseils

If a writing task seems too complicated, start off by making a list of words and phrases that you might want to use. Then, add adjectives and connectors like **et** and **mais** to make sentences. You don't have to use all the words on your list; you might even think of others while you're writing. Using connectors will make you sound more sophisticated in French . . . and in your native language.

PANORAMA CULTUREL

Geneviève • Québec

Sandrine • Martinique

Adèle • Cameroun

We asked some young people to describe their homes. Here's what they said.

Comment est ta maison?

«Il y a le salon, la cuisine. Il y a une salle de jeux. Mon frère a une chambre. J'en ai une. Euh... on a une salle pour nos bureaux. Après ça, il y a la salle de bains, il y a la salle de lavage.»

—Geneviève

«J'habite dans un apparte-ment. Alors, il est assez petit. Il y a une salle à man-ger, un salon, ma chambre, celle de ma mère, une salle de bains, bien sûr. Et puis la cuisine et un balcon aussi.»

Comment est ta chambre?

«Je pense qu'elle ressemble à la chambre d'à peu près toutes les filles de mon âge. Il y a des posters. J'ai une chaîne hi-fi aussi. Voilà.»

—Sandrine

«Ma chambre, je dirais d'abord qu'elle est assez belle. Ce sont mes goûts. Les murs sont blancs et on a fait des décorations en bleu parce que j'adore le bleu et le rose. Donc, j'ai assez de bleu et de rose dans ma chambre. J'ai d'abord comme meubles... j'ai une commode, mon bureau et c'est presque tout. Il n'y a pas grand-chose.»

—Adèle

Qu'en penses-tu?

1. How do homes in the United States differ from those described in the interviews?
2. What was not mentioned that is commonly found in American teenagers' rooms?

Savais-tu que...?

Homes in France are built of stone or cement blocks. In Quebec, houses are similar to American ones—often made of wood and painted in bright colors. Homes in Martinique and Guadeloupe can be large plantation-style houses or small cement-block houses. The porch is the central gathering place, and kitchens are sometimes separate to keep the rest of the house cool. In Côte d'Ivoire, villages are known for specific kinds of houses: some of clay, some of bamboo, and some built on stilts over lagoons. In cities, you'll see modern houses and apartments.

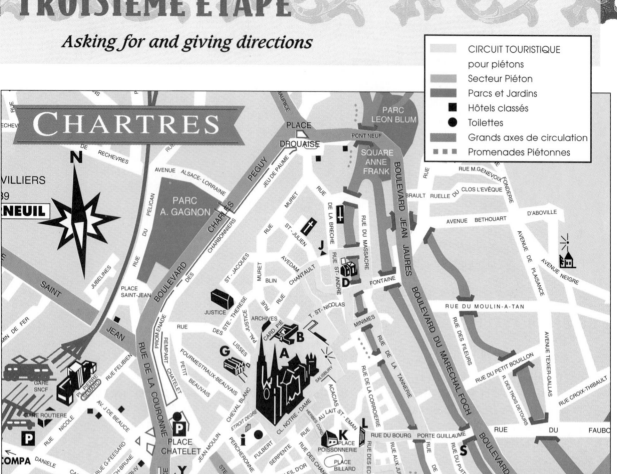

CHARTRES

Légende:
- CIRCUIT TOURISTIQUE pour piétons
- Secteur Piéton
- Parcs et Jardins
- Hôtels classés
- Toilettes
- Grands axes de circulation
- Promenades Piétonnes

A Cathédrale Notre-Dame
B Palais Episcopal
C Eglise Saint-Pierre
D Eglise Saint-André
E Eglise Saint-Brice
F Eglise Saint-Aignan
G Enclos de Loëns
   Centre International de Vitrail
H Logis Claude Huvé
J Maison Romane
K Maison du Saumon
L Escalier de la Reine Berthe
i OFFICE DE TOURISME

M Maison de l'Archéologie
N Hôtel de Ville
P Compa
R Eglise Sainte-Foy
   Galerie de Chartres
S Ruines de la Porte Guillaume
V Eglise Saint-Jean-Baptiste
Y Monument Jean Moulin

Vues pittoresques

Auberge de Jeunesse

Terrain de camping

25 Vrai ou faux?

1. La bibliothèque est à côté de la cathédrale.
2. La gare est près du parc des Bords de l'Eure.
3. La poste est dans la rue M. Violette.
4. La piscine est près de la cathédrale.
5. Le lycée est à côté de l'église Saint-Pierre.

VOCABULAIRE

Est-ce que tu peux trouver les endroits suivants sur le plan de Chartres?

un terrain de camping

une gare

une église

une piscine

une poste

un office de tourisme

une cathédrale	*a cathedral*	un lycée	*a high school*
un musée	*a museum*	une auberge de jeunesse	*a youth hostel*
un parc	*a park*	une bibliothèque	*a library*
		un théâtre	*a theater*

26 Ecoute!

Listen to Patrick and Chantal discuss what they're going to do today. First, choose the places they decide to visit. Then, listen again, and put those places in the order in which they'll visit them.

a. le Musée des Beaux-Arts
b. la cathédrale
c. le parc
d. l'office de tourisme
e. la poste
f. la piscine

27 Où vas-tu pour...

1. envoyer une lettre?
2. faire du camping?
3. faire un pique-nique?
4. prendre le train?
5. nager?
6. admirer des œuvres d'art?
7. trouver un plan de la ville?
8. emprunter des livres?
9. voir des acteurs et des actrices?
10. admirer des sculptures?

Note de *G*rammaire

When you're talking about going *to* a place, use **au** before masculine nouns, **à la** before feminine nouns, **à l'** before singular nouns that start with a vowel or an *h,* and **aux** before all plural nouns.

28 Que faire?

Ton ami(e) et toi, vous arrivez à Chartres. Qu'est-ce que vous voulez faire le premier jour de votre visite? Choisissez trois choses.

Si tu as oublié
making suggestions
va à la page 18.

—Tu as envie d'aller au parc des Bords de l'Eure?
—Non, ça ne me dit rien. Je préfère aller à la cathédrale.
—D'accord. Et après, on pourrait aller au théâtre sur la place de Ravenne.

NOTE CULTURELLE

Notre-Dame-de-Chartres, one of the most famous Gothic cathedrals, was built in the thirteenth century on a site where a cathedral had stood since the sixth century. The cathedral can easily be recognized by its different towers — the plain Romanesque tower on the left and the more ornate Gothic tower on the right in the photo below. Spared in all major wars and conflicts, Chartres still has most of its original stained-glass windows, famous for their rich colors. The cathedral's flying buttresses, its great size, and its light-filled interior clearly illustrate the genius of Gothic construction.

COMMENT DIT-ON... ?

Asking for and giving directions

To ask for directions:

Où est la gare, **s'il vous plaît?**

To give directions:

Traversez la place Châtelet et **prenez** la rue de la Couronne.
Cross . . .   take . . .

Puis, tournez à gauche sur le boulevard de la Courtille.
Then, turn left on . . .

Allez/Continuez tout droit. La gare est **sur la droite** dans la rue Félibien.
Go/keep going straight ahead.   on the right . . .

---

29 Ecoute!

Look at the map of Chartres on page 42. Imagine you're at the **place des Epars**. Listen to the following directions and figure out where they lead.

> à la cathédrale   à la piscine
>
>   à la poste   au lycée
>
> à l'église Sainte-Foy   au parc Gagnon

30 Quelle route?

M. Dupont est à Chartres devant la cathédrale. Il veut aller au théâtre sur la place de Ravenne. Complète les directions.

Tournez ___1___ dans la rue Percheronne. Ensuite, tournez ___2___ dans la rue du Soleil d'Or. Continuez ___3___. A la place des Epars, tournez à gauche sur ___4___. Le théâtre est ___5___.

31 Où va-t-on?

With a partner, decide on a starting point on the map of Chartres. Then, give your partner directions to a place you have in mind. Does your partner end up in that place? Take turns.

32 Viens chez moi!

You've invited the French-speaking exchange student at your school to come to your home. Write a note telling him or her how to get there from school.

33 Jeu de rôle

You've just arrived at the train station in Chartres and can't wait to visit the town. Choose two places you'd like to go. Ask directions from people, who might not always send you the correct way! Act out a humorous scene. Use the map on page 42.

Vocabulaire à la carte

Zut!	*Darn!*
Oh là là!	*Oh my goodness!*
Où je suis?	*Where am I?*
Qu'est-ce qui se passe?	*What's going on?*
Et alors?	*So what?*

LISONS!

What would you like to do in Chartres?

DE BONS CONSEILS

In Chapter 1 you reviewed the first two steps in reading a new selection: previewing and skimming. What should you do next? *Scan* to look for specific information. When you scan, you should look for key words to guide you to the specific information you want to find.

A. What kind of brochure do you see on this page? What does the title mean? What kind of photos and art do you see? What would you do with a brochure like this?

B. Scan each section of the brochure briefly. Match the title of each section to the key word(s) that tell you what the section is about.

1. **La Passacaille**   a. les tours, découvrir
2. **Le Musée des Beaux-Arts**   b. cuisine traditionnelle
3. **Au Plaisir d'Offrir**   c. cadeaux
4. **A l'Escargot d'Or**   d. peintures, sculptures, art
5. **Les Tours de la Cathédrale** e. pizzeria

C. Now that you have some key words in mind, scan the brochure again to figure out where you would go to . . .

1. take a tour of Chartres.
2. see a house covered with pieces of pottery and glass.
3. learn about making stained-glass windows.

PASSEZ UNE JOURNEE
A CHARTRES...
VILLE D'ART

LE MUSEE DES BEAUX-ARTS

29, cloître Notre-Dame - 28000 CHARTRES
Tél. 37 36 41 39

Etabli dans l'ancien Palais Episcopal, le Musée des Beaux-Arts présente des collections conjuguant richesse et diversité : peintures (Holbein, Zurbaran, Chardin, une importante collection Vlaminck), sculptures, tapisseries, mobilier, émaux (XVIe s.), clavecins, arts décoratifs, art primitif océanien.

Du 1/06 au 5/10 : exposition temporaire. L'ART DES INCAS dans les collections des Musées de CUZCO (Pérou).

Accès : au chevet de la Cathédrale dans les jardins (secteur piétonnier).

Tous les jours sauf mardi 10 h - 18 h du 1/04 au 31/10;
10 h - 12 h et 14 h - 18 h du 1/11 au 31/03.

Plein tarif musée : 7 FF. Tarif réduit : 3.50 FF.

Plein tarif exposition : 20 FF. Tarif réduit exposition : 10 FF.

·R·E·S·T·A·U·R·A·N·T·
Au Chat qui Court

8 rue de la Couronne — Chartres — Tél. 37 28 55 10

UNE PROMENADE INSOLITE, SANS FATIGUE

Départ place de la Cathédrale. Circuit commenté de 35 minutes de 10 h à 19 h dans le Vieux Chartres

de Pâques
à
Octobre

Nocturnes en été

Prix :
25 FF adultes
15 FF enfants

Réservations groupes :

PROMOTRAIN
131, rue de Clignancourt

75018 PARIS - Tél. (1) 42 62 24 03 - Fax (1) 42 62 50 32

A l'Escargot d'Or   Bar - Restaurant

Cuisine traditionnelle de qualité - Produits frais cuisinés maison
Groupes - Repas d'affaires - Service rapide

50 m de
la cathédrale

13, rue du Soleil d'Or - Tél. 37 21 73 53

Carte traduite en 4 langues
GB - ALL - ESP - FR

La Passacaille
PIZZERIA

Salle climatisée
ouvert tous les jours
Pendant l'été
service non-stop 11 h 30 - 22 h 30

30, rue Sainte-Même

entre la Place Chatelet
et la Cathédrale

Tél. 37 21 52 10

LA MAISON PICASSIETTE

22, rue du Repos - 28000
CHARTRES - Tél. 37 34 10 76

Un univers surprenant : pas un centimètre de mur, pas un meuble qui ne soit tapissé d'éclats de vaisselle, faïence et verre divers. Un témoignage exceptionnel d'art populaire (classé Monument Historique).

Accès : entre la route de Paris et la route d'Orléans, proche du cimetière de Chartres.

Tous les jours sauf mardi 10 h - 12 h et 14 h - 18 h du 1/04 au 31/10.

Plein tarif : 6 FF.
Tarif réduit : 3 FF.

LES TOURS DE LA CATHEDRALE

Découvrir Chartres et ses environs des tours de la cathédrale, base du "Clocher vieux" 800 ans d'âge, 103 m de haut et du "Clocher Neuf" élevé à 112 m au 16e s. par Jehan de Beauce.

Amateurs de photos, n'hésitez pas !

Accès : à l'intérieur de la Cathédrale près du portail nord (gauche).

Tous les jours excepté les matinées des dimanches et fêtes religieuses et durant certains offices et les 1/05, 1/11, 11/11, 25/12.

9 h 30 - 11 h 30, 14 h - 17 h 30 du 1/04 au 30/09.

10 h 30 - 11 h 30, 14 h - 16 h du 1/10 au 31/03.

Plein tarif : 20 FF.
Tarif réduit : 12 FF.

Au Plaisir d'offrir

Cadeaux - Souvenirs - Change - Toilettes
28, place Jean Moulin - Chartres

LE CENTRE INTERNATIONAL DU VITRAIL (C.I.V.)
5, rue du Cardinal Pie - 28000 CHARTRES - Tél. 38 21 65 72

Le Centre International du Vitrail a pour mission de promouvoir l'art du vitrail, il offre au grand public les moyens de connaître et d'apprécier un art ancien que notre temps renouvelle. Il présente des expositions de vitraux de tous pays.

Accès : côté gauche rue parallèle à la Cathédrale.

Tous les jours 9 h 30 - 19 h du 1/04 au 30/09; 10 h - 12 h 30 et 13 h 30 - 18 h du 1/10 au 31/03.

D. Read more closely for the answers to these questions.
   1. Could you order a pizza at 11 P.M. at **La Passacaille?**
   2. If you spoke only Spanish, where would you go to get a meal?
   3. If you were an amateur photographer, would you be allowed to take pictures on the cathedral tours?
   4. If you plan to visit Chartres in July, will the train tour of Old Chartres run at night?
   5. Would you find the **Musée des Beaux-Arts** open on Tuesday?

E. Choose activities that you can do on a Wednesday at 9:30 A.M., noon, 2 P.M., 5 P.M., and 7:30 P.M.

F. You and your friend Héloïse took photos of your day in Chartres. Complete these captions with information you scan from the brochure.
   1. Me voilà à l'Escargot d'Or. C'est la première fois que je mange...
   2. Nous voilà au Musée des Beaux-Arts. Héloïse regarde...
   3. C'est Héloïse et moi devant la cathédrale. On va...
   4. C'est moi au Plaisir d'Offrir. Si tu veux, on peut...

G. Create a travel brochure for French-speaking tourists about your town, city, or area. Draw and label pictures of places you think they would like to visit, or use photos from the newspaper. Be sure to include important information, such as times and days the places are open, the entrance fees, the type of food available, and so on. Before you make your final brochure, write a rough draft and have two classmates proofread it.

MISE EN PRATIQUE

Echanges Location

Paris, Ile Saint-Louis: bel immeuble ancien, 5 pièces, meublé, au 4e étage, ascenseur, terrasse vue Seine et Notre-Dame, 3 chambres, 1 bain, 2 W.-C. Disponible fin juin - mi-août contre logement en Californie. 45.15.92.38

Alpes, Brides les Bains—*Village Olympique 92*: chalet en bois, 2 chambres, salon - coin cuisine, près télécabine de l'Olympe aux Trois Vallées (1.200 km de pistes de ski, surf, monoski), disponible hiver contre logement en Floride. 79.55.24.37

Côte d'Azur, Le Lavandou: villa, 7 pièces, cuisine équipée, piscine, jardin, 3 chambres, 1er étage vue mer, 2 bains, 2 W.-C., juillet contre logement côte Est des Etats-Unis de préférence. 94.05.89.63

Franche-Comté, Marigny: ancienne ferme près du Lac Chalain, 5 pièces, style rustique, cuisine moderne, 2 cheminées, grand jardin, recherche logement dans le Mid-West. 84.25.74.47

Loire, Blois: Maison moderne 10 minutes centre-ville, cuisine, salon-salle à manger, 3 chambres, 1 bain-WC, jardin. Visitez les grands châteaux de la Loire. Contre logement en Louisiane de préférence. 54.74.27.25

1 French people who would like to exchange homes with people in the United States placed the ads above.

1. In what order is the following information given?
   a. type of home
   b. where the family would like to exchange
   c. phone number
   d. list of rooms
   e. location of home

2. Which home(s) would be the best choice for you if . . .
   a. you liked to swim?
   b. you lived in California?
   c. you preferred country living?
   d. you liked newer homes?
   e. you had a large family?
   f. you liked to ski?

3. Which house would you like to stay in and why?

2 Imagine you're an adult with your own home. You'd like to exchange houses with a French family, so you're going to place an ad in a French newspaper. First, make a list of the features of your home: where it's located, the rooms you have, when it's available, and a brief description. Then, write an ad to encourage people to choose your home.

3 Suppose your family has exchanged homes with the Parisian family who placed the first ad above. It's your first day in Paris, and you decide to sightsee! With a partner, decide on three places you'll visit together.

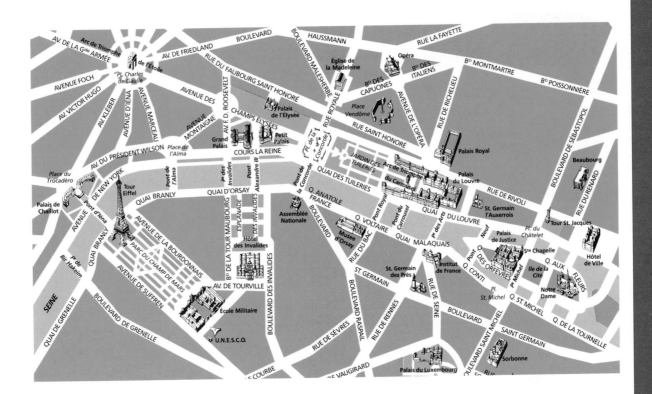

 4 Look at the map above. You're at the **place St-Michel** in the **Quartier latin** and you're trying to find the museum at the **centre Georges Pompidou.** You ask a passerby who, unfortunately, gives you the wrong directions. Listen to the directions and figure out where they would actually lead you.

 5 Using the map, direct your classmates from a place in Paris to a final destination. The first person to tell where the directions lead takes the next turn.

6

J E U   D E   R O L E

An American family has arranged to exchange homes with a French family. The Americans arrive at the French home before the French family leaves for the airport. Play the roles of the two families.

The French family should:
- welcome the American family.
- ask about their trip and how everyone is feeling.
- show the American family around their home.

The American family should:
- respond appropriately to the French family's welcome.
- tell how they are feeling.
- compliment the French family on their home and furnishings.

Can you use what you've learned in the chapter?

1 What would you say to welcome . . .
1. your pen pal Jean-Louis?
2. your mother's friend?

2 How would you respond to your friend's father, who says . . .
1. Bienvenue chez nous.
2. Fais comme chez toi.
3. Tu as fait bon voyage?

3 How would you ask Etienne if he's . . .
1. really tired?   2. hungry?   3. thirsty?

4 How would you say that you're . . .
1. not very tired?   2. very hungry?   3. a little thirsty?

5 When you're showing someone your home, how would you point out . . .
1. your room?   2. the bathroom?   3. the kitchen?

6 How would you compliment someone on . . . ?

1.

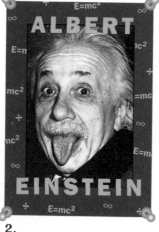

2.

3.

7 How would you respond to a compliment?

8 How would you ask directions to . . .
1. the train station?   2. the post office?   3. the library?

9 How would you give someone directions from your school to . . .
1. your favorite fast-food restaurant?   2. the nearest movie theater?

Sidebar

Can you welcome someone and respond to someone's welcome? p. 33

Can you ask how someone is feeling and tell how you are feeling? p. 34

Can you point out where things are? p. 39
Can you pay and respond to compliments? p. 40

Can you ask for and give directions? p. 45

PREMIERE ETAPE

Welcoming someone; responding to someone's welcome

Bienvenue chez moi (chez nous). *Welcome to my home (our home).*
Faites/Fais comme chez vous (chez toi). *Make yourself at home.*
Vous avez (Tu as) fait bon voyage? *Did you have a good trip?*
Merci. *Thank you.*

C'est gentil de votre/ta part. *That's nice of you.*
Oui, excellent. *Yes, excellent.*
C'était fatigant! *It was tiring!*

Asking how someone is feeling and telling how you are feeling

Pas trop fatigué(e)? *(You're) not too tired?*
Vous n'avez pas (Tu n'as pas) faim? *Aren't you hungry?*

Vous n'avez pas (Tu n'as pas) soif? *Aren't you thirsty?*
Non, ça va. *No, I'm fine.*
Si, je suis crevé(e). *Yes, I'm exhausted.*
Si, un peu. *Yes, a little.*
Si, j'ai très faim/soif! *Yes, I'm very hungry/thirsty.*
Si, je meurs de faim/soif! *Yes, I'm dying of hunger/thirst!*

DEUXIEME ETAPE

Pointing out where things are

Là, c'est... *Here/There is . . .*
A côté de... *Next to . . .*
Il y a... *There is . . .*
Ça, c'est... *This is . . .*
en face de *across from*
à gauche de *to the left of*
à droite de *to the right of*
près de *near*

Paying and responding to compliments

Il/Elle est vraiment bien, ton/ta... *Your . . . is really great.*

cool *cool*
beau (belle) *beautiful*
génial(e) *great*
chouette *very cool*
Tu trouves? *Do you think so?*
C'est vrai? (Vraiment?) *Really?*
C'est gentil! *That's nice of you.*

Furniture and rooms

l'armoire (f.) *armoire, wardrobe*
le balcon *balcony*
le bureau *desk*
la chaîne stéréo *stereo*
la chambre *bedroom*
la commode *chest of drawers*
la cuisine *kitchen*
les étagères (f.) *shelves*

le jardin *yard*
la lampe *lamp*
le lit *bed*
la pièce *room (of a house)*
le poster *poster*
le premier étage *second floor*
le rez-de-chaussée *first (ground) floor*
la salle à manger *dining room*
la salle de bains *bathroom*
le salon *living room*
le tapis *rug*
les toilettes (f.) (les W.-C.) *toilet, restroom*
beau (bel) (belle) *beautiful*
nouveau (nouvel) (nouvelle) *new*
vieux (vieil) (vieille) *old*

TROISIEME ETAPE

Asking for and giving directions

Où est..., s'il vous plaît? *Where is . . . , please?*
Traversez... *Cross . . .*
Prenez... *Take . . .*
Puis, tournez à gauche dans/sur... *Then, turn left on . . .*
Allez/Continuez tout droit. *Go/Keep going straight ahead.*

sur la droite/gauche *on the right/left*

Places in town

l'auberge (f.) **de jeunesse** *youth hostel*
la bibliothèque *library*
la cathédrale *cathedral*
l'église (f.) *church*
la gare *train station*

le lycée *high school*
le musée *museum*
l'office (m.) **de tourisme** *tourist information office*
le parc *park*
la piscine *pool*
la poste *post office*
le terrain de camping *campground*
le théâtre *theater*

3

Un repas à la française

① **C'est vraiment bon!**

Buying, preparing, eating, and sharing food are an essential part of life in every culture, and each culture has its own distinct customs concerning food. At your house, are there any special rules you have to follow when you're at the table? When you're a guest at someone's house, what should you do?

In this chapter you will learn

- to make purchases
- to ask for, offer, accept, and refuse food; to pay and respond to compliments
- to ask for and give advice; to extend good wishes

And you will

- listen to people at the grocery store and at the table
- read food ads and a comic strip
- write some menus and a card for a special occasion
- find out about typical meals and the behavior of guests in francophone countries

② C'est combien, une tartelette?

③ Je pourrais leur offrir des fleurs.

Mise en train

Une spécialité française

What French specialties do you see in these photos?

1. **Alors, qu'est-ce que vous voulez pour le déjeuner?**

   Je ne sais pas. J'aimerais manger quelque chose de bien français.

2. **Ah, je sais exactement ce que je vais faire.**

   Qu'est-ce que ça va être, maman?

   C'est une surprise.

3. **Voyons, on n'a plus de pain.**

   Nous, on peut en acheter.

   D'accord. Moi, je vais chercher le reste des provisions.

4. **Mmm... Regarde les pâtisseries!**

   Elles ont l'air bonnes, mais elles nous couperaient l'appétit.

5. **Voilà une spécialité française : les escargots!**

   On mange ça vraiment?

   Mais oui, c'est délicieux.

1 Tu as compris?

1. Where are Mrs. Lepic, Sandra, and Pamela at the beginning of **Une spécialité française**?
2. What errand do Pamela and Sandra do for Mrs. Lepic?
3. What does Pamela buy? Why?
4. What is Mrs. Lepic's surprise?

2 Vrai ou faux?

1. Pamela est allée chez le fleuriste pour acheter du pain.
2. Pamela et Sandra décident d'acheter des pâtisseries.
3. Mme Lepic achète du pain.
4. Le bouquet d'œillets coûte 30 francs.
5. En France, on mange des escargots.

3 C'est qui?

Qui a acheté les choses suivantes? Mme Lepic? Sandra ou Pamela? Personne *(Nobody)*?

1. 2. 3. 4.

4 Une journée intéressante

Pamela is writing about her day in her journal, but she forgets a few things. Can you help her?

Aujourd'hui, je suis allée en ville avec Mme Lepic et __1__. On a acheté du __2__ à la boulangerie-pâtisserie, mais on n'a pas acheté de __3__ parce que ça coupe l'appétit. J'ai acheté des __4__ pour offrir à Mme Lepic. Elle était très contente. On a eu une surprise pour le déjeuner. Des __5__!

5 Cherche les expressions

What do people in **Une spécialité française** say to . . .

1. ask for advice?
2. make a suggestion?
3. accept a suggestion?
4. ask for a price?
5. offer food?
6. accept food?

6 Et maintenant, à toi

If you were a guest, what would you do if you were offered something you didn't think you'd like?

CHAPITRE 3   Un repas à la française

7 Les fruits et les légumes

1. Which fruits and vegetables do you recognize in this ad? Are there any you haven't seen before?

2. In what quantity are most of the fruits and vegetables sold? Can you guess what **le sachet** means?

3. If you had 25 francs and you had to make a fruit salad to take to a party, which fruits would you buy?

Tu te rappelles ?

Do you remember how items are sold in French-speaking countries? Fruits and vegetables are priced by the pound (**une livre≈500 grammes**) or the kilogram (**un kilo≈2 livres ou 1.000 grammes**). To give a price in French, say the amount of francs first, then the centimes: **7F80= sept francs quatre-vingts.** To review numbers, practice counting by tens from 10 to 100: **dix, vingt, trente, quarante, cinquante, soixante, soixante-dix, quatre-vingts, quatre-vingt-dix, cent.**

COMMENT DIT-ON...?

Making purchases

To ask for a price:
C'est combien, s'il vous plaît?
Combien coûtent les pommes?
How much are . . . ?

To ask what quantity someone wants:
Combien en voulez-vous?
How many/much do you want?

To ask for a certain quantity of something:
Je voudrais une livre de tomates.
Je vais prendre un kilo de bananes.
Des pommes? **Je vais en prendre** deux
kilos. *I'll take . . . (of them).*

To ask for the total cost:
Ça fait combien?

Note de *Grammaire*

The object pronoun **en** means *of
them.* You use it to replace the
phrase **de + a thing or things.**

—Vous voulez **des fraises?**
—Oui, je vais **en** prendre une
livre.
—Et avec ça?
—**Des bananes,** s'il vous plaît.
—Combien **en** voulez-vous?
—Un kilo, s'il vous plaît.

8 Ecoute!

Listen to the following conversations to find out what the people are buying at the supermarket. Then, listen a second time for how much they're buying. According to the ad on page 57, how much would each customer pay?

9 Méli-mélo!

Unscramble the following conversation between a grocer and a customer. Act it out with a partner, exchanging roles. Then, repeat the conversation, substituting different foods at different prices.

—Une livre de haricots verts. Ça fait combien?

—Et avec ça?

—2 F le kilo. Combien en voulez-vous?

—C'est combien, les pommes de terre?

—Je vais en prendre trois kilos, s'il vous plaît.

—Ça fait 9 F.

10 A vos caddies

Your vegetarian friends are coming to lunch. Make a list of the fruits and vegetables you need and shop at **E. Leclerc.** Act out the scene with a partner. Then, change roles.

NOTE CULTURELLE

In France and in many French-speaking countries, people often do their grocery shopping in small neighborhood stores. Although convenience and lower prices are making supermarkets more popular, many people still prefer specialty shops for fresh food of high quality.

CHAPITRE 3   Un repas à la française

VOCABULAIRE

Où est-ce qu'on va pour acheter à manger?

A **la charcuterie**, on trouve...

du pâté

des saucissons

du jambon

A **la boulangerie**, on achète...

des pains au chocolat

des baguettes

des croissants

A **la crémerie**, on vend...

des œufs

du beurre

du fromage

du lait

A **la pâtisserie**, on se régale avec...

une tarte aux pommes

des religieuses[1]

des mille-feuilles[2]

A **la boucherie**, on peut acheter **de la viande** ou **de la volaille.**

un bifteck

un rôti de bœuf

un poulet

A **la poissonnerie**, on trouve du poisson et **des fruits de mer.**

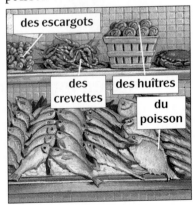

des escargots

des crevettes

des huîtres

du poisson

1. pastries made of two iced cream puffs filled with chocolate or coffee cream
2. rectangular pastries made of thin layers of puff pastry and cream filling

11 Ecoute!

Listen as some parents tell their children what to buy for dinner. Which store(s) will they have to visit?

a. la poissonnerie   **c.** la boucherie   **e.** la crémerie
b. la boulangerie   **d.** la charcuterie   **f.** la pâtisserie

12 L'intrus

Which item does not belong in each group of words? Can you explain why?

du fromage	une religieuse	la volaille	des saucissons	des huîtres
du lait	un gâteau	la charcuterie	des crevettes	du poisson
du pâté	une tarte	la poissonnerie	du jambon	du poulet
du beurre	un rôti	la pâtisserie	du pâté	des escargots

13 Un cordon bleu attentionné

Toute la semaine, M. Lepic fait la cuisine! Qu'est-ce qu'il peut préparer pour les personnes suivantes? Qu'est-ce qu'il ne devrait pas préparer?

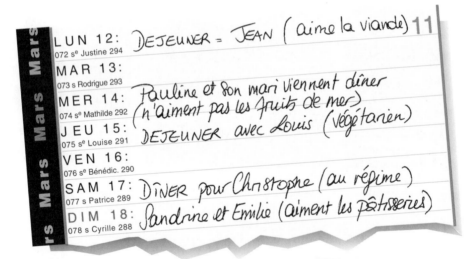

LUN 12: 072 sᵉ Justine 294 — DÉJEUNER = JEAN (aime la viande) 11

MAR 13: 073 s Rodrigue 293

MER 14: 074 sᵉ Mathilde 292 — Pauline et son mari viennent dîner (n'aiment pas les fruits de mer)

JEU 15: 075 sᵉ Louise 291 — DÉJEUNER avec Louis (végétarien)

VEN 16: 076 sᵉ Bénédic. 290

SAM 17: 077 s Patrice 289 — DÎNER pour Christophe (au régime)

DIM 18: 078 s Cyrille 288 — Sandrine et Emilie (aiment les pâtisseries)

14 Vous en voulez combien?

You and a friend are going shopping for Mrs. Lepic this afternoon. With a partner, take turns acting out the roles of vendor and shopper at the various stores. Make sure you get the right quantity and buy everything on her list.

une douzaine d'œufs
deux baguettes
un poulet
500 grammes de crevettes
2 litres de lait
1 kilo de pommes de terre
une tarte aux pommes
500 grammes de jambon

15 Une publicité

Pick a specific kind of food store and make your own ad. Cut pictures from a magazine or newspaper or draw your own pictures. Advertise at least six items and remember to include prices.

PANORAMA CULTUREL

Chantal • Martinique

Emmanuel • France

Sandrine • Martinique

What's a typical breakfast, lunch, or dinner where you live? We talked to francophone people around the world about their meals. Here's what they told us.

Qu'est-ce qu'un petit déjeuner typique ici?

«Au petit déjeuner, je prends du chocolat, un jus de fruit. Je ne mange pas beaucoup, donc c'est tout ce que je prends.»

Quel est ton repas principal?

«Le déjeuner, soit à la cantine, ou bien chez moi, si je ne suis pas au lycée.»

Qu'est-ce que tu prends?

«D'habitude, enfin c'est varié, ça peut être des pâtes... Je ne sais pas... des pâtes, du riz, enfin c'est très varié. Il n'y a pas de trucs précis.»

—Chantal

«Typiquement? Un déjeuner typiquement français, c'est en général [un] chocolat chaud avec des croissants. C'est tout différent des Américains. C'est... avec des croissants, des toasts, du pain, du beurre, de la confiture... Voilà.»

—Emmanuel

«Au petit déjeuner, des tartines. Je prends des tartines au petit déjeuner, avec du chocolat.»

Quel est ton repas principal?

«Pour moi, c'est... le repas principal, c'est celui du midi.»

Qu'est-ce que tu prends?

«Le midi? C'est très varié, le midi. Je peux prendre du poisson, de la viande, du riz, des légumes du pays aussi.»

—Sandrine

Qu'en penses-tu?

1. In what ways are these responses different or similar?
2. How do typical American meals compare with those mentioned in the interviews?
3. How might the area in which people live influence their eating habits?

16 Au Lion d'Or

Look at the menu for **Le Lion d'Or**. How many categories do you see? What are they? When you go to a restaurant, how many courses do you order? What do you call them?

17 Et au petit déjeuner?

What do people where you live usually have for breakfast? Is it similar to or different from the breakfast at **Le Lion d'Or**?

NOTE CULTURELLE

Meals occupy a central place in French family and social life. Lunch and dinner usually consist of several courses: an appetizer, the main course, a simple green salad, cheese, and dessert. A special meal might have as many as nine courses! As an appetizer, the French might eat cold cuts, vegetables in a vinaigrette sauce, or soup. The main course consists of meat or seafood. The French eat a wide variety of meats, fowl, and game such as duck, goose, guinea hen, and rabbit. Potatoes are very common, and you may be served a variety of vegetables like turnips, endive, eggplant, or leeks. For dessert, fresh fruit is often served. Pastries or ice cream are usually reserved for special occasions. The evening meal is generally lighter and often meatless. Eggs are eaten at dinner, but rarely at breakfast.

LE LION D'OR

Entrées

Pâté de campagne	20 F
Saucisson sec pur porc	20 F
Sardines à l'huile	20 F
Carottes râpées	20 F
Œuf dur mayonnaise	20 F

Viandes-Volaille

Filet de bœuf	65 F
Carré d'agneau	65 F
Steak au poivre	60 F
Poulet garni	45 F
Daube de lapin	70 F
Filet de canard à l'orange	62 F
Tartare (préparé à la commande)	56 F

Tous nos plats sont accompagnés de frites
ou de salade verte ou de haricots verts

Fromages

Camembert, Gruyère	19 F
Yaourt	10 F

Fromages Fermiers Sélectionnés

St.-Nectaire	22 F
Roquefort Papillon (Carte Noire)	25 F
Chèvre	27 F

Desserts

Crème de marrons	12 F
Mont-Blanc	16 F
Tarte aux fruits	26 F
Crème caramel	22 F
Mousse au chocolat	24 F

Boissons

Limonade	20 F
Eau minérale	22 F
Jus de fruits	24 F
Thé ou café glacé	26 F
Cidre	24 F
Milk shake	30 F

Au petit déjeuner

Croissant	12 F
Tartine	9 F
Gâteau Breton	9 F

Petit déjeuner complet à . . . . . . 50 F
Double express ou crème ou chocolat ou thé,
1 croissant, 1 tartine, 1 orange pressée,
confiture, beurre, miel

VOCABULAIRE

des tartines

un chocolat chaud

Pour le petit déjeuner, on prend un café au lait ou un chocolat chaud avec des tartines ou des croissants. Quelquefois, on prend des céréales.

des céréales

un café au lait

la salade

le plat principal

le fromage

l'entrée

le dessert

Pour le déjeuner et pour le dîner, on commence
par une entrée. Ensuite, on sert le plat principal suivi d'une salade verte. A la fin du repas, on passe le
plateau de fromages. Et pour terminer, on prend un dessert ou un fruit.

18 Ecoute!

Ecoute ces conversations. Est-ce qu'on parle du petit déjeuner, du déjeuner ou du dîner?

19 A la carte

Tu vas au **Lion d'Or** pour le déjeuner. Qu'est-ce que tu commandes? Joue la scène avec un(e) camarade.

—Qu'est-ce que vous prenez comme entrée?
—Je voudrais le pâté de campagne, s'il vous plaît.

Qu'est-ce que vous prenez comme plat principal?

Et comme fromage?   Pour le dessert?

Et comme boisson?

20 Ecoute!

Read this list of school menus from Martinique. Then, listen to some students talking about lunch. Which town are the speakers from? Which day's menu are they talking about?

21 Une cantine quatre étoiles

If you were planning meals for a "Francophone Awareness Week" at your school, what would you serve? Write the menus for the week.

LUNDI   Entrée :
Plat Principal :
Légume :
Fromage/Dessert :

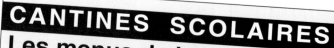

CANTINES SCOLAIRES
Les menus de la semaine

VAUCLIN :
Lundi: fromage, lapin chasseur, haricots rosés, mandarines.
Mardi: melon, couscous au mouton, lait gélifié.
Jeudi: salade de laitue, poisson au four, haricots verts et carottes, yaourt.
Vendredi: salade de concombres, steak haché au four, chou vert sauce blanche, cocktail de fruits.

RIVIERE-SALEE :
Lundi: salade de concombres, haricots rosés, poisson grillé, glace.
Mardi: fromage, salade de haricots verts, poisson au four, fruit.
Jeudi: salade de carottes, riz blanc, colombo de cabri, glaces.
Vendredi: salade de tomates, sardines, pâté en pot, île au caramel.

COMMENT DIT-ON... ?

Asking for, offering, accepting, and refusing food; paying and responding to compliments

To ask for food:
Je pourrais avoir du pain, **s'il vous plaît (s'il te plaît)?**
May I have some . . . , please?
Vous pourriez (Tu pourrais) me passer le sel?
Would you pass me . . . ?

To offer food or drink:
Vous voulez (Tu veux) de la salade?

Encore du gâteau? *Some more . . . ?*

To respond:
Voilà. *Here it is.*

Tenez (Tiens). *Here you are.*

To accept:
Oui, je veux bien.

To refuse:
Merci, ça va. *Thank you, I've had enough.*
Je n'ai plus faim/soif. *I'm not hungry/thirsty anymore.*

To pay a compliment about food:
C'est vraiment bon!
This is really good!
C'était délicieux!
That was delicious!

To respond:
Ce n'est pas grand-chose.
It's nothing special.
C'est gentil!

22 Ecoute!

Listen to the following conversations at the table. Is the first speaker asking for food, offering food, or paying a compliment?

23 Les deux font la paire

Choisis la bonne réponse.

1. Tu veux encore du poulet?
2. C'était délicieux!
3. Je pourrais avoir du brie, s'il te plaît?
4. Encore de l'eau?
5. Vous pourriez me passer le pain?

a. C'est gentil!
b. Tenez.
c. Non, je n'ai plus soif.
d. Merci, ça va.
e. Tiens.

24 La politesse

Accepte ou refuse ces plats. Si tu reprends quelque chose, fais aussi un compliment!

Encore des escargots?

Tu veux du pâté?

Tu veux de la mousse au chocolat?

Encore du poisson?

Tu veux du jus de carotte?

25 Un menu pour des amis

You've invited some friends for a French lunch. Decide what you're going to serve for each course and write out the menu.

26 Jeu de rôle

The guests you've invited in Activity 25 have arrived. Greet and welcome them, and make sure that they have everything they want. The guests should respond politely, compliment your cooking, and ask for seconds if they want them.

Note de *G*rammaire

- When you're talking about a whole item, use the article **un** or **une** *(a, an)* before the noun.
- When you're talking about a portion of an item, use the partitive articles **du, de la,** or **de l'** *(some)* before the noun.

une tarte   un poulet

une omelette

de l'omelette

de la tarte   du poulet

A la française

If you'd like to try eating a meal the French way . . .

- wish everyone **Bon appétit!** before you start to eat.
- keep your hands on or above the table.
- place your bread next to your plate.
- after cutting a piece of meat, keep your fork in your left hand.
- eat French fries, pizza, and fruit with a knife and fork, not with your hands.
- ask for something politely and never point.
- eat slowly and enjoy the conversation.

RENCONTRE CULTURELLE

Look at the illustrations below. What's going on in each situation?

Qu'en penses-tu?

1. When you're invited to eat at someone's house, do you or your parents bring a gift? If so, what kind of gift? What gifts are not appropriate?
2. What is considered good or bad manners where you live?
3. What conversation topics are socially acceptable? What topics are too personal? How is this different in France?

Savais-tu que... ?

A guest invited to dinner in a French home is expected to bring a gift. Candy or flowers are always acceptable. However, you should never offer chrysanthemums; they're associated with death and mourning because they bloom around November 1, All Saints Day **(la Toussaint).** Food or drink items other than candy are best avoided, unless you know the hosts very well. What you choose might not fit with what the host or hostess has planned to serve. Guests aren't expected to arrive exactly on time, and dinner won't be served immediately. A guest who isn't a family member shouldn't enter other areas of the house uninvited.

In polite conversation, certain topics are considered taboo. Asking about someone's profession is almost as rude as asking about the person's salary. Of course, asking an adult's age is considered rude. While politics is a popular conversation topic in France, you shouldn't directly ask what political party someone belongs to. It's best to ask people what they think about a certain event or situation. They will probably be glad to give their personal opinion.

TROISIEME ETAPE

Asking for and giving advice; extending good wishes

Salut,

Juste un petit mot pour te demander de venir manger à la maison samedi soir. J'ai invité Jérôme et Béatrice aussi. On va faire une fondue. Ça te dit? Viens vers les sept heures. Tu n'es pas obligé d'apporter quelque chose, mais si tu y tiens, amène un dessert ou quelque chose à boire.

A bientôt!

Sylvie

On fait une petite fête pour l'anniversaire de Gilles dimanche après-midi au parc de la Victoire. Ça va être une surprise, alors surtout ne lui dis rien! On s'occupe du gâteau et des bougies. J'espère que tu vas pouvoir venir. Plus on est de fous, plus on rit. A plus tard.

Jean-Pierre
Céline

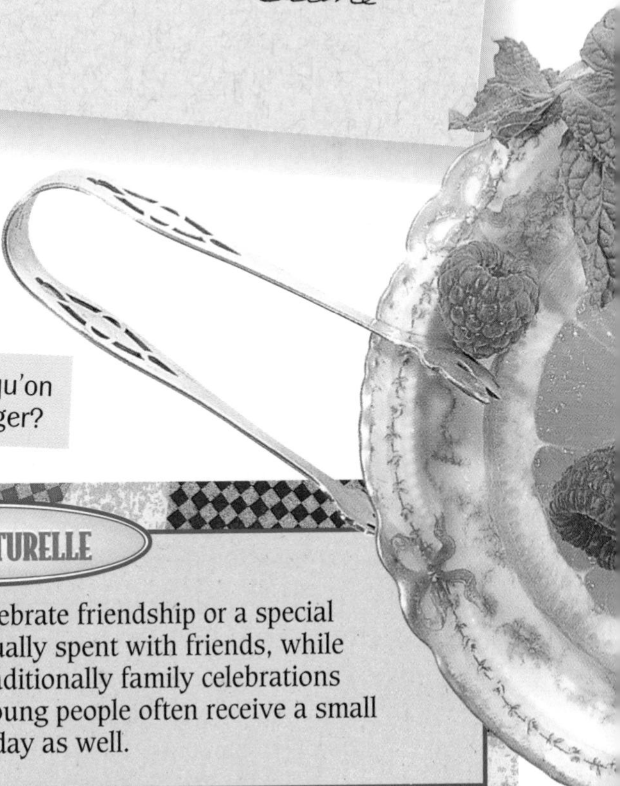

27 Tu es invité(e)

Quelles sont les informations données dans chaque invitation?

Qu'est-ce qu'on apporte? | Quoi? | Quand? | Où? | Avec qui? | Qu'est-ce qu'on va manger?

NOTE CULTURELLE

In France, a meal is often a way to celebrate friendship or a special occasion. The New Year's dinner is usually spent with friends, while birthday and Christmas dinners are traditionally family celebrations when people exchange gifts and cards. Young people often receive a small gift on their saint's day as well.

COMMENT DIT-ON... ?
Asking for and giving advice

To ask for advice:

Tu as une idée de cadeau pour
Oncle Omar? *Have you got a gift
idea for . . . ?*

Qu'est-ce que je pourrais offrir à
mes parents? *What could I give
to . . . ?*

To accept advice:

Bonne idée! *Good idea!*
C'est original. *That's unique.*
Tu as raison, elle adore la musique.
You're right . . .
D'accord.
OK.

To give advice:

Offre-lui (-leur) des bonbons.
Give him/her (them). . .
Tu pourrais lui (leur) offrir un CD.
You could give him/her (them) . . .
Un livre, **peut-être.**
. . . maybe.

To reject advice:

C'est trop cher. *It's too expensive.*
C'est banal. *That's ordinary.*
Ce n'est pas son style.
That's not his/her style.
Il/Elle en a déjà un(e). *He/She
already has one (of them).*

28 Ecoute!

Listen as some students ask for advice about gifts. Do they accept or reject the
suggestions?

---

*G*rammaire   The indirect object pronouns **lui** and **leur**

The pronouns **lui** *(to/for him, to/for her)* and **leur** *(to/for them)* replace a
phrase that begins with **à** or **pour** followed by a person or persons. **Lui** and **leur**
never refer to things.

- Place **lui** or **leur** before the conjugated verb:
  Tu **leur offres** un cadeau? Je **lui parle** souvent.
- If there's an infinitive in the sentence, **lui** or **leur** is placed before it:
  Tu pourrais **lui offrir** un bracelet. Je vais **leur acheter** des fleurs.
- In a command, place **lui** or **leur** after the verb, connected to it with a hyphen:
  Offre-lui des bonbons! **Achète-leur** un cadeau.

---

29 Donne des conseils

Ton ami(e) ne sait pas quels cadeaux offrir à ces gens. Donne-lui des idées.

1. Iman et Sylvie sont toujours à la dernière mode.
2. Catherine fait toujours des photos.
3. Vincent et Paul aiment bien manger.
4. Marc joue au foot tous les jours.
5. Il y a toujours des fleurs sur la table chez tante Marie.
6. Eric va étudier l'allemand à l'université.

un dictionnaire
un joli album de photos
des boucles d'oreilles
des chocolats
des baskets
un vase

Offre-lui...
Tu pourrais lui offrir...
Offre-leur...
Tu pourrais leur offrir...

VOCABULAIRE

Oh, là là, C'est l'anniversaire de maman. Il me faut des idées de cadeaux...

Des bonbons?
Une boîte de chocolats?

Des fleurs?

Un cadre?
Un vase?

Un foulard?
Un portefeuille?
Un sac à main?

30 Ecoute!

Qu'est-ce que chaque personne offre
à Mme Lepic pour son anniversaire?

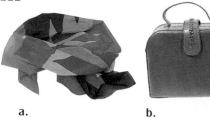   

a.   b.   c.   d.   e.

31 Cadeau d'anniversaire

Mardi prochain, c'est l'anniversaire de ton meilleur ami (ta meilleure amie). Fais une
description de ton ami(e), puis demande des conseils à tes camarades.

    — Patrick aime la musique et le tennis. Qu'est-ce que je pourrais lui offrir?
    — Offre-lui des baskets!
    — Non, c'est trop cher.
    — Tu pourrais lui offrir...

32 Au grand magasin

You and a friend are shopping at a department store, and you each have 500 francs to
spend. Make a list of four people to shop for. Then, suggest some gifts for the people on
your lists.

COMMENT DIT-ON...?
Extending good wishes

Bonne fête! *Happy holiday! (Happy saint's day!)*
Joyeux (Bon) anniversaire! *Happy birthday!*
Bonne fête de Hanoukka! *Happy Hanukkah!*
Joyeux Noël! *Merry Christmas!*
Bonne année! *Happy New Year!*
Meilleurs vœux! *Best wishes!*
Félicitations! *Congratulations!*
Bon voyage! *Have a good trip! (by plane, ship)*
Bonne route! *Have a good trip! (by car)*
Bon rétablissement! *Get well soon!*

33 Qu'est-ce que tu dis?

1. C'est l'anniversaire de ton ami(e).
2. C'est le vingt-cinq décembre.
3. Ton professeur est malade.
4. On allume la menora.
5. C'est la fête des Pères.
6. C'est le premier janvier.
7. Ton ami(e) part pour la Côte d'Ivoire.
8. C'est le jour du mariage de ta cousine.
9. Tes parents vont faire du camping.
10. Ta mère a une promotion.

34 Les cartes de vœux

Fais une carte de vœux *(greeting card)* humoristique
ou sérieuse pour quelqu'un.

35 Mon journal

Choose a couple of special occasions, such as Mother's Day
(la fête des Mères), someone's birthday, Kwanzaa, Hanukkah, or Christmas, and write
about what you eat, what gifts you give, and what activities you do on that occasion.

When you were younger, did adults always tell you what to do? What did they say?

A. Take a moment to preview the pictures and captions. What type of reading is this? Now, skim through the reading. At the beginning, who is saying **Ça commence le matin vers 8 heures...** ? Who is speaking in the other pictures?

B. Before you read the captions, list five "don'ts" that adults usually say to children. After you read the captions, check your list to see how many of your "don'ts" were mentioned.

C. With a partner, cover the captions and look at the drawings in order. What do you think the boy is thinking or doing in each picture?

D. Read the captions to the first row of pictures. Why does the speaker always use the **tu** form of the verb?

... ne joue pas avec le pain!

.. finis ta soupe!

... finis ta viande!

... finis tes pâtes!

... mange proprement

... ne mets pas les coudes sur la table!

...tiens-toi normalement!

... regarde moi, en face!

... ne regarde pas tes pieds!

...arrête ce vacarme!

... pourquoi es-tu si tranquille?

... dis "s'il te plaît"!

... dis "Merci"!

... mieux que ça!

... ne pleure pas!

...ne souris pas bêtement!

...le bel âge ...

... le soir, moi, j'en ai ras le bol!

E. Scan the cartoon and find the French for:

1. Don't cry!
2. Stop that noise!
3. Sit up straight!
4. Don't drag your feet!

F. Have a partner cover up the captions in the first row of pictures on pages 72 and 73. Then, ask your partner to point out the pictures that match these commands as you read them.

1. Tiens-toi droit!
2. Mange proprement!
3. Finis ta soupe!
4. Réponds-moi!

How did your partner do? Now switch roles. You cover up the captions in the second row on both pages. Try to find the pictures as your partner reads these commands.

1. Regarde où tu marches!
2. Ne regarde pas tes pieds!
3. Parle intelligiblement!
4. Regarde-moi en face!

G. Go back to part B where you wrote what adults always told you not to do. Draw a stick figure for each command and write a caption in French.

H. Can you think of five commands or orders you would like to give adults? Be sure to use the **vous** form. Compare your ideas with a partner's and illustrate the five best.

I. Why is there a question mark after **le bel âge** in the boy's speech bubble? How does he feel about **le bel âge**? How did you? What would you consider **le bel âge**?

MISE EN PRATIQUE

GRATIN DE BANANES JAUNES *Martinique*

INGRÉDIENTS

- 1 banane jaune [par personne] coupée en rondelles
- 1 oignon haché fin
- 2 gousses d'ail écrasées
- 50 grammes de beurre
- 3 cuillerées à soupe de farine
- 3/4 de litre de lait
- 110 grammes de fromage râpé
- sel et poivre

PRÉPARATION

1. Faire revenir l'oignon et l'ail dans le beurre, jusqu'à la couleur blonde. Ajouter un peu de sel et poivre.
2. En remuant constamment, rajouter la farine.
3. Hors du feu, ajouter le lait petit à petit.
4. Remettre sur le feu et amener à ébullition.
5. Retirer du feu et mettre la moitié du fromage.
6. Beurrer un plat qui va au four.
7. Alterner des couches de sauce et bananes, terminant avec la sauce.
8. Saupoudrer avec le reste du fromage.
9. Mettre au four à 425 degrés Fahrenheit et laisser dorer.

Servir chaud avec toutes viandes.

Pouding au pain et aux bleuets
Canada

INGRÉDIENTS

- 4 tasses de cubes de pain
- 1 cuillerée à thé de cannelle
- 1/4 tasse de sucre granulé
- 3/4 tasse de beurre fondu
- 2 tasses de bleuets frais
- 1/2 tasse de sucre brun

PRÉPARATION

1. Chauffer le four à 350 degrés Fahrenheit.
2. Placer les cubes dans un grand bol.
3. Ajouter la cannelle et le sucre granulé.
4. Verser le beurre fondu et bien mêler.
5. Mélanger les bleuets et le sucre brun.
6. Dans un plat qui va au four, alterner des rangs de bleuets et pain.
7. Faire cuire au four pendant 30 minutes.

Servir chaud.

STEAK AU POIVRE – France

Ingrédients — par personne

- 1 steak
- 1/2 cuillerée à soupe de grains de poivre concassés
- 1/2 cuillerée à soupe de beurre
- 1/2 cuillerée à soupe d'huile
- 2 cuillerées à soupe de bouillon de bœuf
- 1/4 tasse de crème fraîche

Préparation

1. Répartir le poivre sur le steak.
2. Aplatir avec la main.
3. Saler le steak.
4. Faire cuire dans l'huile et le beurre.
5. Sortir le steak et réserver au chaud.
6. Dans la poêle ajouter le bouillon de bœuf et la crème fraîche.
7. Mélanger la sauce et ajouter un peu de sel.

Servir chaud, la sauce sur le steak.

1 Read the recipes and answer these questions.

1. In what order is the following information given?
   a. serving instructions
   b. ingredients
   c. cooking instructions

2. Which recipe(s) would you choose to make if . . .
   a. you loved fruit?
   b. you were tired of the usual rice and potatoes?
   c. you had a lot of leftover bread?
   d. you were going to a potluck dinner and had to bring a vegetable dish?
   e. you liked spicy food?

2 Listen to the following conversations and decide which recipe on page 74 each person is going to make.

3 The French Club is planning a **soirée francophone.** In groups of four, choose a recipe that you'd like to make. Decide what ingredients you'll need and make a shopping list. If you were shopping in France, which specialty stores would you have to visit? One person can buy the ingredients, while the others play the roles of salespeople at the various stores.

4 At the **soirée,** you want to present your club sponsor with a gift. With a partner, make suggestions about what you might give. Decide on an appropriate gift.

5 Make a program for your francophone banquet. Be sure to include a menu with the courses of the banquet and a list of the entertainment you'll provide. You might even do some research on the dishes you'll be serving and put the information in your program.

6

J E U   D E   R O L E

Create a humorous skit for entertainment at the **soirée francophone.** Choose one of these scenarios or invent your own.
—A guest at a home in France does not act appropriately!
—Someone who knows little about French dining customs eats a meal in an elegant French restaurant.
—Two people meet for the first time, and one asks questions that shock the other.

QUE SAIS-JE?

Can you use what you've learned in this chapter?

Can you make
purchases? p. 58

1 In France, how would you . . .

1. ask how much the shrimp costs?
2. ask for two kilograms (of them)?
3. ask how much all your purchases cost?

2 Where would you go to buy . . .

1. a pastry?
2. eggs?
3. snails?
4. ham?
5. chicken?
6. a croissant?

Can you ask for,
offer, accept, and
refuse food?
p. 64

3 What would you expect to have for a typical French breakfast, lunch, and dinner?

4 How would you . . .

1. ask for more of your favorite dessert?
2. ask someone to pass your favorite main dish?
3. offer someone something to drink?

5 How would you respond if you were offered a second helping?

1. You'd like some more.
2. You just couldn't eat any more.

Can you pay and
respond to compli-
ments? p. 64

6 What would you say to compliment the meal you've just eaten? How would you respond to a compliment?

Can you ask for
and give advice?
p. 68

7 How would you ask for advice about what to give someone for his or her birthday?

8 How would you
advise your
friend to give
his or her
grandmother
these gifts?

 1.  2.  3.

9 At what stores would you buy the gifts in number 8?

10 How would you respond to a gift idea if . . .

1. you didn't like the idea?
2. you did like the idea?

Can you extend
good wishes?
p. 71

11 What would you say to someone who is . . .

1. leaving by car on vacation?
2. having a birthday party?
3. not feeling well?

CHAPITRE 3   Un repas à la française

PREMIERE ETAPE

Making purchases

C'est combien, s'il vous plaît?
How much is it, please?
Combien coûte(nt)... ? *How much is (are) . . . ?*
Combien en voulez-vous? *How many/much do you want?*
Je voudrais une livre (un kilo) de... *I'd like a pound (kilo) of . . .*
Je vais (en) prendre... *I'll take . . . (of them).*
Ça fait combien? *How much does that make?*

Stores and products

la boucherie *butcher shop*
la boulangerie *bakery*
la charcuterie *delicatessen*
la crémerie *dairy*
la pâtisserie *pastry shop*
la poissonnerie *fish shop*
la baguette *long loaf of bread*
le beurre *butter*
le bifteck *steak*
les crevettes (f.) *shrimp*
les croissants (m.) *croissants*
les escargots (m.) *snails*
le fromage *cheese*
les fruits de mer (m.) *seafood*
les huîtres (f.) *oysters*

le lait *milk*
le jambon *ham*
le mille-feuille *layered pastry*
les œufs (m.) *eggs*
le pain au chocolat *croissant with a chocolate filling*
le pâté *paté*
le poisson *fish*
le poulet *chicken*
la religieuse *cream puff pastry*
le rôti de bœuf *roast beef*
le saucisson *salami*
la tarte aux pommes *apple tart*
la viande *meat*
la volaille *poultry*

DEUXIEME ETAPE

Asking for, offering, accepting, and refusing food

Je pourrais avoir... s'il vous plaît? *May I have some . . . please?*
Vous pourriez (Tu pourrais) me passer... *Would you pass . . . ?*
Vous voulez (Tu veux)... ? *Do you want . . . please?*
Encore... ? *Some more . . . ?*
Voilà. *Here it is.*
Tenez (Tiens). *Here you are.*

Oui, je veux bien. *Yes, I would.*
Merci, ça va. *No thank you, I've had enough.*
Je n'ai plus faim/soif. *I'm not hungry/thirsty any more.*

Paying and responding to compliments

C'est vraiment bon! *This is really good!*
C'était délicieux! *That was delicious!*

Ce n'est pas grand-chose. *It's nothing special.*
C'est gentil! *That's nice of you!*

Meal vocabulary

une tartine *bread, butter, jam*
le café au lait *coffee with milk*
des céréales (f.) *cereal*
le chocolat chaud *hot chocolate*
l'entrée (f.) *first course*
le plat principal *main course*
le dessert *dessert*

TROISIEME ETAPE

Asking for and giving advice

Tu as une idée de cadeau pour... ? *Have you got a gift idea for . . . ?*
Qu'est-ce que je pourrais offrir à... ? *What could I give to . . . ?*
Offre-lui (-leur)... *Give him/her (them) . . .*
Tu pourrais lui (leur) offrir... *You could give him/her (them) . . .*
..., peut-être *. . . , maybe*
Bonne idée! *Good idea!*
C'est original. *That's unique.*
Tu as raison... *You're right . . .*
D'accord. *OK.*
C'est trop cher. *It's too expensive.*
C'est banal. *That's ordinary.*

Ce n'est pas son style. *That's not his/her style.*
Il/Elle en a déjà un(e). *He/She already has one (of them).*

Gifts and shops

les bonbons (m.) *candies*
la boîte de chocolats *box of chocolates*
le cadre *photo frame*
les fleurs (f.) *flowers*
le foulard *scarf*
le portefeuille *wallet*
le sac à main *purse*
le vase *vase*
la boutique de cadeaux *gift shop*
la confiserie *candy shop*
le fleuriste *florist's shop*

la maroquinerie *leather shop*

Extending good wishes

Bonne fête! *Happy holiday! (Happy saint's day!)*
Joyeux (Bon) anniversaire! *Happy birthday!*
Bonne fête de Hanoukka! *Happy Hanukkah!*
Joyeux Noël! *Merry Christmas!*
Bonne année! *Happy New Year!*
Meilleurs vœux! *Best wishes!*
Félicitations! *Congratulations!*
Bon voyage! *Have a good trip! (by plane, ship)*
Bonne route! *Have a good trip! (by car)*
Bon rétablissement! *Get well soon!*

CHAPITRE 4

Allez, viens à la Martinique!

La plage des Salines et le Rocher du Diamant

La Martinique

Population : 345.000

Points d'intérêt : la Pagerie, le Rocher du Diamant, la plage des Salines, le musée Gauguin du Carbet, la bibliothèque Schœlcher

Parcs et jardins : le jardin de Balata, la Savane, les Ombrages

Martiniquais célèbres : Aimé Césaire, Joséphine de Beauharnais, Euzhan Palcy

Ressources et industries : bananes, ananas, canne à sucre

Spécialités : boudin créole, acras de morue, crabes farcis, colombo de mouton

Festivals : la semaine internationale de voile, le Festival de Sainte-Marie, Mai de Saint-Pierre

Map labels:

Océan Atlantique

N

Sainte-Marie

Saint-Pierre

Trinité

Mer des Caraïbes

Le Robert

Fort-de-France

Le Lamentin

Le François

MARTINIQUE

Rivière-Pilote

Océan Atlantique

La Martinique

La Martinique est une petite île de la mer des Caraïbes que l'on appelle aussi «la perle des Antilles françaises». On y vit au rythme créole : on danse la biguine et le zouk, on mange piquant, mais il ne faut pas oublier que la Martinique est un département de la France. Ses habitants sont français. Ils votent comme s'ils habitaient en France métropolitaine. Le français est la langue officielle et on paie ses achats en francs.

① La Martinique produit surtout de la canne à sucre, des ananas et des bananes qu'on appelle «l'or vert» de l'île.

② La Martinique produit beaucoup d'épices.

③ Ce Martiniquais cueille des feuilles de cocotier pour en faire des objets qu'il vendra au marché.

④ Des milliers d'espèces de fleurs poussent dans **le jardin de Balata.**

⑤ Ces bateaux multicolores que l'on appelle des gommiers sont utilisés pour la pêche.

4
Sous les tropiques

① Qu'est-ce qu'on peut faire à la Martinique?
On peut visiter le fort Saint-Louis.

La Mer des Caraïbes

Traveling to a tropical island . . . what images come to your mind? Palm trees, beaches, bright flowers, and turquoise seas? Martinique has all those things, plus a fascinating history, world-renowned music, and, above all, warm, friendly people!

In this chapter you will learn

- to ask for information and describe a place
- to ask for and make suggestions; to emphasize likes and dislikes
- to relate a series of events

And you will

- listen to a radio ad for Martinique and to people making plans
- read the lyrics of a zouk song
- write a description of your daily activities
- find out about Carnival in Martinique and what French speakers like to do in their countries

② Ce qui me plaît, c'est déguster de la cuisine antillaise.

③ D'abord, je veux me baigner.

Mise en train

Agnès

Stéphane

Jean-Philippe

Lisette

Un concours photographique

Look at the two photo projects. Can you guess the theme of each one?

CONCOURS

Reportage Photographique

Le Club Photo vous invite à participer à son concours annuel

**Thème:
Découvrir la Martinique**

Nombreux prix!

Alors, à vos appareils-photos et vive l'imagination!

Pour tous renseignements, contactez M. Lucas, salle 310

C'est une bonne idée, ce concours photographique. Ça te tente de le faire avec moi? J'ai mon nouvel appareil-photo!

Pourquoi pas? Il y a beaucoup de choses à voir.

LA MARTINIQUE...
autrefois appelée Madinina, l'île aux fleurs. Une île parmi tant d'autres, mais si belle, colorée, chaleureuse...

On se promène, on se baigne, on se bronze. La mer, le sable, le soleil, les cocotiers, l'eau couleur turquoise, les sports nautiques... la Martinique — c'est magnifique!

Chez nous, il fait beau, chaud même parfois, mais il y a toujours un peu de pluie. C'est pour ça que notre île est si verte toute l'année. Il y a des fleurs de toutes les couleurs : rouges, jaunes, mauves, bleues, et blanches!

Plus vers le nord, c'est la jungle tropicale, les arbres immenses, le paradis des plantes et des moustiques.

C'est l'éternel printemps. Quand on voit le soleil se coucher dans la mer ou bien se lever au petit matin, déjà on est amoureux.

Tu sais, la Martinique, c'est plus qu'une île touristique. Pour vraiment l'apprécier, on doit voir comment on vit ici.

Tu as raison. Il vaut mieux montrer la vie de tous les jours à la Martinique.

LES VISAGES DE LA MARTINIQUE

La Martinique, c'est plus qu'un paradis pour les touristes. C'est aussi l'île des Martiniquais...

La vie des jeunes

Pour nous, les jeunes, c'est l'école. Le soir, on apprend les leçons. Parfois, on aide les parents au travail. Mais on préfère, bien sûr, faire du vélo ou aller à la plage.

La vie en famille

Le samedi après-midi ou le dimanche, c'est quand la famille peut être réunie. On aime bien jouer aux jeux de société ou se balader ensemble.

La vie en ville

Beaucoup de gens se lèvent à 4 h parce que leur travail commence très tôt. Le soir, on prépare le repas en famille. D'habitude, on se couche de bonne heure, mais on a toujours le temps de s'amuser. Cette employée de banque aime danser, surtout le zouk.

La vie près de la mer

Avec la mer toujours bleue et le climat doux, la Martinique est un paradis pour les pêcheurs. On pêche toute l'année: des daurades, des thons, des poissons rouges... Ça change selon la saison. Puis on va les vendre au marché.

1 Tu as compris?

1. Why are the students taking pictures?
2. What do Agnès and Jean-Philippe take pictures of?
3. What do they emphasize in their presentation of Martinique?
4. What do Stéphane and Lisette take pictures of?
5. What are they trying to show in their photo-essay?

2 Pourquoi?

Complète les phrases suivantes.

1. L'île est verte toute l'année...
2. C'est un paradis pour les pêcheurs...
3. Beaucoup de gens se lèvent à 4h...
4. C'est une île très colorée...
5. On aime se balader ensemble le samedi après-midi ou le dimanche...

a. parce qu'il y a des fleurs de toutes les couleurs.
b. parce que c'est quand la famille peut être réunie.
c. parce que le climat est doux et la mer est toujours bleue.
d. parce qu'il y a toujours un peu de pluie.
e. parce que le travail commence très tôt.

3 A qui, les photos?

Here are some more photos Agnès, Jean-Philippe, Stéphane, and Lisette took. Based on what you know about the themes of their photo essays, who do you think took them?

1.

2.

3.

4.

5.

4 Cherche les expressions

In **Un concours photographique** what do the students say to . . .

1. suggest that they participate in the photo contest?
2. accept a suggestion?
3. describe what's on the island?
4. describe the weather?
5. tell when and how often they do something?

5 Et maintenant, à toi

If you entered a photo contest about your state or hometown, what would you take pictures of?

Asking for information and describing a place

Salut Norbert !
On visite Saint-Pierre aujourd'hui. La ville a été détruite par une éruption volcanique en 1902. Sur la plage, le sable est noir. Ça fait bizarre. Il fait beau, on passe de bonnes vacances et on t'embrasse très fort,
Paul

Imprimé en France

Reproduction interdite

Norbert ROUQUET
6 RUE PASCAL
85000 LA ROCHE-SUR-YON

Un petit mot de la Martinique où il fait un temps magnifique. Je t'écris de la plage à l'ombre des cocotiers. C'est un vrai paradis ici. On rentre dans l'eau comme dans son bain, et il y a des fleurs incroyables, immenses. Le seul problème, c'est les moustiques. Vous verriez mes jambes ! Bisous.
Florence

Imprimé en France

Reproduction interdite

Mr et Mme LEPOULLAIN
12 Boulevard du Fort
59650 VILLENEUVE D'ASCQ

6 Les cartes postales

1. Qu'est-ce que Florence pense de la Martinique? Quel est son problème?
2. Paul visite quelle ville? Qu'est-ce qui est arrivé en 1902 dans cette ville?
3. Qu'est-ce que Paul trouve bizarre? Pourquoi?

NOTE CULTURELLE

You know the present-day capital of Martinique is Fort-de-France, but did you know that until 1902 the capital was the city of Saint-Pierre? Saint-Pierre was a very rich and glamorous city, known as **le Petit Paris** of the West Indies. But on the morning of May 8, 1902, Mount Pelée exploded, and in three minutes the entire city of 30,000 people was destroyed. Only one person, a prisoner protected by his cell walls, survived the eruption.

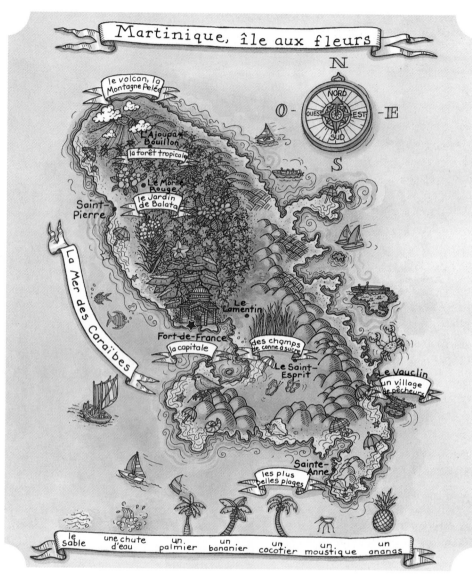

Martinique, île aux fleurs

le volcan, la Montagne Pelée

L'Ajoupa-Bouillon

la forêt tropicale

Le Morne Rouge

le Jardin de Balata

Saint-Pierre

La Mer des Caraïbes

Le Lamentin

Fort-de-France
la capitale

des champs de canne à sucre

Le Saint-Esprit

Le Vauclin
un village de pêcheurs

Sainte-Anne

les plus belles plages

le sable   une chute d'eau   un palmier   un bananier   un cocotier   un moustique   un ananas

7 Vrai ou faux?

1. La Martinique est dans la mer des Caraïbes.
2. La capitale de la Martinique est la Montagne Pelée.
3. Dans le sud, il y a de belles plages.
4. Dans le nord de la Martinique, il y a une forêt tropicale.
5. Il y a des villages de pêcheurs dans l'ouest de la Martinique.

> ### Note de *G*rammaire
>
> When you want to say *some,* simply use **de** if there's an adjective before a plural noun:
>
> des conseils → **de bons** conseils
>
> des plages → **de belles** plages

8 Ecoute!

While in France, you hear the following ad for Martinique on the radio. Which features of the island are mentioned?

les bananiers

la Montagne Pelée

le sable

Fort-de-France

la forêt tropicale

les cocotiers

une chute d'eau

les villages de pêcheurs

les champs de canne à sucre

9 A la Martinique

Complete the following sentences, using the features of Martinique presented in Activity 8. Create your own sentences with the features you don't use.

1. Le volcan qui a détruit l'ancienne capitale s'appelle _____.
2. Si vous adorez le poisson, visitez _____.
3. Il pleut beaucoup dans _____.
4. Attention à ta tête quand tu marches sous _____.
5. À la Martinique il y a des plages où _____ est noir.
6. La capitale de la Martinique s'appelle _____.

10 Vingt questions

Write down a feature of Martinique. Your classmates will ask you questions to try to guess the feature. You can only answer yes or no. When someone guesses correctly, the turn passes to that person.

—C'est un fruit? —Non. —C'est une ville? —Oui.
—C'est un arbre? —Non. —C'est dans le nord? —Non.
—C'est un lieu *(a place)*? —Oui. —C'est Fort-de-France? —Oui.

11 Une visite guidée

Your guided tour of Martinique included the following sights. Your friend, who would like to take the same tour, asks about each place. With a partner, take turns asking about and describing each place.

—C'est comment, la plage des Salines?
—C'est magnifique! Le sable est blanc et il y a des palmiers.

la ville de Saint-Pierre

le jardin de Balata

le marché

la forêt tropicale

COMMENT DIT-ON...?

Asking for information and describing a place

To ask about a place:

Où se trouve la Martinique?
Where is . . . located?

Qu'est-ce qu'il y a à voir?
What is there . . . ?

Il fait chaud?

C'est comment? *What's it like?*

To describe a place:

La Martinique **se trouve** dans la mer des Caraïbes.

Dans le nord, il y a la forêt tropicale et **dans le sud,** il y a de belles plages. La capitale se trouve **dans l'ouest** et il y a des villages de pêcheurs **dans l'est.**

Il fait toujours très chaud et il pleut souvent.

C'est **plus grand que** New York.
. . . bigger than . . .

C'est **moins grand qu'**Oahu.
. . . smaller than . . .

La Martinique est une île **charmante, colorée** et **vivante!**
. . . charming, colorful, lively

12 Ma ville

Complète les phrases pour faire une description de ta ville.

_____ se trouve dans l'état de/d' _____. Dans le nord, il y a _____ et dans le sud, il y a _____. Il fait _____ chez nous. Ma ville est plus grande que _____ et moins grande que _____. C'est une ville _____ et _____.

13 Jeu d'identification

Pense à une ville importante aux Etats-Unis ou ailleurs *(elsewhere)*. Tes camarades de classe vont te poser des questions pour deviner le nom de cette ville.

Où se trouve cette ville?   C'est petit?   Qu'est-ce qu'il y a à voir?   C'est comment?

C'est plus grand que... ?   Il fait froid en hiver?

14 Mon journal

Would you like to travel? Where would you like to go? Write a description of your destination, including what there is to do and see there. You might want to illustrate your entry.

15 Et toi, tu voudrais aller où?

Now, interview a partner about his or her destination. Ask at least five questions about the geography, the weather, and the attractions. Then, reverse roles.

PANORAMA CULTUREL

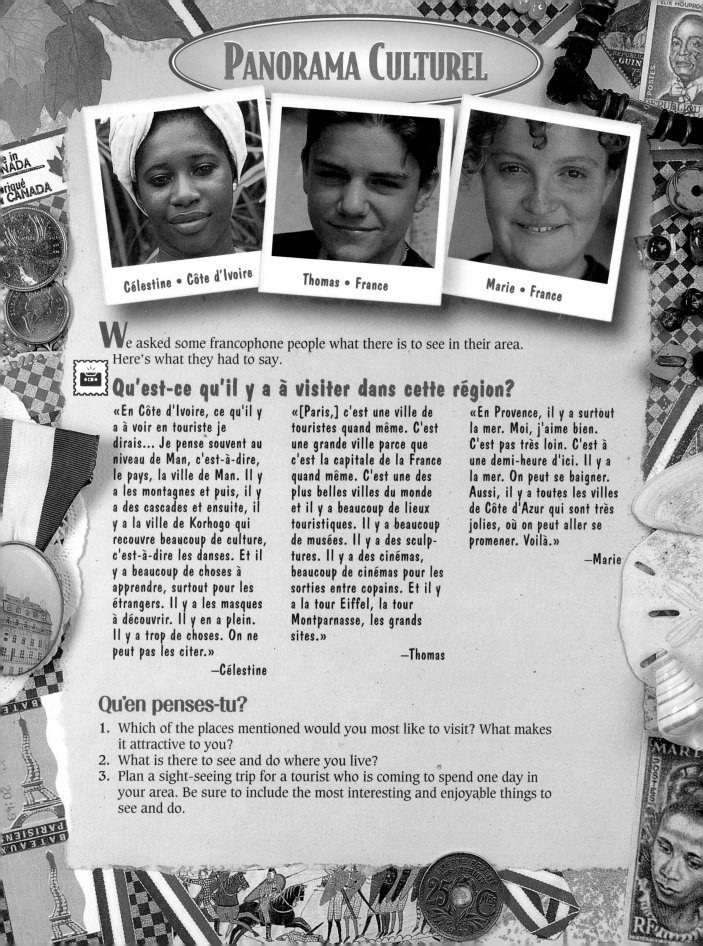

Célestine • Côte d'Ivoire

Thomas • France

Marie • France

We asked some francophone people what there is to see in their area. Here's what they had to say.

Qu'est-ce qu'il y a à visiter dans cette région?

«En Côte d'Ivoire, ce qu'il y a à voir en touriste je dirais... Je pense souvent au niveau de Man, c'est-à-dire, le pays, la ville de Man. Il y a les montagnes et puis, il y a des cascades et ensuite, il y a la ville de Korhogo qui recouvre beaucoup de culture, c'est-à-dire les danses. Et il y a beaucoup de choses à apprendre, surtout pour les étrangers. Il y a les masques à découvrir. Il y en a plein. Il y a trop de choses. On ne peut pas les citer.»

—Célestine

«[Paris,] c'est une ville de touristes quand même. C'est une grande ville parce que c'est la capitale de la France quand même. C'est une des plus belles villes du monde et il y a beaucoup de lieux touristiques. Il y a beaucoup de musées. Il y a des sculptures. Il y a des cinémas, beaucoup de cinémas pour les sorties entre copains. Et il y a la tour Eiffel, la tour Montparnasse, les grands sites.»

—Thomas

«En Provence, il y a surtout la mer. Moi, j'aime bien. C'est pas très loin. C'est à une demi-heure d'ici. Il y a la mer. On peut se baigner. Aussi, il y a toutes les villes de Côte d'Azur qui sont très jolies, où on peut aller se promener. Voilà.»

—Marie

Qu'en penses-tu?

1. Which of the places mentioned would you most like to visit? What makes it attractive to you?
2. What is there to see and do where you live?
3. Plan a sight-seeing trip for a tourist who is coming to spend one day in your area. Be sure to include the most interesting and enjoyable things to see and do.

DEUXIEME ETAPE

Asking for and making suggestions; emphasizing likes and dislikes

Qu'est-ce qu'on peut faire à la Martinique?

Il y a beaucoup de choses à faire!

On peut faire de la plongée, faire de la voile, ou tout simplement se promener sur la plage.

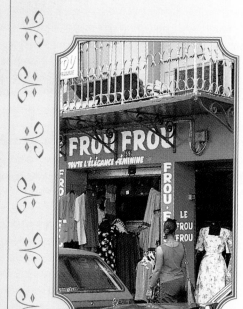

Ceux qui ne sont pas très sportifs peuvent faire les boutiques à Fort-de-France. Ça vous tente?

16 Tu veux visiter la Martinique?

Would this travel brochure attract you to Martinique? Why or why not?

NOTE CULTURELLE

Among the most beautiful sights in Martinique are the **yoles rondes**, the traditional fishing boats that are also used for racing. People come from all over the world to watch the "nautical ballet" of these brightly painted boats that are unique to Martinique.

VOCABULAIRE

A la Martinique, on aime bien...

faire de la planche à voile.

faire du deltaplane.

faire de la plongée sous-marine.

aller à la pêche.

faire de la plongée avec un tuba.

danser le zouk.

déguster des fruits tropicaux.

se promener.

se baigner.

s'amuser.

Note de Grammaire

Did you notice the word **se** before some of the verbs in the **Vocabulaire?** The pronoun **se** tells you that the subject of the sentence receives the action of the verb. Verbs with this pronoun before them are called *reflexive verbs.* You'll learn how to make the forms of the reflexive verbs later in this chapter.

17 Ecoute!

Listen as Magali and César decide what to do today. List two things they suggest. What do they finally decide to do?

18 Qu'est-ce qu'ils aiment?

Regarde les bureaux de José et de Jocelyne. A ton avis, qu'est-ce qu'ils aiment faire?

Le bureau de José

Le bureau de Jocelyne

COMMENT DIT-ON... ?

Asking for and making suggestions

To ask for suggestions about what to do:

Qu'est-ce qu'on peut faire?

To make suggestions:

On peut se promener sur la plage.
We can . . .

Ça te dit d'aller manger une glace?
What do you think of going . . . ?

Si on allait se baigner?
How about going . . . ?

NOTE CULTURELLE

In Martinique, people speak French and **créole**, a mixture of French and African languages with some Spanish, English, and Portuguese words. Here's how to respond in Creole to someone's suggestions:

Oui / Non *Ouai / Han-Han*
Chouette! *I bon!*
D'accord. *D'accó.*
C'est une bonne idée. *Ce'an bon bagaï.*

Je ne peux pas. *Mwen pé pa.*
Ça ne me dit rien. *Sa pa ka di mwen ayen.*
Pas question! *Awa!*

19 Une journée touristique

Fais des projets pour une journée touristique à la Martinique avec un(e) camarade. Décidez de ce que vous allez faire le matin, l'après-midi et le soir.

déguster des spécialités antillaises

visiter Saint-Pierre

faire des photos des chutes d'eau

écouter de la musique antillaise et danser

aller voir la forêt tropicale

visiter un village de pêcheurs

— ? —

se promener à Fort-de-France

s'amuser sur la plage

20 Qu'est-ce qu'il y a à faire?

Scan the calendar of events to find the answers to these questions.

1. How many countries participate in the **Championnat de tennis de la Caraïbe et des Amériques**?
2. What are three types of plays presented at the **Rencontres caribéennes de théâtre**?
3. Where do the artists come from for the **Festival de Fort-de-France**?
4. Who dreams of being at the **Tour des yoles rondes de la Martinique**?
5. What event replaces **Jazz à la Martinique** every other year?

21 Si on allait... ?

You're going to Martinique with the French Club, but you must decide in which month to go. With a group of classmates, decide on the best time to go, suggesting what you might do then. Consult the calendar of events so you'll know what to suggest.

—Si on y va en décembre, on peut écouter de la musique.
—Non, c'est barbant. En juillet, au Festival de Fort-de-France, on peut danser...

CALENDRIER DES EVENEMENTS

CHAMPIONNAT DE TENNIS DE LA CARAÏBE ET DES AMERIQUES
(MAI)
Se déroule chaque année sur la commune du Lamentin (Petit Manoir). Ce championnat réunit pas moins de 40 pays de la Caraïbe et des Amériques ; un carrefour d'échanges sportifs mais également culturels.

RENCONTRES CARIBEENNES DE THEATRE
(MAI)
Des troupes théâtrales martiniquaises, de la Caraïbe et d'Europe présentent chaque année des pièces classiques, drôles et parfois nouvelles.

FESTIVAL DE FORT-DE -FRANCE
(JUILLET)
Danse, musique, théâtre, expositions, conférences-débats, des artistes venant de tous les pays du monde, ce festival des vacances est l'un des plus grands temps forts de la vie culturelle martiniquaise, avec un accent particulier sur la culture noire.

TOUR DES YOLES RONDES DE LA MARTINIQUE
(AOUT)
Un sujet rêvé pour les photographes professionnels ou amateurs présents au mois d'août. Ce spectacle populaire et unique au monde laisse admirer la technique des équipes qui ont fait, à partir de splendides embarcations traditionnelles de pêche, un outil de course.

SEMI-MARATHON
(NOVEMBRE)
Au mois de novembre a lieu, depuis 1985, le semi-marathon international de Fort-de-France. Il suscite tellement d'intérêt que pas moins de 350 coureurs viennent de l'étranger pour y participer. Plus de 3 000 coureurs y participent chaque année.

JAZZ A LA MARTINIQUE
(DECEMBRE)
En alternance chaque année avec le Carrefour International de la guitare, ces deux grands moments culturels et musicaux présentent en concert début décembre des musiciens du monde entier : Dee Dee Bridewater, Eddy Louis, Baden Powell, Victoria de Los Angeles, Ichiro Suzuki, Manuel Brueco, beaucoup d'artistes de la Caraïbe et des styles très différents.

COMMENT DIT-ON... ?

Emphasizing likes and dislikes

Ce qui me plaît, c'est jouer au frisbee®!

To emphasize what you like:

Ce que j'aime bien le week-end, **c'est** me coucher très tard.
What I like is . . .

Ce que je préfère, c'est me promener sur la plage.
What I prefer is . . .

Ce qui me plaît à la Martinique, **c'est** la mer!
What I like is . . .

To emphasize what you don't like:

Ce que je n'aime pas, c'est les maths!
What I don't like is . . .

Ce qui ne me plaît pas, c'est me lever à 6h du matin.
What I don't care for is . . .

Ce qui m'ennuie, c'est rester à la maison le week-end.
What bothers me is . . .

22 Ecoute!

What activities are these people talking about?
Do they like or dislike the activities?

23 Qu'est-ce que tu aimes faire?

Qu'est-ce que tu aimes faire dans les situations suivantes? Pose les questions à un(e) camarade et puis, changez de rôles.

—Qu'est-ce que tu aimes faire quand il pleut?
—Ce qui me plaît, c'est lire un roman.

le samedi matin

quand il fait très chaud

quand il pleut

après l'école   quand il neige

> ## Note de *G*rammaire
>
> When you're using a reflexive verb to talk about yourself, use **me** before the verb instead of **se**. Can you figure out what **me lever** and **me coucher** mean in **Comment dit-on...?** **Se lever** *(to get up)* and **se coucher** *(to go to bed)* are among the most frequently used reflexive verbs.

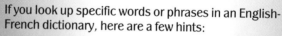

If you look up specific words or phrases in an English-French dictionary, here are a few hints:

• Some words can have several different meanings in English or in French. If you look up the word *pool* for example, do you mean a *swimming pool* or a *billiard game?* Be sure to choose the correct French equivalent.

• Pay attention to the part of speech of the word you're looking for. Are you looking for the noun *snack,* as in *a quick snack,* or the verb *snack,* as in *I snack between meals?*

• To be sure you have the appropriate definition, look up the French word you want to use in the French-English part of the dictionary. Is the English equivalent what you had in mind?

De bons conseils

24 Une publicité

Write a commercial to attract tourists to one of your favorite places. Describe the place and tell what you can do there and what you like most about it. Use props, photos or art, and music to entice people to visit.

RENCONTRE CULTURELLE

Qu'en penses-tu?

1. What celebration is pictured above?
2. What festivals and celebrations do you have in your area?

Savais-tu que... ?

Carnival (**Carnaval**) is a well-known tradition in French-speaking countries. It takes place the week before Lent (**le Carême**), ending on Shrove Tuesday (**Mardi gras**), at the stroke of midnight. In Martinique, however, Carnival lasts until midnight of Ash Wednesday (**Mercredi des cendres**), and is celebrated with parades, music, dancing, feasting, and colorful costumes. Queens are elected to reign over the festivals, and on the Sunday before Ash Wednesday, they parade through the streets of the city to the beat of Creole songs. On Monday, mock weddings are held in which the participants dress in burlesque costumes. On Tuesday, Carnival performers dance wildly in red costumes decorated with mirrors. Finally, on Ash Wednesday, people dress in black and white costumes to mourn the death of the cardboard king, **Roi Vaval**, who symbolizes the spirit of Carnival. At the stroke of midnight, the dancing and music stop, and Lent begins. Other cities famous for their Carnival celebrations are Nice in France, Quebec City in Canada, and New Orleans in Louisiana.

SALUT, JE M'APPELLE AGATHE ET JE T'INVITE À PASSER UNE JOURNÉE TYPIQUE CHEZ MOI. ALLEZ, VIENS!

D'abord, je me lève à 7h du matin.

Puis, je me lave.

Je me brosse les dents.

Vers 7h30, je m'habille.

Ensuite, je prends mon petit déjeuner et je vais au lycée.

Après l'école, je rentre chez moi. Le mercredi et le vendredi, je vais à un cours de percussions. Après, on mange en famille.

Enfin, en semaine, je me couche assez tôt, vers 9h. Mais le weekend, je me couche beaucoup plus tard.

25 Et toi?

How is your weekday schedule similar to Agathe's? How is it different?

> ### NOTE CULTURELLE
>
> Music and dance are an integral part of life in Martinique. A popular saying is that in Martinique **tout finit par une chanson.** Much of the music arises from the time the first Africans were brought as slaves to work in the sugarcane fields. The rhythms of the songs and the steps of the dances they created are still in existence today in the **biguine, mazurka,** and the internationally popular **zouk.**

VOCABULAIRE

se lever	to get up	Je me lève.	I get up.
se laver	to wash (oneself)	Je me lave.	I wash (myself).
se brosser les dents	to brush one's teeth	Je me brosse les dents.	I brush my teeth.
s'habiller	to get dressed	Je m'habille.	I get dressed.
se coucher	to go to bed	Je me couche.	I go to bed.
		tôt	early
		tard	late

COMMENT DIT-ON... ?
Relating a series of events

To start:
D'abord, je me lève.

To continue:
Ensuite, je me lave.
Et puis, je m'habille.
Vers 8h, je mange.
At about . . .
Après ça, j'attends le bus.
After that, . . .

To end:
Finalement, je vais au lycée.
Finally, . . .

26 Ecoute!

André décrit ses préparatifs du matin. Mets les images en ordre.

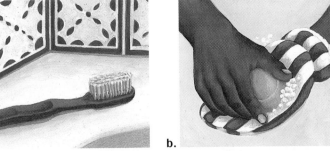

a.

b.   c.

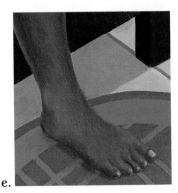

d.   e.

27 Un matin typique

Which of these activities do you do in the morning? Put them in the order in which you do them, adding any other activities that are part of your morning routine.

Je me brosse les dents.

– ? –

Je me lève.

Je vais au lycée.

Je me lave.

Je prends mon petit déjeuner.

Je m'habille.

*G*rammaire The present tense of reflexive verbs

- To make the forms of a reflexive verb, use the reflexive pronoun that refers to the subject of the verb. The verb forms follow the patterns already familiar to you.

Je **me** lave.	Nous **nous** lavons.
Tu **te** laves.	Vous **vous** lavez.
Il/Elle/On **se** lave.	Ils/Elles **se** lavent.

- The reflexive pronoun changes with the subject, even when you use the infinitive form of a reflexive verb: Je vais **me** promener.

- The reflexive pronouns sometimes have an English equivalent, such as *myself, yourself, herself,* and so on.

Je m'habille.	*I dress (myself).*
Tu te laves.	*You wash (yourself).*

But often, there is no English equivalent.

Ils s'amusent.	*They're having fun.*

- To make a reflexive verb negative, put **ne... pas** around the reflexive pronoun and the verb: Le samedi, je **ne** me lève **pas** à 6h!

- The verbs **se promener** and **se lever** add an **accent grave** in some forms:

Je me promène/lève.	Nous nous promenons/levons.
Tu te promènes/lèves.	Vous vous promenez/levez.
Il/Elle/On se promène/lève.	Ils/Elles se promènent/lèvent.

28 Une interview

Complete the following sentences about yourself and then find out about your partner.

1. En semaine, je me lève vers _____ h. Et toi?
2. Le samedi, je me lève vers _____ h. Et toi?
3. Je m'habille _____ (cool, chic, relax) pour aller à l'école. Et toi?
4. Pour aller à une boum, je m'habille _____ (cool, chic, relax). Et toi?
5. Le week-end, je me couche vers _____ h. Et toi?
6. D'habitude, j'arrive à l'école _____ (tôt, à l'heure, en retard). Et toi?

Tu te rappelles ?

When you're listening to people or reading books and magazines, keep in mind that the unaccented e is often dropped:

Je me lave.	Je m'lave.
On se promène.	On s'promène.
Tu te couches?	Tu t'couches?

29 A la Martinique...

Complète les phrases pour décrire chaque photo.

1. Les enfants ———— en costumes traditionnels pendant les fêtes.

2. Ils ———— bien ensemble.

3. Le soleil ———— sur la mer.

30 Nos emplois du temps

a. Qu'est-ce que tu fais en général...

1. à 10h le samedi matin?
2. à 8h le vendredi soir?
3. à midi le dimanche?
4. à 7h le mercredi matin?
5. à 11h le jeudi soir?
6. à 9h le lundi matin?

b. Maintenant, demande à tes camarades de classe ce qu'ils font à ces heures-là. Qui fait les mêmes choses que toi?

31 Chère Marie-Line, ...

Read this letter from Marie-Line, a student in Martinique. Then, write a reply, telling what you normally do after school and mentioning differences you've noticed between life in Martinique and life in the United States.

Tu te rappelles?

To tell how often you do something, you need adverbs. Do you remember these?

d'habitude	*usually*
souvent	*often*
quelquefois	*sometimes*
ne... jamais	*never*

To tell what you usually do on a certain day, use **le** with the name of the day.
Le samedi, je me lève très tard!

Après l'école, je rentre chez moi. D'abord, je prends mon goûter: souvent des tartines ou un fruit et quelquefois, de la canne à sucre. Puis, je fais mes devoirs. Comme je ne suis pas très forte en maths, je dois passer beaucoup de temps à faire mes devoirs de maths et je n'aime pas beaucoup ça. Vers 8h, mon père rentre à la maison et toute la famille dîne ensemble. Après, si j'ai le temps, je regarde la télé. J'aime surtout les films américains et les clips vidéo de Zouk Machine, mon groupe préféré. Enfin, vers 10h, je vais me coucher car je dois me lever à 6h les jours de classe. C'est dur!

Et toi, qu'est-ce que tu fais après l'école? Tu as beaucoup de devoirs? C'est comment, ta vie aux Etats-Unis? Raconte-moi. J'attends ta lettre.

Je t'embrasse,
Marie-Line

LISONS!

$\mathcal{M}$usic allows people to express the feelings and ideas closest to their hearts and minds. That's the basis of **zouk**, a music unique to the French West Indies.

A. What would you write a song about? Your feelings? Global politics? Injustice? Your home? The things you love, or things that bother you? List three things you might write about in a song.

B. What are you going to read here? Can you tell what two languages are represented? Do you think Kassav' sings *An sèl zouk* in French or in Creole? What's the title of the CD? Do you know what it means? (hint: it's from English)

C. Skim the French lyrics. Which of the following do you think is the focus of the song?

  a. the songwriter's feelings about France
  b. Martinique, Guadeloupe, the Caribbean
  c. life as a sailor

D. Where is the songwriter from? How does he feel about his homeland? What words and phrases tell you?

AN SÈL ZOUK
UN SEUL ZOUK

Fout' sa jéyan / lè mwen Gwadloup' / Mwen a kaze an mwen / Mwen byen kontan / Ké ni bon tan / Tchè mwen souri pou Matinik / Sé kon si sé la mwen wè jou / Bondyé / Sa ou pé di di sa zanmi / Yo tou piti /Sé la nou grandi / Epi mizik an tout' kwen kaÿ la / **An sèl Gwadloup ki ni / Sé an sèl Matinik / Pou an zèl Zouk nou ni / Madikéra /** Pa lé kwè dé bèl péyi kon sa / Fo nou pa viv' kon nou yé a / Rété tou sa / Sa ou ka di ya / Mwen ja réfléchi asou tou sa / Mé pa ka konpwann / éti nou kaÿ épi sa / Yo pa byen gran / Mé yo ni balan / E yo ka ba dousè chalè lov' / **Ki nou la Gwadloup / Ki nou Matinik / Ki nou Guyann / Nou sé karayib /** **An nou mété nou /** O dyapazon / Lésé tchè nou palé / Pou nou pé sanblé / **An sèl Gwadloup ki ni /** **Sé an sèl Matinik / Pou an zèl Zouk nou ni /** **Madikéra /** An gran makè té di / Yo kon pousyè lò épi lajan / Ki tonbé dépi zétwal / E pozé an lan mè / Lè an ka sonjé sé la nou vwè jou / Bondyé mèsi / An mété an jounou /I ka fè révé / I ka fè chanté / Bondyé mèsi sé la nou vwè jou /**Woyoyoÿ /** **An nou alé / woyoyoÿ / Bagaÿ la fè zip zip /** **Biten la fè zip zip zip /**

Paroles & Musique César DURCIN

KASSAV'
TÉKIT IZI

1. AŸ MANO
2. LÈVE TÈT OU
3. FABIOLA

© 1992 Sony Music
Entertainment (France) S.A
Saligna Production
14-472873-10

472873 2
BIEM/SDRM

COMPACT
DISC
DIGITAL AUDIO

4. BA NOU ZOUK LA
5. AN NOU TRIPÉ
6. MWEN ALÉ
7. LAN MORI KI NI
8. AN SEL ZOUK
9. MWEN VIRÉ
10. OU CHANJÉ

COLUMBIA

E. Which lines of the song are the chorus? How do you know? **Madikera** is a word made from **Madinina,** a name for Martinique, and **Karukéra,** a name for Guadeloupe. What is the message of the chorus?

F. Try to pronounce each Creole word below and find its French equivalent. If you can't figure out the word's meaning by its sound, compare the Creole text with the French text. Which Creole word comes from English?

1. Gwadloup   a. les étoiles
2. Matinik   b. content
3. kontan   c. la mer
4. piti   d. Guadeloupe
5. mizik   e. musique
6. zétwal   f. Martinique
7. lan mè   g. petites
8. lov'   h. l'amour

Try to match these phrases.

1. Mwen byen kontan.   a. Je suis bien content.
2. Pou an zèl Zouk.   b. C'est là que nous avons grandi.
3. Sé la nou grandi.   c. Pour un seul zouk.

15

C'est super / Lorsque je suis à la Guadeloupe / Je suis chez moi / Content / Je prends du bon temps / J'ai le cœur qui sourit pour la Martinique / C'est comme si j'y étais né / Qu'en dis-tu / Elles sont petites / C'est là que nous avons grandi / Avec de la musique dans toute la maison / **Il n'y a qu'une seule Guadeloupe / Une seule Martinique / Pour un seul zouk / Madikera** / Mais je ne peux admettre / Que nous vivons comme nous le faisons / Il faut que ça change / J'ai déjà pensé à tout ce dont tu parles / Et je ne vois pas / Où cela nous mène / Elles ne sont pas très grandes / Mais elles ont de l'allure / Et elles nous donnent de la douceur, de la chaleur, et de l'amour /**Que nous soyons à la Guadeloupe / à la Martinique / En Guyane / Dans la Caraïbe / Accordons nos violons** / Laissons parler nos cœurs / Pour nous rassembler / **Il n'y a qu'une seule Guadeloupe / Une seule Martinique / Pour un seul zouk / Madikera** / Un grand écrivain a dit / Qu'elles sont comme des pièces d'or et d'argent / Tombées de la bourse aux étoiles / Et posées sur la mer / Lorsque je pense que c'est là que nous avons vu le jour / Je me mets à genoux / Pour remercier Dieu /

G. Write a list of other Creole words you can figure out and pass it to a classmate, who will try to write the French words next to the Creole ones.

H. Looking at all the words and phrases you have decoded, what are the songwriter's feelings about **zouk**? How does the title of the song relate to his ideas?

I. Write a brief song in French about one of the topics you listed in Activity A and set it to a favorite piece of music. Use some of the expressions you've learned in this chapter to express what you like and dislike about your topic.

MISE EN PRATIQUE

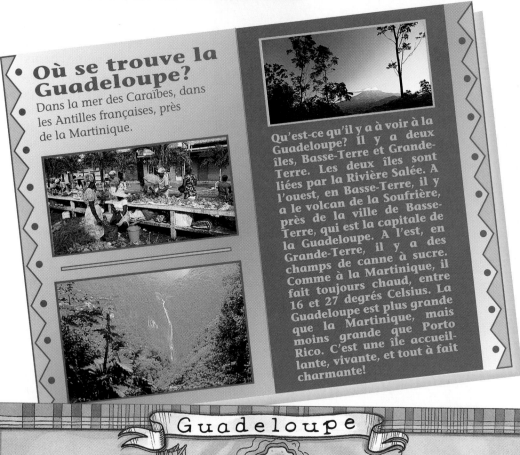

Où se trouve la Guadeloupe?

Dans la mer des Caraïbes, dans les Antilles françaises, près de la Martinique.

Qu'est-ce qu'il y a à voir à la Guadeloupe? Il y a deux îles, Basse-Terre et Grande-Terre. Les deux îles sont liées par la Rivière Salée. A l'ouest, en Basse-Terre, il y a le volcan de la Soufrière, près de la ville de Basse-Terre, qui est la capitale de la Guadeloupe. A l'est, en Grande-Terre, il y a des champs de canne à sucre. Comme à la Martinique, il fait toujours chaud, entre 16 et 27 degrés Celsius. La Guadeloupe est plus grande que la Martinique, mais moins grande que Porto Rico. C'est une île accueillante, vivante, et tout à fait charmante!

1 Like Martinique, Guadeloupe is an island in the French West Indies. What is the island of Guadeloupe like? Read the brochure on page 104 and match these areas with the numbered labels on the map.

    a. les champs de canne à sucre   **d.** la Rivière Salée

    b. la mer des Caraïbes   **e.** l'île de Grande-Terre

    c. la Soufrière   **f.** la ville de Basse-Terre

2 A travel agent in Guadeloupe is describing a tour you're interested in taking. As she speaks, write down, in order, what you will do on the tour.

3 With a partner, plan a day of sightseeing in Guadeloupe. Using the brochure, the map, and the information from the tour guide in Activity 2, choose three things that you'd like to do and see. Then, ask your partner what he or she would like to do, give your suggestions, and make a plan for your day together.

4 Create a brochure about a city, state, or country. Describe the place and its inhabitants. Make suggestions about things to do and sites to visit. Illustrate your brochure with drawings or magazine cutouts.

un musée   un cinéma   un théâtre   de belles plages   un zoo   un parc

une fête   des concerts   des montagnes   des monuments historiques   de bons restaurants

5 If you had to give a ten-minute presentation on the people, places, and culture of Martinique, what would you talk about? Write an outline for your presentation.

6

JEU DE ROLE

If you were rich and famous, would you change your daily routine? Imagine that you and your partner have suddenly become rich and famous. Take turns interviewing each other about your new lifestyles. Be sure to ask your partner . . .

• when he or she gets up and goes to bed.

• what he or she eats for breakfast, lunch, and dinner.

• what he or she wears.

• how he or she spends the rest of the day.

Can you use what you've learned in the chapter?

Can you ask for
information? p. 90

1 How would you ask . . .
   1. the location of a place?
   2. what it's like?
   3. what attractions there are?
   4. what the weather is like?

Can you describe a
place? p. 90

2 How would you describe your state? Tell . . .
   1. where it's located.
   2. what's in the north,
      south, east, and west.
   3. how big it is.
   4. what there is to do there.
   5. what there is to see there.

Can you ask for and
make suggestions?
p. 94

3 How would you ask what there is to do in Martinique?

4 How would you suggest these activities to your friend?

1.

2.

3.

4.

Can you emphasize
likes and dislikes?
p. 96

5 How would you tell someone what you really like to do . . .
   1. on Saturday
      mornings?
   2. on weekends?

6 How would you tell someone what you really don't like to do . . .
   1. on Sundays?
   2. when it's cold?
   3. at school?

Can you relate a
series of events?
p. 99

7 How would you tell someone . . .
   1. what you do first thing in the morning?
   2. what you do after that?
   3. what you finally do before leaving for school?

8 Explain what you usually do after school.

PREMIERE ETAPE

Asking for information and describing a place

Où se trouve... ?   *Where is . . . ?*
Qu'est-ce qu'il y a... ?   *What is there . . . ?*
Il fait...?   *Is it . . . ? (weather)*
C'est comment?   *What's it like?*
...se trouve...   *. . . is located . . .*
dans le nord   *in the north*
dans le sud   *in the south*
dans l'est   *in the east*
dans l'ouest   *in the west*
plus grand(e) que...   *bigger than . . .*
moins grand(e) que...   *smaller than . . .*
charmant(e)   *charming*
coloré(e)   *colorful*
vivant(e)   *lively*

Places, flora, and fauna

un ananas   *pineapple*
un bananier   *banana tree*
la capitale   *capital*
des champs (m.) de canne à sucre   *sugarcane fields*
une chute d'eau   *waterfall*
un cocotier   *coconut tree*
la forêt tropicale   *tropical rain forest*
l'île   *island*
la mer   *sea*
un moustique   *mosquito*
un palmier   *palm tree*
les plages (f.)   *beaches*
le sable   *sand*
un village de pêcheurs   *fishing village*
le volcan   *volcano*

DEUXIEME ETAPE

Asking for and making suggestions

Qu'est-ce qu'on peut faire?   *What can we do?*
On peut...   *We can . . .*
Ça te dit d'aller... ?   *What do you think of going . . . ?*
Si on allait... ?   *How about going . . . ?*

Emphasizing likes and dislikes

Ce que j'aime bien, c'est...   *What I like is . . .*
Ce que je préfère, c'est...   *What I prefer is . . .*
Ce qui me plaît, c'est...   *What I like is . . .*
Ce que je n'aime pas, c'est...   *What I don't like is . . .*
Ce qui ne me plaît pas, c'est...   *What I don't care for is . . .*
Ce qui m'ennuie, c'est...   *What bothers me is . . .*

Activities

aller à la pêche   *to go fishing*
danser le zouk   *to dance the zouk*
faire du deltaplane   *to hang glide*
faire de la planche à voile   *to windsurf*
faire de la plongée sous-marine   *to scuba dive*
faire de la plongée avec un tuba   *to snorkel*
déguster   *to taste, enjoy*
s'amuser   *to have fun*
se baigner   *to go swimming*
se promener   *to go for a walk*

TROISIEME ETAPE

Relating a series of events

D'abord,...   *First, . . .*
Ensuite,...   *Next, . . .*
Et puis,...   *And then, . . .*
Vers...   *About (a certain time) . . .*
Après ça,...   *After that, . . .*
Finalement,...   *Finally, . . .*

Daily activities

se brosser les dents   *to brush one's teeth*
se coucher   *to go to bed*
s'habiller   *to get dressed*
se lever   *to get up*
se laver   *to wash (oneself)*
tôt   *early*
tard   *late*

Allez, viens en Touraine!

Le château de Chinon

La Touraine

Population : plus de 500.000

Points d'intérêt : la place Plumereau, la cathédrale Saint-Gatien, l'hôtel Goüin, le musée des Beaux-Arts, l'Historial de Touraine

Châteaux : Amboise, Azay-le-Rideau, Chenonceau, Chinon, Loches, Ussé, Villandry

Fleuves et rivières : la Loire, le Cher, l'Indre, la Vienne, la Creuse

Tourangeaux célèbres : saint Grégoire, Honoré de Balzac, saint Martin, François Rabelais, René Descartes

Spécialités : tarte Tatin, saumon au beurre blanc, crottins de Chavignol, ragoût d'escargots aux cèpes

ANGLETERRE
BELGIQUE ALLEMAGNE
Lille
LUXEMBOURG
Paris
Chartres Strasbourg
SUISSE
Tours
Poitiers
FRANCE
Océan Atlantique
Lyon ITALIE
Bordeaux
Nice
Arles
Aix-en-Provence
CORSE
N
ESPAGNE
Mer Méditerranée

La Touraine

La Touraine, célèbre pour ses abondantes cultures de fruits et de légumes et pour ses vignes, est souvent appelée «le jardin de la France». C'est aussi une importante région historique. Les rois aimaient y séjourner en raison de son climat doux et de ses forêts abondantes en gibier. Ils y ont construit de merveilleux châteaux que l'on connaît aujourd'hui sous le nom de «châteaux de la Loire».

① **Amboise**

② **Montrésor**

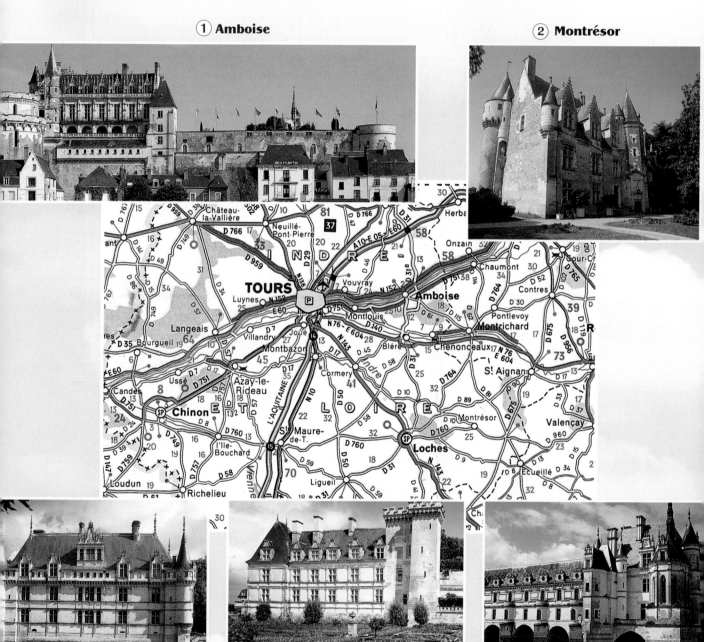

③ **Azay-le-Rideau**

④ **Villandry**

⑤ **Chenonceau**

⑥ On dit que c'est **le château d'Ussé** qui a inspiré à Charles Perrault l'histoire de *La belle au bois dormant*.

Tours est une ville historique, mais c'est aussi une ville très vivante. Il y a des festivals de musique, de théâtre et de cinéma. Viens avec nous faire la connaissance de quatre lycéens qui y habitent. Dans les chapitres 5, 6 et 7, ils vont te faire découvrir cette belle région.

⑦ Léonard de Vinci a habité au manoir du **Clos-Lucé.** C'est aujourd'hui un musée où l'on peut voir ses inventions reconstituées d'après ses plans.

⑧ **La place Plumereau,** située au cœur de la ville de Tours, est un des endroits préférés des étudiants et des élèves.

⑨ Le grand écrivain **Honoré de Balzac** a écrit certains de ses romans au château de Saché, à 20 kilomètres au sud-ouest de Tours.

5 Quelle journée!

① Raconte!

Have you ever had a day when everything goes wrong—or something wonderful happens? At times like that, it's always nice to have a friend who will listen to you and understand how you feel.

In this chapter you will learn

- to express concern for someone
- to inquire; to express satisfaction and frustration; to sympathize with and console someone
- to give reasons and make excuses; to congratulate and reprimand someone

And you will

- listen to students telling what happened earlier and making excuses
- read poems about school
- write a letter about your last vacation
- find out what French-speaking teenagers like and dislike about high school

② C'est pas de chance, ça!

③ Félicitations!

Mise en train

Céline   Hector

C'est pas mon jour!

What are some unpleasant things that can happen to you on a school day? See if you can relate to what happened to Céline.

Il est mercredi à midi et demi. Céline et Hector n'ont pas de cours.

Salut, Hector.

Salut, Céline. Désolé d'être en retard.

T'en fais pas.

1

Oh, c'est pas vrai!

Oh, excuse-moi!

T'inquiète pas. C'est pas grave.

2

Tu sais, depuis ce matin, ça n'arrête pas. C'est pas mon jour!

Ah, oui? Qu'est-ce qui s'est passé? Raconte!

Oh, tout a été de travers!

Mon réveil n'a pas sonné. Alors, je me suis réveillée en retard...

Je n'ai pas eu le temps de prendre mon petit déjeuner. J'ai pris juste une pomme.

3

J'ai couru pour attraper le bus, mais je l'ai raté. Alors, bien sûr, je suis arrivée à l'école en retard.

7 h 45 du matin :

CHAPITRE 5   Quelle journée!

1 Tu as compris?

1. What kind of mood is Céline in? Why?
2. Name three unfortunate things that happened to Céline.
3. How does Hector react to Céline's story?
4. What are Céline's plans for the afternoon?

2 Mets en ordre

Mets les phrases en ordre d'après la journée de Céline dans **C'est pas mon jour!**

1. D'abord,...
2. Ensuite,...
3. Et puis,...
4. Après ça,...
5. Et puis,...
6. Enfin,...

elle n'avait pas ses devoirs.

son réveil n'a pas sonné.

Hector a renversé son verre sur sa jupe.

elle est arrivée à l'école en retard.

elle a raté son bus.

elle a eu dix à son interro de maths.

3 Cherche les expressions

What do Céline and Hector say in each of these situations?

1. Hector apologizes.
2. Céline makes light of an accident.
3. Hector wants to know what happened to Céline.
4. Céline complains about her bad day.
5. Céline is upset with herself.
6. Hector consoles Céline.

C'est pas grave.

Tout a été de travers!

Ça va aller mieux!

Ça m'énerve!

Raconte!

Désolé.

4 Ça t'arrive aussi?

If Céline or Hector said the following to you, would you say **Ça m'arrive aussi** *(That happens to me, too)* or **Ça ne risque pas de m'arriver** *(That will never happen to me)*?

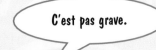

Je me suis réveillé(e) en retard.

Je suis arrivé(e) à l'école en retard.

J'ai couru pour attraper le bus.

J'oublie mes devoirs quelquefois.

5 Et maintenant, à toi

Have you ever had a day like Céline's? What happened? How did you react?

Expressing concern for someone

Ministère de l'Education Nationale
LYCEE ALFRED KASTLER
ETABLISSEMENT PUBLIC D'ENSEIGNEMENT GENERAL ET TECHNOLOGIQUE
29 Boulevard GUITTON · Tél: 51.36.24.46

carnet
de
correspondance

apparte
classe:
adresse

5
Absent le 11/04 et
18./.05.
MOTIF hypoglycémie et
gastro-entérite
Le Conseiller d'Education ou
Le Directeur Adjoint,

6
Absent le
MOTIF
Le Conseiller d'Education ou
Le Directeur Adjoint,

BULLETIN D'ABSENCE
L'élève
fréquentant la classe de
a été absent le _____ ou sera absent le
ou du _____ au
MOTIF
Le
Signature des Parents,

BULLETIN

BILLET DE RETARD

Elève: __Céline Déroulède__

Classe: __2de__

Motif: __n'a pas entendu son réveil et a raté son bus__

Signature du proviseur: _____

Lycée Alfred Kastler
Le Surveillant Général

6 Qu'est-ce que c'est?

What do you suppose a **billet de retard** is? What information does it give? What happened to Céline this morning?

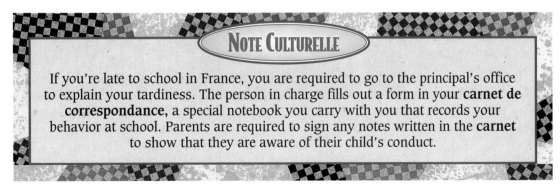

NOTE CULTURELLE

If you're late to school in France, you are required to go to the principal's office to explain your tardiness. The person in charge fills out a form in your **carnet de correspondance,** a special notebook you carry with you that records your behavior at school. Parents are required to sign any notes written in the **carnet** to show that they are aware of their child's conduct.

VOCABULAIRE

J'ai passé une journée épouvantable!

D'abord, je n'ai pas entendu mon réveil.

Ensuite, j'ai raté une marche. Je suis tombé…

… et j'ai déchiré ma chemise.

Après ça, j'ai raté le bus…

… et j'ai perdu mon livre de maths.

Ensuite, le prof a rendu les interros et j'ai eu une mauvaise note…

… donc, j'ai été collé.

Finalement, j'ai reçu mon bulletin trimestriel. Quelle journée!

7 Ecoute!

Listen to these dialogues and decide which of the excuses illustrated below is given in each one.

a.

b.

c.

d.

8 La suite

Choose the appropriate completions for these sentences.

1. J'ai déchiré mon jean...
2. J'ai reçu mon bulletin trimestriel...
3. J'ai perdu mes devoirs d'histoire...
4. Je n'ai pas entendu mon réveil...
5. Mon prof n'était pas content...

a. donc, mon prof était furieux, et j'ai eu zéro.
b. parce que j'ai perdu mon livre de français.
c. quand je suis tombé(e).
d. et j'ai eu de très bonnes notes!
e. donc, j'ai raté le bus.

9 Ecoute!

Luc is late for his lunch meeting with Francine at a café. Listen to his excuses and decide which of the following happened to make him late.

1. Luc est rentré chez lui à midi.
2. Il a trouvé son livre d'histoire.
3. Il a raté une marche et il est tombé.
4. Il a pris le bus pour aller au café.

10 Qu'est-ce que tu dis?

If you saw Jean, Colette, and Gérard at the end of the day, how would you ask about their day? How do you think they would respond?

Jean

Colette

Gérard

11 Encore en retard!

You're the principal! When your partner arrives at school late, question him or her and write out a **billet de retard.** Don't forget to sign it! Then, reverse roles.

Vous vous appelez comment?   en terminale

Qu'est-ce qui vous est arrivé?   en seconde

Vous êtes en quelle classe?   en première

---

*G*rammaire   The **passé composé**

You already know how to say that something happened in the past: for most verbs, you use a form of **avoir** and the past participle of the main verb.

j' **ai mangé**	nous **avons mangé**
tu **as mangé**	vous **avez mangé**
il/elle/on **a mangé**	ils/elles **ont mangé**

- To form past participles of **-er** verbs, drop **-er** from the infinitive and add **-é**:
  J'ai **raté** le bus.
  To form past participles of **-re** verbs, drop **-re** from the infinitive and add **-u**:
  Zut! On a **perdu** le match!
  To form past participles of **-ir** verbs, drop **-ir** from the infinitive and add **-i**:
  Enfin! On a **fini**!

- Many verbs have an irregular past participle, just as they do in English.

Il a **été** collé aujourd'hui. **(être)**	Elle a **pris** un sandwich. **(prendre)**
Vous avez **fait** vos devoirs? **(faire)**	Il a **bu** de l'eau. **(boire)**
On a **eu** une interro. **(avoir)**	Tu as **lu** ce roman? **(lire)**
J'ai **reçu** mon bulletin. **(recevoir)**	On a **vu** un film hier. **(voir)**

- To say that something didn't happen, put **ne... pas** around the form of **avoir**:
  Je **n'**ai **pas** entendu mon réveil.

12 Ecoute!

Listen to these students. Are they talking about something that is happening now or something that happened in the past?

13 Bonne ou mauvaise journée?

Est-ce que ces personnes ont passé une bonne ou une mauvaise journée? Ecris trois phrases pour décrire ce qui est arrivé à chaque personne.

Je

Mes profs

Au cours de français, on

Mon (ma) meilleur(e) ami(e)

?

---

perdre
rater
prendre
avoir
faire
ne pas entendre
rencontrer
trouver
regarder
recevoir
voir
être
?

---

une bonne note en...
le devoir de...
un déjeuner de...
l'interro de...
du deltaplane
le réveil
collé
20 dollars
un match entre... et...
le bus pour aller...
une vedette de cinéma
un film
?

14 L'heure de la sortie

Write down four activities you think your classmates do after school. Then, ask a partner if he or she did them yesterday.

—Tu as joué au foot?
—Non, j'ai joué au tennis.

jouer au foot
regarder la télé
écouter de la musique
faire les devoirs

15 Qu'est-ce qu'on a tous fait?

In groups of four, try to find three things that everyone did last weekend and three things that no one did. Report your findings to the class, using **On a tous...** and **On n'a pas...** As the groups report, note the activities that most people did or didn't do.

16 Jeux de rôle

With a partner, choose two of these situations and take turns expressing concern for each other and explaining what happened.

1. Tu arrives au cours de maths avec vingt minutes de retard. Le prof n'est pas content!
2. Tu n'étais pas à la boum de ton ami(e) samedi soir. Il/Elle veut savoir ce qui s'est passé.
3. Tu arrives chez toi à une heure du matin. Ton père (ta mère) est furieux (furieuse).
4. Tu n'es pas allé(e) faire les magasins avec tes copains hier après l'école. Ton ami(e) te téléphone pour savoir pourquoi.

Inquiring; expressing satisfaction and frustration; sympathizing with and consoling someone

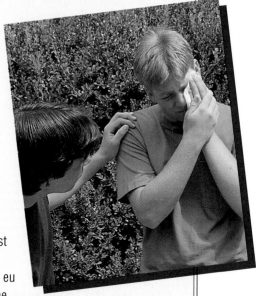

YVES Oh là là, ça a pas l'air d'aller, toi! Qu'est-ce qui s'est passé?

BENOIT Ben, j'ai reçu un ballon dans la figure en gym et j'ai dû aller à l'infirmerie! Décidément, c'est pas mon jour, aujourd'hui!

YVES Ah, bon? Qu'est-ce qui t'est arrivé d'autre?

BENOIT Tout a été de travers! D'abord, je suis arrivé en retard à l'école. Ensuite, je suis tombé dans l'escalier. Et puis, à la cantine, quelqu'un a renversé une assiette de spaghettis sur mon pantalon.

YVES Pauvre vieux!

BENOIT Enfin... Et toi, au fait? J'espère que ta journée s'est mieux passée que la mienne.

YVES Oui, elle s'est même très bien passée. En géo, j'ai eu 18. Ensuite, en français, j'ai eu 16. Le prof a même lu ma rédaction à la classe! Après, à la récré, Julien m'a invité à son anniversaire. Et finalement, en anglais, on a vu un bon film.

17 C'est Yves ou Benoît?

1. Il a eu une bonne note en géo.
2. Il est allé à l'infirmerie.
3. Il a vu un bon film.
4. Quelqu'un a renversé une assiette de spaghettis sur son pantalon.
5. Il est arrivé en retard à l'école.
6. Il a eu 16 en français.
7. Il va aller à une fête.
8. Il est tombé dans l'escalier.

NOTE CULTURELLE

Many students who do not live close enough to go home for lunch eat in the school cafeteria (**la cantine**). The meals served follow the French sequence: a first course, a main dish with vegetables, then cheese, fruit, or yogurt. Students might stand in line for their meals, or they might be served at their table. Since the lunch period lasts for about two hours, students usually have time to study, play a game, or go to a café after they eat.

COMMENT DIT-ON... ?
Inquiring; expressing satisfaction and frustration

To inquire:

Comment ça s'est passé? *How did it go?*

Comment s'est passée ta journée (hier)? *How was your day (yesterday)?*

Comment s'est passé ton week-end? *How was your weekend?*

Comment se sont passées tes vacances? *How was your vacation?*

To express satisfaction:

C'était... *It was . . .*
- **incroyable!** *amazing!*
- **super!**
- **génial!**

Ça s'est très bien passé!
It went really well!

Quelle journée formidable!
What a great day!

Quel week-end formidable!
What a great weekend!

To express frustration:

C'était incroyable!
It was unbelievably bad!

J'ai passé une journée horrible!
I had a terrible day!

C'est pas mon jour!
It's just not my day!

Tout a été de travers!
Everything went wrong!

Quelle journée!/Quel week-end!
What a (bad) day!/ . . . weekend!

---

18 **Ecoute!**

Listen as some friends discuss their weekends. Did they have a good weekend or a bad one?

19 **Sondage**

Poll five classmates to find out how their weekends were. Did more people have good weekends or bad weekends?

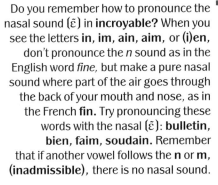

20 **Et toi, qu'est-ce que tu as fait?**

Ask a partner how his or her day went yesterday. Your partner should mention three things that made the day good or bad. Then, reverse roles.

Tu te rappelles ?

Do you remember how to pronounce the nasal sound (ɛ̃) in **incroyable?** When you see the letters **in, im, ain, aim,** or **(i)en,** don't pronounce the *n* sound as in the English word *fine,* but make a pure nasal sound where part of the air goes through the back of your mouth and nose, as in the French **fin.** Try pronouncing these words with the nasal (ɛ̃): **bulletin, bien, faim, soudain.** Remember that if another vowel follows the **n** or **m, (inadmissible),** there is no nasal sound.

A la française

There are many expressions you can use to show interest and get someone to continue a story in English. You can do the same in French. Say **Ah bon?** or **Ah oui?** *(Really?),* **Et après?** *(And then what?),* and **Et ensuite?** *(And what next?).*

21 Qu'est-ce qu'ils ont fait?

Emilie et ses amis sont allés à la plage hier. Choisis les dessins qui correspondent à leurs activités.

1. Ce week-end, on est allés à la plage. Moi, je suis arrivée à l'heure. Les autres sont arrivés en retard.
2. On a joué au volley, on a lu des romans et on a écouté de la musique.
3. Plus tard, on s'est promenés et on a vu un château de sable magnifique.
4. Malheureusement, je suis tombée sur le château. Quelle maladroite!

a.

b.

c.

d.

Note de *G*rammaire

You use **être** instead of **avoir** as the helping verb to make the **passé composé** of some verbs. Many of these are verbs of motion, such as **aller, tomber,** and **arriver.**

> **Je suis allé(e)**
> **Tu es allé(e)**
> **Il est allé**
> **Elle est allée**
> **On est allé(e)(s)** } au lycée.

You have to use **être** to make the **passé composé** of all reflexive verbs as well.

> **Je me suis levé(e).**
> **Tu t'es levé(e).**
> **Il s'est levé.**
> **Elle s'est levée.**
> **On s'est levé(e)(s).**

Notice that when you write these forms, the past participle has to agree with the subject or the reflexive pronoun. You'll learn more about this in Chapter 6.

22 Comment se sont passées tes vacances?

Ton correspondant Marc raconte ses vacances dans une lettre. Réponds à sa lettre. Raconte tes vacances, réelles ou imaginaires.

Salut!
Comment ça s'est passé tes vacances? Nous, on est partis faire du ski dans les Alpes. C'était super! J'ai fait du ski pour la première fois. Je suis souvent tombé. Les montagnes sont magnifiques. Attends de voir mes photos. Et toi? Tu as passé de bonnes vacances? Qu'est-ce que tu as fait? Raconte-moi!
Marc

23 Devine!

Put the letters you wrote for Activity 22 together face down. Each person selects a letter and reads it silently. The rest of the group asks yes-no questions to determine where the writer went and what he or she did on vacation.

—Cette personne est allée en France? —Oui.
—Elle est allée à la plage? —Non.
—Elle a fait du ski? —Non.
—_____?_____

COMMENT DIT-ON... ?
Sympathizing with and consoling someone

To sympathize with someone:
Oh là là! *Oh no!*
C'est pas de chance, ça! *Tough luck!*
Pauvre vieux/vieille!
You poor thing!

To console someone:
Courage! *Hang in there!*
Ça va aller mieux. *It'll get better.*
T'en fais pas. *Don't worry.*
C'est pas grave. *It's not serious.*

---

24 Les pauvres!

What would you say to sympathize with and console the following people?

1.

2.

3.

---

25 Une mauvaise journée

Make a list of five things that can make your day go wrong.

Ma journée se passe mal si je ne prends pas mon petit déjeuner.
je rate le bus.
_____?_____

---

26 La plus mauvaise journée de ma vie

Imagine that all the things you listed in Activity 25 happened to you yesterday. Describe your day to a friend, who urges you to continue telling about your day, reacts sympathetically, and tries to console you. Then, reverse roles.

TROISIEME ETAPE

Giving reasons and making excuses; congratulating and reprimanding someone

Lycée Balzac
Académie de Tours

BULLETIN TRIMESTRIEL

NOM et prénom : *PUECH Jean* Classe de *2de 7*

MATIERES D'ENSEIGNEMENT	MOYENNE DE L'ELEVE	APPRECIATIONS
Français	15	Travail sérieux
Mathématiques	12	A fait beaucoup de progrès
Sc. Physiques	15	Bon élève
Sc. Naturelles	9	Travail moyen.
Histoire-Géographie	16	Bon travail
Anglais	13	Résultats encourageants
Latin	11	A fait beaucoup de progrès
Arts plastiques	10	Peut mieux faire
Education physique	10	Doit s'appliquer davantage

Lycée Balzac
Académie de Tours

BULLETIN TRIMESTRIEL

NOM et prénom : *GUY Caroline* Classe de *2de 7*

MATIERES D'ENSEIGNEMENT	MOYENNE DE L'ELEVE	APPRECIATIONS
Français	12	Satisfaisant
Mathématiques	14	A fait beaucoup de progrès
Sc. Physiques	15	Bon travail
Sc. Naturelles	9	Peut mieux faire.
Histoire-Géographie	18	Très bonne élève!
Allemand	15	Travail sérieux
Anglais	11	Assez bien
Education musicale	17	Elève très sérieuse
Education physique	12	A fait beaucoup de progrès

27 Tu comprends?

1. Qui a eu la meilleure note en français? En maths?
2. En quelle matière est-ce que Jean est le plus fort? Et Caroline?
3. En quelle matière est-ce qu'il est le moins bon? Et Caroline?
4. Tu es plutôt comme Jean ou comme Caroline?

NOTE CULTURELLE

Report cards come out three times a year: in December, before the Easter break, and at the end of the school year in June or July. Written or oral tests (**les interros écrites ou orales**), quizzes (**les interros-surprises**), compositions (**les rédactions**), oral presentations (**les exposés**), and homework (**les devoirs**) are all graded assignments.

COMMENT DIT-ON... ?
Giving reasons and making excuses

To give reasons:

Je suis assez bon (bonne) en français. *I'm pretty good at . . .*
C'est en maths **que je suis le/la meilleur(e).** *I'm best in . . .*
L'anglais, **c'est mon fort!** *. . . is my strong point.*

To make excuses:

L'histoire, **c'est pas mon fort.** *. . . isn't my best subject.*
J'ai du mal à comprendre. *I have a hard time understanding.*
Je suis pas doué(e) pour les sciences. *I don't have a talent for . . .*

28 Comment tu trouves tes cours?

Make a list of the classes you have this year and write down your comments about each one. Share them with a friend. Do you have the same opinions?

> Je suis fort(e) en... J'adore...
> difficile chouette C'est intéressant!
> Le prof est super. facile amusant

29 Le jour des bulletins trimestriels

a. You're the teacher! Make a list of six subjects and give a partner a grade for each one. Don't forget to write your comments (**appréciations**).

b. You and your partner exchange the report cards you made. Ask each other about your grades, giving reasons or excuses for each one.

> —Combien tu as eu en maths?
> —J'ai eu 15. Je suis assez bon (bonne) en maths. Et toi?
> —Moi, j'ai eu 8. C'est pas mon fort!

COMMENT DIT-ON... ?
Congratulating and reprimanding someone

To congratulate someone:

Félicitations! *Congratulations!*
Bravo! *Terrific!*
Chapeau! *Well done!*

To reprimand someone:

C'est inadmissible. *That's unacceptable.*
Tu dois mieux travailler en classe. *You have to work harder in class.*
Tu ne dois pas faire le clown en classe! *You can't be goofing off in class!*
Ne recommence pas. *Don't do it again.*

30 Ecoute!

Listen as Gilbert's father and friends ask him about his schoolwork. Are they reprimanding or congratulating him?

31 Vraiment, Gilbert...

Regarde les notes que Gilbert a eues à ses autres devoirs. Qu'est-ce que tu peux lui dire à propos de ses notes?

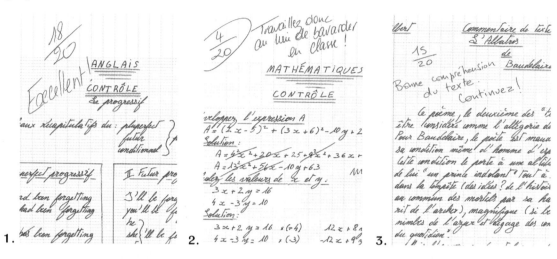

1.   2.   3.

32 Le meilleur et le pire

Write down a good test grade, a bad test grade, and subjects for each. Your partner will play the role of your parent and ask you about your grades. Give reasons or excuses for each one.

—Combien tu as eu à l'interro de géométrie?
—J'ai eu 100! La géo, c'est mon fort!
—Chapeau! Et à ton interro d'anglais?
—Euh...

33 Ta semaine à l'école

How was your week at school? Interview a partner. Be sympathetic, or scold your partner if necessary!

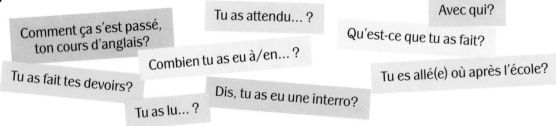

Comment ça s'est passé, ton cours d'anglais?

Tu as attendu... ?

Avec qui?

Qu'est-ce que tu as fait?

Combien tu as eu à/en... ?

Tu as fait tes devoirs?

Tu es allé(e) où après l'école?

Dis, tu as eu une interro?

Tu as lu... ?

34 Mon journal

In Chapter 1 you wrote your resolutions for the school year in your journal. Reread them now. How are you doing? Report on your progress.

PANORAMA CULTUREL

Franck • Martinique

Virginie • France

Emmanuel • France

What do you like and dislike about school? We asked several francophone students for their opinions. Here's what they had to say.

Qu'est-ce que tu aimes à l'école?

«Les mathématiques. J'aime bien. On travaille. Ça permet de réfléchir. J'aime bien.»

Et tes professeurs, ils sont comment?

«En général, assez sympathiques; ils sont très proches de nous. Ils nous comprennent le plus souvent. Ils nous aident si on a des petits problèmes. S'ils voient que ça ne va pas trop, ils nous conseillent. Ils sont très sympathiques.»

—Franck

«Ce que j'aime à l'école? Les récréations... parce qu'on peut se voir entre copains. Ça fait une pause entre chaque heure de cours. Et puis, on peut discuter, se désaltérer, tout ça... Mon cours préféré, c'est l'anglais, parce que j'aime la langue anglaise.»

Qu'est-ce que tu n'aimes pas à l'école?

«Ce que je n'aime pas à l'école? Les sciences physiques. J'aime pas du tout.»

—Virginie

«Ben, à l'école, ce que j'aime en particulier, c'est les copains. C'est tout, hein. Parce que, bon, il y a certains profs qui sont sympa... Autrement le lycée... [ce que j'aime] c'est les copains, et se retrouver entre nous, j'aime bien.»

Qu'est-ce que tu n'aimes pas à l'école?

«Les surveillants. Je n'aime pas les surveillants à l'école, parce que... bon il y en a qui sont sympa, mais il y en a d'autres qui sont trop stricts, et puis ils sont même pénibles, quoi.»

—Emmanuel

Qu'en penses-tu?

1. What do these students say they like most about school?
2. What complaints do they have?
3. Are your likes and dislikes similar to those these students mentioned? In what way?

LISONS!

𝒟o you have days when you would rather be anywhere else but in school? If you have, you can relate to these poems.

A. What do you think will happen in the poems based on the illustrations?

B. What drives you crazy about school? Make a list. What words can you find in the two poems that relate to what you don't like about school?

C. Here's some vocabulary you might need to understand these poems. How many sentences can you write with these words?

le rire	laugh
le visage	face
les chiffres	numbers
le pupitre	desk
la craie	chalk
effacer	to erase
le maître	grade school teacher
faire le pitre	to goof off
ils s'en vont	they leave

Le cancre

D. Un cancre is *a dunce.* What is a dunce? French schoolchildren who got into trouble used to have to wear donkey ears. What donkey-like quality is the boy in

Le Cancre

Il dit non avec la tête
mais il dit oui avec le cœur
il dit oui à ce qu'il aime
il dit non au professeur
il est debout
on le questionne
et tous les problèmes sont posés
soudain le fou rire le prend
et il efface tout
les chiffres et les mots
les dates et les noms
les phrases et les pièges
et malgré les menaces du maître
sous les huées des enfants prodiges
avec des craies de toutes les couleurs
sur le tableau noir du malheur
il dessine le visage du bonheur

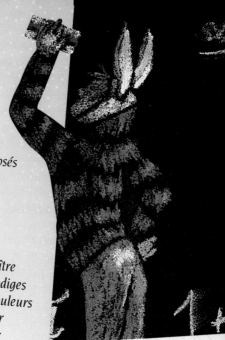

Page d'écriture

Deux et deux quatre
quatre et quatre huit
huit et huit font seize...
Répétez ! dit le maître
Deux et deux quatre
quatre et quatre huit
huit et huit font seize.
Mais voilà l'oiseau-lyre
qui passe dans le ciel
l'enfant le voit
l'enfant l'entend
l'enfant l'appelle :
Sauve-moi
joue avec moi
oiseau !
Alors l'oiseau descend
et joue avec l'enfant
Deux et deux quatre...
Répétez ! dit le maître
et l'enfant joue
l'oiseau joue avec lui...
Quatre et quatre huit
huit et huit font seize
et seize et seize qu'est-ce qu'ils font ?
Ils ne font rien seize et seize

et surtout pas trente-deux
de toute façon
et ils s'en vont.
Et l'enfant a caché l'oiseau
dans son pupitre
et tous les enfants
entendent sa chanson
et tous les enfants
entendent la musique
et huit et huit à leur tour s'en vont
et quatre et quatre et deux et deux
à leur tour fichent le camp
et un et un ne font ni une ni deux
un à un s'en vont également.
Et l'oiseau-lyre joue
et l'enfant chante
et le professeur crie :
Quand vous aurez fini de faire le pitre!
Mais tous les autres enfants
écoutent la musique
et les murs de la classe
s'écroulent tranquillement.
Et les vitres redeviennent sable
l'encre redevient eau
les pupitres redeviennent arbres
la craie redevient falaise
le porte-plume redevient oiseau.

the poem displaying? What lines in the poem show this?

E. What else does the boy do to express his negative attitude toward school?

F. There are some expressions that show the poet has the same attitude. Can you match them to their English equivalents?

1. **les phrases et les pièges**
2. **les menaces du professeur**
3. **les huées des enfants prodiges**
4. **le tableau noir du malheur**

   a. *the teacher's threats*
   b. *the blackboard of unhappiness*
   c. *the sentences and the traps*
   d. *the boos of the gifted students*

G. Despite his negative attitude about school, the boy has an essentially positive attitude about life. How do you know? Is he really **un cancre**?

H. Draw **le visage du bonheur** as you imagine it.

Page d'écriture

I. How does the poem begin? Do you do these kinds of drills in class? What happens to these numbers as the poem goes on?

J. Other classroom objects are transformed at the end of the poem. What quietly falls down? What turns into sand? What does the ink turn into? The desks? The chalk? The pen?

K. What does the student invite into the classroom that causes these transformations? In your opinion, what does this guest in the classroom symbolize?

L. What is the common theme that links these two poems? How does the student in each poem escape from the oppression of the classroom?

DEMANDE

Je sollicite un rendez-vous avec

M *Mabille*

Professeur de *Histoire-géographie*

Date et Signature des Parents,

12 novembre

A. Garin

DEMANDE DE DISPENSE EXCEPTIONNELLE D'EDUCATION PHYSIQUE

(à remplir par les parents et à remettre au Conseiller d'Education avant le cours)

Nom de l'élève *GARIN*   Prénom *Ginette*   Classe *2nde*

Date du cours *12/11*

Motif de la demande *s'est fait mal à la main –*
dispense d'EPS

Ci-joint certificat médical: (1) Oui - Non

Date *12/11*   **Signature,** *Mme Garin*

Lycée Balzac Tours
INFIRMERIE

BILLET DE RETARD

Lycée Balzac Tours
Le Surveillant Général

Nom *GARIN*   Le *12/11*

Prénom *Ginette*   élève de *seconde*

arrivé(e) à *8h30* heures avec *30 min.* de retard

POUR LE MOTIF SUIVANT *n'a pas entendu son réveil et*
a raté le bus

_____ Peut être admis(e) en classe.

1 1. Look at the first document. What information is given? Who filled this out? Why?

2. What information is filled out in the second document? What happened to Ginette? What does this note excuse her from?

3. At what time did Ginette arrive at school? Why?

4. How was Ginette's day?

 2 Ecoute la conversation entre le père de Ginette et son professeur d'histoire-géo. Décide si les phrases suivantes sont vraies ou fausses.

1. Ginette a eu 9 à l'interro d'histoire-géo.

2. La semaine passée, elle est arrivée en classe à l'heure.

3. D'après Ginette, l'histoire est son fort.

4. D'après Ginette, le prof ne l'aime pas.

5. Le prof de Ginette ne l'aime pas.

6. D'après le prof, Ginette ne doit pas faire le clown en classe.

 3 Write Ginette's diary entry for November 12.

4 How much do you know about French schools?

1. What's in a **carnet de correspondance?**

2. What happens in **la cantine?**

3. How often do report cards come out in France?

4. Match the following assignments to their English equivalents:

   1. **les rédactions**   a. *oral presentations*
   2. **les interros orales**   b. *homework*
   3. **les exposés**   c. *oral tests*
   4. **les devoirs**   d. *compositions*

5. Would you like to attend a French high school? List three reasons why you would and three reasons why you wouldn't.

 5 You just got back to school from a weekend out of town. Ask a friend how the weekend was, being sure to ask where he or she went and what happened. Don't forget to sympathize if things went badly! Then, reverse roles.

6

J E U   D E   R O L E

You've been having problems in one of your classes and decide to meet with your teacher after school today. Act out the situation with a partner.

- Be sure to bring up your latest grades, good and bad.
- Give reasons for tardiness, bad grades, or lost homework.
- The teacher may be sympathetic, reprimanding, or both.

Can you use what you've learned in the chapter?

Can you express concern for someone? p. 119

1 How would you show concern for someone by asking what happened?

2 How would your friend answer you if the following happened to him?

1.　　　　　　2.　　　　　　3.

Can you inquire? p. 123

3 How would you inquire about your friend's . . .
   1. day yesterday?　　**2.** weekend?　　**3.** vacation?

Can you express satisfaction and frustration? p. 123

4 How would you respond to someone's question about your weekend if it went really well?

5 How would you respond to someone's question about your vacation if everything went wrong?

Can you sympathize with and console someone? p. 125

6 What would you say to sympathize with and console these people?
   1. Céline a raté le bus.
   2. Véronique a été collée.
   3. Henri est arrivé en retard au cours de français.

Can you give reasons and make excuses? p. 127

7 How would you explain the following grades on your report card?

MATIERES	MOYENNE	APPRECIATIONS
Informatique	11	Peu d'effort !
Anglais	16	Bon travail
Français	10	Travail moyen

Can you congratulate and reprimand someone? p. 127

8 What would you say to a friend who . . .
   1. got a good grade in French?
   2. won an athletic competition?
   3. received a scholarship to college?

9 How would you reprimand a friend who . . .
   1. got a low grade in English?
   2. is always joking in class?

PREMIERE ETAPE

Expressing concern for someone

Ça n'a pas l'air d'aller.   *You look like something's wrong.*
Qu'est-ce qui se passe?   *What's going on?*
Qu'est-ce qui t'arrive?   *What's wrong?*
Raconte!   *Tell me!*

School day vocabulary

passer une journée épouvantable   *to have a horrible day*
entendre le réveil   *to hear the alarm clock*
rater le bus   *to miss the bus*
rater une marche   *to miss a step*
tomber   *to fall*
déchirer   *to rip*
rendre les interros   *to return tests*
avoir une mauvaise note   *to get a bad grade*
être collé(e)   *to have detention*
perdre   *to lose*
recevoir le bulletin trimestriel   *to receive one's report card*

DEUXIEME ETAPE

Inquiring; expressing satisfaction and frustration

Comment ça s'est passé?   *How did it go?*
Comment s'est passée ta journée (hier)?   *How was your day (yesterday)?*
Comment s'est passé ton week-end?   *How was your weekend?*
Comment se sont passées tes vacances?   *How was your vacation?*
C'était incroyable!   *It was amazing/unbelievably bad!*

Ça s'est très bien passé!   *It went really well!*
Quelle journée formidable!   *What a great day!*
Quel week-end formidable!   *What a great weekend!*
J'ai passé une journée horrible!   *I had a terrible day!*
C'est pas mon jour!   *It's just not my day!*
Tout a été de travers!   *Everything went wrong!*
Quelle journée!   *What a (bad) day!*
Quel week-end!   *What a (bad) weekend!*

Sympathizing with and consoling someone

Oh là là!   *Oh no!*
C'est pas de chance, ça!   *Tough luck!*
Pauvre vieux/vieille!   *You poor thing!*
Courage!   *Hang in there!*
Ça va aller mieux.   *It'll get better.*
T'en fais pas.   *Don't worry.*
C'est pas grave.   *It's not serious.*

Other expressions

arriver   *to arrive*

TROISIEME ETAPE

Giving reasons and making excuses

Je suis assez bon (bonne) en...   *I'm pretty good at . . .*
C'est en... que je suis le/la meilleur(e).   *I'm best in . . .*
..., c'est mon fort.   *. . . is my strong point.*
..., c'est pas mon fort.   *. . . isn't my best subject.*
J'ai du mal à comprendre.   *I have a hard time understanding.*
Je suis pas doué(e) pour...   *I don't have a talent for . . .*

Congratulating someone

Félicitations!   *Congratulations!*
Bravo!   *Terrific!*
Chapeau!   *Well done!*

Reprimanding someone

C'est inadmissible.   *That's unacceptable.*
Tu dois mieux travailler en classe.   *You have to work harder in class.*
Tu ne dois pas faire le clown en classe!   *You can't be goofing off in class!*
Ne recommence pas.   *Don't do it again.*

6

A nous les châteaux!

① C'était magnifique, Chenonceau!

After a hard week at school, it's nice to spend the day having fun with your family or friends. Around Tours, people visit the many châteaux of the region to explore the castles and find out about their history.

In this chapter you will learn

- to ask for opinions; to express enthusiasm, indifference, and dissatisfaction
- to express disbelief and doubt
- to ask for and give information

And you will

- listen to friends telling about their weekends
- read about attractions in the Tours area
- write about a trip you've taken
- find out about some of the châteaux and the historical figures francophone students learn about in school

② C'est combien, un aller-retour pour Chenonceaux?

③ C'est pas vrai! Tu plaisantes!

DROITS D'ENTRÉE

Date du circuit

MUSÉES NATIONAUX

ENTRÉE

CAR

Mise en train

Céline   Hector   Virginie

Le disparu

Have you ever visited a castle or other historical site? What did you find interesting about it?

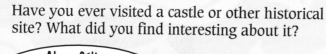

Alors, Céline, qu'est-ce que tu as fait pendant le week-end?

Je suis allée visiter le château de Chenonceau avec Hector et Virginie.

C'était comment? Ça t'a plu?

Oui! C'était magnifique! Quelle aventure, je te dis!

1

J'ai retrouvé les autres à la gare routière vers 7 h 55. On a acheté les billets.

C'est combien, un aller-retour pour Chenonceaux?

60 F.

Je voudrais une place, s'il vous plaît.

2

On est arrivés à Chenonceaux à 8 h 55. Ensuite, on a loué des vélos.

Le car est parti à 8 h 10.

3

C'est par là!

4

1 Tu as compris?

1. Where did Céline and her friends go for the day?
2. How did they get there?
3. How did they find out about the history of the château?
4. What did they do at the château?
5. What happens at the end of the story?

2 Qui...

1. n'est pas allé au château?
2. a visité le château?
3. a trouvé Chenonceau magnifique?
4. a lu le guide du château?
5. a dit qu'il y a des gens qui disparaissent?
6. a disparu?
7. a cherché Hector partout?

Virginie

Bruno

Céline

Hector

3 Le journal de Céline

Complète le journal de Céline.

est parti	visiter
des vélos	est arrivés
magnifique	a remarqué
a cherché	a acheté

Ce week-end, je suis allée ____ le château de Chenonceau. C'était ____ ! On ____ les billets à la gare et le car ____ à 8h10. On y ____ à 8h55. On est allés directement louer ____ . J'ai lu mon guide du château à haute voix, mais Hector ne s'y intéressait pas. Il nous a dit que des gens disparaissent dans les châteaux, mais je ne l'ai pas cru. Enfin, après la visite guidée du château, on ____ qu'Hector n'était plus là ! On l'____ partout mais il avait disparu sans laisser de traces ! La suite au prochain numéro...

4 Cherche les expressions

What do the teenagers in **Le disparu** say to . . .

1. ask for an opinion?
2. express enthusiasm?
3. inquire about the cost of a round-trip ticket?
4. express disbelief?

5 Et maintenant, à toi

What do you think happened to Hector? What would you do if you were in Céline and Virginie's situation?

Asking for opinions; expressing enthusiasm, indifference, and dissatisfaction

Es-tu déjà allé à Loches?
On a vu des cachots et je
suis montée dans la vieille
tour en ruine. C'est très
intéressant... on se sent
vraiment transporté au
Moyen Age. Au fait, je t'ai
acheté un souvenir... mais
c'est une surprise! Je t'embrasse.
Adèle

LOCHES

Jean Brami
Bâtiment Le Fanal n°8
Esplanade de l'Europe
34000 MONTPELLIER

Le château d'Azay-le-Rideau

Si tu voyais Azay-
le-Rideau! C'est incroya-
ble comme château.
On s'est promenés dans
le parc, puis on a fait
un pique-nique. Le
spectacle son et lumière
sur la vie dans un châ-
teau de la Renaissance
était superbe. C'est
vraiment à voir!
Frédéric

Véronique Fabre
8, rue de Liège
75 009 PARIS

NOTE CULTURELLE

Most castles in France are of two types. **Châteaux forts,** such as Loches, were built for protection in the Middle Ages. They are massive buildings with thick walls, often surrounded by a moat and built in a strategic location. **Châteaux de la Renaissance,** such as Chenonceau or Azay-le-Rideau, date from the sixteenth century when more thought was given to comfort than to defense. **Châteaux de la Renaissance** feature large windows, ornate sculptures or stonework, and often highly decorated interiors.

6 C'est Loches ou Azay-le-Rideau?

1. a. On peut monter dans une vieille tour.
   b. C'est un château du Moyen Age.
   c. On peut se promener dans le parc ou pique-niquer.
   d. On peut descendre voir les cachots *(dungeons)*.
   e. On l'a construit à l'époque de la Renaissance.
2. Quel château est-ce que tu préfères? Pourquoi?

VOCABULAIRE

Qu'est-ce que tu as fait pendant le week-end?

Perrine

Je suis allée dans un parc d'attractions.

J'ai fait un tour sur les montagnes russes...

et sur la grande roue.

Han

Ce week-end, moi, je suis allée au zoo!

J'ai fait une visite guidée,...

on a fait un pique-nique...

et on a donné à manger aux animaux. Ça m'a beaucoup plu!

Mariyam

Moi, je suis allée faire un circuit des châteaux!

Je suis montée dans des tours...

et après, on a assisté à un spectacle son et lumière. C'était magnifique!

7 Ecoute!

Regarde le **Vocabulaire** à la page 142 et écoute Alain et Monique qui parlent des activités de leurs amies. Est-ce qu'ils parlent de Perrine, d'Han ou de Mariyam?

8 Alors, tu as fait le circuit...

Imagine you've taken one of the colorful trips advertised on these fliers. Your partner will ask you questions until he or she guesses which trip you took. Then, reverse roles.

—Tu es allé(e) dans un parc d'attractions?   — Oui.
—Tu as fait une visite guidée des châteaux?   — Non.
— ___?___   — ___?___
—Alors, tu as fait le circuit vert!   — ___?___

Faites le circuit jaune! On va... faire une visite guidée des châteaux, monter dans une tour, aller au zoo et donner à manger aux animaux!

ESSAYEZ LE CIRCUIT BLEU! VOUS POUVEZ... aller au zoo, donner à manger aux animaux, faire un pique-nique et aller dans un parc d'attractions!

Choisissez le circuit rose où vous pouvez... faire un pique-nique, aller au zoo, donner à manger aux animaux et assister à un spectacle son et lumière!

Amusez-vous en faisant le circuit vert! Vous pouvez... aller dans un parc d'attractions, faire un tour sur les montagnes russes, faire un pique-nique et assister à un spectacle son et lumière!

ON VA FAIRE LA FÊTE SUR LE CIRCUIT ORANGE! ALLONS... FAIRE UN PIQUE-NIQUE, ASSISTER À UN SPECTACLE SON ET LUMIÈRE, FAIRE UNE VISITE GUIDÉE DES CHÂTEAUX ET MONTER DANS UNE TOUR!

9 Jeu

Draw a grid of nine boxes: three across and three down. Write a weekend activity in each box. Find someone in your class who's done one of the activities in your grid. That person signs the appropriate box and writes where he or she did the activity. The first person to get five different signatures that form an **x** or a **+** wins.

—Tu as déjà donné à manger à un éléphant?
—Non, jamais! *or* Oui, au zoo à New York.

COMMENT DIT-ON... ?

Asking for opinions; expressing enthusiasm, indifference, and dissatisfaction

To ask for an opinion:
C'était comment? *How was it?*
Ça t'a plu? *Did you like it?*
Tu t'es bien amusé(e)?
Did you have fun?

To express enthusiasm:
C'était... *It was ...*
magnifique! *beautiful!*
incroyable! *incredible!*
superbe! *great!*
sensas! *sensational!*
Ça m'a beaucoup plu.
I really liked it.
Je me suis beaucoup amusé(e).
I had a lot of fun.

To express indifference:
C'était... *It was . . .*
assez bien. *OK.*
comme ci, comme ça. *so-so.*
pas mal. *all right.*
Mouais. *Yeah.*
Plus ou moins. *More or less.*

To express dissatisfaction:
C'était... *It was . . .*
ennuyeux. *boring.*
mortel. *deadly dull.*
nul. *lame.*
sinistre. *awful.*
Sûrement pas! *Definitely not!*
Je me suis ennuyé(e). *I was bored.*

Note de *G*rammaire

You've probably noticed that **c'était** *(it was)* uses a form of the verb **être** you haven't studied yet. To describe what things were like in the past, you use this verb tense called the **imparfait** *(imperfect)*. You'll learn more about it in Chapter 8.

Tu te rappelles ?

• Two of the most difficult vowels for English speakers to produce in French are the sound (y) in **tu** and the sound (u) in **tout**.

• To produce the (y) sound, start by saying *me* in English, then round your lips, keeping your tongue pressed behind your lower teeth. Practice by saying **Ça t'a plu?** and **Sûrement pas!** There's no equivalent to this sound in English, so it takes some practice to get it right.

• The (u) sound is like the vowel sound in the English word *fool*. Practice this sound by saying **beaucoup** and **un tour**.

• Learning to distinguish between these sounds is important. There's a big difference between a **pull** and a **poule** *(a hen)* in French!

10 Ecoute!

Listen to several friends discuss what they did over the weekend. Are they enthusiastic, indifferent, or dissatisfied? Listen again and write down each response.

11 C'était comment?

Ton ami(e) te pose la question **C'était comment?** Comment est-ce que tu réponds si...

1. tu es allé(e) à une boum chez ton/ta meilleur(e) ami(e) hier soir?
2. tu as fait une visite guidée d'une maison historique?
3. tu as vu un film français avec Gérard Depardieu?
4. tu es allé(e) à un concert de jazz?
5. tu es allé(e) dans un musée d'art moderne?
6. tu as fait un pique-nique à la plage avec ta famille?
7. tu as passé un examen de français?

12 En famille

Ces familles sont parties en week-end. Où est-ce qu'elles sont allées? Qu'est-ce qu'elles ont fait? C'était comment pour chaque personne dans la famille?

1.

2.

3.

4.

13 Qu'est-ce qu'on fait en France?

D'après les pourcentages à droite,...

1. quelle est l'activité la plus populaire chez les Français?
2. quel spectacle de musique est le plus populaire? le moins populaire?
3. quel pourcentage de Français a visité au moins *(at least)* un musée? un monument historique? un parc d'attractions?
4. est-ce que les Américains aiment faire les mêmes choses que les Français? Et toi? Qu'est-ce que tu aimes faire?

> ### Les exclus du loisir
>
> Au cours de leur vie, 82 % des Français (15 ans et plus) ne sont jamais allés à l'opéra. 82 % n'ont jamais assisté à un concert de jazz.
> - 77 % ne sont jamais allés voir une opérette.
> - 76 % n'ont jamais assisté à un spectacle de danse.
> - 75 % n'ont jamais assisté à un concert de rock.
> - 71 % n'ont jamais assisté à un concert de musique classique.
> - 62 % n'ont jamais visité une galerie d'art.
> - 57 % ne sont jamais allés dans un parc d'attractions.
> - 55 % ne sont jamais allés au théâtre.
> - 46 % n'ont jamais assisté à un match sportif payant.
> - 45 % ne sont jamais allés dans une discothèque.
> - 28 % n'ont jamais visité un monument historique.
> - 26 % n'ont jamais visité un musée.
> - 12 % ne sont jamais allés au cinéma.
> - 7 % ne sont jamais allés au restaurant.

14 Nos distractions

Make a list of six attractions in your region and ask your classmates if they've been there. Then, ask them how they liked each place. According to your poll, which place is the most popular? The least?

—Tu es déjà allé(e) à Mount Rushmore?
—Oui.
—Ça t'a plu?
—Beaucoup. C'était superbe!

15 Le week-end

Prépare un dialogue avec un(e) camarade de classe. Qu'est-ce que tu as fait ce week-end? Où es-tu allé(e)? Qu'est-ce que tu as fait là-bas? C'était comment?

Le 21 avril à Chenonceau...

Hier, avec notre classe, on est allés au château de Chenonceau.

On est arrivés au château de bonne heure. Jean-Claude n'est pas venu avec nous.

Than et Mathieu sont entrés pour la visite guidée. Ali est directement monté au premier étage.

Anaïs est descendue au bord du Cher.

Charlotte est tombée dans le jardin de Diane de Poitiers.

Catherine et Surya sont restées longtemps au café.

Des touristes américains sont partis à vélo.

On est rentrés tout contents!

16 Ecoute!

Listen as the teacher tries to locate all the students to head back to the bus. Where are these students?

1. Paul
2. Laurence
3. Ali
4. Guillaume
5. Mireille
6. Marcel

VOCABULAIRE

entrer (entré)	*to enter*
venir (venu)	*to come*
rester (resté)	*to stay*
monter (monté)	*to go up*
descendre (descendu)	*to go down*
naître (né)	*to be born*
devenir (devenu)	*to become*

mourir (mort)	*to die*
sortir (sorti)	*to go out*
partir (parti)	*to leave*
rentrer (rentré)	*to go back (home)*
revenir (revenu)	*to come back*
retourner (retourné)	*to return*

Grammaire The **passé composé** with **être**

- To form the **passé composé** of some verbs, you use **être** instead of **avoir** as the helping verb. The verbs you've just learned follow this pattern, as do the verbs **aller, tomber,** and **arriver** from Chapter 5.

Je **suis rentré(e).**	Nous **sommes rentré(e)s.**
Tu **es rentré(e).**	Vous **êtes rentré(e)(s).**
Il/Elle/On **est rentré(e)(s).**	Ils/Elles **sont rentré(e)s.**

- When you form the **passé composé** with **être**, the past participle agrees in gender and number with the subject, just as an adjective agrees with the noun it describes. If the subject of the verb is feminine, add an -**e** to the past participle. If the subject is feminine plural, add -**es.** If it's masculine plural, add an -**s.** Don't forget that a compound subject with one masculine element is considered masculine.

17 Une journée au château

Tes copains et toi, vous êtes allés au château samedi dernier. Décris ce que chacun de vous a fait.

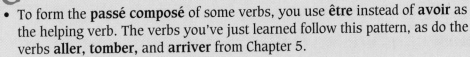

Je
On
Les filles
Les garçons
__?__
__?__ et __?__

arriver
aller
monter
descendre
rester
tomber
retourner
__?__

au château de __?__
à pied/à vélo/en train
dans une tour
dans le jardin
dans la chambre du roi
dans la boutique de souvenirs
dans l'escalier
__?__

18 La petite Annick

Qu'est-ce qu'Annick a fait cet après-midi?

19 Qu'est-ce qu'il/elle a fait?

Choose a famous person and write down three things the person did. Without giving the person's name, read your list to your group. The first one to guess the person's name takes the next turn.

Elle a trouvé...

Il a chanté...

Il a inventé...

Elle est allée... pour...

Elle a joué...

Elle a découvert...

Il est devenu célèbre grâce à...

De bons conseils

How can you remember when to use **avoir** to form the past tense and when to use **être**? A general rule of thumb is that you often associate **être** with verbs of motion. Think of a house. You use **être** with any verb that will get you *into* the house, *upstairs* and *downstairs* (even by falling!), and *out* of the house. Also, if you *stay* in the house, and are *born* or *die* in the house, you will use **être** with these verbs. Draw a picture to illustrate this and keep it as a study guide.

COMMENT DIT-ON...?

Expressing disbelief and doubt

To express disbelief and doubt:

Tu plaisantes!
You're joking!

C'est pas vrai.
You're kidding.

N'importe quoi!
That's ridiculous!

Pas possible!
No way!

Ça m'étonnerait.
I doubt it.

Mon œil!
Yeah, right!

20 Ecoute!

Listen to Mai as she asks her friends about their weekends. Does she believe what they tell her or not?

21 C'est vrai?

What would you say if a friend made one of the following statements?

1. «J'ai fait du jogging à 4h ce matin.»
2. «J'ai vu Elvis Presley hier.»
3. «La France est en Afrique.»
4. «On doit aller à l'école dimanche.»
5. «Hier, j'ai gagné un million de dollars.»
6. «En Espagne, on parle allemand.»

22 Un jour...

Imagine three extraordinary things that happened to you and tell your partner about them. Your partner will express disbelief and ask for more details. Then, reverse roles.

—Un jour, je suis arrivé(e) à l'école avec le président de la République française.
—Tu plaisantes! Pourquoi est-ce qu'il est venu avec toi?
—...

23 Mon œil!

a. In your group, take turns telling tall tales about yourselves. The entire group will respond with expressions of doubt and disbelief. When you have told your stories, choose the best one from your group.

b. Put together your own newspaper of sensational stories. Each group will write up its best story, adding some details to make the story even more interesting and unbelievable.

24 Dans le guide du château

Lis cette page du guide de Chenonceau et réponds aux questions.

Qui...
1. était la femme du roi?
2. était la favorite du roi?
3. est mort pendant un tournoi de joute?
4. est devenue régente de France?
5. a donné des fêtes extravagantes?
6. a d'abord possédé Chenonceau?
7. a reçu Chenonceau en cadeau?
8. a accepté le château de Chaumont en échange de Chenonceau?
9. est finalement devenue propriétaire de Chenonceau?

Les personnages de Chenonceau

Henri II, le roi

Il est né en 1519. Roi de France de 1547 à 1559, il était marié à Catherine de Médicis, qui a longtemps pleuré sa mort accidentelle pendant un tournoi de joute.

Diane de Poitiers, la toujours belle

La jeune femme est devenue la favorite du roi Henri II. En 1547, quand Henri II est monté sur le trône, il lui a donné Chenonceau. A la mort du roi, la reine Catherine de Médicis a contraint Diane à accepter le château de Chaumont en échange de Chenonceau.

Catherine de Médicis, la fastueuse

Née en 1519, elle était la femme et la reine d'Henri II. Quand le roi est mort, elle est devenue régente de la France. Elle a réclamé le château de Chenonceau à Diane de Poitiers. Elle y a ensuite donné des fêtes extravagantes.

PANORAMA CULTUREL

Hervé • Martinique

Pauline • France

Evelyne • France

We asked students what famous people they have studied in school. Here are their responses.

Qui sont les personnages historiques que tu as étudiés?

«Je connais tous les personnages historiques français et je vais en citer quelques-uns. Bien, on peut parler des rois de France, par exemple de Louis XIV, de Louis XV, d'Henri IV en Angleterre et en Martinique, notre impératrice Joséphine qui s'est mariée avec l'empereur Napoléon.»

Il y a quelqu'un que tu admires en particulier?

«J'apprécie beaucoup Joséphine, l'impératrice, tout d'abord parce que c'est une compatriote et voilà.»

—Hervé

«On a étudié surtout des auteurs, comme Victor Hugo ou Maupassant, mais aussi des personnages historiques de l'histoire de France, comme Napoléon.»

Il y a quelqu'un que tu admires en particulier?

«Que j'admire... Je vois pas spécialement. J'aime bien Victor Hugo. J'aime bien les poètes.»

—Pauline

«Les personnages qu'on a étudiés en histoire sont Hitler, Mussolini, Vercingétorix et Jules César... Louis XVI et tous les rois de France et les rois d'Angleterre aussi.»

—Evelyne

Qu'en penses-tu?

1. Which of the famous people mentioned have you studied? What did they do?
2. Which of these people do you find most interesting? Why?
3. What other French-speaking historical figures do you know about? What did they do?
4. Choose a well-known francophone person you have not studied and find out why he or she is famous.

CIRCUITS D'UNE JOURNEE

Départ à 9 h 00, place de la Gare, quai n° 6

10 - TOURS, Cormery, vallée de l'Indre, **LOCHES** (visite, déjeuner libre), **CHENONCEAU** (visite), **AMBOISE** (visite), Montlouis, TOURS (vers 18 h 45).

Les samedis, du 10 avril au 25 septembre.
Les mardis, du 6 juillet au 28 septembre.

Car : **145 F**
Droits d'entrée : **65 F**

11 - TOURS, Amboise (vue sur le château), Chaumont, **BLOIS** (visite, déjeuner libre), Ménars, **CHAMBORD** (visite), **CHEVERNY** (visite), vallée du Cher, TOURS (vers 18 h 45).

Les lundis et vendredis, du 12 avril au 27 septembre.

Car : **145 F**
Droits d'entrée : **65 F**

Les circuits de jour sont accompagnés et commentés par des guides-interprètes de Touraine (français-anglais).

CIRCUITS D'UNE DEMI-JOURNEE

Départ à 13 h 15, place de la Gare, quai n° 6

12 - TOURS, Vouvray, **CHAUMONT** (visite), **LE CLOS-LUCE** à Amboise, demeure de Léonard de Vinci (visite), TOURS (vers 18 h 45).

Les samedis, du 3 juillet au 11 septembre.

Car : **93 F**
Droits d'entrée : **42 F**

13 - TOURS, Savonnières, Villandry, **USSE** (visite), **LANGEAIS** (visite), TOURS (vers 18 heures).

Les mardis, du 6 juillet au 31 août.

Car : **93 F**
Droits d'entrée : **35 F**

SPECTACLES *SON ET LUMIERE*

Départ place de la Gare, quai n° 6

14 - **LE LUDE** : "Les glorieuses et fastueuses soirées au bord du Loir". Départ à 21 heures jusqu'au 31 juillet, à 20 h 30 au mois d'août.

Les samedis, du 26 juin au 21 août.
Les vendredis, du 25 juin au 20 août.

Car et droits d'entrée : **140 F**

15 - **AMBOISE** : "A la Cour du Roy François". Départ à 21 h 30 jusqu'au 31 juillet, à 21 heures à partir du 1er août.

Les mercredis, du 7 juillet au 25 août.

Car et droits d'entrée : **120 F**

25   A lire avec attention

Ces gens choisissent quel(s) tour(s)?

1. Julien voudrait visiter Chaumont et Clos-Lucé.
2. Francine veut voir un spectacle son et lumière mercredi.
3. Hélène a 128 F pour le car et l'entrée.
4. Cam voudrait assister à un spectacle son et lumière jeudi ou vendredi.
5. Luc veut voir Amboise et visiter Chambord.
6. En avril, Marion voudrait visiter des châteaux.
7. Robert veut faire une visite guidée en anglais.

NOTE CULTURELLE

The intercity bus **(le car)** and the train **(le train)** are two excellent ways to see France. Trains run frequently between larger towns and cities. They are known for running on time. Nearly all train lines are electrified and computerized. The **train à grande vitesse (TGV)**, a high-speed train that covers long distances with only a few stops, is the most popular. At the **gare routière**, usually located at the train station, you can take the bus to the smaller towns in the region you are visiting. Some of the bus stations also offer tours, like the ones you see here in the brochure.

COMMENT DIT-ON... ?

Asking for and giving information

To ask for information:

A quelle heure est-ce que le train (le car) pour Blois **part?**
What time does the train (the bus) for . . . leave?

De quel quai?
From which platform?

A quelle heure est-ce que vous ouvrez (fermez)?
What time do you open (close)?

To ask for prices:

Combien coûte un aller-retour?
How much is a round-trip ticket?

Combien coûte un aller simple?
How much is a one-way ticket?

C'est combien, l'entrée?
How much is the entrance fee?

To respond:

A 14h40.

Du quai 5.

A 10h (à 18h).

To ask for what you want:

Je voudrais un aller-retour.
I'd like a round-trip ticket.

Un aller simple, s'il vous plaît.
A one-way ticket, please.

Trois tickets, s'il vous plaît.
Three (entrance) tickets, please.

26 Ecoute!

Nathalie achète un billet à la gare. Ecoute sa conversation avec l'employé de la gare. Ensuite, complète les phrases suivantes.

1. Nathalie veut aller à...
2. Le train part à...
3. Elle voudrait un...
4. Ça coûte...
5. Le train part du quai...

Note de *Grammaire*

- To ask a question formally, use the question word(s) followed by **est-ce que: A quelle heure est-ce que le train arrive?**
- To make an informal question, you may put the question word(s) at the end of the question: **Le train arrive à quelle heure?**

27 Méli-mélo!

Mets en ordre cette conversation entre l'employée de la gare routière et un touriste.

Alors, je voudrais un aller-retour.

Du quai 6.

De quel quai?

C'est 145 F.

Voilà.

A 9h, monsieur.

Bonne route!

Merci, madame.

C'est combien, le car?

A quelle heure est-ce que le car numéro 10 part?

28 Une excursion

Look at the brochure on page 151. Choose a trip you would like to take and buy your ticket from the agent. Be sure to ask for all the information you need. Act out the scene with a partner and then reverse roles.

29 Au château de Fontainebleau

Lis les renseignements pratiques pour Fontainebleau et réponds aux questions suivantes.

1. Les jardins ouvrent à quelle heure?
2. A quelle heure est-ce qu'ils ferment? Pourquoi est-ce que l'heure de fermeture change?
3. Le château ouvre à quelle heure? Il ferme à quelle heure pour le déjeuner?
4. A quelle heure est-ce que le château rouvre? Il ferme à quelle heure le soir?

RENSEIGNEMENTS PRATIQUES:

Les cours et jardins sont ouverts tous les jours dès 8 h du matin et ferment entre 17 et 20 h 30 suivant la saison.

Le château est ouvert tous les jours (sauf mardi) de 9 h 30 à 12 h 30 et de 14 h à 17 h. Fermeture des caisses à 11 h 30 et 16 h.

L'entrée générale pour les grands et petits appartements, le Musée Napoléon et le Musée Chinois se fait au milieu du bâtiment de droite de la cour du cheval blanc.

Renseignements : tél. (1) 64 22 27 40.

30 A la boutique de cadeaux

You've decided to open a gift shop near Fontainebleau. Decide what your business hours will be, remembering that it is normal for stores to close for a long lunch. Then take turns with your partner, answering the phone as a tourist calls to ask for your hours.

Note de *G*rammaire

Ouvrir *(to open)* ends in **-ir,** but it's conjugated like a regular **-er** verb. Drop the **-ir** and add the endings **-e, -es, -e, -ons, -ez,** or **-ent.**

31 Jeu de rôle

This Saturday you're leaving Tours to see the château at Azay-le-Rideau. Choose the train you'll take. Answer your parent's questions about what you're doing and when you're leaving. Act out the scene with a partner and then reverse roles.

Notes à consulter		7141 1	241 2	4087 3	4001 4	7143 5	4325 6	7145 7	245 8
TOURS	A		08.27	08.37			09.22		11.47
TOURS	D	05.53		08.51		08.51		09.30	
JOUE-les-TOURS	A	06.06				08.58		09.37	
BALLAN	A	06.07				09.06		09.45	
DRUYE	A							09.52	
VALLERES	A							09.56	
AZAY-le-RIDEAU	A	06.19						10.01	
AZAY-le-RIDEAU	D	06.20				09.19		10.02	
LA CHAPPELLE/ ST BLAISE	A					09.20			
CHEILLE	A								
QUINCAY	A								
RIVARENNES	A	06.27						10.10	
RIGNY-USSE	A								
HUISMES	A								
CHINON	A	06.43				09.40		10.25	
CHINON	D		06.50						
LOUDUN	A		07.15						10.30 11.03

1 - Circule les lundis et le 15 juillet - AUTORAIL
2 - Circule les lundis - Autocar
3 - Circule tous les jours sauf samedis, dimanches et fêtes. Corail.
4 - Circule tous les jours sauf dimanches et fêtes. Corail.
5 - Circule tous les jours sauf dimanches et fêtes. Autorail.
6 - Circule tous les jours. Corail
7 - Circule les dimanches et fêtes. Autorail.
8 - Circule les dimanches et fêtes. Autocar.

32 Mon journal

Write about a real or imaginary trip you've taken. Tell when you left, how you got there, what you did, and whether or not you had a good time.

LISONS!

TOURISME FLUVIAL
DANS LES PAYS DE LA LOIRE
LOUEZ VOTRE BATEAU HABITABLE SANS PERMIS

Découvrir
le plaisir
sauvage
d'une
nature
tranquille!

Des châteaux de la Loire à l'Océan Atlantique, partez à la découverte des rivières de la région (Maine, Mayenne, Oudon, Sarthe, Erdre et canal de Nantes à Brest) : plus de 350 kms de paysages sans cesse renouvelés entre Angers et Redon.

En famille ou entre amis, louez l'un des 180 bateaux SANS PERMIS (de 2 à 12 personnes). Vous découvrirez le plaisir de la navigation, les châteaux, manoirs, abbayes et de nombreux villages typiques. Les écluses au nombre restreint sont ouvertes tous les jours. Vous vous amarrez où et quand vous voulez pour inventer vos loisirs : équitation, pêche, vélo, baignade, promenade...

A QUI VOUS ADRESSER?

Notre brochure est à votre disposition auprès de nos 2 centrales de réservation.

RIVIERES D'ANJOU & DU MAINE 13 bases - 150 bateaux **MAINE RESERVATION** B.P. 2224 - 49022 ANGERS CEDEX 02 Tél. 41 23 51 30 - Fax. 41 23 51 35 Télex. 723 070	**RIVIERE DE L'ERDRE** **& CANAL DE NANTES A BREST** 3 bases - 30 bateaux **LOISIRS ACCUEIL** Place du Commerce - 44000 NANTES Tél. 40 89 50 77 - Fax. 40 20 44 54 Télex. 711 505

*I*n most towns in France, you can visit the **Office de tourisme** to find out what activities are available in that area.

DE BONS CONSEILS
How do you remember what you read? You take notes, of course! But you certainly can't write down everything you read. You have to choose the information you think is important to remember.

A. You have four friends who would be happy to join you on one of these excursions or at one of these events. Match one of these activities to each friend's likes and dislikes.

1. Latif is artistic, and he's always looking for something unusual to do.
2. Denise likes to be active outdoors, and she loves to travel.
3. Nicole loves romantic novels and films.
4. Paul plays chess and collects books on castles and knights.

RAPPEL Remember to look for the answers to the questions *Who? What? When? Where?* and *Why?* when you are choosing information you think is important to remember.

B. Read the poster for **A la recherche de la lumière**, taking notes as you read.

VALENÇAY

La "belle", dans le parc aux daims

Dans un lieu qui n'est autre que ce vague pays des contes de fées, un riche marchand, ruiné par une tempête, habite avec ses trois filles et son

fils... C'est ainsi que commence, "La belle et la bête", conte qui inspira le poète et cinéaste Jean Cocteau, pour la réalisation de son célèbre film. Aujourd'hui, le texte original du film sert de support à la mise en scène d'un nouveau spectacle son et lumière, dans le cadre prestigieux du château de Valençay. Jean-Claude Baudoin, son réalisateur, fait évoluer dans le parc aux daims, 200 figurants jouant avec l'eau, la pyrotechnie et les costumes du XVIe siècle. Le nouveau cadre de ce parc, inutilisé jusqu'à présent, avec ses arbres séculaires et son étang, permet d'obtenir le miracle de la double image, puisque la plupart des scènes se reflètent dans l'eau.

"La belle et la bête" - Château - Jusqu'au 28 août - ☎ 54 00 04 42 A71, sortie Salbris puis D724 et D956.

SARAN

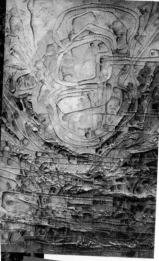

A la recherche de la lumière

Peintre, graveur, sculpteur, illustrateur, lauréat du prix international de New York, Gilbert Sabatier, artiste contemporain, expose 40 nouvelles toiles dans le magnifique cadre du château de l'Etang, à Saran. Il s'agit de peintures acryliques de grand format (1,70 x 1,30 m), auxquelles s'ajoutent plusieurs sculptures. Les toiles traitent de la lumière et de ses déclinaisons, elles sont en relief avec apport de matériaux divers (tissus, sable, plexiglas...). Elles ressemblent à des kaléidoscopes, ou bien encore à des vitraux surréalistes. Une démarche logique, lorsque l'on sait que la recherche de la lumière est devenue une véritable obsession chez l'artiste.

"Déclinaison de lumière" - Château de l'Etang - 4 au 29 août - ☎ 38 53 14 25 A10, sortie Orléans Nord.

TAILLEBOURG

"Le génie du château" Spectacle son et lumière

Venez voyager avec nous au cœur du moyen âge ; par-delà le spectacle, c'est toute la mémoire d'une cité qui est retrouvée...

4 au 8 et 10 au 15 août à 22h (Ouverture des guichets à 21 h) Prix des places : Adultes 65 F, Enfants 35 F Groupes : Adultes 55 F, Enfants 30 F Réservations : Mairie de TAILLEBOURG : ☎ 46 91 80 42 Office de tourisme de SAINTES : ☎ 46 74 23 82

L'hébergement de notre spectacle est entièrement assuré par l'hôtel 2 étoiles "Les chênes verts" à St-Savinien, où 25 chambres tout confort vous attendent dans une forêt de chênes verts. La restauration est également assurée sur place.

Then, compare your notes with a partner's. What did you each think were important items to note? You probably noted four or five key words or phrases to explain further what is happening in Saran. Try this method of taking notes as you read the remaining posters.

C. Now, check your note-taking. Can you answer these questions about the remaining posters, using only your notes?

Where can you . . .
- travel back to the Middle Ages?
- experience a sound and light show?
- see châteaux from a boat?
- look at a contemporary artist's work?

D. Using your notes, write three brief postcards about three of the activities you'd

most like to try. Address them to friends you think would enjoy the activities. Use sentence starters like **Si tu veux, on pourrait...**, or **Ici, on peut...**

E. Make a travel poster to publicize an interesting event that you enjoyed. Be sure to include (a) a heading that tells where the event takes place, (b) a subheading that catches the reader's attention and gives the main theme of the event, and (c) a short text that offers four or five pieces of information that would make the reader want to attend. Draw a picture or find one in a magazine to illustrate the poster.

MISE EN PRATIQUE

You and a friend are going to visit Amboise. You want to see the castle where Francis I was raised and spent the early years of his reign.

1 You see this poster about Amboise and take down some notes about visiting hours, entrance fees, the sound and light show, and some facts about Amboise and Clos-Lucé.

A LA COUR DU ROY FRANÇOIS - AMBOISE

Le château d'Amboise est un des trésors du patrimoine français. Sa construction, commencée dès le XIème siècle, a finalement été achevée par Charles VIII au XVème siècle. Mais c'est le roi François I qui a rendu Amboise célèbre. A l'âge de six ans, il y a établi sa résidence et c'est là qu'il a grandi. Passionné par les arts, il a même invité Léonard de Vinci à venir travailler à Clos-Lucé, un manoir du XVème siècle relié à Amboise par des passages souterrains. De Vinci est resté à Clos-Lucé jusqu'à sa mort et on peut aujourd'hui y admirer certaines de ses inventions.

Le château est ouvert tous les jours de 9h à 12h et de 14h à 18h30, et sans interruption de 9h à 18h30 aux mois de juillet et d'août. Fermeture en hiver à 17h30. Spectacle son et lumière, du 7 juillet au 25 août, "A la cour du Roy François", à 22h30 le mercredi et le samedi. Droit d'entrée : 27F   Tarif enfant : 10F

2 You call the bus station in Tours, but you get a recorded message. Listen carefully and note the times you'll need to catch the bus to and from Amboise and how much your ticket will be.

3 When you arrive at the château, you buy a pamphlet about Amboise. Read the information in the pamphlet on page 157 and answer the questions as best you can.

1. How were women treated before Francis I?
2. How did he treat the women in his court?
3. What became of them when Francis I became king?
4. What did he spend a lot of money on? Why?
5. How did the French court change under his reign?
6. What did he organize?

Un homme de goût

Depuis toujours, les châtelaines recevaient peu de respect et d'attention de la part des hommes de la cour. Mais, sous François I, leur rôle dans la société ainsi que la façon dont elles étaient traitées ont commencé à changer. Le roi François aimait les femmes, les respectait et attendait de tous les hommes de sa cour qu'ils en fassent autant. Si un homme disait du mal d'une femme, il était pendu. François I dépensait beaucoup pour les vêtements de ses courtisanes. Il voulait qu'elles montrent leur beauté. Sous son règne, la Cour de France est devenue une école d'élégance, de goût et de culture où les arts, les sciences et la poésie étaient célébrés lors des nombreux festivals organisés par le roi lui-même.

4 When you get back from your trip to Amboise, one of your friends asks you what it was like, how you got there, what you saw, and what you learned. Tell your friend all about your trip. Act this out with a partner.

5 Who's a famous person from your region? Write a summary of that person's life and accomplishments to give to French tourists who visit your area of the country.

6 How much cultural information do you remember? Match the following people, places, and things from this chapter.

1. Azay-le-Rideau
2. Joséphine
3. TGV
4. Victor Hugo
5. Moyen âge
6. le car

    a. poète
    b. gare routière
    c. château de la Renaissance
    d. château fort
    e. Martinique
    f. train à grande vitesse

7

JEU DE ROLE

While you're at Amboise, one of your friends disappears! Act out the scene with two classmates.

- Make suggestions about what might have happened to your friend.
- React with doubt to the suggestions.
- Resolve the problem.

Can you use what you've learned in the chapter?

Can you ask for opinions? p. 144

1 How would you ask . . .

1. how your friend's weekend was?
2. how your friend liked what he or she did?
3. if your friend had fun?

Can you express enthusiasm, indifference, and dissatisfaction? p. 144

2 You're just back from a trip, and your friend asks you how it was. How would you respond if you had visited these places?

1.

2.

3.

3 How would you tell what you did on your last vacation and how you liked it?

Can you express disbelief and doubt? p. 148

4 How would you respond if your friend told you . . .

1. she got lost in the dungeon while visiting a castle?
2. he saw the ghost of Francis I arguing with Leonardo da Vinci?
3. she found 100 gold coins in the gardens at Chenonceau?
4. he just inherited the château of Azay-le-Rideau?

Can you ask for and give information? p. 152

5 How would you find out . . .

1. the cost of a round-trip ticket to your destination?
2. which platform the train leaves from?
3. at what time the train leaves?
4. when a place opens and closes?
5. how much it costs to get into a place?

6 Can you tell someone . . .

1. at what times this museum opens?
2. what time it closes in the spring?
3. what the regular entrance fee is?
4. what the fee for teenagers is?

7 Can you ask for the information above?

TOURS (Musée Archéologique de l'Hôtel Goüin) 25 rue de Commerce - Tél. 47.66.22.32
Du 1er février au 14 mars et du 1er octobre au 30 novembre de 10h à 12h30 et de 14h à 17h30, fermé le vendredi. Tous les jours du 15 mars au 14 mai de 10h à 12h30 et de 14h à 18h30. Du 15 mai au 30 septembre de 10h à 19h. Entrée : Plein tarif : 18 F - Groupes + 15 pers. et 3e âge : 15 F - Enfants de 7 à 18 ans : 12 F - Scolaires : 5 F.

PREMIERE ETAPE

Asking for opinions; expressing enthusiasm, indifference, and dissatisfaction

C'était comment? *How was it?*
C'était... *It was . . .*
   magnifique *beautiful*
   incroyable *incredible*
   superbe *great*
   sensas *sensational*
   assez bien *OK*
   comme ci, comme ça *so-so*
   pas mal *all right*
   ennuyeux *boring*
   mortel *deadly dull*
   nul *lame*
   sinistre *awful*
Ça t'a plu? *Did you like it?*

Ça m'a beaucoup plu. *I really liked it.*
Mouais. *Yeah.*
Sûrement pas! *Definitely not!*
Tu t'es amusé(e)? *Did you have fun?*
Je me suis beaucoup amusé(e). *I had a lot of fun.*
Plus ou moins. *More or less.*
Je me suis ennuyé(e). *I was bored.*

Activities

assister à un spectacle son et lumière *to attend a sound and light show*
faire un pique-nique *to have a picnic*

visiter un parc d'attractions *to visit an amusement park*
faire un tour sur la grande roue *to ride on the ferris wheel*
faire un tour sur les montagnes russes *to ride on the roller coaster*
faire un circuit des châteaux *to tour some châteaux*
faire une visite guidée *to take a guided tour*
monter dans une tour *to go up in a tower*
visiter un zoo *to visit a zoo*
donner à manger aux animaux *to feed the animals*

DEUXIEME ETAPE

Expressing disbelief and doubt

Tu plaisantes! *You're joking!*
Pas possible! *No way!*
Ça m'étonnerait. *I doubt it.*
C'est pas vrai! *You're kidding!*
N'importe quoi! *That's ridiculous!*
Mon œil! *Yeah, right!*

Verbs

entrer *to enter*
venir *to come*
rester *to stay*
monter *to go up*
descendre *to go down*
partir *to leave*
sortir *to go out*
rentrer *to go back (home)*
revenir *to come back*

retourner *to return*
naître *to be born*
devenir *to become*
mourir *to die*

TROISIEME ETAPE

Asking for and giving information

A quelle heure est-ce que le train (le car) pour... part? *What time does the train (the bus) for . . . leave?*
De quel quai? *From which platform?*
Du quai... *From platform . . .*

A quelle heure est-ce que vous ouvrez (fermez)? *What time do you open (close)?*
Combien coûte... ? *How much is . . . ?*
un aller-retour *a round-trip ticket*

un aller simple *a one-way ticket*
C'est combien, l'entrée? *How much is the entrance fee?*
Je voudrais... *I'd like . . .*
Un..., s'il vous plaît. *A . . . , please.*
...tickets, s'il vous plaît. *. . . (entrance) tickets, please.*

7

En pleine forme

① Tu devrais faire du sport!

Staying in good health and physical condition is important. Although you can't avoid getting sick from time to time, you can stay healthy and energetic by eating right and exercising while still having fun with your friends!

In this chapter you will learn

- to express concern for someone; to complain
- to give, accept, and reject advice; to express discouragement; to offer encouragement
- to justify your recommendations; to advise against something

And you will

- listen to friends giving advice about health and sports
- read about different sports
- write a health brochure
- find out what people in francophone countries do to stay in shape

② C'est bon pour toi!

③ Je suis tout raplapla.

161

Mise en train

Trop de conseils

What do you do when you're feeling out of sorts? Look at the photos and read the story to see what kind of advice Bruno gets from his friends.

1. Eh bien, qu'est-ce que tu as, Bruno? Tu n'as pas l'air en forme.

   Je ne sais pas. Je me sens tout raplapla. Je suis fatigué. J'ai mal dormi.

2. A quelle heure tu t'es couché hier soir?

   Vers minuit, comme d'habitude.

   Mais, c'est beaucoup trop tard!

3. Tu as pris le petit déjeuner ce matin?

   Ben, non. J'étais pressé.

   Tu ne dois pas sauter les repas.

4. Il est important de bien se nourrir. Mange des fruits et des légumes. Il faut surtout manger des choses variées, manger équilibré. C'est bon pour toi.

5. Et est-ce que tu fais du sport?

   Non, rarement.

   Tu ferais bien de t'entraîner. Tu devrais faire de l'exercice.

1 Tu as compris?

1. How does Bruno feel at the beginning of the story?
2. What three things do Céline and Hector ask him about?
3. What do they suggest to help him feel better?
4. Where do Hector and Bruno go? What do they do there?
5. How does Bruno feel at the end of the story?

2 Fais ton choix

Complète ces phrases d'après **Trop de conseils**.

1. Bruno s'est couché vers...
   a. dix heures.
   b. onze heures et demie.
   c. minuit.

2. Au petit déjeuner, Bruno...
   a. a mangé une pomme.
   b. a mangé des céréales.
   c. n'a rien mangé.

3. D'après Céline, il est important de...
   a. se coucher tard.
   b. bien se nourrir.
   c. sauter des repas.

4. Bruno fait du sport...
   a. rarement.
   b. souvent.
   c. de temps en temps.

5. D'après Hector, pour élever le rythme cardiaque, il faut...
   a. s'échauffer.
   b. tonifier les muscles.
   c. faire de l'aérobic.

6. Bruno s'est fait mal...
   a. à la main.
   b. à la cheville.
   c. à la tête.

3 Cherche les expressions

What does Céline or Hector say to . . .

1. find out what is wrong with Bruno?
2. give him advice?
3. justify their advice?
4. offer encouragement?

What does Bruno say to . . .

5. tell how he's feeling?
6. express his discouragement?
7. complain about an injury?
8. express his annoyance with his friend?

4 Qu'est-ce qu'ils disent?

1.   2.   3.   4.

a. «Il est important de bien se nourrir.»
b. «Je me sens tout raplapla.»
c. «J'ai sauté le petit déjeuner ce matin.»
d. «On doit tonifier ses muscles.»

5 Et maintenant, à toi

What do you think of the advice Bruno's friends gave him? What would you advise Bruno to do? How do you react when your friends give you advice about your health?

COMMENT DIT-ON... ?

Expressing concern for someone; complaining

To express concern for someone:

Quelque chose ne va pas? *Is something wrong?*

Qu'est-ce que tu as? *What's wrong?*

Tu n'as pas l'air en forme. *You don't look well.*

To complain:

Je ne me sens pas bien. *I don't feel well.*

Je suis tout(e) raplapla. *I'm wiped out.*

J'ai mal dormi. *I didn't sleep well.*

J'ai mal partout! *I hurt all over!*

VOCABULAIRE

Je suis malade.	*I'm sick.*
J'ai mal au cœur.	*I'm sick to my stomach.*
J'ai...	*I have . . .*
un rhume.	*a cold.*
la grippe.	*the flu.*
des allergies.	*allergies.*
mal à la tête.	*a headache.*
mal à la gorge.	*a sore throat.*
le nez qui coule.	*a runny nose.*

6 Ecoute!

Listen to Lucien's friends complain about how they feel. Match the person's name with his picture. What would the person in the remaining picture say?

1. Edouard   2. Jérôme   3. Jean-Claude

a.

b.

c.

d.

7 Tu n'as pas l'air en forme!

Tu n'as pas l'air en forme aujourd'hui et ton ami(e) te demande ce que tu as. Qu'est-ce que tu réponds si...

1. tu t'es couché(e) à deux heures du matin?
2. tu es allergique aux chats?
3. tu es fatigué(e)?
4. tu as besoin d'aspirine?
5. tu éternues *(sneeze)* et tu as le nez qui coule?
6. tu es allé(e) au championnat de foot hier soir et tu as beaucoup crié?
7. tu as la grippe?

8 C'est pas de chance, ça!

You came to school sick today. Your friend responds sympathetically to your complaints and tells you what to do. Act out the scene, and then reverse roles.

Pauvre vieux (vieille)!

Oh là là!   Tu devrais dormir!

Bois du jus de fruit!

C'est pas de chance, ça!

Prends des médicaments!

VOCABULAIRE

J'ai mal partout!
J'ai mal...

à l'oreille (f.)
au cou
au bras
aux dents (f.)
au dos
au ventre
à la main
à la jambe
au pied

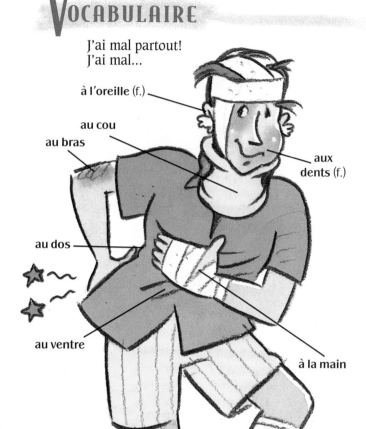

9 Ecoute!

Listen as several students talk to the pharmacist. Where are their aches and pains?

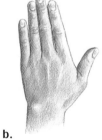
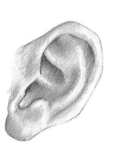

a.   b.   c.   d.

In France, you go to the pharmacy (**la pharmacie**) for both over-the-counter medicines, such as cough syrup and aspirin, and for prescription medication. You can't get a prescription filled at the grocery store as you can in the United States. Only the pharmacy, easily spotted on the street by its sign in the shape of a green cross, will honor a doctor's prescription.

10 J'ai mal à....

Qu'est-ce qui te fait mal si...

1. tu as mangé trop de pizza?
2. tu as joué au volley-ball toute la journée?
3. tu as fait cent abdominaux *(sit-ups)*?
4. tu as passé deux heures à faire du jogging?
5. tu as dansé jusqu'à minuit?
6. tu as passé la nuit à étudier?
7. tu es allé(e) chez le dentiste?
8. tu es assis(e) tout près des enceintes *(speakers)* à un concert de rock?

11 Jacques a dit

Your group leader tells you where you ache: **Vous avez mal au dos.** The group acts it out, but only if the leader begins by saying **Jacques a dit.** You're out if you act out a pain when the leader doesn't say **Jacques a dit.** The winner becomes the next leader.

12 Aïe! J'ai mal partout!

You worked out last night and now you're sore all over. When your friend asks how you are, complain about all that hurts. Your friend should react sympathetically. Then, reverse roles.

À la française

When you're not feeling well or when you hurt yourself accidentally, say **Aïe!** *(Ow!)* or **Ouille!** *(Ouch!)*. When you've finished doing something physically difficult, say **Ouf!** *(Whew!)*.

VOCABULAIRE

Qu'est-ce qui t'est arrivé?

FATIMA: JE ME SUIS FAIT MAL AU COUDE!

GUY: JE ME SUIS CASSÉ LA JAMBE!

VERONIQUE: JE ME SUIS FOULÉ LA CHEVILLE!

TRANH: JE ME SUIS COUPÉ LE DOIGT!

13 Ecoute!

You're helping out the nurse at a **colonie de vacances** this summer. Listen as she tells you about the patients who have come in this morning. Which of the people in the **Vocabulaire** on page 167 is she talking about? Fatima? Guy? Véronique? Tranh?

14 Comme la vie est dure!

Accidents will happen! Complete these sentences in as many ways as you can.

1. Quand mes amis et moi sommes allés faire du ski, je n'ai pas eu de chance! Je me suis cassé ___?___.

2. Mon amie faisait la cuisine et elle s'est coupé ___?___.

3. A la fin de la soirée, mon meilleur ami s'est foulé ___?___.

4. En rentrant chez moi, je me suis fait mal ___?___.

Note de *G*rammaire

- Many of the verbs you use to tell about injuries are reflexive. They follow the same pattern in the past tense as other reflexive verbs you've learned:

  Je **me suis cassé** la jambe.
  Nous **nous sommes cassé** la jambe.
  Tu **t'es cassé** le doigt.
  Vous **vous êtes cassé** le bras.
  Elle **s'est cassé** la cheville.
  Ils **se sont cassé** les doigts.

- When a direct object follows a reflexive verb, the past participle does not change:

  Elle s'est **coupée.**
  but
  Elle s'est **coupé** le doigt.

15 Le maladroit

Ton ami Pascal a passé un mauvais week-end. Qu'est-ce qui lui est arrivé? Complète ce paragraphe.

J'ai passé un week-end épouvantable! D'abord, vendredi, je ___, donc je n'ai pas pu aller faire du ski avec mes copains. Ensuite, samedi après-midi, je faisais un sandwich quand je ___. Et c'est pas tout! Samedi soir, en entrant dans ma chambre, je ___. Dimanche, j'allais répondre au téléphone quand je suis tombé dans l'escalier et je ___. Je craque, moi!

16 Qu'est-ce qui s'est passé?

You phone a friend to find out why he or she didn't meet you after school. Your friend says he or she is hurt and tells you what's wrong. React with sympathy, or react with doubt if you think your friend is making excuses. Make your conversation humorous or serious. Then, reverse roles.

Si tu as oublié
how to express doubt
va à la page 148.

168 *cent soixante-huit*   CHAPITRE 7   En pleine forme

RENCONTRE CULTURELLE

1. Elle a un chat dans la gorge.

2. Il a pris ses jambes à son cou!

3. Ça coûte les yeux de la tête!

4. Tu me casses les pieds!

Qu'en penses-tu?

1. How would you translate these expressions literally? Can you figure out what the expressions mean figuratively? What would the English equivalents be?
2. Think of expressions like these in English. Then, find out what they are in French.

Savais-tu que... ?

Different cultures sometimes use very different images to convey the same idea. Did you figure out the English equivalents of the French expressions above?

1. Literal meaning:
   She's got a cat in her throat.
   English equivalent:
   She's got a frog in her throat.
2. Literal meaning:
   He took his legs to his neck.
   English equivalent:
   He ran like the wind.
3. Literal meaning:
   It costs the eyes from the head.
   English equivalent:
   It costs an arm and a leg.
4. Literal meaning:
   You're breaking my feet!
   English equivalent:
   You're a pain in the neck!

Giving, accepting, and rejecting advice; expressing discouragement; offering encouragement

---

Place d'Italie Centre Italie II, 14, rue Vandrezanne 13e / 45.80.34.16

Heures d'ouverture : du lundi au vendredi de 8 H à 22 H. Samedi de 8 H à 19 H. Dimanche de 9 H à 17 H.

Circuit Gymnase Club

Entraînement individuel - Plan d'entraînement personnalisé établi par votre professeur.
Cardio-training, circuit training, exercices d'abdominaux et d'assouplissement.

Musculation

Plan d'entraînement personnalisé établi par votre professeur.

Culture physique	Lundi	Mardi	Mercredi	Jeudi	Vendredi	Samedi	Dimanche
Stretching 45 mn	10H15 13H45 17H 19H15	10H15 13H 16H30 17H45 19H15	10H15 13H45 17H 19H30	10H15 13H 16H30 17H45 19H15	10H15 13H45 17H 18H45	10H15 13H 15H15	10H 12H
Culture physique 45 mn	9H30 12H15/13H 14H30/15H30 17H45 18H30 20H	9H30 12H15 14H 16H15 17H 18H30 20H	9H30 12H15/13H 14H30/15H30 17H45 18H30	9H30 12H15 14H 16H15 17H 18H30 20H	9H30 12H15/13H 14H30/15H30 17H45 18H30	9H30 12H 17H15	9H15 10H15 11H 13H 15H15
Low Impact 45 mn Abda-fessiers 30 mn	18H 11H15 12H30 13H15 15H15/16H30 17H 17H30/18H 19H 19H30	11H15 12H30 13H 15H30/16H30 17H 17H30/18H 19H 19H30	18H 11H15 12H30 13H 15H15/16H30 17H 17H30 19H 19H30/20H30	18H45 11H15 12H30 13H 15H30/16H30 17H 17H30/18H 19H 19H30	11H 10H30 11H15 12H30 13H15 15H15/16H30 17H 17H30 19H 19H30/20H	14H 10H 11H15 12H 13H 14H 16H45	14H 11H30 12H 13H 13H 15H30
Aérobic 45 mn Rubberband 30 mn Step 30 mn	12H30 18H 18H45 19H45	18H 18H 12H30 18H45	18H45 18H 12H30 20H	12H30 18H	18H 18H 12H30 17H15	11H45 12H45 14H45	12H 11H

Relaxation

	Lundi	Mardi	Mercredi	Jeudi	Vendredi	Samedi	Dimanche
Yoga 60 mn			14H45	14H45	14H45		
Gym douce		14H45					

Ces horaires sont indicatifs et susceptibles de modifications. Renseignez-vous à l'accueil.

	Lundi	Mardi	Mercredi	Jeudi	Vendredi	Samedi	Dimanche
Danse							
Modern'jazz 60 mn 90 mn*		20H30	19H30		19H30	17H*	13H* 14H30*
Rock 60 mn			20H30	19H30 20H30			
Danse de salon 60 mn					20H30		
Danse afro 60 mn		19H30					
Danse africaine 60 mn - 90 mn*				13H30	19H30	13H30*	
Arts martiaux							
Judo 90 mn						16H	
Karaté 60 mn	20H		20H30		20H30		
Sports de combat							
Boxe américaine 60 mn		20H		20H	20H30		
Boxe anglaise 90 mn						13H15	
Boxe thaïlandaise 60 mn	15H30		15H45		15H45	15H45	
Self-défense 90 mn						14H30	
Sports aquatiques							
Gym aquatique 30 mn	13H 18H30	13H 18H30	13H 18H30	13H 18H30	13H 18H30	10H 12H 15H30	11H30 12H30
Détente							

hors forfait

Piscine - Bains à remous - Sauna - Hammam - UVA* - Bar* - Restaurant*.

Pour reprendre en douceur, trouver un bon équilibre physique et psychique. Cours basés sur la relaxation, l'antistress et l'assouplissement.

Pour se maintenir en forme, tonifier son corps, affiner sa silhouette. Cours basés sur des exercices d'endurance.

Pour ceux qui possèdent une bonne condition physique. Cours d'intensité forte. (Rythme cardio-vasculaire élevé, dépense calorique importante).

17 A lire avec attention

1. What's the purpose of this brochure?
2. How many major categories are there? What are they?
3. In the courses listed under each category, find at least four words that come from English. Can you guess what the other courses are?
4. What do you think **Détente** means, judging from the activities listed next to it?

18 Qu'est-ce qu'on choisit?

1. Au Gymnase Club, est-ce qu'on choisit les cours en vert, en bleu, ou en rouge...
   a. pour se tonifier les muscles? b. si on est déjà en forme? c. si on est stressé(e)?
2. Tu choisis quelles activités? A quel niveau? Quels jours? Pourquoi?

There has been a growing interest among French teenagers in both individual and team sports. Although there are no athletic teams that represent the **lycées**, students can join informal teams in their town or city. Many students have some sort of regular athletic activity, and some belong to private sports clubs like **Gymnase Club**. People can also take a variety of dance, martial arts, and weight-training classes at the **Maison des jeunes et de la culture (MJC)**.

LE SPORT ET LES JEUNES

60% des jeunes français font du sport : 37% en font régulièrement, 16% pratiquent de temps en temps, 5% rarement, 2% pendant les vacances seulement. Trois jeunes sur dix font partie d'une association sportive. Les jeunes ont tendance à faire plus de sport depuis quelques années: un jeune sur deux fait régulièrement de la gymnastique ou du jogging. 28% pratiquent régulièrement un sport individuel (athlétisme, judo, natation, tennis, ski) et 33% un sport d'équipe. Les sports les plus populaires sont le football (45%) et la natation (31%) puis le jogging et la gymnastique (27%).

VOCABULAIRE

Qu'est-ce que tu fais pour te mettre en condition?

Quelquefois, **je fais de l'exercice. J'aime faire des pompes.**

Moi, **je fais de la musculation.**

Moi, **je fais des abdominaux** tous les jours!

Moi, **je fais** souvent **de la gymnastique.**

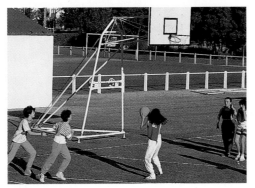

Moi, **je m'entraîne au** basket.

Je fais de l'aérobic deux fois par semaine.

19 Ecoute!

a. Simone asked her friends Josée, Christelle, and Khalid what they do to keep in shape. What does each person do?
b. Listen again to Josée, Christelle, and Khalid and write down how often they do each activity.

Tu te rappelles ?

Here are some expressions you've already learned to tell how often you do something:
Je m'entraîne à la natation **tous les jours.**
Je fais de l'exercice **trois fois par semaine.**
Je joue au tennis **deux fois par mois.**
Je **ne** fais **jamais** d'aérobic.
Je fais de la gymnastique **le lundi** et **le jeudi.**

20 Sportif ou pas?

Décris ce que ta famille, tes amis et toi, vous faites comme sports. Choisis un mot ou une expression dans chaque boîte et fais des phrases.

Je
Ma mère/mon père
Ma meilleure amie
Mon meilleur ami
Ma sœur/mon frère
Avec l'équipe de..., on...
?

faire de la musculation
faire de l'aérobic
faire du jogging
faire des abdominaux
faire de la gymnastique
faire de l'exercice
s'entraîner au/à la...
?

tous les jours
deux fois par semaine
ne... jamais
le week-end
le matin
l'après-midi
le soir
?

21 Les sportifs

Qu'est-ce qu'ils doivent faire pour se mettre en condition?

1.

2.

3.

22 Tu en fais souvent?

Est-ce que tes camarades de classe sont en forme? Fais une liste de cinq sports et activités. Ensuite, demande à trois de tes camarades s'ils en font et s'ils en font souvent. Qui est le plus sportif?

— Tu fais de la gymnastique?
— Oui.
— Tu en fais souvent?
— Ben... deux fois par semaine.

Note de Grammaire

You can use **en** to replace a phrase beginning with **de la, du, de l'**, or **des** that refers to an activity:

—Tu fais **de la natation?**
—Non, je n'**en** fais pas. Et toi?
—Moi, j'**en** fais souvent.

COMMENT DIT-ON... ?

Giving, accepting, and rejecting advice

To give advice:

Tu dois te mettre en condition.
You've got to . . .

Tu devrais faire du sport.
You should . . .

Tu ferais bien de t'entraîner au basket.
You would do well to . . .

Tu n'as qu'à te coucher plus tôt.
All you have to do is . . .

Pourquoi tu ne fais **pas** de la gymnastique?
Why don't you . . . ?

To accept advice:

Tu as raison.

Bonne idée!

D'accord.

To reject advice:

Je ne peux pas.

Non, je n'ai pas très envie.

Non, je préfère faire de la musculation!

Pas question!

Je n'ai pas le temps.
I don't have time.

Ce n'est pas mon truc.
It's not my thing.

---

23 Ecoute!

Olivier donne des conseils à ses amis. Est-ce qu'ils acceptent ou refusent ses conseils?

24 Tu ferais bien de...

Donne des conseils à tes amis.

1. Jean-Paul s'est endormi pendant le cours de maths.
2. Cam ne peut pas porter ses gros livres.
3. Arnaud a grossi pendant l'hiver.
4. Mireille est crevée à la fin de la journée.
5. Raoul a des difficultés à monter l'escalier.
6. André ne peut pas toucher ses pieds.

25 Tu devrais t'entraîner!

Ton ami(e) ne se sent pas bien. Demande-lui comment il ou elle va. Ensuite, va à la page 170 et conseille-lui de faire deux activités au **Gymnase Club**. Faites un emploi du temps sportif pour une semaine.

Tu te rappelles ?

When you're pronouncing the French **r**, keep the tip of your tongue pressed against your lower front teeth. Arch the back of your tongue upward, almost totally blocking the passage of air in the back of your throat. Practice by saying **tu ferais** and **tu devrais**. Then try **tu as raison, très envie**, and **mon truc**.

COMMENT DIT-ON... ?

Expressing discouragement; offering encouragement

To express discouragement:

Je n'en peux plus!
  I just can't do any more!
J'abandonne. *I give up.*
Je craque! *I'm losing it!*

To offer encouragement:

Allez! *Come on!*
Courage! *Hang in there!*
Encore un effort! *One more try!*
Tu y es presque! *You're almost there!*

26 Ecoute!

Sabrina et Emile sont au gymnase. Qui encourage qui?

27 Qu'est-ce qu'ils disent?

1.

2.

3.

28 Allez-y, allez-y!

Write a cheer for your favorite team.

29 Les copains d'abord

Chaque personne dans ton groupe est découragée pour une des raisons suivantes. Les autres l'encouragent et lui donnent des conseils. Joue la scène avec trois de tes camarades.

Vocabulaire à la carte

Allez, les bleus!	*Go, blue team!*
A bas les verts!	*Down with the green team!*
Vivent les rouges!	*Hurray for the red team!*
Ecrasez-les!	*Crush them!*
gagner	*to win*
l'équipe	*the team*
marquer un (des) point(s)	*to score*
marquer un but	*to make a goal*

Je me sens tout(e) raplapla et je n'arrive pas à dormir.

Je voudrais être en forme mais je n'aime pas le sport.

Mon équipe de football ne gagne jamais.

Je suis toujours en retard pour l'école le matin et mes notes ne sont pas très bonnes.

Mélanie • Québec

Patricia • Québec

Sébastien • France

We asked some francophone people what to do to stay in shape. Here's what they had to say.

Qu'est-ce qu'il faut faire pour être en forme?

«Pour être en forme, il faut faire beaucoup d'exercice. Il faut bien manger. C'est important. Et après ça, il faut... Moi, j'ai un régime alimentaire... Il faut faire très attention à ce qu'on mange et puis il faut se coucher de bonne heure. Il faut dormir.»

—Mélanie

«Alors, il faut pratiquer au moins un sport ou une activité physique trois fois par semaine, à raison d'une heure à la fois et de façon assez intensive.»

Qu'est-ce qu'il faut éviter de manger?

«Eh bien, des chips, du chocolat, des liqueurs, des choses comme ça. Il faut surtout s'alimenter avec des fruits, des légumes, manger de la viande en portion réduite, etc.»

—Patricia

«Pour être en forme, je fais beaucoup de sport. Surtout du basket, du foot et du tennis. Sinon, je mange bien, le petit déjeuner surtout, et voilà.»

—Sébastien

Qu'en penses-tu?

1. What do these people do to stay healthy?
2. What else might someone do to stay in shape?
3. In your opinion, what is a healthy lifestyle?

TROISIÈME ÉTAPE

Justifying your recommendations; advising against something

DES ASTUCES POUR BIEN SE NOURRIR

Chaque jour tu devrais consommer :

- de la viande, du poisson ou des œufs.
- des pommes de terre, des pâtes, du riz.
- de l'eau (au moins 1,5 litre par jour).
- des fruits et des légumes.
- du lait.
- du pain.

Tu devrais aussi éviter de :

- grignoter entre les repas des produits riches en matières grasses (chips) ou en sucre (confiseries, gâteaux, pâtisseries).
- sauter des repas.
- rajouter du sel à tous les plats.

30 A lire avec attention

1. Look at the pictures in *Des astuces pour bien se nourrir.* What is the pamphlet about?
2. Now look at the list under **Chaque jour tu devrais consommer.** What English title would you give to this list?
3. Look at the pictures in the second category. What English title would you give to this list?

VIVE L'EAU

- boire 1,5 l d'eau par jour.
- c'est la seule vraie boisson zéro calorie.
- elle facilite l'élimination des toxines.
- elle contribue au fonctionnement du transit intestinal.
- certaines eaux minérales apportent des éléments indispensables au bon fonctionnement de l'organisme : magnésium, calcium,... ce qui limite les risques de carence en cas de régime.

NOTE CULTURELLE

Drinking mineral water has long been part of the French way of life. If you ask for mineral water in a restaurant, you have a choice of either carbonated (**gazeuse**) or non-carbonated (**plate**). You will also find that beverages are usually served without ice. If you want ice, ask for **des glaçons.**

VOCABULAIRE

On doit...	*Everyone should . . .*
bien se nourrir.	*eat well.*
manger des légumes.	*eat vegetables.*
manger des pâtes.	*eat pasta.*
manger du riz.	*eat rice.*
boire de l'eau.	*drink water.*

Evitez de...	*Avoid . . .*
grignoter entre les repas.	*snacking between meals.*
sauter des repas.	*skipping meals.*
consommer trop de sucre,	*eating too much sugar,*
de sel,	*salt,*
de matières grasses.	*fat.*
suivre un régime trop strict.	*following a diet that's too strict.*

31 Le test super-forme

Est-ce que tu te nourris bien? Essaie ce petit test.

Test Super-Forme!

Est-ce que tu connais les habitudes alimentaires et le style de vie qui sont bons pour la santé? Réponds par «vrai» ou par «faux», puis compare avec les réponses données à la fin du test.

1. Il te faut au moins cinq portions de légumes et de fruits par jour.

2. Le lait, le fromage et les yaourts sont de bonnes sources de calcium.

3. Il te faut au moins quatre portions de féculents par jour (pain, riz, pâtes...).

4. Il y a plus de matières grasses dans les fruits secs que dans les noix (amandes, noix de pacane, cacahuètes...).

5. Il faut boire un litre d'eau par jour.

6. C'est mieux de grignoter des bretzels que des chips.

RÉPONSES: 1. vrai 2. vrai 3. faux (Il te faut 6-11 portions) 4. faux 5. faux (Il te faut au moins 1,5 litre) 6. vrai

32 Ecoute!

André is asking his friends Marie-Ange, Ali, and Philippe about their eating habits for a class project. Who has good habits? Who has bad ones? Who is the most healthy?

Note de *Grammaire*

The verb **se nourrir** is a regular -**ir** verb. It follows the same pattern as **choisir** and **finir**. It's also a reflexive verb.

Je **me nourris** bien, mais mes amis **se nourrissent** mal.

33 Mes habitudes

Charlotte's dance instructor had her write a paragraph about her eating and exercise habits. Read the paragraph first. Then, fill in the blanks.

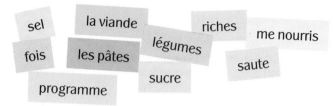

sel   la viande   riches   me nourris

fois   les pâtes   légumes   saute

programme   sucre

Je ne __1__ pas toujours très bien. Je n'aime pas __2__, donc, je ne mange pas trop souvent de bifteck; je préfère __3__: les spaghettis, par exemple. Je mange rarement des fruits et des __4__; je préfère les chips. Je suis souvent pressée, donc, je __5__ parfois le petit déjeuner ou le dîner. Mais au déjeuner, je prends toujours du poulet ou du poisson et je ne rajoute jamais de __6__ aux plats. Je n'aime pas trop les produits __7__ en __8__: les confiseries, les gâteaux. Mon faible, c'est les chips et les frites. Je suis assez sportive. Je fais de la natation deux __9__ par semaine et je joue quelquefois au foot avec des copains. Je n'ai jamais fait de danse, mais j'ai très envie de commencer un nouveau __10__ sportif!

34 Mon journal

Describe what you would like to change about your own health and eating habits.

Maintenant je saute le petit déjeuner mais je voudrais prendre des céréales et du lait. Je fais de la natation deux ou trois fois par mois. Je voudrais en faire plus souvent.

COMMENT DIT-ON... ?

Justifying your recommendations; advising against something

To justify your recommendations:

C'est bon pour toi. *It's good for you.*
Ça te fera du bien. *It'll do you good.*
C'est meilleur que de manger dans un fast-food. *It's better than . . .*

To advise against something:

Evite de fumer des cigarettes. *Avoid . . .*
Ne saute pas de repas. *Don't skip . . .*
Tu ne devrais pas te faire bronzer. *You shouldn't . . .*

35 Ecoute!

Julie et David sont au café. Ecoute leur conversation. Qu'est-ce que Julie conseille à David?

36 A toi de donner des conseils

Donne des conseils à ces gens. Qu'est-ce qu'ils devraient éviter de faire? Qu'est-ce qu'ils devraient faire?

1.

2.

3.

37 En pleine forme!

Make your own health brochure! Draw pictures or use cutouts from magazines to show what people should do and what they should avoid.

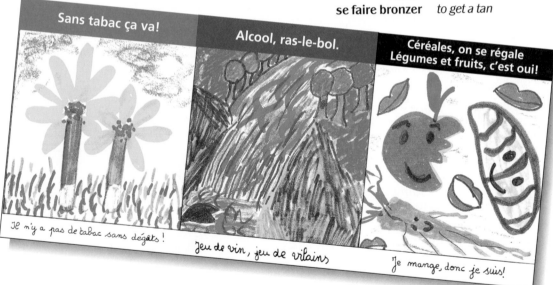

Sans tabac ça va!

Il n'y a pas de tabac sans dégâts!

Alcool, ras-le-bol.

Jeu de vin, jeu de vilains

Céréales, on se régale
Légumes et fruits, c'est oui!

Je mange, donc je suis!

38 Jeu de rôle

Write down three habits that could harm an athlete's performance. Then, with a partner, act out a scene between an athlete who has those habits and his or her coach. The coach should advise the athlete against the three bad habits, suggest how the athlete can change, and justify the recommendations he or she makes.

LISONS!

*W*hich of these sports do you practice? Which would you like to try?

DE BONS CONSEILS

There is often more than one way to express an idea. Have you ever tried to explain something to a friend, only to be met with a confused look? You probably tried to explain again using different words. This technique, *paraphrasing*, can also help you when you read. If you can restate what you've just read in your own words, you can understand and remember what you've just read much better.

A. How many sports are represented in these posters and what are they?

B. Each poster presents at least four categories of information. What are the categories? Which posters offer five categories? What is the fifth one?

C. Scan the posters to find the following information.

1. Which sport is the most popular in France? How do you know?
2. Which sports offer several different types of events?
3. Which sports do not have their headquarters in Paris?

D. Who is speaking in each poster? Scan the posters to find . . .

1. a gold medalist.
2. a silver medalist in Barcelona.
3. a bronze medalist.
4. a doctor.
5. a World Cup co-president.

Sports À La Carte

BASKET

- Particularités : C'est un sport qui compte de plus en plus d'adeptes, notamment grâce au succès du basket américain.
- Nombre de licenciés (adhérents à la Fédération française) : Près de 400 000.
- Adresse : Fédération française de basket-ball, 14, rue Froment, 75011 Paris.
- À lire : *Basket-ball*, de J.Chazalon et A. Gilles, éditions Amphora.
- «*En basket, il faut beaucoup d'adresse, bien sûr, mais aussi de la rapidité et de la tonicité. Pour progresser, il faut aimer les sports techniques, car il y a beaucoup de règles à connaître.*» (Frédéric Hufnagel, joueur professionnel.)

CYCLISME

- Particularités : Convient bien aux amoureux de la nature. Grand avantage : il peut être pratiqué partout ! Vélo de randonnée, VTT, cyclisme de compétition...
- Nombre de licenciés : 90 000.
- Adresse : Fédération française de cyclisme, 5, rue de Rome, 93561 Rosny-sous-Bois Cedex.
- À lire : *Vélo et cycles passion*, de R. Ballantine et R. Grant, éditions Hachette.
- «*Le cyclisme, c'est une bonne école pour l'équilibre, pour la confiance en soi. C'est aussi un sport d'équipe.*» (Patrick Nédélec, médecin fédéral du Tour de France.)

ATHLETISME

- Particularités : 3 disciplines : la course, le saut et le lancer, avec de multiples épreuves, en stade, et aussi parfois, en forêt. Age de début : 8-9 ans. On peut choisir sa spécialisation à partir de 13-15 ans.
- Nombre de licenciés : Plus de 130 000.
- Adresse : Fédération française d'athlétisme, 10, rue du Faubourg-Poissonnière, 75010 Paris.
- «*La coureuse de 400 mètres doit être à la fois rapide et résistante. Moi, au collège, je courais plus vite que les autres. Alors j'ai travaillé, je me suis entraînée. J'adore la compétition.*» (Marie-José Pérec, médaille d'or aux jeux Olympiques de Barcelone, en 1992.)

NATATION

- Particularités : la natation favorise un développement musculaire à la fois solide et harmonieux. Elle permet d'apprendre à mieux maîtriser sa respiration. Compétitions à partir de 10 ans.
- Nombre de licenciés : 150 000.
- Adresse : Fédération française de natation, 148, avenue Gambetta, 75020 Paris.
- «*En natation, il faut être sérieux à l'entraînement, travailleur, généreux. Il faut essayer de bien nager techniquement, mais surtout, il faut aimer l'eau. A chaque entraînement, on a des sensations différentes. On sent son corps vivre.*» (Catherine Plewinski, médaille de bronze à Barcelone.)

Et si vous essayiez un nouveau sport ?
Voici 8 fiches pour vous aider à choisir.

TENNIS

- Particularités : C'est le «sport-phare». Pour éviter des problèmes de dos, complétez le tennis par un autre sport.
- Nombre de licenciés : Près de 1 400 000.
- Adresse : Fédération française de tennis, stade Roland-Garros, 2, avenue Gordon-Bennett, 75016 Paris.
- A lire : *Vous et le tennis,* éditions Larousse.
- *«A chaque fois que je joue, je retrouve la joie de voir partir une balle avec une trajectoire bien nette. J'ai toujours du plaisir à faire un beau coup, surtout quand j'ai frappé d'instinct.»* (Pascale Paradis, ancienne championne du monde junior.)

SKI

- Particularités : Trois disciplines : ski alpin, ski de fond, saut à ski. Pour le ski alpin, mieux vaut commencer le plus tôt possible !
- Nombre d'adhérents : 635 000.
- Adresse : Fédération française de ski, 50, rue des Marquisats, Boîte postale 2451, 74011 Annecy Cedex.
- *«Le ski est un sport très complet, qui demande à la fois de la puissance et de l'agilité. Il faut prendre des risques. Il y a aussi la vitesse et, par-dessus tout, la glisse, cette sensation exceptionnelle.»* (Franck Piccard, médaille d'argent aux jeux Olympiques d'Albertville, en 1992.)

FOOTBALL

- Particularités : C'est le sport-roi, évidemment. Le plus pratiqué, le plus télévisé, le plus commenté. Les filles sont encore peu nombreuses dans les clubs.
- Nombre de licenciés : Près de 2 millions.
- Adresse : Fédération française de football, 60 bis, avenue d'Iéna, 75016 Paris.
- *«Je n'aurais jamais pu faire un sport individuel. J'aime trop vivre et partager avec les autres. Mon grand plaisir, c'était de m'entraîner avec mon équipe, de gagner avec elle, et, s'il le fallait, d'accepter ensemble nos défaites.»* (Michel Platini, co-président de l'organisation de la Coupe du Monde 1998.)

PATINAGE

- Particularités : Patinage artistique, danse sur glace, hockey, patinage de vitesse... On choisit sa discipline en s'inscrivant en club. Certains clubs ne proposent qu'une seule discipline.
- Nombre de licenciés : Près de 30 000.
- Adresse : Fédération française des sports de glace, 42, rue du Louvre, 75001 Paris.
- *«Quand on patine, il faut penser aux pieds, aux jambes, aux bras, au port de tête, mais aussi aux expressions... On peut être très bon techniquement, si on n'a aucun sentiment, ça ne sert à rien.»* (Isabelle Duchesnay, médaille d'argent en danse sur glace, à Barcelone.)

E. Complete the following sentences with information from the poster on each sport.

Le basket: C'est un sport qui ___1___ de plus en plus d'adeptes.

L'athlétisme: On peut choisir ___2___ à partir de 13–15 ans.

La natation: La natation permet d'apprendre à mieux ___3___ sa respiration.

Le tennis: Je retrouve la joie de voir partir une balle avec une trajectoire bien ___4___ .

Le football: Mon grand plaisir, c'était... de ___5___ avec elle.

Le patinage: Certains clubs ne ___6___ qu'une seule discipline.

Le cyclisme: Le cyclisme, c'est ___7___ pour l'équilibre.

Le ski: Il y a aussi... la glisse, cette sensation ___8___ .

F. To paraphrase, it helps to use synonyms. Match these synonyms to the words you used in 1–8 above.

> a   sa discipline particulière
>
> un bon exercice   formidable
>
> remporter la victoire
>
> offrent   contrôler   régulière

G. Choose one of the sports, and read carefully the **Particularités** section and the section where a person is talking about the sport. Then, write the information about the sport in your own words. Share your paraphrased version with a partner.

H. Make a poster to promote your favorite sport. Include reasons why your sport is the best and the most enjoyable. You can also interview and quote classmates who like that sport and use art or magazine cutouts to make your poster convincing and eye-catching.

MISE EN PRATIQUE

1 Lis cet article sur les habitudes de Claudia Schiffer et réponds aux questions suivantes.

 1. Qu'est-ce qu'elle mange?

 2. Elle boit combien de litres d'eau par jour?

 3. Elle fait quels sports? Est-ce qu'elle en fait souvent?

 4. Elle se couche à quelle heure en général? Elle a besoin de combien d'heures de sommeil?

SECRET DE BEAUTE

Dans cette rubrique les plus belles stars vous livrent leur secret de beauté. Leurs coiffures, leurs maquillages, leur régime n'auront plus de secret pour vous !

CLAUDIA SCHIFFER

Repérée dans une boîte de nuit de Düsseldorf par des agents de l'agence de mannequin Metropolitan, Claudia est devenue une star dès son premier défilé pour Chanel en 1990.

★ MON REGIME

« Avant, je pesais 60 kilos (maintenant 57) pour 1,79 m. J'ai supprimé les sucreries pour faire une razzia de fruits et de poissons. Je fais de temps en temps des régimes un peu fantaisistes : un jour "tout fruits", le lendemain "tout laitages"... Je bois deux litres d'eau par jour.

★ DU SPORT

Je m'oblige à une heure de gymnastique par jour, des exercices simples à faire chez soi. Allongée sur le dos, des ciseaux avec mes jambes pour faire travailler mes abdominaux. J'essaie de faire, une à deux fois par semaine, une heure de jogging ou de vélo.

★ BEAUCOUP DE SOMMEIL

J'essaie de me coucher le plus tôt possible. J'ai besoin d'un minimum de 8 heures de sommeil. Comme ce n'est pas toujours possible, je rattrape mon retard dans les avions et les taxis.

---

2 Invent a cartoon character who has really bad health habits. Write a physical description of your character and describe his or her daily activities and what he or she eats. Give your character a name from the boxes below or make up your own name. Make a drawing of your character, or assemble a picture from magazine cutouts.

Jean Fairien

Nicole Estérol   Gaston Gourmand   Monsieur Bouchasucre

Julien Bougepas   Annie Cotine   Madame Mangetout   Laurent Lafumée

3 Have a partner read your cartoon character's description. Then, play the role of your character. Your partner should give you advice on what you should do to improve your health and encourage you to change your habits. You should respond to the advice as you think your character would. Then, your partner should play the role of his or her character and you should give advice and encouragement.

4 Listen to a radio commercial for the health spa **Centre Equilibre Santé** and answer the following questions.

1. What exercise activities are offered?
2. What is available after you work out?
3. What special excursions are offered?
4. What do you have to do to get the excursions in the package?

5 If you were in France, . . .

1. where would you go to have a prescription filled?
2. what symbol would you look for to find that place?
3. where could you go to take an aerobics class?
4. what two kinds of mineral water could you order in a restaurant?
5. when would you tell someone **J'ai un chat dans la gorge!**?
6. when would you say **Aïe!** and **Ouf!**?

CENTRE

Équilibre Santé

LES
QUATRE-TEMPS

LAC BEAUPORT

6

JEU DE ROLE

Play the role of a whining (or accident-prone!) patient who comes to a doctor with several ailments or injuries, thinking that everything is extremely serious. The doctor asks what happened and what is wrong, then gives advice on what the patient should and shouldn't do.

Can you use what you've learned in this chapter?

Can you express concern for someone and complain? p. 165

1 What would you say to a friend if . . .
1. he didn't look well?
2. something seemed to be wrong?
3. she were on crutches?

2 How would you respond to a friend's concern if . . .
1. you were very tired?
2. you weren't feeling well?
3. your arm were in a sling?
4. you had a cold?
5. you'd cut your finger?
6. you'd lifted weights for the first time?

Can you give advice? p. 173

3 How would you suggest that your friend do the following?

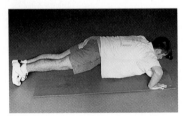  

1. 2. 3.

Can you accept and reject advice? p. 173

Can you express discouragement and offer encouragement? p. 174

4 How would you respond to the suggestions you made in number 3?

5 How would you express discouragement if you were . . .
1. on the last mile of a marathon?
2. studying for final exams?
3. in the final minutes of your aerobics class?

6 How would you encourage someone who . . .
1. can't go on?
2. is almost finished?
3. is discouraged about grades?

Can you justify your recommendations and advise against something? p. 178

7 How would you tell someone what he or she should do on a regular basis and explain why?

8 If a friend were trying to lead a healthy lifestyle, what are three things you would advise him or her to avoid?

PREMIERE ETAPE

Expressing concern for someone; complaining

Quelque chose ne va pas? *Is something wrong?*

Qu'est-ce que tu as? *What's wrong?*

Tu n'as pas l'air en forme. *You don't look well.*

Je ne me sens pas bien. *I don't feel well.*

Je suis tout(e) raplapla. *I'm wiped out.*

J'ai mal dormi. *I didn't sleep well.*

J'ai mal partout! *I hurt all over!*

Illnesses, aches, pains, and injuries

Je suis malade. *I'm sick.*

J'ai mal au cœur. *I'm sick to my stomach.*

J'ai le nez qui coule. *I've got a runny nose.*

J'ai un rhume. *I've got a cold.*

J'ai la grippe. *I've got the flu.*

J'ai des allergies. *I have allergies.*

J'ai mal... *My . . . hurts.*
  à la gorge *throat*
  à la tête *head*
  au dos *back*

au pied *foot*
au bras *arm*
à la main *hand*
au ventre *stomach*
à l'oreille (f.) *ear*
aux dents (f.) *teeth*
au cou *neck*
à la jambe *leg*
se faire mal à... *to hurt one's . . .*
se casser... *to break one's . . .*
se fouler la cheville *to sprain one's ankle*
se couper le doigt *to cut one's finger*

DEUXIEME ETAPE

Giving, accepting, and rejecting advice

Tu dois... *You've got to . . .*

Tu devrais... *You should . . .*

Tu ferais bien de... *You would do well to . . .*

Tu n'as qu'à... *All you have to do is . . .*

Pourquoi tu ne... pas... ? *Why don't you . . . ?*

Tu as raison. *You're right.*

Bonne idée! *Good idea!*

D'accord. *OK.*

Je ne peux pas. *I can't.*

Non, je n'ai pas très envie. *No, I don't feel like it.*

Non, je préfère... *No, I prefer . . .*

Pas question! *No way!*

Je n'ai pas le temps. *I don't have time.*

Ce n'est pas mon truc. *It's not my thing.*

Expressing discouragement; offering encouragement

Je n'en peux plus! *I just can't do any more!*

J'abandonne. *I give up.*

Je craque! *I'm losing it!*

Allez! *Come on!*

Courage! *Hang in there!*

Encore un effort! *One more try!*

Tu y es presque! *You're almost there!*

At the gym

se mettre en condition *to get into shape*

faire des abdominaux *to do sit-ups*

faire de l'aérobic *to do aerobics*

faire de l'exercice *to exercise*

faire de la gymnastique *to do gymnastics*

faire de la musculation *to lift weights*

faire des pompes *to do push-ups*

s'entraîner à... *to train for*

TROISIEME ETAPE

Justifying your recommendations; advising against something

C'est bon pour toi. *It's good for you.*

Ça te fera du bien. *It'll do you good.*

C'est meilleur que de... *It's better than . . .*

Evite de... *Avoid . . .*

Ne saute pas... *Don't skip . . .*

Tu ne devrais pas... *You shouldn't . . .*

Eating right

On doit... *Everyone should . . .*
  bien se nourrir *eat well*
  manger des légumes/des pâtes/du riz *eat vegetables/pasta/rice*

Evitez de... *Avoid . . .*
  suivre un régime trop strict *following a diet that's too strict*

consommer trop de sucre *eating too much sugar*
  de sel *salt*
  de matières grasses *fat*

grignoter entre les repas *snacking between meals*

sauter des repas *skipping meals*

Allez, viens en Côte d'Ivoire!

Un village Sénoufo

La République de Côte d' Ivoire

Population : plus de 13.000.000

Villes principales : Abidjan, Yamoussoukro, Bouaké, Korhogo

Peuples ethniques : Baoulé, Agni, Bété, Yacouba, Sénoufo, Malinké

Points d'intérêt : le parc national de Taï, la basilique de Notre-Dame-de-la-Paix, le parc national de la Comoë

Ivoiriens célèbres : la reine Abla Pokou, Félix Houphouët-Boigny, Alpha Blondy, Désiré Ecaré, Bamba Adama

Ressources et industries : café, cacao, bois, bananes

Festivals : la Fête des ignames, la Fête des générations, la Fête des masques

La République de Côte d'Ivoire

Au XVe siècle, les navigateurs français sont arrivés sur la côte ouest de l'Afrique, une région riche en ivoire, et l'ont baptisée Côte d'Ivoire. Elle est devenue colonie française en 1893 et en 1960, pays indépendant sous le nom de République de Côte d'Ivoire. Le cacao, le café et les bananes sont en tête de la production ivoirienne. Grâce à sa grande forêt tropicale, la Côte d'Ivoire est aussi un grand exportateur de bois précieux comme l'ébène et l'acajou.

① Les artisans en Côte d'Ivoire font beaucoup de produits originaux comme **les batiks**.

② **Les danseurs yacoubas** sont connus pour leurs talents d'acrobatie.

③ La pêche est une activité traditionnelle et les pêcheurs tiennent à leur indépendance.

④ **Abidjan** est un des grands centres commerciaux de l'Afrique occidentale.

⑤ **La cascade du mont Tonkoui** est une des merveilles de la Côte d'Ivoire.

⑥ **Ce pont de liane** se trouve près de la ville de Man.

⑦ **La plage d'Assinie** est un des endroits préférés non seulement des touristes étrangers mais aussi des Ivoiriens.

⑧ **La basilique de Notre-Dame-de-la-Paix** à Yamoussoukro est la plus grande église du monde.

CHAPITRE 8

C'était comme ça

① **Si on parlait du bon vieux temps?**

In Côte d'Ivoire, students have to leave their home villages to go to a large town to attend high school. Life is suddenly different for them. What about you? What was life like when you were younger? Did you have different friends, go to a different school, or live in another city, state, or country?

In this chapter you will

- tell what or whom you miss; reassure someone; ask and tell what things were like
- reminisce
- make and respond to suggestions

And you will

- listen to a grandmother reminisce about her childhood
- read a folktale from West Africa
- write about what you were like as a child and what you miss about your childhood
- learn about villages in Côte d'Ivoire and how francophone people feel about living in the city and the country

② La vie était plus tranquille au village.

③ On était contents!

Mise en train

Sandrine   Koffi

La Nostalgie

Look at the title, photos, and captions of this story. What do you think Sandrine is talking to Koffi about? Does she seem happy or sad?

Koffi et Sandrine sont camarades de classe. Sandrine est née dans un village en Côte d'Ivoire. Ça fait trois semaines qu'elle habite à Abidjan.

Koffi: C'était comment, là-bas dans ton village?

Sandrine: Oh, c'était tellement mieux. J'avais beaucoup d'amis. Ils me manquent beaucoup.

1

J'allais au collège de Sakassou. C'était un petit collège. Nous étions une cinquantaine d'élèves.

2

Après l'école, j'avais des responsabilités. On travaillait...

3

mais on s'amusait aussi. On ne faisait pas grand-chose, mais c'était bien. On se promenait ensemble. On écoutait de la musique...

4

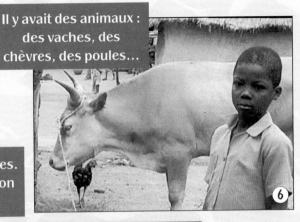
Il y avait des animaux : des vaches, des chèvres, des poules…

5 De temps en temps, on organisait des fêtes. Ça me plaisait beaucoup. On chantait et on dansait. On discutait. C'était super.

6

On se réunissait souvent : les cousins, les oncles et les tantes, les grands-parents. C'était merveilleux.

7

Ici à Abidjan, j'ai l'impression que les gens sont plus seuls qu'en brousse. On vit dans des appartements. On ne se connaît pas autant.

8

Ici, c'est tellement plus grand! Si on veut aller voir quelqu'un, il faut prendre le bus. Là-bas, tout le monde se connaît dans le village.

Ici à Abidjan, c'est pas si mal. Tu vas voir… Eh! Si on visitait la ville ensemble? Si tu veux, je vais te faire voir tout. Je suis sûr que dans quelques semaines tu en tomberas amoureuse!

9

10

1 Tu as compris?

1. Where did Sandrine move from? Where does she live now?
2. Where does Koffi live? Does he like it there?
3. What was it like where Sandrine used to live? What did she do there?
4. According to Sandrine, what is Abidjan like?
5. What does Koffi offer to do?

2 Ville ou village?

Est-ce que Sandrine parle de son village ou d'Abidjan?

1. «Il y avait des chèvres.»
2. «On organisait des fêtes.»
3. «C'est tellement grand!»
4. «Nous étions une cinquantaine d'élèves.»
5. «On vit dans des appartements.»
6. «Les gens sont plus seuls.»

3 C'était le bon vieux temps

Sandrine parle de quelle image?

1. «On se promenait ensemble.»
2. «On chantait et on dansait.»
3. «On se réunissait souvent.»

a.

b.

c.

4 Cherche les expressions

1. What does Sandrine say to . . .
   a. tell what she thinks of her life in the village?
   b. recall what she used to do?
   c. give her impressions of Abidjan?

2. What does Koffi say to . . .
   a. ask how life was in Sandrine's village?
   b. reassure Sandrine?

5 Et maintenant, à toi

Have you ever moved from one place to another? What do you miss about where you used to live? How would you feel if you had to move now?

What can you tell about everyday life in an African village from these photos?

Qu'en penses-tu?

1. What are these people from different villages in Côte d'Ivoire doing?
2. How does this differ from the way things are done in the United States?

Savais-tu que... ?

Small villages in Côte d'Ivoire are plentiful and rich in local culture. Certain regions of Côte d'Ivoire, as well as individual towns, villages, and ethnic groups, are known for their particular customs, crafts, and costumes. The town of Korhogo is famous for its painted woven fabrics; the Sénoufo are known for their weaving; the people in Katiola are noted for their pottery. In areas where electricity and machinery are not available, everyday life requires many physical tasks. Life is simpler; people cook over open fires, carry water, use large communal bowls in place of table settings and silverware, and walk instead of riding in cars.

Telling what or whom you miss; reassuring someone; asking and telling what things were like

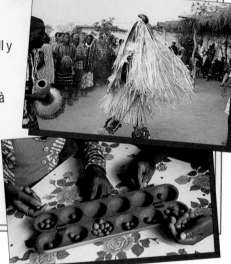

ADJOUA	Alors, ça va, Adama? Tu te débrouilles dans notre grande ville?
ADAMA	Oui, mais je regrette mon village. Il me manque beaucoup.
ADJOUA	Je comprends. Dis-moi, il se trouve où, ton village?
ADAMA	Koni est au nord, près de Korhogo.
ADJOUA	C'était tellement différent là-bas?
ADAMA	Bien sûr! La vie était plus tranquille, on était moins pressés. Il y avait des coutumes, des cérémonies avec des danses traditionnelles.
ADJOUA	Mais il y a des danses ici aussi! Et il y a tant d'autres choses à voir... et beaucoup de monde!
ADAMA	Là-bas, j'avais un tas d'amis. On jouait au foot... on jouait aux cartes... et à l'awalé, j'étais le champion!
ADJOUA	T'en fais pas. Tu trouveras des amis ici aussi. Et c'est bien de vivre en ville. Tu vas voir que c'est plus animé ici.

6 Tu as compris?

1. Adama est d'où?
2. Qu'est-ce qu'Adama regrette *(miss)*?
3. Comment était la vie là-bas?
4. Qu'est-ce qu'on faisait là-bas?
5. D'après Adjoua, comment est la vie à Abidjan?

> ### NOTE CULTURELLE
>
> Most high schools in West Africa are in large cities or towns, so students have to leave their home village if they want to continue their studies beyond the junior high level. Students who go to a big city to study usually live with a relative or friend from the same village who will take them in as a family member. People from the same ethnic group often live in the same neighborhood. You can usually tell a person's ethnic group from his or her name: **Adjoua** and **Koffi** are Baoulé names, and **Adama** is a Sénoufo name. French West Africans usually have both an African and French first name. They always give their family name first, followed by their African first name and then their French first name: **TRAORE Adama Eric** or **KOUASSI Adjoua Désirée.**

COMMENT DIT-ON... ?

Telling what or whom you miss; reassuring someone

To tell what or whom you miss:

Je regrette la campagne. *I miss . . .*

Mon école **me manque**. *I miss . . .*

Mes copains **me manquent**.

Ce qui me manque, c'est mon ancienne maison.
What I really miss is . . .

To reassure someone:

Tu vas t'y faire. *You'll get used to it.*

Fais-toi une raison.
Make the best of it.

Tu vas te plaire ici.
You're going to like it here.

Tu vas voir que tout le monde est sympa ici. *You'll see that . . .*

7 Ecoute!

Ecoute ces élèves. Qu'est-ce qui leur manque?

1. Sylvie
2. Emile
3. Francine
4. Bertrand

8 Qu'est-ce que tu as?

a. Your friends want to know what's wrong.
   What would you tell them if . . .

   1. your best friend had just moved away?
   2. your bike were stolen?
   3. the snow had melted and you loved to ski?
   4. your mom were away on a long trip?
   5. your favorite teacher had moved to a different school?

b. What would you like your friends to say to make you feel better?

9 Ils ont le mal du pays   *They're homesick*

Il y a de nouveaux élèves à ton école cette année. A ton avis, qu'est-ce qui leur manque? Fais une liste de trois choses pour chaque élève.

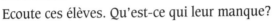

Lisa est de Tours.

Philippe vient de Québec.

Karine est de Paris.

José vient de la Martinique.

PREMIERE ETAPE

10 Fais-toi une raison

You've just moved to Abidjan. Tell your new Ivorian friend three things you miss about your home, and he or she will reassure you. Act out the scene with a partner and then change roles.

—Qu'est-ce que tu as?
—Ma ville me manque.
—Ah, bon? Pourquoi?
— ...

> la cuisine américaine
> ma meilleure amie
> mon chat
> __?__
> la neige
> mon lycée
> les fêtes
> mon chien
> mon meilleur ami

COMMENT DIT-ON... ?

Asking and telling what things were like

To ask what things were like:

C'était comment? *What was it like?*
C'était tellement différent? *Was it really so different?*

To tell what things were like:

C'était beau. *It was . . .*
Il y avait de jolies maisons. *There were . . .*
La vie était plus simple, **moins** compliquée! *Life was more . . . , less . . .*

VOCABULAIRE

La campagne, c'était tranquille.

Tu veux dire mortelle! Moi, je préfère la ville.

Oh, c'est nul, la ville.

N'importe quoi! C'est très vivant.

Peut-être, mais c'est dangereux, sale et stressant.

Ecoute, chacun son opinion!

génial(e)	*great*	nul (nulle)	*worthless*
calme	*calm*	très vivant(e)	*very lively*
tranquille	*peaceful*	bruyant(e)	*noisy*
propre	*clean*	sale	*dirty*
relaxant(e)	*relaxing*	stressant(e)	*stressful*
mortel (mortelle)	*dull*	animé(e)	*lively*
		dangereux (dangereuse)	*dangerous*

11 Ecoute!

Listen to the conversation between Justin and his cousin Mamadou, who has just moved to Abidjan to go to school. List three things Mamadou misses about his village. What do he and Justin decide to do?

12 La vie en ville

Adjoua is comparing her life in the city to life in the country. Agree or disagree with her statements, adding your own opinion.

> La vie à la campagne, c'est tranquille.

> La ville, c'est toujours bruyant.

> La ville, c'est super.

> La campagne, c'est relaxant.

—La vie en ville, c'est super.
—Oui, c'est génial. *ou* Mais non, c'est nul.

13 C'était plus relax...

Choose a place you have lived or where you would like to have lived. Make a list of the advantages and disadvantages of life there. Then, make a similar list for the place you live now. Which place do you prefer? Why?

> A Paris
> C'était très animé
> Il y avait beaucoup à faire.
> J'avais un chat.
>
> Ici
> C'est tranquille.
> J'ai beaucoup d'amis.
> J'ai trois chats!

Note de Grammaire

- When you describe what things were like, you use the *imperfect* tense (**l'imparfait**). You've already seen two forms, **c'était** and **il y avait**.
- To form the imperfect, add the appropriate ending to the stem. For the verb **avoir**, the stem is **av-**. The imperfect endings are:

  j'av**ais**
  tu av**ais**
  il/elle/on av**ait**
  nous av**ions**
  vous av**iez**
  ils/elles av**aient**

- For the verb **être**, the stem is **ét-**.

14 Interview

Maintenant, interviewe un(e) camarade. Demande-lui comment c'était là où il/elle habitait avant et comment c'est maintenant. Demande-lui quel endroit il/elle préfère.

—Où est-ce que tu habitais avant?
—A...
—C'était comment?
—C'était super! La vie là-bas, c'était plus...
—Qu'est-ce qu'il y avait là-bas?
—...

15 Tu vas t'y faire

Your pen pal from Abidjan, who will be spending a year at your school, is worried about moving to your town and going to your school. Write a letter reassuring your friend. Tell him or her the advantages of your town and school.

Reminiscing

VOCABULAIRE

Yapo

Quand j'étais petit...

je faisais la sieste tous les jours.

Je faisais toujours **des bêtises.**

Je taquinais mon frère…

et **je conduisais une voiture** super.

J'ennuyais ma mère.

Je n'avais pas de responsabilités, pas de soucis.

Qu'est-ce qui s'est passé??!!

CHAPITRE 8   C'était comme ça

16 Moi aussi!

Est-ce que tu étais comme Yapo quand tu étais enfant? Avec un(e) camarade, lis ce qu'il a dit dans le **Vocabulaire** et réponds **Moi aussi! Moi, non! Moi non plus!** ou **Moi, si!** à chaque phrase. Est-ce que toi et ton/ta camarade, vous aviez le même caractère quand vous étiez jeunes?

17 Ecoute!

Yapo interviewe son professeur sur son enfance. Ecoute l'interview. Ensuite, lis ses notes. Sont-elles correctes? Corrige les erreurs s'il y en a.

> Elle était pénible: elle ennuyait sa mère.
> Elle aidait sa mère; elle faisait la cuisine avec elle.
> Elle taquinait ses deux frères.
> Elle ne faisait jamais de bêtises.

NOTE CULTURELLE

Some families in Côte d'Ivoire may only be able to send one child to high school, so being a student like Yapo is a respected privilege. High school is very competitive, and students devote most of their time to their studies. When they do have free time, they often visit relatives and friends, play soccer, or get together to listen to music and discuss the latest family events, such as marriages, initiations, and baptisms.

COMMENT DIT-ON... ?

Reminiscing

Quand j'étais petit(e), j'étais très pénible! *When I was little, . . .*
Quand ma meilleure amie **était petite**, elle était gentille. *When . . . was little, . . .*
Quand j'avais deux **ans**, je n'étais pas facile! *When I was . . . years old, . . .*

18 La vie à cinq ans

A reporter for your school paper is interviewing you about your childhood. Answer the questions.

1. Quand tu avais cinq ans, tu étais comment?
2. Tu avais un ou une meilleur(e) ami(e)?
3. Il ou elle était comment?
4. Comment était ta vie quand tu avais cinq ans?

Vocabulaire à la carte

rigolo	*funny*
polisson (polissonne)	*naughty*
mal luné(e)	*moody*
capricieux (capricieuse)	*temperamental*
coquin(e)	*mischievous*
sage	*well-behaved*
timide	*shy*
calme	*calm*
un petit diable	*a little devil*
un petit ange	*a little angel*

Grammaire The imperfect

You've already learned how to use the imperfect of **être** and **avoir** to tell *what things were like* in the past. You also use the imperfect when you're talking about *what used to happen* in the past.

- You've seen the imperfect endings -**ais**, -**ais**, -**ait**, -**ions**, -**iez**, and -**aient**.
- All verbs use the same endings, which are added to a stem. The stem of most verbs is the **nous** form of the verb in the present tense without -**ons**.

nous **avons**	⟶	av-	⟶	j'**av**ais *(I had, used to have)*
nous **faisons**	⟶	fais-	⟶	elle **fais**ait *(She did/made, used to do/make)*
nous **allons**	⟶	all-	⟶	ils **all**aient *(They went, used to go)*

- The stem of **être**, as you know, is **ét-**.

19 Ecoute!

Ecoute la grand-mère de Sandrine qui parle de son enfance. Est-ce que ces phrases sont vraies ou fausses?

1. D'après la grand-mère, quand elle était jeune la vie était plus facile.
2. Les filles allaient à l'école.
3. Les filles travaillaient plus dur.
4. Son enfance lui manque.

20 Tu avais une vie facile?

L'année dernière, qu'est-ce que tu faisais chez toi? Pose des questions à un(e) camarade pour savoir quelles responsabilités il/elle avait. Il/Elle va répondre avec **jamais**, **quelquefois**, **d'habitude**, ou **toujours**. Qui avait la vie la plus facile?

Tu te rappelles?

Do you remember how to pronounce the (ε) sound represented by the letters **ais**, **ait**, **ê** and **è**? It sounds like the *e* in *pet*. Don't let the sound glide; keep it tense and short. Practice saying this sentence: **Il faisait des bêtises et ennuyait sa mère, mais il n'était pas très embêtant.**

1. Tu faisais la vaisselle?
2. Tu gardais ton frère ou ta sœur?
3. Tu lavais la voiture?
4. Tu promenais le chien?
5. Tu sortais la poubelle?
6. Tu faisais la lessive *(washed clothes)*?
7. Tu rangeais ta chambre?
8. Tu passais l'aspirateur?
9. Tu faisais la cuisine?
10. Tu tondais le gazon?

De bons conseils

When you're learning the forms of a new verb or verb tense, it often helps to look for patterns to help you remember how to spell the verbs. For example, to remember the endings of the imperfect tense, notice that the **nous** and **vous** stems have the familiar present tense endings with just one difference: an added **i** for **i**mperfect. How could you remember the other endings? Taking a minute to analyze verb forms makes it easy to recall them when you want to write in French.

21 Que faisait Yapo?

Qu'est-ce que Yapo faisait quand il était plus jeune?

1.

2.

3.

4.

22 Papa Houphouët, tu nous manqueras!

Complete this young Ivorian's story about shaking hands with the former president of Côte d'Ivoire by using the **imparfait** form of the verbs in parentheses.

UN JEUNE IVOIRIEN S'EN SOUVIENT...

J'ai rencontré Félix Houphouët-Boigny un après-midi de l'an 1977. C' __1__ (être) à l'occasion d'une finale de Coupe nationale de football. Ce jour-là, j' __2__ (être) ramasseur de balle. Je __3__ (devoir) avoir 12 ou 13 ans.

Nous, les ramasseurs de balle, __4__ (être) placés après les joueurs. Le président a salué tous les joueurs. Le chef du protocole __5__ (vouloir) lui indiquer le chemin des tribunes mais Houphouët a dit : «Laissez-moi saluer mes enfants. Ils font aussi partie du match.» Je croyais rêver lorsque j'ai vu la main de Notre Père prendre la mienne... Quelle émotion! Je __6__ (serrer) la main à Félix Houphouët-Boigny! Pendant une semaine, j'ai mangé avec la main gauche.

Plus tard, quand je __7__ (raconter) l'histoire à mes amis, ils __8__ (être) très impressionnés.

D'ABIDJAN N°001

3

NOTE CULTURELLE

Félix Houphouët-Boigny, affectionately called **Papa Houphouët** or **Le Vieux**, was elected as Côte d'Ivoire's first president in 1960 when the country gained independence from France. His presidency was marked by economic prosperity, owing to his support of agriculture and his willingness to foster a close relationship with France. Houphouët-Boigny served as president of Côte d'Ivoire until his death in December 1993. His funeral was held two months later in Yamoussoukro.

Because of its distinction as the native village of the president, Yamoussoukro has been built up more than any other town in Côte d'Ivoire, with the exception of Abidjan. Some impressive sights in town are the Presidential Palace, the Basilica of Our Lady of Peace (the largest basilica in the world), and large four-lane highways lined with towering street lights and trees for miles in both directions.

23 Devine!

Find the following words in the quiz below. What do you think they mean in English?

la nourriture   agité   un jouet   imaginaire   un surnom   dessins animés

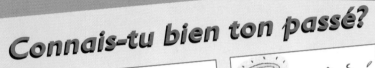

Connais-tu bien ton passé?

Tu étais comment quand tu étais enfant... mignon(ne)? pénible? Fais ce jeu-test pour te rappeler ton enfance. Est-ce que tu t'en souviens bien?

 1. Quelle était ta nourriture préférée quand tu étais bébé?

 2. Tu étais calme ou agité(e) comme bébé?

 3. A deux ans, est-ce que tu avais un jouet préféré? Lequel?

 4. Est-ce que tu avais un surnom quand tu étais petit(e)? Lequel?

MON P'TIT BICHON, MON POULET... MON BIQUET...

MA PUCE... MON POUSSIN.. MON FITOU..

 5. Est-ce que tu avais un(e) ami(e) imaginaire? Comment s'appelait-il ou elle? Qu'est-ce qu'il ou elle faisait?

 6. Tu lisais des bandes dessinées ou tu regardais des dessins animés? Lesquels? Quels étaient tes personnages préférés?

24 Une enquête

a. Take the quiz in Activity 23.
b. Poll four of your classmates. Make a list of the most popular answers for each question.

25 Mon journal

Comment étais-tu quand tu étais enfant? Qu'est-ce que tu faisais? Comment était ta vie? Qu'est-ce que tu regrettes de ton enfance?

On m'appelait...   Je n'aimais pas...

Je mangeais...

Je faisais...   ?   J'aimais surtout...

Vocabulaire à la carte

un tricycle	*a tricycle*
un nounours	*a stuffed animal*
une couverture	*a blanket*
un bac à sable	*a sandbox*
une poupée	*a doll*
un train électrique	*a train*
un ballon	*a ball*
des cubes (m.)	*blocks*
des billes (f.)	*marbles*

PANORAMA CULTUREL

Jacques • Québec

Onélia • France

Céline • Viêt-nam

We asked some French-speaking people whether they would prefer to live in the city or the country and why. Here's what they had to say.

Est-ce que tu préfères la vie en ville ou à la campagne? Pourquoi?

«J'aime les deux. J'aime bien vivre à la ville à cause de toutes les commodités qu'on y retrouve, mais j'aime bien partir les fins de semaines, ou pendant les vacances, pour me rendre à la campagne.»
—Jacques

«[En ville,] on peut sortir quand on veut. On n'a pas besoin des parents qui nous emmènent et ramènent en voiture. C'est plus pratique. On peut inviter des amis et sortir ensemble. Je trouve que c'est un avantage.»
—Onélia

«[A la campagne,] il n'y a pas de pollution. C'est plus... C'est mieux pour respirer. C'est plus agréable et, par exemple, il n'y a pas de bruit comme tout à l'heure là. Et on est plus au calme et il y a moins de voleurs, aussi.»
—Céline

Qu'en penses-tu?

1. According to these people, what are the advantages and disadvantages of living in the city? In the country?
2. Do you agree or disagree with the interviewees?
3. Which of these advantages or disadvantages apply to where you live? Which don't?
4. Can you think of other reasons why you might prefer living in the country or in the city?
5. How might your life be different if you lived in a small town, a big city, or an African village?

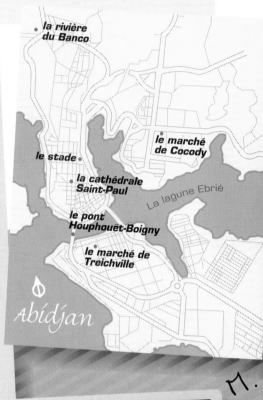

la rivière du Banco

le marché de Cocody

le stade

la cathédrale Saint-Paul

La lagune Ebrié

le pont Houphouët-Boigny

le marché de Treichville

Abidjan

Chers Papa et Maman

J'espère que vous allez bien. Ici, tout va bien. Abidjan, c'est pas mal comme ville et je commence à m'y faire. J'ai pensé que ça vous ferait plaisir si je vous envoyais quelques photos pour vous donner une idée de ce que je fais. Ici, c'est très animé comme vous pouvez le remarquer et il y a des tas de choses à voir. Je n'ai vraiment pas le temps de m'ennuyer mais je pense quand même beaucoup à vous, et je dois dire que notre petit village me manque un peu. Bon, je dois vous quitter. Tante Adèla m'appelle pour le dîner. Donnez mon bonjour à tout le monde.

A bientôt. Grosses bises.
Sandrine

Ça, c'est le marché de Treichville, on peut y acheter toutes sortes de choses.

A Abidjan, il y a des mosquées dont l'architecture est très traditionnelle.

On voit aussi des bâtiments super modernes comme cette cathédrale, par exemple.

A Cocody on vend surtout des tissus. Il y en a de toutes les couleurs.

D'ailleurs, j'y ai acheté un pagne. Comment le trouvez-vous?

Ça, c'est un maquis. Quand il fait chaud, c'est agréable d'y boire une boisson rafraîchissante.

C'est un marché d'artisans. J'adore la poterie, les paniers et les masques.

NOTE CULTURELLE

Abidjan is Côte d'Ivoire's main city, although in 1983 the political capital was officially transferred to Yamoussoukro, the birthplace of former president Félix Houphouët-Boigny. As Abidjan's population has grown from just a few hundred thousand in 1960 to over 2 million today, so has its diversity. Now you can see modern skyscrapers and European-style office buildings in the Plateau and Cocody regions as well as the traditional African-style marketplaces in Treichville. Known as the "Paris" and the "melting pot" of Africa, Abidjan is home to many people from Côte d'Ivoire's 60 different ethnic groups.

26 Qu'est-ce qu'il y a?

Qu'est-ce qu'il y a sur les photos de Sandrine? Qu'est-ce que tu voudrais voir à Abidjan?

VOCABULAIRE

une mosquée

des tissus (m.)

un pagne *

un masque

un maquis

de la poterie

des tam-tams (m.)

des paniers (m.)

27 Ecoute!

Justin is giving Mamadou a tour of Abidjan. Listen to the following conversations. Where is each one taking place?

    a. devant un maquis
    b. devant une mosquée
    c. près d'un marché d'artisans
    d. à la cathédrale
    e. près du marché de Cocody

* a $2\frac{1}{2}$-meter piece of Ivorian cloth used to make skirts, shirts, head wraps, or baby slings

28 Des souvenirs

Thomas, un Parisien, visite Abidjan et il cherche des souvenirs pour sa famille. Où est-ce qu'il va pour trouver ces cadeaux?

Maman: un pagne
Papa: un masque africain
Tante Caroline: du tissu africain
Sylvie: un panier
Marc: un tam-tam

COMMENT DIT-ON... ?

Making and responding to suggestions

To make suggestions:

Si on allait au stade pour voir un match de foot?

Si on achetait un pagne au marché?

Si on visitait la mosquée?

Si on jouait du tam-tam?

To respond to suggestions:

D'accord.

C'est une bonne idée.

Bof.

Comme tu veux. *It's up to you.*

Non, je préfère...

Non, je ne veux pas.

29 Si on...?

Propose ces activités à ton ami(e). Il/Elle va accepter ou refuser. Ensuite, changez de rôle.

1.   2.   3.   4.

30 Que faire en ville?

Aujourd'hui, tu vas visiter Abidjan avec ton correspondant ivoirien (ta correspondante ivoirienne). Décidez de ce que vous allez faire le matin, l'après-midi et le soir.

31 Jeu de rôle

Upon your return to France after living in Abidjan for several months, you find that you really miss Africa. Role-play the situation with two friends, who ask you what Abidjan was like, what you did there, and reassure you.

LISONS!

What folktales do you know?

L. SENGHOR & A. SADJI

LA BELLE HISTOIRE DE
LEUK-LE-LIÈVRE

Cours Elémentaire
des écoles d'Afrique Noire

HACHETTE · EDICEF

A. Preview the pictures, titles, and organization of the reading.

1. What kind of book is this?
   a. a textbook about rabbits
   b. a reading book for elementary students
   c. an African history book

2. What is the hare's name?
   a. Senghor   c. Leuk
   b. Sadji

3. What's the purpose of the activities at the end of the story?

B. Paraphrase the definitions in the **Que signifie?** activity by choosing synonyms for the words or phrases in italics in the following sentences. Based on these words, can you guess what the story will be about?

1. **Un philtre** est *un breuvage* qui possède un pouvoir extraordinaire.
   a. une boisson b. un homme

2. **Un prétendant** est celui qui veut *épouser* une jeune fille.
   a. rencontrer
   b. se marier avec

78. – Les questions difficiles (suite)

❝ **T**rois jeunes hommes aimaient une même jeune fille et chacun d'eux voulait l'épouser. Tous trois possédaient un savoir très étendu.

❝ Le premier pouvait voir ce qui se passait à des milliers de kilomètres. Son regard traversait les forêts les plus épaisses, passait par-dessus la montagne la plus haute et rien ne pouvait l'arrêter.

❝ Le deuxième possédait une peau de mouton qui, rapide comme l'éclair, vous transportait d'un lieu à un autre, instantanément. Sur cette peau, pouvait prendre place un nombre considérable de personnes.

❝ Le troisième avait un philtre• qui redonnait la vie aux morts. Il suffisait d'en verser quelques gouttes dans leurs narines.

❝ Les trois jeunes hommes partirent ensemble pour rendre visite à la belle jeune fille. Chacun d'eux cachait aux autres le pouvoir qu'il détenait. Chacun croyait qu'à leur arrivée il triompherait de ses camarades. En chemin, ils causaient comme de bons amis, lorsque, tout à coup, le prétendant• qui avait la vue longue et perçante déclara :

❝ — Tiens, tiens, la jeune fille vers qui nous allons est décédée. Je vois qu'on l'a emmenée au cimetière. La fosse est déjà creusée, le cortège• est debout et les fossoyeurs• s'apprêtent à l'enterrer. Quel malheur, les amis! Je vois cela, mais nous n'avons aucun moyen, ni vous ni moi, d'arracher cette jeune et belle personne à la mort.

❝ — J'ai, dit le second, le moyen de vous

transporter immédiatement à ce cimetière. Mais à quoi bon puisque nous ne pourrons que regarder enterrer la jeune fille? Aucun de nous, en effet, n'est capable de la ressusciter.

" — Emmène-nous toujours, si tu le peux, jusqu'au cimetière, dit le troisième. Nous verrons bien. "

" L'homme tire, de son vêtement, la peau de mouton sur laquelle les trois compagnons prennent place. En un clin d'œil, les voilà arrivés au cimetière, près de la fosse ouverte où la jeune fille doit être ensevelie.

" Alors le troisième prétendant prend le philtre magique, le philtre qui ressuscite les morts. Il en verse quelques gouttes dans les narines de la morte. Aussitôt celle-ci se redresse, éternue trois fois, et regarde tout le monde, l'air étonné. Elle est sauvée.

" On demande, dit encore Leuk, quel est, de ces trois prétendants, celui qui méritait d'épouser la jeune fille. "

Que signifie? philtre : breuvage qui possède un pouvoir extraordinaire — **prétendant :** celui qui veut épouser une jeune fille — **cortège :** ensemble des personnes qui accompagnent un vivant ou un mort — **fossoyeur :** homme chargé de creuser la tombe d'un mort.

Pourquoi et comment?
1. Dites quel pouvoir possédait chacun des trois prétendants.
2. Pourquoi chacun cachait-il son secret?
3. Quel est celui des trois que la jeune fille va épouser et pourquoi?

Ecrivez. — Grammaire : Accord du sujet avec le verbe. Les pronoms personnels du singulier sont : je, tu, il ou elle, moi, toi, lui ou elle.

Exercice : Accorder, à l'indicatif présent, les verbes avec les pronoms sujets. — Je (partir) pour un long voyage — Tu (vouloir) épouser la belle fille — Elle (habiter) très loin — Il (posséder) un philtre magique — Tu (avoir) une vue perçante — C'est moi qui (voir) la jeune fille morte — C'est toi qui (offrir) la peau.

3. **Un cortège** est *l'ensemble* des personnes qui accompagnent un vivant ou un mort.
   a. plusieurs   b. le groupe

4. **Un fossoyeur** est un homme chargé de *creuser* la tombe d'un mort.
   a. faire   b. acheter

C. In **Les questions difficiles,** three suitors vie for the hand of a beautiful girl. Read the story and make a chart of the powers and actions of each suitor.

D. Look for the following linking words in the text and figure out what's happening at the point they appear.

en chemin   *on the way*
lorsque   *when*
en effet   *indeed*
en un clin d'œil   *in the wink of an eye*
aussitôt   *right away*

E. Find the following sentences in the story. Then, identify what the italicized pronouns refer to.

1. Trois jeunes hommes aimaient une même jeune fille et chacun d'eux voulait *l'*épouser.
   a. chacun des hommes
   b. la jeune fille

2. Emmène-*nous* toujours...
   a. le troisième jeune homme et la jeune fille
   b. les trois jeunes hommes

3. Aussitôt *celle-ci* se redresse...
   a. la peau   b. la morte

4. ... quel est, de ces trois prétendants, *celui* qui méritait d'épouser la jeune fille.
   a. le prétendant   b. la fille

F. Answer the questions in the **Pourquoi et comment?** activity. Take a poll to find out who the class thinks will marry the girl.

MISE EN PRATIQUE

L'HISTOIRE DE MAMY WATA

Mamy Wata, reine des eaux, était très généreuse. Elle laissait les animaux boire dans tous les points d'eau et les hommes avaient en plus le droit de pêcher partout où ils le désiraient.

Un jour, quand Mamy Wata nageait paisiblement dans une rivière avec quelques gros poissons, on est venu l'avertir qu'à plusieurs kilomètres de là, un horrible monstre terrorisait les habitants des villages riverains.

Mamy Wata a décidé d'aller voir ce qui se passait. On lui a indiqué la grotte dans laquelle le monstre se retirait la nuit pour dormir. Elle s'est cachée dans un coin. Lorsque le monstre est rentré se coucher, elle s'est mise à l'observer. Le monstre ne pouvait pas dormir. Il pleurait et grondait beaucoup, et faisait beaucoup de bruit en respirant.

Mamy Wata a compris que le monstre était malheureux. Elle a inventé des jeux. Elle lui a appris à jouer du tam-tam. Elle lui a appris à chanter et à danser. Le monstre était tellement content d'avoir une amie qu'il s'est mis à rire.

Soudain, alors qu'il riait encore, il s'est aperçu qu'il avait complètement changé. Il était redevenu le jeune homme d'avant! Il était en réalité un jeune homme qu'une méchante sorcière avait un jour changé en monstre!

1 Read *L'histoire de Mamy Wata* and answer the questions.

1. Who was Mamy Wata? What was she like?
2. What did she do for animals? And for people?
3. When Mamy Wata first sees the monster, what is he like? What is he doing in his cave?
4. What does Mamy Wata do for the monster?
5. What had happened to the monster?

2 Does *L'histoire de Mamy Wata* remind you of any stories? Think of a character from your favorite fairy tale. Describe him or her to a partner, telling what the character was like and what he or she would do. Your partner will try to guess who the character is. Then, change roles.

> Elle était...
> Il avait...
> Elle habitait...
> Il aimait...
> Elle avait le pouvoir de...

3 Read the tourist brochure *Cette semaine à Abidjan*. Then, listen to Koffi and Sandrine talking about what they'd like to do in Abidjan. What suggestions do they make? What do they finally decide on?

CETTE SEMAINE A ABIDJAN

La pêche, sport très populaire, est pratiquée le long des côtes ou de la lagune. Parmi les nombreux types de poissons, on compte des thons, des requins, des espadons voiliers, des raies, des barracudas, des coryphères, des liches, des daurades, des bourtes... Matériel et bateaux à louer.

Promenade en Lagune pour voir la ville moderne en bateau le jour et la nuit. Voir la pyramide, les gratte-ciels, et le pont Houphouët-Boigny. Départ à 10h, 12h, 14h, 17h, 22h, 23h. Durée 35 min.

Le Musée National d'Abidjan renferme plus de 19.000 pièces d'art et d'artisanat ivoiriens : sculptures sur bois, poteries, tissages, bijoux, instruments de musique, accessoires de danse, de chasse, de pêche, d'agriculture et de transport. Situé au croisement des boulevards Cadre et Nangui Abrogoua. Ouvert de 9h à 12h et de 15h à 18h, tous les jours sauf le lundi. Entrée gratuite.

4 Write a postcard to your former host family in Abidjan, telling them what you miss about being there. Describe how your life at home is different from life in Abidjan.

5 From what you know about the culture of Côte d'Ivoire, answer the following questions.

1. How can you tell to which ethnic group someone belongs?
2. If you were a high school student, how would you spend your free time?
3. Describe what Ivorian villages are like.

6 ## JEU DE ROLE

With a partner, act out a scene in which a travel agent tries to convince a customer who knows nothing about Africa to visit Abidjan.

- The travel agent suggests the city and describes its advantages.
- The customer asks what there is to see, do, and buy there.
- The customer has false, preconceived notions about the city and Côte d'Ivoire. The agent corrects the customer's false impressions.

Can you use what you've learned in this chapter?

1 If you moved to a new city, how would you say you missed . . .

1. 2. 3.

Can you tell what or whom you miss? p. 197

2 How would you reassure someone who had just moved to your town and was homesick?

Can you reassure someone? p. 197

3 How would you ask your homesick friend what his or her former town was like?

Can you ask and tell what things were like? p. 198

4 How would you describe how things were . . .
1. in medieval times?   2. in the 60s?   3. when you were five?

5 How would you tell what these people used to do when they were young?

Can you reminisce? p. 201

1. Yapo   2. Tes amis et toi   3. Anne et Agathe

6 How would you tell what you usually did after school when you were ten years old?

7 How would you suggest . . .
1. visiting a place in Abidjan?
2. buying something from the market?
3. playing your favorite game or sport?

Can you make and respond to suggestions? p. 209

8 How would you respond if a friend invited you to . . .
1. play tennis?   2. eat barbecue?   3. visit a museum?

PREMIERE ETAPE

Telling what or whom you miss

Je regrette...   *I miss . . .*
... me manque.   *I miss . . . (singular subject)*
... me manquent.   *I miss . . . (plural subject)*
Ce qui me manque, c'est...   *What I really miss is . . .*

Reassuring someone

Tu vas t'y faire.   *You'll get used to it.*
Fais-toi une raison.   *Make the best of it.*

Tu vas te plaire ici.   *You're going to like it here.*
Tu vas voir que...   *You'll see that . . .*

Asking and telling what things were like

C'était comment?   *What was it like?*
C'était tellement différent?   *Was it really so different?*
C'était...   *It was . . .*
Il y avait...   *There were . . .*
La vie était plus..., moins...   *Life was more . . . , less . . .*

Describing places

animé(e)   *exciting*
bruyant(e)   *noisy*
calme   *calm*
dangereux (dangereuse)   *dangerous*
génial(e)   *great*
mortel (mortelle)   *dull*
nul (nulle)   *worthless*
propre   *clean*
relaxant(e)   *relaxing*
sale   *dirty*
stressant(e)   *stressful*
tranquille   *peaceful*
très vivant(e)   *very lively*

DEUXIEME ETAPE

Reminiscing

Quand j'étais petit(e),...   *When I was little, . . .*
Quand il/elle était petit(e),...   *When he/she was little, . . .*
Quand j'avais... ans,...   *When I was . . . years old, . . .*

Activities

avoir des responsabilités   *to have responsibilities*
avoir des soucis   *to have worries*
conduire une voiture   *to drive a car*

faire des bêtises   *to do silly things*
faire la sieste   *to take a nap*
ennuyer   *to bother*
taquiner   *to tease*

TROISIEME ETAPE

Making and responding to suggestions

Si on allait... ?   *How about going . . . ?*
Si on achetait... ?   *How about buying . . . ?*
Si on visitait... ?   *How about visiting . . . ?*
Si on jouait... ?   *How about playing . . . ?*
D'accord.   *OK.*
C'est une bonne idée.   *That's a good idea.*
Bof.   *(expression of indifference)*

Comme tu veux.   *It's up to you.*
Non, je préfère...   *No, I prefer . . .*
Non, je ne veux pas.   *No, I don't want to.*

Things to see and buy in Abidjan

un maquis   *popular Ivorian outdoor restaurant*
un masque   *mask*
une mosquée   *mosque*

un pagne   *piece of Ivorian cloth*
des paniers (m.)   *baskets*
de la poterie   *pottery*
un tam-tam   *African drum*
le tissu   *fabric, cloth*

Allez, viens en Provence!

Un paysage provençal typique

La Provence

Population : plus de 4.000.000

Villes principales : Marseille, Aix-en-Provence, Arles, Avignon, Toulon, Saint-Tropez, Nice, Cannes, Nîmes

Ressources et industries : parfum, lavande, olives, herbes provençales

Provençaux célèbres : Paul Cézanne, Marcel Pagnol, Le Corbusier

Spécialités : bouillabaisse, soupe au pistou, daube provençale, aïoli, pissaladière, saucissons, fruits confits, calissons

La Provence

La Provence offre une grande variété de paysages : la Côte d'Azur a de belles plages, la Haute-Provence a les Alpes et la Camargue a des chevaux sauvages et des flamants roses. En Provence, on peut aussi voir des forêts de pins et des champs de lavande. Depuis les années 1900, les touristes viennent en grand nombre y passer leurs vacances. Chaque été, des centaines de festivals de toutes sortes attirent aussi un grand nombre de personnes.

① La Côte d'Azur est célèbre pour ses plages, ses hôtels et ses boutiques de grand luxe. **La Promenade des Anglais** à Nice est un lieu touristique très connu.

② La plupart des villages perchés comme Gordes ont été construits il y a 500 ans à cause de fréquentes attaques de maraudeurs.

③ **Les gorges du Verdon** sont le *Grand Canyon* français. A 700 mètres plus bas se trouve la rivière où l'on fait du canoë.

④ **Le pont du Gard** est un aqueduc de 49 mètres de haut construit par les Romains il y a 2.000 ans.

Depuis l'époque des Romains, Aix-en-Provence est la capitale de la Provence. Aujourd'hui, c'est surtout une ville d'art, peuplée d'étudiants en raison de sa célèbre université. Dans les chapitres 9, 10 et 11, quelques élèves d'Aix-en-Provence vont te montrer leur belle ville.

⑤ A Aix-en-Provence, les jeunes aiment bien se retrouver dans les cafés du Cours Mirabeau. Haute de 1.011 mètres et située à l'est de la ville, **la montagne Sainte-Victoire** attire beaucoup de monde le week-end.

⑥ A trente minutes de Marseille, **les calanques de Cassis** offrent un total dépaysement : falaises blanches plongeant dans l'eau turquoise.

9

Tu connais la nouvelle?

1 A propos, tu sais qui j'ai vu hier?

When you get together with friends, what do you talk about? Yourselves, of course! What you've been doing, whom you've talked to . . . and what your friends who aren't there are doing, too.

In this chapter you will learn

- to wonder what happened; to offer possible explanations; to accept or reject explanations
- to break some news; to show interest
- to begin, continue, and end a story

And you will

- listen to friends discuss what happened at a party
- read a scene from a play
- write about your personality
- find out about friendship in the francophone world

② Je me demande pourquoi elle a l'air fâchée!

③ Tu ne devineras jamais ce qui s'est passé!

8
9 FRANÇAIS   14 MATHS
10   15
11   HIST-GÉO   VENDRED

            (04) Avril
EPHANE

Rendre dissert
e La fontaine

INTERRO !!!

Exposé sur
Guerre de

19 H RENDEZ-VOUS AVEC STÉPHANE
Ciné Le Gau

Mise en train

Il ne faut pas se fier aux apparences

Have you ever made assumptions about people or situations and then discovered they were all wrong? How many different ways can you interpret the photo on the right?

 Cédric

 Arlette

 Odile

 Charlotte

 Pascale

ODILE	Devine qui j'ai vu ici dans le parc.
CHARLOTTE	Aucune idée... Dis un peu!
ODILE	Cédric et Arlette.
CHARLOTTE	Et alors?
ODILE	A mon avis, ça cache quelque chose.
CHARLOTTE	J'ai du mal à le croire. Toi, tu vois des histoires d'amour partout.
ODILE	Ils avaient l'air de bien s'entendre.
CHARLOTTE	Je n'y crois pas. Tu sais bien que Cédric est le petit copain de Pascale.
ODILE	Mais, je t'assure que c'est vrai.
CHARLOTTE	En tout cas, ça ne nous regarde pas...
ODILE	Mais, je les ai vus. Ils se parlaient tendrement et puis, Cédric lui a embrassé la main.

1

Ecoute, il ne faut pas se fier aux apparences.

Bon, comme tu veux... Pauvre Pascale!

Chut! La voilà!

2

Bonjour! Comment vas-tu?

Super. Qu'est-ce que vous avez à me regarder comme ça? Qu'est-ce que j'ai?

Rien du tout.

3

PASCALE   Allez, quoi!
           Dites-le-moi!
ODILE   On a vu Cédric
           et Arlette dans
           le parc...
CHARLOTTE   ...en train de se
           parler.
PASCALE   Et alors?
CHARLOTTE   Alors, rien.

4

> Mais quoi?
> Je ne comprends rien.
> Qu'est-ce que vous racontez?
> Ah, je commence à comprendre.
> Vous voulez dire que Cédric
> et Arlette...

> Tiens,
> le voilà, Cédric!

> Mais non,
> pas du tout!

5

> Eh bien,
> au revoir! J'ai du travail à
> faire. A lundi. Salut.

6

> Salut. Où est-ce que
> Pascale est partie? Elle va revenir?

> Non, elle
> est rentrée chez
> elle.

> Pascale!!

> Moi,
> j'adore quand ça
> se complique!

> Pourquoi? Elle
> est fâchée? Elle ne m'a même
> pas dit bonjour.

> Elle avait
> du travail à
> faire.

7

8

1 Tu as compris?

1. What did Odile see in the park?
2. What does Odile think is going on?
3. What does Charlotte think is going on?
4. Why does Pascale leave so quickly?
5. How does Odile feel about what happened?

2 Mets en ordre

Mets l'histoire dans le bon ordre.

Odile et Charlotte parlent à Pascale.

Cédric part.

Charlotte ne croit pas Odile.

Pascale part.

Odile voit Cédric et Arlette au parc.

Pascale arrive.

Cédric arrive.

Odile parle à Charlotte.

Pascale est fâchée.

3 Qui suis-je?

Arlette

Odile

Charlotte

Cédric

1. «Moi, j'adore quand ça se complique!»
2. «Je vois des histoires d'amour partout.»
3. «Nous avions l'air de bien nous entendre.»
4. «J'ai embrassé la main d'Arlette.»
5. «Je suis fâchée.»
6. «Je suis le petit copain de Pascale.»
7. «Je ne crois pas que Cédric et Arlette flirtaient.»
8. «J'ai dit que j'avais du travail à faire.»

Pascale

4 Cherche les expressions

What do the people in **Il ne faut pas se fier aux apparences** say to . . .

1. break some news?
2. show interest in hearing some news?
3. reject explanations about what might have happened?
4. ask what's going on?

5 Et maintenant, à toi

If you were Pascale, what would you have done?

Wondering what happened; offering possible explanations; accepting or rejecting explanations

6 A ton avis...

What explanations do their friends give for Cédric and Arlette's behavior? How would you explain the situation?

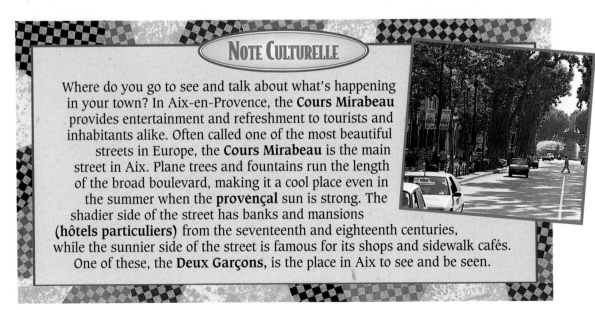

NOTE CULTURELLE

Where do you go to see and talk about what's happening in your town? In Aix-en-Provence, the **Cours Mirabeau** provides entertainment and refreshment to tourists and inhabitants alike. Often called one of the most beautiful streets in Europe, the **Cours Mirabeau** is the main street in Aix. Plane trees and fountains run the length of the broad boulevard, making it a cool place even in the summer when the **provençal** sun is strong. The shadier side of the street has banks and mansions (**hôtels particuliers**) from the seventeenth and eighteenth centuries, while the sunnier side of the street is famous for its shops and sidewalk cafés. One of these, the **Deux Garçons**, is the place in Aix to see and be seen.

VOCABULAIRE

Comment sont les clients des Deux Garçons aujourd'hui?

7 Ecoute!

Ecoute Raoul et Philippe qui sont au café Les Deux Garçons en train de parler de la fête d'hier soir. D'après leur conversation, comment étaient leurs amis?

1. Kim
2. Serge
3. Maria
4. Maud
5. Victor
6. Guillaume

a. énervé(e)
b. mal à l'aise
c. inquiet (inquiète)
d. gêné(e)
e. de bonne humeur
f. déprimé(e)
g. furieux (furieuse)
h. de mauvaise humeur

Note de Grammaire

- Remember that you use the **imparfait** to tell what people were like in the past:

  Il **était** triste.

- You can also use the expression **avoir l'air** + an adjective to tell how people *seemed* to be:

  Elle **avait l'air fâchée.**

  The adjective agrees with the person you're describing.

8 Qu'est-ce qui s'est passé?

Décris les réactions de tes amis dans ces situations. Complète chaque phrase avec un adjectif qui convient.

1. Pierre est tombé devant son prof d'histoire. Il était ____.
2. Marion est allée à une boum où elle ne connaissait personne. Elle était ____.
3. Jean a eu 20 à l'interro d'anglais. Il était ____.
4. Le chat d'Ali est mort soudainement. Ali avait l'air ____.
5. Li est sortie avec un beau garçon. Elle avait l'air ____.
6. Jean-Michel n'a pas pu trouver son portefeuille ce matin. Il était ____.
7. On a fait une surprise-partie pour Eric. Il était vachement ____!

9 Alors, raconte!

Avec qui as-tu parlé hier? Fais une liste et décris l'humeur de ces personnes.

Melissa était de bonne humeur mais Manuel avait l'air plutôt déprimé. Sheryl était vachement inquiète parce qu'elle ·it en ret·

ᴬla française

To better describe people and things, you can use words like **assez** *(sort of)* and **plutôt** *(rather)* to modify adjectives. When you're talking to people your own age, you can use the informal expressions **vachement** *(really)* and **super** *(really, ultra-)* before adjectives for emphasis: Elle était **vachement énervée.** Il est **super sympa.**

10 Mon journal

Complète les phrases suivantes pour décrire ta personnalité.

Je suis énervé(e) quand...
Je suis fâché(e) quand...
Je suis déprimé(e) quand...

Je suis de bonne humeur quand...
Je suis mal à l'aise quand...
Je suis étonné(e) quand...

COMMENT DIT-ON... ?

Wondering what happened; offering possible explanations; accepting or rejecting explanations

To wonder what happened:

Je me demande pourquoi elle sourit comme ça. *I wonder. . .*

To offer possible explanations:

A mon avis, elle était amoureuse. *In my opinion, . . .*

Peut-être qu'elle a passé une bonne journée. *Maybe . . .*

Je crois qu'elle a gagné à la loterie. *I think that . . .*

Je parie qu'elle a mangé trop vite. *I bet that . . .*

To accept an explanation:

Tu as peut-être raison. *Maybe you're right.*

C'est possible. *That's possible.*

Ça se voit. *That's obvious.*

Evidemment. *Obviously.*

To reject an explanation:

A mon avis, tu te trompes. *In my opinion, you're mistaken.*

Ce n'est pas possible. *That's not possible.*

Je ne crois pas. *I don't think so.*

---

11 Ecoute!

Listen as Cédric asks his friends why Pascale doesn't talk to him. Does he accept or reject the explanations they offer?

12 Je me demande pourquoi!

Qu'est-ce qui est arrivé à Nora, à Thierry et à Didier? Imagine trois événements qui peuvent expliquer leur humeur. Parles-en avec un(e) camarade qui va te dire s'il/elle est d'accord avec toi ou pas.

—Je me demande pourquoi Nora a l'air fatiguée aujourd'hui.
—Peut-être qu'elle a mal à la tête.
—Non, je ne crois pas. Je parie qu'elle...

Nora

Thierry

Didier

13 Charades

a. Pick an emotion from the **Vocabulaire** and write down a reason you might feel that way. Act out the emotion and then the reason. Your group will offer possible explanations. The first person to guess the reason acts out his or her charade.

b. After playing charades in your group, decide which one was the best and act it out as a group for the class.

PANORAMA CULTUREL

Marius • Côte d'Ivoire

Yannick • Martinique

Jennifer • France

We talked to some French-speaking teenagers about friendships. Here's what they had to say.

Comment est l'ami idéal?

«Pour moi, un ami idéal, c'est l'ami qui sait t'écouter, qui sait te comprendre et puis qui a beaucoup d'attentions pour toi. Et aussi, cet ami-là cherche toujours à t'aider quand tu as des problèmes... et qui ne trahit pas tes secrets et puis aussi c'est un ami qui te soutient toujours. Voilà.»

—Marius

«L'amie parfaite, eh bien, c'est celle qui ne sera pas fayot, c'est-à-dire, enfin, fayotte, du moins c'est celle qui n'ira pas répéter à tout bout de champ «Mais oui, tiens, elle a tel et tel problème.» C'est l'idéal à la fin.

Moi, je crois que, l'idéal comme amie, c'est, enfin, qu'elle me ressemble un peu.»

Quelle est la différence entre un copain et un ami?

«Eh ben, une copine, c'est par exemple... je ne sais pas, elle est dans la même classe. On discute avec elle des cours... je sais pas, moi... des bobards qu'on raconte à tout le monde. Et l'amie, on lui confie plus ce qui se passe dans l'intimité, ce qu'on ne veut pas dire à sa mère ou à quelqu'un d'autre.

Si on a envie, je ne sais pas, de se confier vraiment, on irait plutôt vers l'amie que vers la copine.»

—Yannick

«Je pense qu'un copain, c'est quelqu'un qu'on voit un peu tous les jours, à qui on dit bonjour, mais sans vraiment se confier. Alors qu'une amie, on lui confie beaucoup de choses, on reste souvent avec elle, on est très proches.»

—Jennifer

Qu'en penses-tu?

1. What are the qualities of a good friend according to these people?
2. What characteristics do you look for in a friend?
3. According to these people, what is the difference between **un copain** and **un ami**?

Breaking some news; showing interest

Qu'est-ce qui t'est arrivé ce week-end?

J'avais rendez-vous avec une copine, mais j'ai eu un petit accident de vélo. Pendant que je réparais mon vélo, j'ai trouvé un billet de 100 F! Super, non?

Marie

Ne m'en parle pas! Je me suis disputé avec ma copine et nous avons cassé.

J'ai été privé de sortie, donc je suis resté dans ma chambre et j'ai fait la tête tout le week-end. C'est pas juste!

Romain

Thibaut

Je lisais un roman au parc quand j'ai rencontré Elodie et je suis tombé amoureux d'elle! C'était un véritable coup de foudre!

On allait rendre visite à mes grands-parents quand la voiture est tombée en panne. On a réussi à la réparer mais après, on s'est perdues!

Amina

Didier

14 Tu as compris?

Qui a passé un bon week-end? Un mauvais week-end?

VOCABULAIRE

avoir un accident	*to have an accident*
avoir (prendre) rendez-vous (avec quelqu'un)	*to have (make) a date (with someone)*
se disputer (avec quelqu'un)	*to have an argument (with someone)*
casser (avec quelqu'un)	*to break up (with someone)*
être privé(e) de sortie	*to be "grounded"*
faire la tête	*to sulk*
tomber en panne	*to break down (in a vehicle)*
se perdre	*to get lost*
rencontrer	*to meet*
tomber amoureux(-euse) (de quelqu'un)	*to fall in love (with someone)*

15 Ecoute!

Regarde les images à la page 230. Ecoute Catherine qui décrit ses amis. De qui parle-t-elle?

16 Et toi?

Réponds à ces questions. Ensuite, pose les mêmes questions à un(e) camarade.

1. Est-ce que tu as déjà eu un accident? Où? Qu'est-ce qui t'est arrivé?
2. Est-ce que tu as déjà été privé(e) de sortie? Pourquoi?
3. Est-ce que tu t'es déjà perdu(e)? Où? Comment est-ce que tu as retrouvé ton chemin?
4. Est-ce que tu es déjà tombé(e) amoureux (amoureuse) de quelqu'un?

Si tu as oublié the passé composé of reflexive verbs va à la page 168.

COMMENT DIT-ON...?
Breaking some news; showing interest

To break some news:

Tu connais la nouvelle? *Did you hear the latest?*
Tu ne devineras jamais ce qui s'est passé.
   You'll never guess what happened.
Tu sais qui j'ai vu? *Do you know who . . . ?*
Tu sais ce que Robert a fait? *Do you know what . . . ?*
Devine qui Marion a vu! *Guess who . . .*
Devine ce que j'ai fait! *Guess what . . .*

To show interest:

Raconte!
Aucune idée. *No idea.*
Dis vite! *Let's hear it!*

17 Ecoute!

Ecoute ces conversations et choisis l'image qui correspond à chaque conversation.

a.   b.   c.   d.

18 Tu connais la nouvelle?

a. Lis **Sur le vif** et réponds aux questions suivantes.

1. Qu'est-ce qui est arrivé au président?
2. Est-ce qu'il a visité la centrale nucléaire?
3. Qu'est-ce que l'habitante d'Aix faisait quand elle a vu Elvis?
4. Qu'est-ce qu'Elvis a acheté?
5. Qu'est-ce que c'est qu'un OVNI?
6. Comment était l'OVNI que le témoin *(eyewitness)* a vu?
7. Qui sont les clients de M. Rintintin?

b. With a partner, take turns breaking and responding to the news in **Sur le vif**!

SUR LE VIF

LE PRESIDENT A BOBO

Le président de la République a dû annuler sa visite à la centrale nucléaire de Fouilly-les-Oies. Le porte-parole du gouvernement a annoncé hier : « Le Président a eu un petit accident. Il s'est fait mal au petit doigt à sept heures ce matin. » Son épouse précise qu'au moment de l'incident, le président a dit : « Ouille! Ouille! Ouille! »

LE «KING» PARMI NOUS

Une habitante d'Aix-en-Provence a eu la surprise de sa vie ce matin. Elle promenait son chien au centre-ville quand elle a aperçu Elvis Presley en personne qui sortait d'une boulangerie. Elle a dit que le roi du rock avait un sac plein de pains au chocolat.

UNE VRAIE HISTOIRE MARSEILLAISE

Plusieurs habitants de la région provençale déclarent avoir vu un OVNI vers 17 heures hier après-midi. Un témoin a dit : « J'ai vu un énorme objet dans le ciel. Je savais que ce n'était pas un avion parce qu'il y avait des lumières vertes, jaunes, et violettes qui clignotaient.

C'était comme un ballon de football! C'était un spectacle incroyable! »

UNE AUBERGE POUR TOUTOU

Les habitants d'Arles peuvent maintenant amener leurs chiens et chats dans un restaurant quatre étoiles fait exclusivement pour eux. Le propriétaire du restaurant, M. Médor Rintintin, a ouvert son établissement la semaine dernière. Des centaines de maîtres ont déjà invité leurs petites bêtes préférées à un repas grand luxe.

In France, exaggerated stories, or "tall tales" are called **des histoires marseillaises.** Just as people from certain parts of the United States have a reputation—true or not—for exaggerating stories, people from Provence, particularly from the city of Marseilles, are known for their improbable tales.

*G*rammaire   The **passé composé** vs. the **imparfait**

- You already know you use the **passé composé** to *tell what happened.*

  Elle **a eu** un accident.   Nous **avons joué** au tennis.

- You use the **imparfait** . . .

  —to *describe how people or things were* in the past.
  Quand elle **avait** cinq ans, elle **était** pénible.

  —to talk about repeated actions in the past, to *tell what used to happen.*
  Quand j'**avais** huit ans, je **faisais** toujours des bêtises. Je **jouais** du piano, mais maintenant je n'en joue plus.

  —to describe general conditions in the past, to *set the scene.*
  Il **était** deux heures de l'après-midi; il **faisait** beau.

- You often need to use both the **passé composé** and the **imparfait** to tell what took place in the past.

  Il **faisait** gris et il **pleuvait.** J'**étais** de mauvaise humeur; ma mère **travaillait** et mon frère, qui **était** privé de sortie, **faisait** la tête. Soudain, j'**ai pris** une décision : pourquoi ne pas aller au cinéma? Je **suis allée** au Ciné 4 voir le nouveau film de Gérard Depardieu. Après, j'**ai rencontré** des copains et on **est allés** au café. Bref, j'**ai passé** une bonne journée!

19 Passé composé ou imparfait?

Reread the short story in the **Grammaire.** Tell why each verb in bold type is in the **passé composé** or the **imparfait.**

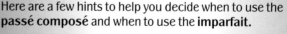

Here are a few hints to help you decide when to use the **passé composé** and when to use the **imparfait.**

- Words like **d'abord**, **puis**, and **ensuite** that tell in what order events happened often signal the **passé composé.**

- Words that indicate a specific moment in the past, like **soudain** (*suddenly*), **tout à coup** (*suddenly*), and **au moment où** (*just when*), also signal the **passé composé.**

- Words that indicate a repeated action, like **toujours, d'habitude, tous les jours, souvent,** and **de temps en temps,** usually signal the **imparfait.**

20 Sur le vif

Finish the following reporter's story for **Sur le vif** by putting the verbs in the **passé composé** or the **imparfait**.

Patrick Bruel continue sa tournée de concerts dans le sud de la France. Hier, le chanteur __1__ (être) à Montpellier où des centaines de jeunes __2__ (aller) l'applaudir. A leur grande joie, quelques-uns __3__ (avoir) la chance de le rencontrer en personne. Il __4__ (être) environ minuit au restaurant La Côte à l'Os quand tout à coup, Patrick lui-même __5__ (entrer). Il __6__ (être) accompagné de quelques-uns de ses musiciens. Il __7__ (demander) le menu au serveur qui n'en __8__ (croire) pas ses yeux. Bruel __9__ (sembler) très content et il __10__ (rire) beaucoup. Il a dit au serveur que les concerts le __11__ (mettre) toujours de bonne humeur mais lui __12__ (donner) aussi très faim. Il __13__ (regarder) la carte que le serveur lui avait apportée, puis il __14__ (commander) des escargots et un steak au poivre. Après le repas, il __15__ (boire) un café. Ensuite, Bruel __16__ (payer) l'addition et il __17__ (partir) après avoir donné son autographe au serveur qui __18__ (ne pas regretter) d'avoir travaillé ce soir-là.

21 Tu plaisantes!

Take turns telling some **histoires marseillaises** to a partner. Try the following suggestions.

> rencontrer le président
> à Washington
> visiter la Maison Blanche
> dîner avec lui

—Tu sais qui j'ai rencontré?
—Non, raconte!
—J'ai rencontré le président des Etats-Unis!
—Mon œil! Tu étais où?
—J'étais à Washington, évidemment!
—Mais qu'est-ce que tu faisais?
—Je visitais la Maison Blanche.
—Alors, qu'est-ce que tu as fait?
—J'ai dîné avec lui.

22 Mon œil!

Write down three activities, a place, and an emotion. Then, exchange papers with a partner and write **une histoire marseillaise**, using the information your partner gave you.

> rencontrer un extra-terrestre
> manger une boîte de chocolats
> faire du ski nautique
> à la boulangerie
> déprimé(e)

1. voir un extra-terrestre chez moi
   regarder la télé
   visiter sa planète

2. rencontrer le loup du Gévaudan (*the Bigfoot of France*)
   dans la forêt
   faire du camping
   prendre une photo

3. trouver 500 F
   dans le parc
   promener le chien
   faire du shopping

4. avoir rendez-vous avec (ta star préférée)
   sur le Cours Mirabeau
   écouter de la musique
   demander son autographe

CHAPITRE 9 Tu connais la nouvelle?

Antoine

Pascale téléphone à Antoine . . .

— A propos, Antoine, qu'est-ce que tu as fait hier soir?

— Je m'ennuyais chez moi, alors, j'ai décidé d'aller au cinéma. A ce moment-là, le téléphone a sonné. C'était Arlette. Elle s'ennuyait aussi et voulait faire quelque chose avec moi.

— Donc, vous êtes allés au cinéma!

— Eh bien... c'est-à-dire que... je suis timide.

— Tu veux dire que tu ne l'as pas invitée?!

— Je n'ai pas eu le courage!

— Mais tu es dingue!

— Attends! Elle m'a proposé d'aller voir *Germinal* au Cinéma Cézanne.

— Heureusement!

— Oui, mais tu vois, ce cinéma est à l'autre bout d'Aix.

— Et alors?

— Ben, on a décidé de s'y retrouver une demi-heure plus tard. Alors, j'ai pris le bus, mais à cette heure-là, il y avait beaucoup de circulation et je suis arrivé très en retard. Arlette était déjà partie.

— Pauvre vieux! Maintenant, c'est à toi de l'inviter quelque part.

— Tu crois?

Pascale

23 Tu as compris?

Qu'est-ce qui est arrivé à Antoine hier soir? Pourquoi n'a-t-il pas invité Arlette? A ton avis, qu'est-ce qu'il va faire maintenant?

COMMENT DIT-ON...?

Beginning, continuing, and ending a story

To begin a story:
A propos,...
   By the way, . . .

To continue a story:
Donc,... *Therefore, . . .*
Alors,... *So . . .*
A ce moment-là,...
   At that point, . . .
Bref,... *Anyway, . . .*
C'est-à-dire que...
   That is, . . .
... quoi. *. . . you know.*
... tu vois. *. . . you see.*

To end a story:
Heureusement,...
   Fortunately, . . .
Malheureusement,...
   Unfortunately, . . .
Finalement,...

24 Ecoute!

Ecoute l'histoire de Caroline. Remets les images suivantes en ordre d'après son histoire.

a.

b.

c.

d.

25 Qu'est-ce qu'ils disent?

Complète la conversation entre Odile et Arlette.

heureusement	à ce moment-là
à propos	aucune idée
dis vite!	bref
devineras	malheureusement

— Salut, Odile.
— Salut, Arlette. Tu sais ce qui m'est arrivé hier?
— __1__. Raconte!
— Je faisais mes devoirs chez moi quand Pascale m'a téléphoné. Elle s'ennuyait chez elle et elle voulait aller faire du roller en ligne. Moi, j'étais d'accord. Simple, tu vois? Mais non! J'ai pris le bus pour aller au parc, mais Pascale n'était pas là.
— Vraiment? Mais elle est toujours à l'heure!
— Exactement! Donc, j'ai attendu vingt minutes...
— Vingt minutes!
— __2__, elle n'est jamais arrivée et j'étais fâchée. J'ai essayé de lui téléphoner, mais elle n'était pas là.
— Et alors?
— __3__, j'ai décidé de rentrer chez moi. Après ça, tu ne __4__ jamais ce qui s'est passé!
— __5__!
— Le téléphone a sonné. C'était Pascale!
— Qu'est-ce qu'elle t'a dit?
— Euh... tu vois, c'était de ma faute. Elle était au Jardin Rambot, et moi, je suis allée au Parc Joseph Jourdan! __6__, elle n'était pas trop fâchée contre moi. __7__, on s'est donné rendez-vous pour demain au Jardin Rambot.
— Tout est bien qui finit bien!

26 Le jeu du cadavre exquis

In your group, choose a main character for a story. One person begins by writing the first sentence or two of the story, folds the paper to cover all but the last few words, and passes it to the next person who writes another sentence, folds the paper again, and passes it on. Remember, anything can happen! When you've finished, read the story to the class.

Caroline a vu *Maurice...*
Donc, elle a cassé avec Martin.

27 Qu'est-ce qu'on faisait quand... ?

How many sentences can you make using the **passé composé** and the **imparfait** in each one?

> —Je faisais mes devoirs quand un extra-terrestre est entré dans ma chambre.
> —Mon ami visitait Paris quand il est tombé amoureux.

faire mes devoirs	quand	rencontrer...
danser le zouk		avoir un accident
manger de la pizza		décider de...
se disputer avec...		voir...
visiter...		recevoir...
faire la tête		tomber amoureux
conduire la voiture		(amoureuse)
faire la sieste		de...
faire des pompes		perdre...
être collé(e)		casser (avec...)
être à...		se casser...
se promener		déguster...
?		?

Note de *Grammaire*

- Sometimes you have to use both the **imparfait** and the **passé composé** in the same sentence. For example, you might want to say that one action *was going on* (**imparfait**) when another action *happened* (**passé composé**):

> Je **faisais** mes devoirs quand le téléphone **a sonné.**

- To emphasize that you were *in the middle of* or *busy doing* something, you can use the imperfect of the expression **être en train de** with an infinitive:

> J'**étais en train de** faire mes devoirs quand le téléphone **a sonné.**

28 Quelle surprise!

Imagine an unexpected guest paid you a surprise visit at home last night. Write about what everyone was doing when the surprise took place. Then, describe the guest and tell why he or she came to your home.

29 Jeu de rôle

Choose a well-known fairy tale. Each person plays the role of a character in the tale and tells the story from his or her point of view. Present your versions to the class, and see if they can guess what tale you are telling.

> Tu ne devineras jamais ce qui s'est passé hier soir! Mon père regardait la télé et moi, j'écoutais mon CD préféré de Céline Dion quand elle est entrée dans le salon! Elle était sympa, mais elle avait l'air un peu déprimée. Ses amis à Montréal lui manquaient, sûrement. Pourquoi est-elle venue chez moi? Ah, je parie qu'elle avait envie de parler français! Heureusement que j'étais là!

La belle et la bête *(Beauty and the Beast)*

Les trois petits cochons *(The Three Little Pigs)*

La belle au bois dormant *(Sleeping Beauty)*

Cendrillon *(Cinderella)*

Le petit chaperon rouge *(Little Red Riding Hood)*

Blanche-Neige *(Snow White)*

LISONS!

$\mathcal{M}$isunderstandings can occur between friends. What do you think of the misunderstanding in this scene from the play *La cantatrice chauve*?

A. Have you ever had the experience of saying something over and over and suddenly realizing that what you were saying seemed completely meaningless? The playwright Eugène Ionesco had just such an experience in the late 1940s and wrote *La cantatrice chauve* about it. When you read this scene from the play, keep in mind that this is an example of the theater of the absurd. Then, reread the scene to see if you think Ionesco has made his point: the endless repetition of common, polite words and phrases makes them sound absurd.

B. What does *absurd* mean? What does *banal* mean? What are some of the banalities that we say all the time (things we've said so often we don't even think about their meaning anymore)? Can polite phrases seem absurd sometimes? List five words or phrases you think people use without thinking.

SCENE IV

Mme et M. Martin, s'assoient l'un en face de l'autre, sans se parler. Ils se sourient, avec timidité.

M. MARTIN *(le dialogue qui suit doit être dit d'une voix traînante, monotone, un peu chantante, nullement nuancée).*
— Mes excuses, Madame, mais il me semble, si je ne me trompe, que je vous ai déjà rencontrée quelque part.

Mme MARTIN. — A moi aussi, Monsieur, il me semble que je vous ai déjà rencontré quelque part.

M. MARTIN. — Ne vous aurais-je pas déjà aperçue, Madame, à Manchester, par hasard?

Mme MARTIN. — C'est très possible. Moi, je suis originaire de la ville de Manchester! Mais je ne me souviens pas très bien, Monsieur, je ne pourrais pas dire si je vous y ai aperçu, ou non!

M. MARTIN. — Mon Dieu, comme c'est curieux! moi aussi je suis originaire de la ville de Manchester, Madame!

Mme MARTIN. — Comme c'est curieux!

. . .

M. MARTIN. — Depuis que je suis arrivé à Londres, j'habite rue Bromfield, chère Madame.

Mme MARTIN. — Comme c'est curieux, comme c'est bizarre! moi aussi, depuis mon arrivée à Londres j'habite rue Bromfield, cher Monsieur.

M. MARTIN. — Comme c'est curieux, mais alors, mais alors, nous nous sommes peut-être rencontrés rue Bromfield, chère Madame.

Mme MARTIN. — Comme c'est curieux; comme c'est bizarre! c'est bien possible, après tout! Mais je ne m'en souviens pas, cher Monsieur.

M. MARTIN. — Je demeure au n° 19, chère Madame.

Mme MARTIN. — Comme c'est curieux, moi aussi j'habite au n° 19, cher Monsieur.

M. MARTIN. — Mais alors, mais alors, mais alors, mais alors, mais alors, nous nous sommes peut-être vus dans cette maison, chère Madame?

Mme MARTIN. — C'est bien possible, mais je ne m'en souviens pas, cher Monsieur.

M. MARTIN. — Mon appartement est au cinquième étage, c'est le n° 8, chère Madame.

Mme MARTIN. — Comme c'est curieux, mon Dieu, comme c'est bizarre! et quelle coïncidence! moi aussi j'habite au cinquième étage, dans l'appartement n° 8, cher Monsieur!

M. MARTIN, *songeur.* — Comme c'est curieux, comme c'est curieux, comme c'est curieux et quelle coïncidence! vous savez, dans ma chambre à coucher j'ai un lit. Mon lit est couvert d'un édredon vert. Cette chambre, avec ce lit et son édredon vert, se trouve au fond du corridor, entre les water et la bibliothèque, chère Madame!

Mme MARTIN. — Quelle coïncidence, ah mon Dieu, quelle coïncidence! Ma chambre à coucher a, elle aussi, un lit avec un édredon vert et se trouve au fond du corridor, entre les water, cher Monsieur, et la bibliothèque!

M. MARTIN. — Comme c'est bizarre, curieux, étrange! alors, Madame, nous habitons dans la même chambre et nous dormons dans le même lit, chère Madame. C'est peut-être là que nous nous sommes rencontrés!

Mme MARTIN. — Comme c'est curieux et quelle coïncidence! C'est bien possible que nous nous y soyons rencontrés, et peut-être même la nuit dernière. Mais je ne m'en souviens pas, cher Monsieur!

M. MARTIN. — J'ai une petite fille, ma petite fille, elle habite avec moi, chère Madame. Elle a deux ans, elle est blonde, elle a un œil blanc et un œil rouge, elle est très jolie, elle s'appelle Alice, chère Madame.

Mme MARTIN. — Quelle bizarre coïncidence! moi aussi j'ai une petite fille, elle a deux ans, un œil blanc et un œil rouge, elle est très jolie et s'appelle aussi Alice, cher Monsieur!

M. MARTIN, *même voix traînante, monotone.* — Comme c'est curieux et quelle coïncidence! et bizarre! c'est peut-être la même, chère Madame!

Mme MARTIN. — Comme c'est curieux! c'est bien possible cher Monsieur.

Un assez long moment de silence... La pendule sonne vingt-neuf fois.

M. MARTIN, *après avoir longuement réfléchi, se lève lentement et, sans se presser, se dirige vers Mme Martin qui, surprise par l'air solennel de M. Martin, s'est levée, elle aussi, tout doucement; M. Martin a la même voix rare, monotone, vaguement chantante.* — Alors, chère Madame, je crois qu'il n'y a pas de doute, nous nous sommes déjà vus et vous êtes ma propre épouse... Elisabeth, je t'ai retrouvée!

Mme MARTIN *s'approche de M. Martin sans se presser. Ils s'embrassent sans expression. La pendule sonne une fois, très fort. Le coup de la pendule doit être si fort qu'il doit faire sursauter les spectateurs. Les époux Martin ne l'entendent pas.*

Mme MARTIN. — Donald, c'est toi, darling!

What are five polite phrases you might say in French?

C. What phrases do you find in the first few lines that indicate the Martins are strangers when the scene begins, in spite of the fact they are married?

D. In the first 20 lines, find two things that Mr. and Mrs. Martin have in common. Based on what you've just read, what do you think will happen in the scene?

E. Find examples of phrases that are repeated throughout this scene. What is the effect of the repetition of these phrases?

F. Why are the remarks **Comme c'est curieux** and **Quelle coïncidence** ridiculous as used here by the Martins? What is curious and bizarre about their conversation?

G. Reread the last lines of Mr. Martin and Mrs. Martin. What is the significant change in their attitude toward each other? How is this change signaled in their language? Give two examples.

H. Reread the stage directions. Why does Ionesco want the characters to present their lines in this way? Find the lines punctuated with an exclamation point. Practice reading them aloud with a monotonous, singsong, expressionless voice. How easy is this to do?

I. What is the main point that Ionesco is trying to make? Can you find enough evidence to prove that the play is about the absurdity of daily life? Do you think that Ionesco has successfully created a scene that convinces you of this absurdity?

J. Using some of the small talk and polite phrases you noted in part B, write a brief, absurd dialogue with a partner. Then, perform your scene for the class.

PARIS MATCH

Veronica Berlusconi.

MATCH DE PARIS

CABU CROIT A NOUVEAU AU POUVOIR DU DESSIN. L'inventeur de «Mon beauf» s'étonne de ne pas voir la relève des grands caricaturistes politiques. *Un entretien avec Romain Clergeat* **5**
PROMENADE D'UN INITIE DANS LES COULISSES DE L'ELYSEE. Encore une fois, Thierry Pfister, dans son dernier livre, s'en prend à Sa Majesté Mitterrand 1er. *Par Gilles Martin-Chauffier* **14**
COMMENT ON RETAPE UN FILM CULTE A HOLLYWOOD. Deux remakes à l'affiche : «Guet-apens» («Guet-apens», 1972) et « Intersection » («Les choses de la vie »). **16**
LUCIO ATTINELLI, PEINTRE ET POETE DU COUP DE FOUDRE. *Interview de Pépita Dupont* **18**
CINEMA, ARTS, THEATRE... *Par Florence Portès* **20**

DOCUMENTS

RABIN-ARAFAT : LES SECRETS DE LA GRANDE RECONCILIATION. *Un entretien avec Marek Halter par Arthur Conte* **25**
LA GUERRE DES RACES : UNE NOUVELLE MENACE SUR NOS BANLIEUES. *Une interview d'Eric Raoult, député de Seine-Saint-Denis, par Caroline Pigozzi* **115**

LES GENS

KIM BASINGER : «J'ai eu le coup de foudre pour Alec Baldwin... deux ans après notre première rencontre ». **34**
JEAN-CLAUDE VAN DAMME : «Dès que j'ai vu Darcy, j'ai été électrisé et l'amour a tout emporté ». *Un entretien avec Dany Jucaud* **38**
LEUR VIE EN CAVALCADE. Yannick Noah, Warren Beatty, Bruce Willis et Demi Moore, Julian et Cynthia Lennon, Paulina Poriskova et Rick O'Casek, Elle MacPherson, Dianna Ross, Johnny Hallyday, Elsa, John McEnroe et Tatum O'Neal **42**

L'ACTUALITE

DONNA BERLUSCONI. Le jeu subtil des alliances politiques fera de Veronica la Première dame d'Italie. Malgré elle... **50**
Veronica : « Je ne suis pas une femme de pouvoir comme celles qui se battent sur le terrain ». *Par Caroline Pigozzi* **54**
42 % des Italiens croient que Berlusconi créera des emplois. *Par Marc Ullmann* **55**
ZOULOUS, LE PIEGE. Comme avant la conquête britannique, ils manifestaient pour un Zoulouland. Armés de lances, ils sont tirés des toits par leurs ennemis de l'A.n.c. **56**
FACE AU SIDA. Le fléau de notre fin de siècle nous concerne tous. A la mobilisation de toutes les chaînes de télévision, nous ajoutons ce dossier. **62**
LES DERNIERES VICTOIRES DE LA SCIENCE.
Pr Jean-Marie Andrieu : « Modifier le système immunitaire » **64**
Pr Ara Hovanessian : «Réussir à bloquer l'invasion des cellules par le virus ». *Interviews Sabine de la Brosse* **65**
VINCENT AU PALAIS. Pour la traditionelle «chasse » aux œufs de Pâques, Rainier accueille un invité surprise : Vincent Lindon. **74**
DOISNEAU, LE DERNIER GAMIN DE PARIS. Avec lui disparaît le monde sans soucis des petites gens et des fêtes populaires. Il nous lègue son théâtre d'images rempli de candeur et de nostalgie. **78**

«Les frères », 1934, par Robert Doisneau.
«J'écrivais. Il illustrait. Ses photos de rêve nous faisaient oublier nos misères ».
Par Edmonde Charles-Roux de l'académie Goncourt **90**

MATCH DE LA SEMAINE

SIGNE WOLINSKI **96**
ALGERIE : SCENARIO POUR SAUVER LES FRANÇAIS. *Par Laurent Léger et Jean-Pierre Biot* **100**
INFOPLUS-INFOQUICK **101**
LE MATCH DE L'ECONOMIE RENAULT EN ROUTE VERS LA PRIVATISATION. «Le plus tôt sera le mieux », souhaite Louis Schweitzer, son patron. *Par Elisabeth Chavelet et François Labrouillère* **102**
ECOPLUS **102**
LE LEADER DE LA SEMAINE : Jules Coulon, le sauveur de Moulinex **103**
ECOQUICK **103**

MATCH DE LA VIE

CONSOMMATION. Objets futés, nouveautés pratiques, conseils malins... *Par Patrick Jamoux* **122**
EN ACTION. Des machines pour rouler, des engins pour naviguer et pour voler. *Par Georges Renou* **124**
ARGENT. Prêt sur gage : simple, souple et rapide. *Par Liliane Gallifet* **130**
SANTE. Rhino-sinusites chroniques : les cures thermales. *Par Sabine de la Brosse* **132**
LIVRES SANTE. *Par Sabine de la Brosse.* **134**
LA VIE PARISIENNE, *avec Agathe Godard* **142**

JEUX

MICHEL DUGUET : Anacroisés **113**
MAX FAVALELLI : mots croisés **136**
ROBERT SCIPION : mots croisés **141**

1 1. Skim the titles of the different categories in *Paris Match* magazine and the articles listed under each. Can you figure out what each category is about?

2. Who is featured in **Les Gens**? Which of these articles would you want to read?

3. Look at the **L'Actualité** section. Are these statements true?

    a. Veronica Berlusconi fait de la politique.   c. La «chasse» aux œufs est une surprise.

    b. Les Zoulous sont ennemis de l'A.n.c.   d. Doisneau était photographe.

2 a. Listen to some readers call in on the hotline of the know-it-all column, **Je-sais-tout**, to ask questions they've been wondering about. Match their questions with the pictures that the editor chose to illustrate them.

 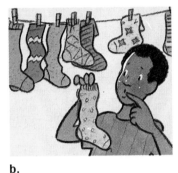 

a.   b.   c.

    b. Now, act as Monsieur or Madame Je-sais-tout and write a brief answer to each caller in part a, giving a possible explanation. Make your answers humorous or serious.

3 Compare your explanations in number 2b with those of a classmate. Try to arrive at the most logical—or most interesting—explanation for each question.

4 You've decided to start your own magazine, like *Paris Match,* to keep your classmates informed of what's going on at your school. Make a table of contents for your magazine. First choose categories that you think your classmates would be interested in. You might want to create new categories like **la cantine, après l'école,** or **les sports.** Then, create some article titles and summaries and include photos or art about your feature articles. You might even design a cover for your newsmagazine.

5

JEU DE ROLE

With your classmates, create an informal television news broadcast about the happenings in your school. Using the table of contents of your magazine as a guide, break the top news stories for your class. You can even assign a "correspondent" who reports from the scene. Be sure to:

• break the news to the class.

• begin, continue, and end the stories.

• offer possible explanations for anything strange that happened.

QUE SAIS-JE?

Can you use what you've learned in this chapter?

Can you wonder what happened and offer possible explanations? p. 228

1 If you didn't know why your friend was late for your meeting after school, how would you say that you wonder what happened?

2 What possible explanations could you give for each of these situations?
1. Ton ami(e) était déprimé(e).
2. Tes parents avaient l'air fâchés aujourd'hui.
3. Ton prof était de bonne humeur.
4. Tes amis étaient étonnés.

Can you accept and reject explanations? p. 228

3 How would you respond if your friends made these remarks?
1. «A mon avis, il va faire beau aujourd'hui.»
2. «Je crois que Paris est la plus grande ville de France.»
3. «Je parie que j'ai raté mon interro d'anglais.»
4. «Peut-être que notre prof est en retard.»
5. «J'ai vu un extra-terrestre dans le jardin.»

Can you break some news? p. 231

4 How would you break the following news to a friend?

 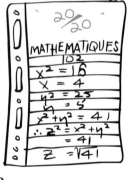 

1.   2.   3.

Can you show interest? p. 231

5 How would you respond if your friend said **Devine ce qui s'est passé hier!**?

Can you begin, continue, and end a story? p. 235

6 What would you say to begin a story you'd like to tell?

7 What would you say to continue the story you began in number 6?

8 What would you say if your story ended well? Badly?

PREMIERE ETAPE

Wondering what happened; offering possible explanations

Je me demande... *I wonder . . .*
A mon avis,... *In my opinion, . . .*
Peut-être que... *Maybe . . .*
Je crois que... *I think that . . .*
Je parie que... *I bet that . . .*

Accepting or rejecting explanations

Tu as peut-être raison. *Maybe you're right.*
C'est possible. *That's possible.*

Ça se voit. *That's obvious.*
Evidemment. *Obviously.*
A mon avis, tu te trompes. *In my opinion, you're mistaken.*
Ce n'est pas possible. *That's not possible.*
Je ne crois pas. *I don't think so.*

Feelings

amoureux (amoureuse) *in love*
de bonne humeur *in a good mood*
de mauvaise humeur *in a bad mood*
déprimé(e) *depressed*

énervé(e) *annoyed*
étonné(e) *surprised*
fâché(e) *angry*
furieux (furieuse) *furious*
gêné(e) *embarrassed*
inquiet (inquiète) *worried*
mal à l'aise *uncomfortable*
avoir l'air *to seem*

Other useful expressions

assez *sort of*
plutôt *rather*
vachement *really*
super *really, ultra-*

DEUXIEME ETAPE

Breaking some news; showing interest

Tu connais la nouvelle? *Did you hear the latest?*
Tu ne devineras jamais ce qui s'est passé. *You'll never guess what happened.*
Tu sais qui... ? *Do you know who . . . ?*
Tu sais ce que... ? *Do you know what . . . ?*
Devine qui... *Guess who . . .*
Devine ce que... *Guess what . . .*

Raconte! *Tell me!*
Aucune idée. *No idea.*
Dis vite! *Let's hear it!*

Personal happenings

avoir un accident *to have an accident*
avoir (prendre) rendez-vous (avec quelqu'un) *to have (make) a date (with someone)*
être privé(e) de sortie *to be "grounded"*
faire la tête *to sulk*

casser (avec quelqu'un) *to break up (with someone)*
rencontrer *to meet*
se disputer (avec quelqu'un) *to have an argument (with someone)*
se perdre *to get lost*
tomber amoureux (amoureuse) (de quelqu'un) *to fall in love (with someone)*
tomber en panne *to break down (vehicle)*

TROISIEME ETAPE

Beginning, continuing, and ending a story

A propos,... *By the way, . . .*
Donc,... *Therefore, . . .*
Alors,... *So, . . .*
A ce moment-là,... *At that point, . . .*

Bref,... *Anyway, . . .*
C'est-à-dire que... *That is, . . .*
... quoi. *. . . you know.*
... tu vois. *. . . you see.*
Heureusement,... *Fortunately, . . .*
Malheureusement,... *Unfortunately, . . .*

Finalement,... *Finally, . . .*
être en train de *to be in the process of (doing something)*

10
Je peux te parler?

C'est
L'ANNIVERSAIRE
de _Manu_ !

Si vous voulez faire
avec nous, ven

SUR
PRISE
PARTIE

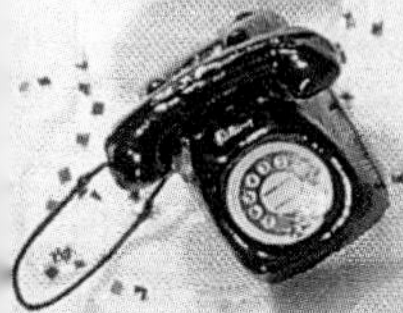

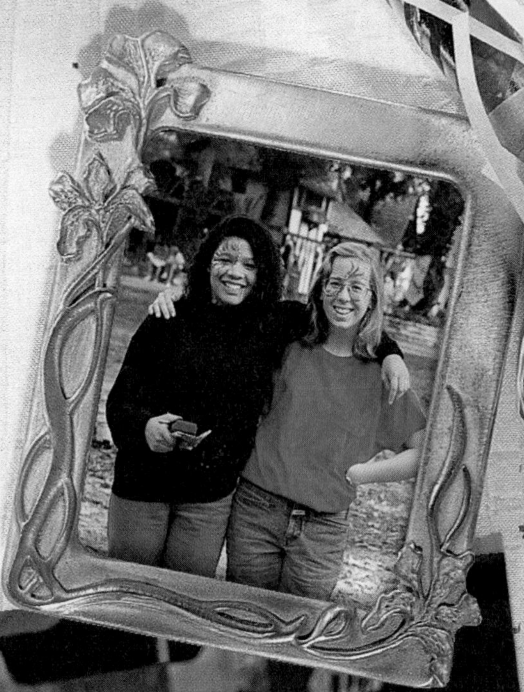

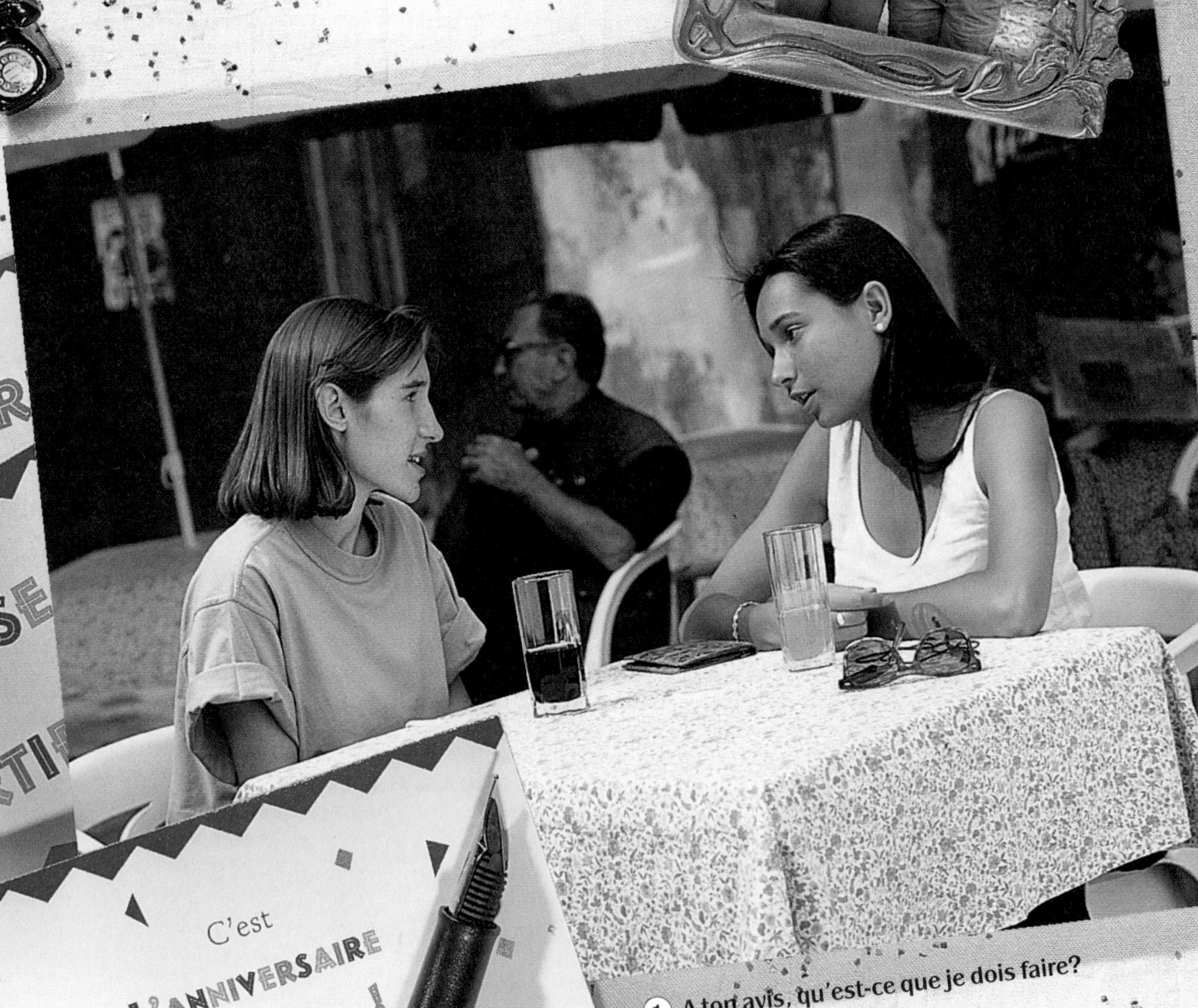

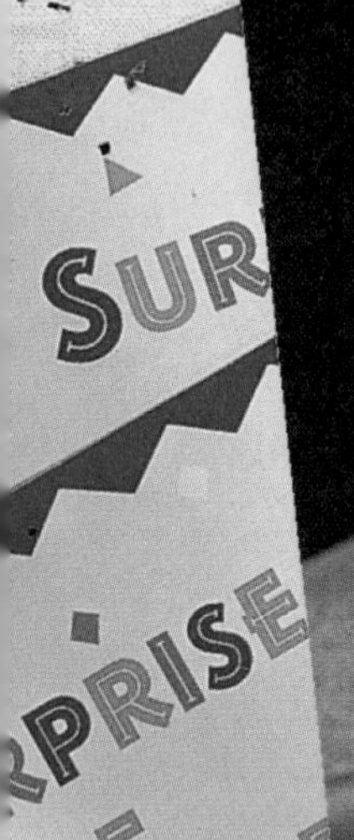

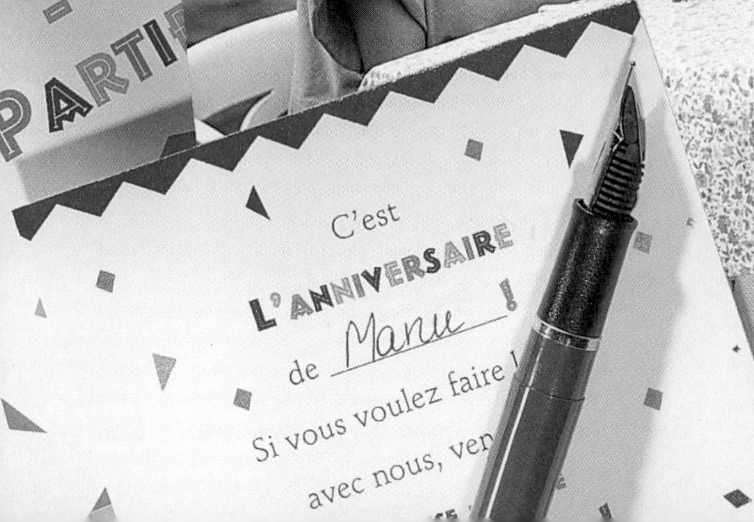

1 A ton avis, qu'est-ce que je dois faire?

Whom do you go to for advice when you have a problem? When you need a favor? Friends can help you plan a party, then give advice if things don't go well. And if you should make a mistake, a friend is always ready to accept an apology and move on!

In this chapter you will learn

- to share a confidence; to ask for and give advice
- to ask for and grant a favor; to make excuses
- to apologize and accept an apology; to reproach someone

And you will

- listen to people planning a party and asking for advice
- read a survey about friendship
- write an advice column
- find out whom francophone teenagers are likely to confide in

② Je suis désolé. Tu ne m'en veux pas?

③ Tu pourrais venir déguisé?

Mise en train

Qu'est-ce que je dois faire?

Sometimes it helps to ask friends for advice when you have a problem. Scan the story to find out what kinds of problems Arlette, Pascale, and Antoine are discussing.

1 Tu as compris?

1. Why is Pascale having a party?
2. What advice does Arlette offer her?
3. What favor does Pascale ask? Does Arlette agree to help?
4. What does Arlette ask Antoine for advice about? What does he suggest?
5. What decision does Arlette have to make at the end of **Qu'est-ce que je dois faire?**

2 Complète les phrases

1. Pascale n'a jamais...
   a. organisé de fête.
   b. demandé de conseils.
   c. écouté de musique.
2. Pascale et Cédric...
   a. se sont réconciliés.
   b. se sont disputés.
   c. se sont rencontrés.

3. Pascale va mettre...
   a. une robe rose.
   b. une jupe bleue.
   c. un anorak vert.
4. Comme cadeau, Antoine suggère...
   a. du parfum.
   b. des fleurs.
   c. un poster.

5. Antoine invite Arlette à...
   a. une fête.
   b. un concert.
   c. faire les magasins.

3 Qui dit quoi?

Pascale

Arlette

Antoine

Téléphone-lui et invite-le.

Je ne sais pas quoi lui offrir. Tu as une idée?

J'ai deux places pour aller au concert des Vagabonds.

Tu devrais lui offrir un poster de Cézanne.

Qu'est-ce que je ferais sans toi!

Je devrais inviter Cédric?

4 Cherche les expressions

What do the people in **Qu'est-ce que je dois faire?** say to . . .

1. ask for advice?
2. share a confidence?
3. give advice?
4. ask for a favor?
5. invite someone?
6. make excuses?

5 Et maintenant, à toi

If you were Arlette, what decision would you make? Why?

NOTE CULTURELLE

Paul Cézanne, one of the most influential post-impressionist painters, was born in Aix-en-Provence in 1839. He made **la montagne Sainte-Victoire,** just a few kilometers from Aix, famous by painting it dozens of times. In Aix, you can follow bronze markers in the sidewalks to trace **les pas de Cézanne,** a two-hour walk through the city that passes by Cézanne's birthplace, the cathedral where he worshiped, and his studio, which remains as he left it when he died in 1906.

Sharing a confidence; asking for and giving advice

QU'EN PENSES-TU?

Amitiés, amours, parents, études... Chaque semaine, posez votre question aux lecteurs.

VOICI LA QUESTION DE FERDINAND

(Aix-en-Provence)

J'ai un petit problème. Dans ma classe, il y a une fille que j'aime bien. Elle s'appelle Myriam. Elle est toujours avec ses copines et je ne sais pas comment l'aborder. Je suis bien embêté. J'ai l'impression qu'elle m'aime bien, mais je n'ose pas lui parler. Je suis très timide. Qu'est-ce que vous me conseillez? Aidez-moi!

ET VOICI LES RÉPONSES DE...

MATHILDE

(Pointe-à-Pitre, Guadeloupe)

A mon avis, tu devrais lui proposer d'aller au café après l'école. Parle-lui. Demande-lui si elle aime aller au cinéma. Ensuite, invite-la à voir un film. Si elle accepte, c'est parfait. Si elle refuse, tu devrais l'oublier.

FABIEN

(Biarritz, Pyrénées-Atlantiques)

Si tu n'oses pas lui parler, écris-lui un petit mot. Sois sincère. Peut-être qu'elle est timide, elle aussi. C'est une bonne façon de faire connaissance avec elle.

IRÈNE

(Dijon, Côte-d'Or)

Ce que tu devrais faire, c'est organiser une fête. Comme ça, tu as un prétexte pour l'inviter. Ensuite, ça va être plus facile de faire connaissance. Si tu ne sais pas quoi dire, tu peux l'inviter à danser!

LÉONARD

(Toulouse, Haute-Garonne)

A mon avis, tu devrais faire l'indifférent. Ne lui montre pas que tu es amoureux et fais semblant de t'intéresser à une de ses copines. Tu vas voir, elle va tout de suite te remarquer!

6 Les conseils

1. Quel est le problème de Ferdinand?
2. Quels conseils est-ce que chaque personne lui a donnés?
   a. Mathilde   b. Fabien   c. Irène   d. Léonard

Sois sincère.

Tu devrais faire l'indifférent.

Ecris-lui un petit mot.

Invite-la au café.

Si elle refuse, tu devrais l'oublier.

Tu peux l'inviter à danser!

Ce que tu devrais faire, c'est organiser une fête.

3. A ton avis, quels sont les meilleurs conseils?

7 Ecoute!

Mohammed's friends all come to him with their problems. Choose the picture that illustrates each friend's problem. Then, imagine the dialogue about the remaining picture.

a.   b.   c.   d.

8 Les deux font la paire

Choisis la meilleure solution à chaque problème.

1. J'ai cassé avec ma petite amie!
2. J'ai rencontré un garçon très sympa et je veux le revoir.
3. J'ai de mauvaises notes en maths et je ne comprends pas le prof.
4. J'ai été collé et mes parents m'ont privé de sortie. Mais ce n'était pas de ma faute!
5. Je suis tombé amoureux d'une fille qui habite à la Martinique.
6. Je me suis disputé avec ma sœur, et j'ai déchiré son autographe de Patrick Bruel.

a. Explique-leur.
b. Dis-lui bonjour.
c. Invite-le au cinéma.
d. Oublie-la!
e. Invite-les chez toi.
f. Excuse-toi!
g. Parle-lui.
h. Ecris-lui une lettre.

9 Jeu de conseils

Think of a problem and write it down on a piece of paper. Gather all the papers together and select one. After the problem is read aloud, each group has one minute to come up with as many solutions as possible. Then, select another problem. Which group has the most answers? The craziest? The worst advice?

VOCABULAIRE

lui expliquer ce qui s'est passé.

lui demander pardon.

lui offrir un cadeau.

lui dire que tu l'aimes.

te réconcilier avec elle.

téléphoner (à quelqu'un)	to call (someone)
s'excuser	to apologize
pardonner (à quelqu'un)	to forgive (someone)
écouter ce qu'il/elle dit	to listen to what he/she says

10 Ecoute!

Lucie s'est disputée avec son copain Luc et elle demande des conseils à ses amis. Qu'est-ce que chaque personne lui conseille de faire? Qu'est-ce que toi, tu lui conseillerais de faire?

11 Un sondage

Lis ce sondage et choisis les conseils que tu donnerais à chaque personne. Puis, fais le sondage auprès de cinq camarades. Est-ce que vous êtes tous d'accord? Finalement, pense à deux autres conseils pour chaque problème.

DONNE TES CONSEILS!

1 Mon copain Thomas ne me parle plus. Qu'est-ce que tu me conseilles?
a. Oublie-le.
b. Ecris-lui un petit mot.
c. Téléphone-lui et demande-lui de t'expliquer pourquoi.

2 Je voudrais faire une fête pour mon anniversaire, mais je ne sais pas par où commencer. Tu as une idée?
a. Tu devrais envoyer des invitations, puis faire les courses. Et n'oublie pas de faire le ménage et de choisir la musique!
b. Tu devrais plutôt sortir seul(e). Tu seras plus tranquille.
c. C'est facile. Tu devrais téléphoner à tous tes amis. Ils pourraient t'aider.

3 Je vais faire une fête mais je ne sais pas si je dois inviter Pascale. On s'est disputés, mais c'était un malentendu. A ton avis, qu'est-ce que je dois faire?
a. Téléphone-lui et excuse-toi.
b. Téléphone-lui et invite-la à ta fête.
c. Oublie-la et amuse-toi bien!

4 Mes parents sont fâchés contre moi parce que j'ai cassé la chaîne stéréo. Qu'est-ce que je peux faire?
a. Achète-leur une autre chaîne.
b. Parle-leur et explique-leur ce qui s'est passé.
c. Fais la tête dans ta chambre. Ce n'est pas de ta faute!

*G*rammaire   Object pronouns and their placement

You've already seen the pronouns **le, la, l'**, and **les** *(him, her, it, them)* and **lui** and **leur** *(to/for him/her/them)*. Here are some new pronouns: **me** *(me, to/for me)*; **te** *(you, to/for you)*; **nous** *(us, to/for us)*; **vous** *(you, to/for you)*.

- These object pronouns usually come before the conjugated verb.

    Tu **me** parles?   Il **le** mettait tous les jours.

    Je **lui** ai parlé.   Ne **nous** parle plus!

- In affirmative commands, put all pronouns after the verb, connected with a hyphen. In this position, **me** and **te** change to **moi** and **toi**.

    Invite-**le**!   Parle-**moi**!   Excuse-**toi**!

- In a sentence with an infinitive, put the pronoun before the infinitive.

    Tu devrais **lui** parler.

12 Un malentendu

Complète l'histoire de Van avec les pronoms qui conviennent.

Hier après-midi, j'ai vu ma copine Lien avec un autre garçon! Ils avaient l'air plutôt intimes. Et moi qui voulais ___1___ inviter au cinéma!

J'étais vraiment fâché! J'ai téléphoné à Emmanuel qui ___2___ a conseillé de ___3___ parler.

Alors, je suis allé chez Lien. Je ___4___ ai dit que c'était fini entre nous. Elle n'a pas compris. J'ai commencé à ___5___ expliquer.

Enfin, devine qui est entré dans le salon! Le nouveau copain de Lien! Je ne pouvais pas ___6___ croire!

Quel imbécile! C'était le cousin de Lien! Je ___7___ ai expliqué que je ___8___ avais vus au café ensemble.

Alors, Lien a compris pourquoi j'étais fâché. Je ___9___ ai demandé pardon. Elle ___10___ a pardonné et elle a même dit qu'elle ___11___ aimait malgré tout!

13 Pauvre Ferdinand!

Ferdinand, who wrote about his problem in **Qu'en penses-tu?** on page 249, explains his situation and asks a friend for advice. The friend offers him advice. Ferdinand reacts to the advice and decides with his friend what he'll do to solve his problem. Act this out with a partner. Then, reverse roles.

14 J'ai un problème...

Make up a problem you have about school, with your friends, or with your family. Tell a classmate about it. He or she sympathizes and offers advice. Take turns.

Hélène,
Tu es libre demain après-midi? J'ai un grand service à te demander. Ma mobylette est en panne. J'ai passé le weekend à essayer de la réparer, mais tu sais la mécanique, c'est pas mon truc. Tu peux me donner un coup de main? Ça serait sympa de ta part.

Patrick

Très, très chère Monique,
J'ai rendez-vous avec Patrick au parc des Thermes demain après-midi. On va faire le tour des ruines. Enfin! Notre premier rendez-vous! J'étais tellement contente que j'ai complètement oublié que j'avais promis à Mme Dumont de garder ses enfants. Tu pourrais le faire à ma place? Les enfants sont mignons et c'est bien payé. Ça ne t'embête pas, dis? Dis-moi que c'est possible! Je t'aiderai à faire tous tes devoirs de maths jusqu'à la fin de l'année. Promis. Réponds-moi vite. Merci mille fois!

Danielle

Cher Patrick,
Je n'ai rien à faire mercredi après-midi. À vrai dire, j'allais te demander si tu voulais aller au cinéma avec moi! Oui, je sais que toi et la mécanique, ça fait deux. Bien sûr que je peux t'aider à réparer ta mobylette; ça ne m'ennuie pas du tout. Tu sais que j'adore mettre le nez dans les moteurs! Et ensuite, si on a le temps, on pourrait aller au cinéma. Qu'est-ce que tu en dis?

Hélène

15 Tu as compris?

1. What does Patrick need help with? Does Hélène agree to help him? Why or why not?
2. What favor is Danielle asking? Why?
3. What problem do you anticipate?

NOTE CULTURELLE

Le parc des Thermes, where the Romans originally built their baths and where you can now see the remains of Roman villas, is one of many scenic meeting places in Aix-en-Provence. The thermal springs that first drew the Romans to the town in the first century B.C. still feed dozens of public fountains.

COMMENT DIT-ON... ?

Asking for and granting a favor; making excuses

To ask for a favor:

Tu peux m'aider? *Can you help me?*
Tu pourrais inviter Michel?
Ça t'ennuie de téléphoner à Léonard?
  Would you mind . . . ?
Ça t'embête de ranger le salon?
  Would you mind . . . ?

To grant a favor:

Avec plaisir. *With pleasure.*
Bien sûr.
Pas de problème. *No problem.*
Bien sûr que non. *Of course not.*
Pas du tout.

To make excuses:

Désolé(e).
J'ai quelque chose à faire. *I have something else to do.*
Je n'ai pas le temps. *I don't have time.*
Je suis très occupé(e). *I'm very busy.*
C'est impossible. *It's impossible.*

16 Ecoute!

Caroline is asking her family to help her get ready for her party tonight. Do they say they'll help or do they make excuses?

17 Tu peux m'aider?

How would you respond to the note from Danielle on page 254? Write a short note granting the favor or making an excuse.

VOCABULAIRE

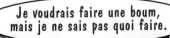
Je voudrais faire une boum, mais je ne sais pas quoi faire.

C'est facile! Pour faire les préparatifs, tu dois...

fixer la date.

demander la permission à tes parents.

envoyer les invitations.

choisir la musique.

préparer les amuse-gueule.

faire le ménage.

18 Ecoute!

Pascale et Jean-Claude font des préparatifs pour la fête de Pascale. Qu'est-ce que Pascale va faire? Et Jean-Claude?

Tu te rappelles ?

Remember that the nasal sound (ɑ̃) that you hear in **parents, envoyer,** and **embête** is a pure nasal sound, with no trace of the *n* sound as in English. You pronounce (ɑ̃) whenever you see the letters **an, am, en,** and **em** in French.

19 Tu devrais...

Patrick demande des conseils à Monique pour savoir comment organiser une boum. Qu'est-ce qu'elle lui conseille de faire?

20 Quand tu fais une boum...

Réponds aux questions suivantes, puis pose ces questions à un(e) ami(e). Est-ce que vous faites les mêmes préparatifs? Fais la liste des réponses que vous avez en commun.

1. Quand tu veux faire une boum, est-ce que tu demandes la permission à tes parents?
2. Est-ce que tu envoies des invitations, ou est-ce que tu téléphones à tes copains?
3. Qui est-ce que tu invites?
4. Est-ce que tu fais le ménage avant ta boum?
5. Qu'est-ce que tu prépares comme amuse-gueule?
6. Qu'est-ce que tu choisis comme musique?
7. Qu'est-ce qu'on fait à tes fêtes préférées? On discute? On écoute de la musique? On regarde des vidéos?
8. A ta boum idéale...
— qui sont les invités?   — quel groupe joue?   — qu'est-ce qu'on mange?

21 Jeu!

You're helping prepare for a French Club party at your house, and you need help. List four preparations from the **Vocabulaire** that you don't feel like doing and ask some classmates to do each chore. If the person you ask has the same chore on his or her list, he or she must refuse to do the favor for you. If the task isn't on his or her list, the person you ask must grant your favor. Write the name of the person who can do the task on your paper. The first person to find four different people to do the party preparations wins.

22 Range ton placard!

You cleaned a lot of old things out of the closet before the party. Tell what you did with what you found.

—Mes baskets? Je les ai gardées!

le tee-shirt d'un ami
tes devoirs de 6ème
tes vieilles cassettes
le journal de ta sœur
ton vieux nounours
la photo de ton ex-petit(e) ami(e)
tes vieilles baskets
ton dernier bulletin scolaire

garder *(to keep)*
jeter *(to throw away)*
donner à...
écouter
mettre
lire
laver
déchirer

NOTE CULTURELLE

If you went to Provence, you would have the opportunity to try **provençale** cuisine. For an **amuse-gueule,** you might be served olives or **tapenade,** an aromatic paste of olives, garlic, and anchovies. At a dinner party, a typical **hors-d'œuvre** would be **pissaladière,** a type of pizza made with onions, anchovies, and olives. With fish, you would be likely to try **aïoli,** made of egg yolk, olive oil, and garlic. **Ratatouille** is a casserole of eggplant, tomatoes, zucchini, green peppers, and onions in a spicy tomato sauce. As you can tell, **provençale** cuisine uses a lot of garlic, olives, onions, tomatoes, and eggplant, all foods which grow well in the soil of Provence.

23 Un amuse-gueule

Get together with several friends to create a skit about making **pissaladière** for a party. One person should coordinate the effort, asking the others to do each task. Each person can play a different role: a kitchen whiz, a klutz, someone who always asks for advice, someone who does the opposite of what he or she is told, or other characters. Bring props to make your skit more interesting.

Pissaladière

125 grammes de farine
60 grammes de beurre
de l'eau, du sel
6 gros oignons, hachés
6 olives noires
4 filets d'anchois
2 cuillerées à soupe d'huile d'olive

1. Mélangez la farine, le beurre, l'eau et le sel pour faire une pâte.
2. Etendez la pâte sur un plat à four. Laissez reposer pendant vingt minutes.
3. Faites frire les oignons dans l'huile d'olive dans une poêle pendant vingt minutes.
4. Mettez la pâte au four pendant dix minutes.
5. Mettez les oignons, les olives et les anchois sur la pâte.
6. Mettez au four pendant 30 minutes.

TROISIEME ETAPE

Apologizing and accepting an apology; reproaching someone

STEPHANE Aurélie? Excuse-moi pour hier.

AURELIE Pourquoi?

STEPHANE Je suis vraiment désolé. Je voulais aller à ta boum, mais...

AURELIE Mais c'est pas grave.

STEPHANE Je sais que j'aurais dû te téléphoner. Tu ne m'en veux pas?

AURELIE Mais non. T'en fais pas. Isabelle m'a dit que tu ne venais pas.

STEPHANE Isabelle? Ouf, ça me rassure!

AURELIE Bon, alors, ça sera pour la prochaine fois.

24 La boum manquée

1. Why did Stéphane call Aurélie?
2. Why is he worried?
3. Why isn't she mad?

COMMENT DIT-ON... ?
Apologizing and accepting an apology; reproaching someone

To apologize:

C'est de ma faute. *It's my fault.*
Excuse-moi. *Forgive me.*
Désolé(e).
Tu ne m'en veux pas? *No hard feelings?*
J'aurais dû vous téléphoner. *I should have . . .*
J'aurais pu attendre dix minutes de plus. *I could have . . .*

To accept an apology:

Ça ne fait rien. *It doesn't matter.*
C'est pas grave.
Il n'y a pas de mal. *No harm done.*
T'en fais pas.
Je ne t'en veux pas. *No hard feelings.*

To reproach someone:

Tu aurais pu m'écouter.
You could have . . .
Tu aurais dû leur téléphoner.
You should have . . .

25 Ecoute!

Listen to the following conversations you overhear in the hall. Why is each person apologizing? Does the other person accept the apology or reproach him or her?

26 Qu'est-ce qu'ils disent?

1.

2.

3.

27 Tu aurais pu...

Dis à René ce qu'il aurait pu faire au lieu de faire la sieste cet après-midi. Fais-lui des reproches en utilisant ces images.

1.

2.

3.

4.

5.

Note de Grammaire

Remember that when a conjugated verb is followed by an infinitive, all object pronouns come before the infinitive:

—J'ai invité les voisins.
—Tu n'aurais pas dû **les** inviter.
—Je n'ai pas parlé à Lucien.
—Tu aurais dû **lui** parler.

28 Une catastrophe

Your friend Denis is upset because he did everything wrong last night. Read his note and answer it. Reproach him by telling what he could have or should have done instead.

> Tu aurais pu faire tes devoirs. Et tu n'aurais pas dû sortir...

29 Jeu de rôle

Avec un(e) camarade, choisissez une des scènes suivantes et jouez-la. Tu vas t'excuser et ton/ta camarade va te pardonner ou te faire un reproche. Puis, choisissez une autre scène et inversez les rôles.

1. Tu as perdu le livre de maths de ton ami(e).
2. Tu rentres chez toi à minuit et ton père (ta mère) n'est pas content(e)!
3. Tu as oublié de rendre le CD que ton ami(e) t'a prêté.
4. Tu n'es pas allé(e) à la boum de ton ami(e) parce que tu étais privé(e) de sortie.

30 Mon journal

In your journal, describe what happened the last time you had a misunderstanding or a disagreement with someone. Write about everything that happened and how you resolved it.

31 A nos lecteurs/lectrices...

Create an advice column for a magazine. Invent several "problems" and write responses to them. Be sure to take several different approaches in your responses—you can be comforting, matter-of-fact, reproachful, optimistic, or pessimistic. Use photos and art to make the column more eye-catching.

Hier soir, j'avais des devoirs à faire, mais je suis quand même sorti avec des copains. Je suis parti sans avertir mes parents - j'ai oublié de leur dire à quelle heure j'allais rentrer. En route, j'ai vu Caroline, une amie de ma copine Elodie. Je lui ai parlé pendant quelques minutes. Donc, j'étais en retard pour le film et je n'ai pas pu trouver mes amis au ciné. J'ai décidé d'attendre la séance suivante. Le film était super, mais je suis rentré chez moi très tard. Mes parents étaient furieux et ils m'ont privé de sortie pendant deux semaines. Ensuite, le téléphone a sonné. C'était Elodie, ma copine, qui n'était pas contente parce qu'elle m'avait vu en tête-à-tête avec Caroline! Je lui ai dit que je ne savais pas de quoi elle parlait et de me rappeler plus tard. Tout le monde est fâché contre moi mais, en fait, je n'ai rien fait de mal!

Tu te rappelles ?

You already know how to make excuses, and sometimes you have to use them in the past tense.

J'avais quelque chose à faire.
Je n'ai pas eu le temps.
J'étais très occupé(e).
Je voulais le faire, mais j'ai dû...

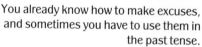

PANORAMA CULTUREL

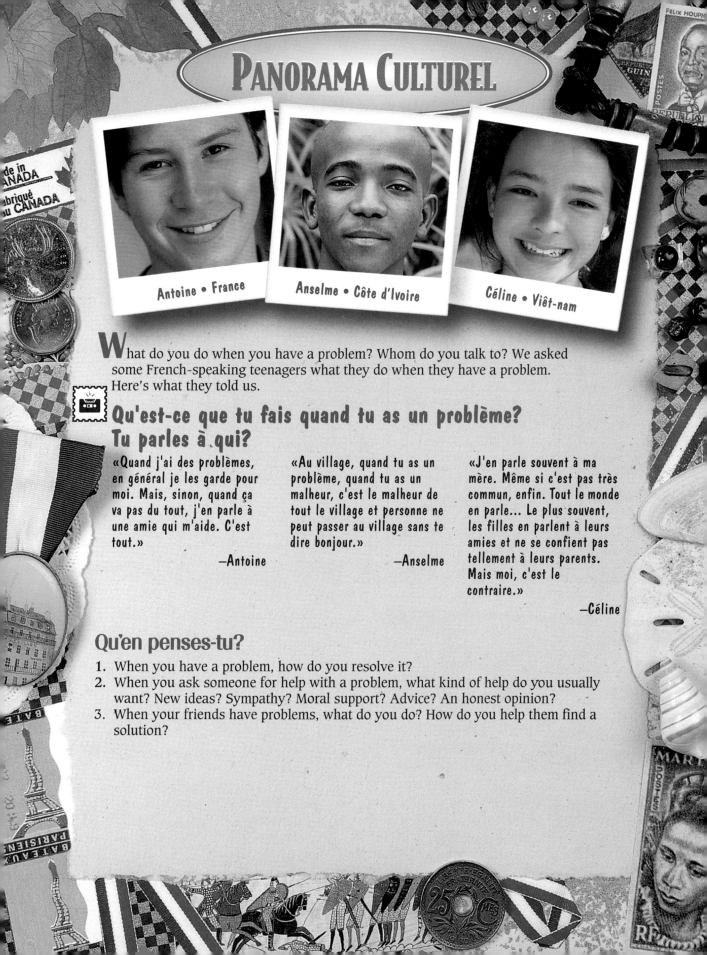

Antoine • France

Anselme • Côte d'Ivoire

Céline • Viêt-nam

What do you do when you have a problem? Whom do you talk to? We asked some French-speaking teenagers what they do when they have a problem. Here's what they told us.

Qu'est-ce que tu fais quand tu as un problème? Tu parles à qui?

«Quand j'ai des problèmes, en général je les garde pour moi. Mais, sinon, quand ça va pas du tout, j'en parle à une amie qui m'aide. C'est tout.»

—Antoine

«Au village, quand tu as un problème, quand tu as un malheur, c'est le malheur de tout le village et personne ne peut passer au village sans te dire bonjour.»

—Anselme

«J'en parle souvent à ma mère. Même si c'est pas très commun, enfin. Tout le monde en parle... Le plus souvent, les filles en parlent à leurs amies et ne se confient pas tellement à leurs parents. Mais moi, c'est le contraire.»

—Céline

Qu'en penses-tu?

1. When you have a problem, how do you resolve it?
2. When you ask someone for help with a problem, what kind of help do you usually want? New ideas? Sympathy? Moral support? Advice? An honest opinion?
3. When your friends have problems, what do you do? How do you help them find a solution?

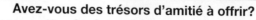

Avez-vous des trésors d'amitié à offrir?
Répondez sans attendre à ces 12 questions et vous le saurez...

ÊTES-VOUS UN BON COPAIN?

1 Certains héros n'ont pas d'ami. Parmi eux, vous préférez...	**5** Vous attendez d'un vrai copain qu'il vous dise...	**9** Entre amis, il est si bon de partager...
a) Lucky Luke.	a) « Pas de problème, tu peux compter sur moi. »	a) Les confidences.
b) Poil de Carotte.	b) « Si tu veux, je t'en fais cadeau. »	b) Les fous rires.
c) Le Petit Prince.	c) « O.K., je ne le répéterai à personne. »	c) Les soucis.
2 Un copain, c'est un sacré compagnon...	**6** L'obstacle le plus contraire à l'amitié, c'est...	**10** Se fâcher avec son meilleur copain, c'est comme...
a) Vous n'hésitez pas à lui donner un coup de main.	a) L'égoïsme.	a) Un coup de tonnerre.
b) Vous trouvez sympa de prendre le train avec lui.	b) L'incompréhension.	b) La traversée d'un désert.
c) Vous aimez vous amuser ensemble.	c) L'indifférence.	c) Un jour de pluie.
3 Quelle marque d'amitié vous plaît le plus?	**7** Votre espoir en amitié serait...	**11** L'amitié, c'est un précieux atout...
a) Les sourires confiants.	a) Que l'on ne se dispute jamais.	a) Face aux difficultés.
b) Les signes discrets de complicité.	b) De ne jamais être déçu.	b) Face à la solitude.
c) Les grands gestes de bienvenue.	c) De ne jamais se perdre de vue.	c) Face à l'ennui.
4 Avec un ami, vous aimez avant tout...	**8** Vous ne feriez jamais votre ami de quelqu'un qui...	**12** Deux bons copains s'entendent comme...
a) Avoir de longues discussions.	a) Vous critique tout le temps.	a) L'arbre et l'oiseau.
b) Faire les quatre cents coups.	b) Veut prendre votre place.	b) Le soufflet et la forge.
c) Rencontrer de nouvelles têtes.	c) Critique un de vos copains.	c) Parole et musique.

DE BONS CONSEILS
Once you get the gist or main idea of a text using strategies you've already learned, look for the supporting details. Specific facts and phrases from the text will help you flesh out the main idea and give you a more complete picture of what you're reading about.

A. What type of text is *Etes-vous un bon copain?* How can you tell?

B. Skim the title and the subtitle to get the gist. Are these questions about . . .

1. what kind of friend you value?

2. what kind of boyfriend or girlfriend you want?

3. what kind of friend you are?

C. Scan the text and use what you know about quizzes to answer the following questions.

1. To whom are all twelve questions addressed?

2. What is the box labeled **Résultats** for? How can you tell?

3. What do the three paragraphs below the chart on page 263 describe?

D. To take the quiz, you'll need to know the following words:

amitié *friendship*
Lucky Luke *comic strip cowboy*

ILLUSTRÉ PAR BLACHON
TEST DE GÉRARD TIXIER

RÉSULTATS

Dans ce tableau, cochez, pour chaque question, la lettre qui correspond à votre réponse. Pour chaque ligne, comptez le nombre de cases cochées. (Quand la lettre est soulignée, comptez deux points.) Lisez le texte qui correspond à la ligne où vous avez le plus de points.

1	2	3	4	5	6	7	8	9	10	11	12	VOUS CHERCHEZ A ETRE :
b	b	b	a	b	c	b	a	a	b	b	c	Le meilleur copain
c	a	a	c	a	a	a	b	c	a	a	b	Le copain à toute épreuve
a	c	c	b	c	b	c	c	b	c	c	a	Le copain de la bande

LE MEILLEUR COPAIN

Vous n'accordez pas votre confiance tout de suite : il faut de la patience pour vous apprivoiser. Une atmosphère de complicité est nécessaire pour se confier à l'autre, et partager travail, inquiétudes, blagues et loisirs. Pour vous, l'amitié, c'est d'avoir des goûts communs, tout se dire, et s'estimer. Vous êtes un ami sûr, exigeant, et vous attendez la même chose de vos amis. Vous rêvez d'une amitié privilégiée, presque exclusive, qui défierait le temps.

LE COPAIN A TOUTE EPREUVE

Un bon copain doit faire ses preuves : être présent quand on a besoin de lui, démontrer, en toute occasion, son appui solidaire. En amitié, vous appréciez la spontanéité, la franchise, la générosité, la disponibilité. Vous n'aimez pas que l'on fasse les choses sans vous, qu'elles soient agréables ou difficiles. On peut compter sur vous pour sortir d'un mauvais pas... Pour vous, l'amitié, ça s'éprouve sur un terrain d'aventures!

LE COPAIN DE LA BANDE

Vous cultivez l'art de vous faire des copains. Vous aimez l'idée du groupe familier dans lequel chacun a sa personnalité, son surnom, ses manies et tient son rôle. Les amis de vos amis ont une chance de devenir vos amis. Ils aiment cette atmosphère cordiale où se partagent les éclats de rire, où les idées se bousculent, où les uns se chamaillent, tandis que les autres les réconcilient. Pour vous, l'amitié se partage à plusieurs, avec gaieté et esprit d'entraide.

Poil de Carotte *a boy who's always in trouble*
un sourire *a smile*
la complicité *sharing an understanding*
faire les quatre cents coups *to goof off, get into trouble*
déçu *disappointed*
les fous rires *uncontrollable laughter*
un coup de tonnerre *a clap of thunder*
un atout *an asset*
le soufflet et la forge *two things that are inseparable: the bellows and the fire*

E. Take the quiz. Then, copy the chart at the top of the right-hand page and score your quiz. In which category did you mark the most letters? Which type of friend are you?

F. Now that you have a general idea of what type of friend you are, look for specific details that define each of the three types of friends. On a separate sheet of paper, make three columns, one for each type of friend. Then, find four words or phrases to describe each type.

G. Interview a partner, asking him or her the 12 questions. Then, reverse roles. Do you both agree with the quiz's analysis of your partner's results? Which questions would you change? Together, make up your own **jeu-test** about friendship to give to the class. Be sure to include a scoring system!

MISE EN PRATIQUE

1 Listen as several teenagers call in to a radio talk show for advice. Match the host's responses to the problems. What other advice would you give?

a. Tu devrais aller la chercher au parc.

b. D'abord, tu aurais dû étudier! Maintenant, tu devrais leur dire combien tu as eu à ton interro.

c. Explique-leur ce qui s'est passé.

d. C'est ridicule! Va à la fête et parle-lui.

PARLONS-EN!

OCCUPÉ

Je téléphone
Occupé
«Plus tard, peut-être»
Encore occupé
J'ai un problème
Je peux te parler?
«J'ai trente-six choses...
Désolé...
Occupé.»
Je dois te parler!
Mon copain
est occupé.
Que faire?
Tu peux t'occuper de
moi?

-- Pierre, Arles

LA CHIPIE

Ma petite sœur est une chipie
Qui fait toujours des bêtises.
Est-ce qu'on la punit?
Mais non! Elle est «trop petite,
    trop jeune», bien sûr!

Hier, dans ma chambre
Mon lieu sacré
Elle a écouté ma musique à moi
Pourquoi? Pour m'énerver.

Mes CD partout, par terre,
    une catastrophe,
J'entre, incrédule, elle me sourit
Je suis furieux, sans recours,
Parce qu'elle sait qu'elle est
    «trop petite».

Que faire? Vraiment, que faire?
Je suis tellement énervé
Ce n'est pas juste, cette petite,
    trop petite.
Amis, avez-vous une idée?

-- Jean-Paul, Avignon

IMPOSSIBLE

Je devrais l'oublier
Le rayer de ma mémoire,
Mais je pense toujours à lui
Toute la journée, tous les
    jours, tous les soirs.

Sa nouvelle petite amie
Est blonde, sympa, super.
De l'avis de tout le monde,
Ces deux-là, "Ils font la
    paire!"

Tout le monde me dit
Que je dois le détester
Mais je souffre, souffre tant
Que je ne peux pas l'oublier.

D'un regard je suis tombée
    amoureuse
Je l'aimais, je l'aime toujours.
Je ne sais vraiment plus quoi
    faire
Pour oublier ce chagrin
    d'amour.

-- Félicité, Aix-en-Provence

2
1. What is the problem for the writer of **Occupé?** What does he want?
2. Look at **La chipie.** Who is **la chipie?** Why is she named this? How does the author of the poem feel?
3. Look through the poem **Impossible** to find words that you recognize. What is the poem about? Read the first line and the last two lines. What is Félicité's problem? What advice have her friends given her?

CHAPITRE 10 Je peux te parler?

3 Tu voudrais répondre à un de ces poèmes. Ecris à un des poètes pour lui donner des conseils. Tu pourrais même écrire un poème comme réponse!

4 You just got a call from a friend who is upset about a misunderstanding, but you can't leave until you clean the house. Look at the picture of the house and make a list of all that needs to be done. Then, call several friends to ask them to help you out as a favor.

5 If you went to a restaurant in Provence, what local specialties could you order?

6

J E U   D E   R O L E

Create a soap opera episode about a group of friends preparing a surprise party for a famous guest. Be sure to . . .

- decide whom to invite.
- ask for and give advice about the preparations.
- include some type of misunderstanding, like a lost invitation, an old grudge, or even a long-lost boyfriend or girlfriend who suddenly appears!

QUE SAIS-JE?

Can you use what you've learned in the chapter?

Can you share a confidence? p. 250

1 How would you approach your friend if you had a problem?

2 How would you respond if a friend approached you with a problem?

Can you ask for and give advice? p. 250

3 How would you ask a friend for advice about doing better in one of your classes?

4 How would you advise your friend to. . .
1. apologize?   2. forgive her boyfriend?   3. telephone his parents?

Can you ask for a favor? p. 255

5 How would you ask a friend to do these tasks for you?

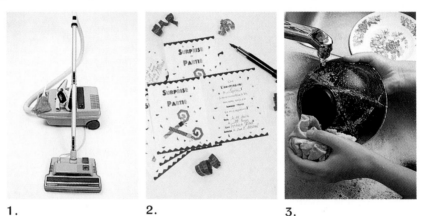

1.   2.   3.

Can you grant a favor and make excuses? p. 255

6 How would you respond if your friend asked you for the following favors?
1. «Ça t'embête de téléphoner à Catherine?»
2. «Tu pourrais sortir la poubelle, s'il te plaît?»
3. «Ça t'ennuie de me prêter 200 F?»

Can you apologize and accept an apology? p. 258

7 How would you apologize to a friend with whom you had a misunderstanding?

8 How would you respond if your friend said . . .
1. «J'ai perdu ton livre. C'est de ma faute.»
2. «Je suis désolée de ne pas être venue à ta fête hier soir.»
3. «Tu ne m'en veux pas?»

Can you reproach someone? p. 258

9 How would you reproach a friend who was late meeting you at the movies?

266   *deux cent soixante-six*   CHAPITRE 10   Je peux te parler?

PREMIERE ETAPE

Sharing a confidence

Je ne sais pas quoi faire. *I don't know what to do.*

J'ai un problème. *I have a problem.*

Tu as une minute? *Do you have a minute?*

Je peux te parler? *Can I talk to you?*

Qu'est-ce qu'il y a? *What's wrong?*

Qu'est-ce que je peux faire? *What can I do?*

Je t'écoute. *I'm listening.*

Apologetic actions

un petit malentendu *a little misunderstanding*

expliquer ce qui s'est passé (à quelqu'un) *to explain what happened (to someone)*

demander pardon (à quelqu'un) *to ask (someone's) forgiveness*

se réconcilier (avec quelqu'un) *to make up (with someone)*

dire (à quelqu'un) que... *to tell (someone) that . . .*

téléphoner (à quelqu'un) *to call (someone)*

s'excuser *to apologize*

pardonner (à quelqu'un) *to forgive (someone)*

offrir (à quelqu'un) *to give (to someone)*

écouter ce qu'il/elle dit *to listen to what he/she says*

Asking for and giving advice

A ton avis, qu'est-ce que je dois faire? *In your opinion, what should I do?*

Qu'est-ce que tu ferais, toi? *What would you do?*

Qu'est-ce que tu me conseilles? *What do you think I should do?*

Invite-le/-la/-les. *Invite him/her/them.*

Parle-lui/-leur. *Talk to him/her/them.*

Dis-lui/-leur que... *Tell him/her/them that . . .*

Ecris-lui/-leur. *Write to him/her/them.*

Explique-lui/-leur. *Explain to him/her/them.*

Excuse-toi. *Apologize.*

Téléphone-lui/-leur. *Phone him/her/them.*

Oublie-le/-la/-les. *Forget him/her/them.*

Tu devrais... *You should . . .*

DEUXIEME ETAPE

Asking for and granting a favor; making excuses

Tu peux m'aider? *Can you help me?*

Tu pourrais... ? *Could you . . . ?*

Ça t'ennuie de... ? *Would you mind . . . ?*

Ça t'embête de... ? *Would you mind . . . ?*

Avec plaisir. *With pleasure.*

Bien sûr. *Of course.*

Pas du tout. *Not at all.*

Bien sûr que non. *Of course not.*

Pas de problème. *No problem.*

Désolé(e). *Sorry.*

J'ai quelque chose à faire. *I have something else to do.*

Je n'ai pas le temps. *I don't have time.*

Je suis très occupé(e). *I'm very busy.*

C'est impossible. *It's impossible.*

Party preparations

faire une boum *to give a party*

faire les préparatifs *to get ready*

demander la permission à tes parents *to ask your parents' permission*

fixer la date *to choose the date*

envoyer les invitations *to send the invitations*

choisir la musique *to choose the music*

préparer les amuse-gueule *to make party snacks*

faire le ménage *to do housework*

TROISIEME ETAPE

Apologizing and accepting an apology; reproaching someone

C'est de ma faute. *It's my fault.*

Excuse-moi. *Forgive me.*

Désolé(e). *I'm sorry.*

Tu ne m'en veux pas? *No hard feelings?*

J'aurais dû... *I should have . . .*

J'aurais pu.... *I could have . . .*

Ça ne fait rien. *It doesn't matter.*

C'est pas grave. *It's not serious.*

Il n'y a pas de mal. *No harm done.*

T'en fais pas. *Don't worry about it.*

Je ne t'en veux pas. *No hard feelings.*

Tu aurais pu... *You could have . . .*

Tu aurais dû... *You should have . . .*

11
Chacun ses goûts

① Qu'est-ce qu'on joue comme film?

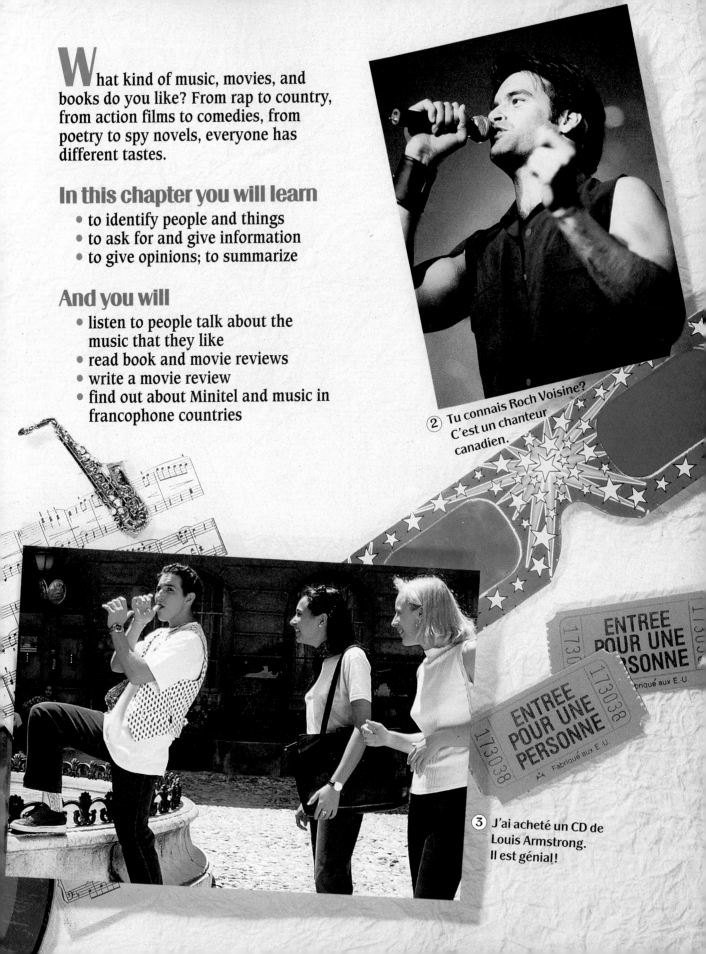

What kind of music, movies, and books do you like? From rap to country, from action films to comedies, from poetry to spy novels, everyone has different tastes.

In this chapter you will learn

- to identify people and things
- to ask for and give information
- to give opinions; to summarize

And you will

- listen to people talk about the music that they like
- read book and movie reviews
- write a movie review
- find out about Minitel and music in francophone countries

② Tu connais Roch Voisine? C'est un chanteur canadien.

ENTREE POUR UNE PERSONNE
173038
Fabriqué aux E.U.

③ J'ai acheté un CD de Louis Armstrong. Il est génial!

Mise en train

 Bientôt la Fête de la musique!

What kind of decision do you think Pascale, Cédric, and Odile are trying to make?

Alors, c'est bientôt la Fête de la musique. Qu'est-ce que vous voulez faire?

Moi, je n'ai rien de prévu.

On pourrait faire quelque chose ensemble. Ça vous dit?

Oui, qu'est-ce que tu proposes?

ENTRÉE POUR UNE PERSONNE 173140 173140

J'ai des courses à faire, mais à part ça, je suis libre. Qu'est-ce que tu veux faire?

1

J'ai entendu dire qu'on va faire la fête sur le Cours Mirabeau. Il y aura des tas de groupes musicaux. Qu'est-ce que vous en pensez?

Ça, c'est nul.

2

J'aimerais bien aller voir un concert de jazz.

3

Mouais... Moi, j'ai envie d'aller voir un groupe de rock.

4

Ce qui me plaît, moi, c'est la musique classique. On va jouer la symphonie numéro cinq de Beethoven.

5

1 Tu as compris?

1. What event are the teenagers discussing?
2. What are they trying to decide?
3. What do they do to help them decide?
4. What is the problem at the end of **Bientôt la Fête de la musique?**

2 Qu'est-ce qu'ils aiment comme musique?

Pascale

Odile

Cédric

3 Vrai ou faux?

1. Odile est libre pour la Fête de la musique.
2. Pascale veut faire la fête sur le Cours Mirabeau.
3. Cédric voudrait aller voir un groupe de blues.
4. Les jeunes achètent *Aix en musique.*
5. Ils décident d'aller voir l'Affaire Louis Trio.
6. Pascale n'est jamais contente.

4 Cherche les expressions

What do the people in **Bientôt la Fête de la musique!** say to . . .

1. make a suggestion?
2. emphasize what they like?
3. give unfavorable opinions?
4. give favorable opinions?
5. refuse a gift?
6. accept a gift?
7. express annoyance with someone?

NOTE CULTURELLE

La Fête de la musique is a world-renowned music festival that takes place on the first day of summer in France. Diverse performers share their music in the streets of every village and town. Spring and summer are the times for all sorts of festivals in every part of France. Probably the most famous festival of all is the Cannes Film Festival, where directors, producers, and stars from all over the world come to Cannes to show their new films and compete for awards.

5 Et maintenant, à toi

If you were helping these friends decide what to do, would you agree with Odile, Cédric, or Pascale, or would you make another suggestion?

AIX - en - PROVENCE
Fête de la Musique
21 juin
Café Concert du Cours
Cours Mirabeau

17h - 18h30	**TRIO CLASSIQUE** Cantates de Bach
19h - 20h30	**Groupe MARACAS** Jazz Brésilien
21h - 22h30	**DIABOLO** Rock Blues

Toute la nuit
De nombreux autres groupes

Rap
Heavy Metal
Reggae
Zouk
Rock
Jazz
Funk
Soul
Blues

6 Tu as compris?

Quels genres de groupes est-ce qu'il y a? A quel concert est-ce que tu voudrais aller?

COMMENT DIT-ON...?
Identifying people and things

To identify people and things:

Tu connais le groupe Maracas? *Are you familiar with . . . ?*
Bien sûr! C'est un groupe brésilien. *Of course! They are (He/She/It is) . . .*
Non, **je ne connais pas.** *I'm not familiar with them/him/her/it.*

7 Ecoute!

Romain and his friend Djé Djé, who is visiting from Côte d'Ivoire, are trying to decide which concert to go to during the **Fête de la musique.** Which singers and groups is Djé Djé familiar with?

> Patrick Bruel   Céline Dion
>
> Zouk Machine   Vanessa Paradis

8 C'est qui?

Ecris le nom de trois de tes professeurs et demande à un(e) camarade s'il/elle les connaît. S'il/elle ne les connaît pas, explique-lui qui c'est.

> —Tu connais M. Miller?
> —Bien sûr! C'est un prof de maths. *ou* Non, c'est qui?
> —C'est mon prof de maths.

Note de *Grammaire*

- **Connaître** is an irregular verb that means *to know, to be familiar with.*

Je connais	
Tu connais	
Il/Elle/On connaît	
Nous connaissons	la France.
Vous connaissez	
Ils/Elles connaissent	

- The past participle of **connaître** is **connu.**

VOCABULAIRE

une chanteuse canadienne (un chanteur canadien)

un groupe antillais

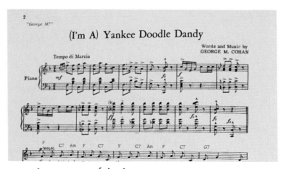

une chanson américaine

un musicien africain (une musicienne africaine)

9 C'est à qui?

Some of the performers for a benefit concert left their things backstage. What type of performer do the items belong to?

1.

2.

3.

4.

—C'est à un musicien américain.

10 Tu les connais?

Tu connais les chanteurs, les groupes ou les chansons suivants? Identifie-les!

1. Los Lobos
2. Zouk Machine
3. MC Solaar
4. *An sèl zouk*
5. Jean-Jacques Goldman
6. Céline Dion
7. *Alouette*
8. Whitney Houston
9. Savuka
10. Indochine

11 Qu'est-ce que tu voudrais écouter?

Complète la conversation entre Marc et Ali avec **c'est**, **il est** ou **elle est**.

MARC   Dis, qu'est-ce que tu voudrais écouter comme musique? J'ai plein de CD!

ALI   Euh... attends. Tu connais Jeanne Mas?

MARC   Non, pas très bien. Qui c'est?

ALI   __1__ une chanteuse. Elle chante *En rouge et noir.*

MARC   __2__ française?

ALI   Non, je crois qu' __3__ italienne. En tout cas, c'est pas important.

MARC   Tu connais Patricia Kaas?

ALI   Mais bien sûr que je connais! Mais moi, je préfère Patrick Bruel. __4__ un chanteur formidable et __5__ acteur aussi!

MARC   Oui, __6__ super! J'ai son dernier CD. Tu veux l'écouter?

Note de *G*rammaire

- Notice that in French you can use **il est** or **c'est** to mean *he is,* and **elle est** or **c'est** to mean *she is,* depending on the situation.

- You can identify someone by profession or nationality using **il est/elle est** followed by a noun or adjective. In this case, you do not use an article before the noun:

  Roch Voisine **est** chanteur.
  Surya Bonaly? **Elle est** française.

- You can also begin with **c'est** followed by an article and a noun:

  Surya Bonaly? **C'est une** Française.

- Whenever you use both a noun and adjective, use **c'est.**

  Roch Voisine? **C'est un** chanteur canadien.

VOCABULAIRE

—Qu'est-ce qui te plaît comme musique?
—Ce qui me plaît, c'est...

la musique classique   le jazz   le rock   le rap

le blues   le country/le folk   le pop   le reggae

12 Ecoute!

Listen as Pascale asks her friends what music they like. What type(s) of music does each one like best?

13 Qu'est-ce qui vous plaît comme musique?

Comment est-ce que chaque personne répondrait à la question **Qu'est-ce qui vous plaît comme musique?**

1.   2.   3.

14 Sondage

Demande à tes camarades ce qu'ils aiment comme musique. Quel genre de musique est le plus populaire? Le moins populaire?

Tu te rappelles ?

You already know several expressions to emphasize your likes and dislikes:

Ce que j'aime bien, c'est...
Ce qui me plaît, c'est...
Ce que je préfère, c'est...
Ce que je n'aime pas, c'est...
Ce qui ne me plaît pas, c'est...

15 Jeu

Draw a grid of nine squares, three across and three down. Write the name of one of your favorite groups, singers, musicians, or songs in each square. Find someone in your class who's familiar with one of the artists or songs in your grid. Have that person sign the appropriate box and write the type of music associated with the artist or song. The first person to get five different signatures that form an **X** or a **+** wins.

—Tu connais Bob Marley?
—Non. *ou* Oui, c'est un chanteur de reggae.
—Tu connais *The Dance?*
—Non. *ou* Oui, c'est une chanson de country.

16 Post-express

Write a response to one of the letters in **Post-Express**. Be sure to tell what types of music you like and don't like, which singers, groups, and musicians you listen to, and who each person is. Remember that French teenagers may not be familiar with the same music you are.

17 Bientôt la Fête de la musique!

With a friend, plan your own **Fête de la musique**. Make suggestions until you agree on several different groups to feature. You may want to mention specific songs or albums to support your suggestions.

Si tu as oublié
making and responding to suggestions
va à la page 209.

POST-EXPRESS

Tu cherches des amis, des disques, des posters? Cette rubrique est pour toi!

Recherche tout sur...

LE COUNTRY.

Je voudrais correspondre avec des F. de 13 à 15 ans. J'aime le country et je recherche des posters et des photos de musiciens et de chanteurs. J'aime aussi le rock et un peu le blues. Contre tout sur Roch Voisine, Vanessa Paradis et Paula Abdul.
Jérôme LEGER, 13 allée Paul Eluard, 44400 REZE.

LA MUSIQUE CLASSIQUE ET LE BLUES.

Je suis fan de Patrick Bruel et de Harry Connick Jr. Mais je recherche tout sur tout. Faites éclater ma boîte aux lettres! Réponse assurée à 100%! Florence PANIER, 200 rue de la Cité, 62370 SAINT FOLQUIN.

LE ROCK, LE POP.

Je m'appelle Damien. J'adore écrire, j'adore le sport, Elsa, le rock, et surtout les animaux, la nature... Je suis fan de Madonna et de toute la musique des U.S. Réponse assurée. A vos plumes!
Damien JARRE, 78 allée Bayard, 93190 LIVRY-GAGAN.

PANORAMA CULTUREL

Marco • Québec

Flaure • Côte d'Ivoire

Catherine • Québec

We asked some francophone people what kind of music they like to listen to. Here's what they had to say.

Qu'est-ce que tu aimes comme musique?

«J'aime beaucoup le rock-n-roll. J'aime beaucoup les groupes comme U2, Duran [Duran], Bon Jovi. Maintenant, depuis quelques années, la musique française est rendue beaucoup meilleure. On a maintenant de la bonne musique en français. Il y a de bons groupes qui sont sortis, comme Vilain Pingouin, mais la musique américaine est très populaire ici.»

—Marco

«La musique que j'aime, euh... J'aime à peu près toutes les musiques et puis, j'aime les musiques qui font danser, quoi.»

—Flaure

«J'ai bien des misères à classifier les sortes de musique, mais je crois que j'aime le rock, le rock folk, le québécois. J'aime beaucoup de sortes de musique.»

Qui est ton chanteur préféré?

«Mon chanteur préféré, j'en ai beaucoup. J'aime beaucoup Renaud mais j'aime aussi un groupe : Jethro Tull. J'aime Edie Brickell, Brenda Kane et des chanteurs des Etats-Unis, du Québec et de la France surtout.»

—Catherine

Qu'en penses-tu?

1. What kind of music do these people like?
2. Which person shares your tastes in music?
3. What French musical artists have you heard?
4. Where can you go in your area to hear or buy music from foreign countries?

DA ALADDIN. 1h30. Dessin animé américain en couleurs de John Musker, Ron Clements.

Au royaume d'Agrabah, un jeune homme débrouillard et effronté réussit à conquérir la jolie princesse grâce au tout-puissant Génie d'une lampe magique qui exauce pour lui trois souhaits. Des aventures extraordinaires et un festival de gags visuels et auditifs. 2 oscars 1993 : meilleure musique, meilleure chanson.
✦ **Club Gaumont Publicis Matignon 43 bis v.f.**
✦ **Denfert 82 v.f.** ✦ **Le Grand Pavois 94 v.f.**
✦ **Saint Lambert 96 v.f.**

PO LE FUGITIF. The fugitive. 2h10. Policier américain en couleurs de Andrew Davis avec Harrison Ford, Tommy Lee Jones, Jeroen Krabbe, Joe Pantoliano, Andreas Katsulas, Sela Ward.

Accusé à tort du meurtre de sa femme, condamné à mort, le docteur Richard Kimble réussit à s'enfuir et recherche -police aux trousses- l'assassin qu'il est seul à avoir vu... Inspiré de la célébrissime série télé avec David Janssen, un remake qui mêle habilement action, bravoure et suspense. ✦ **Le Grand Pavois 94 v.o.**

WS GERONIMO. An American legend. 1h55. Western américain en couleurs de Walter Hill avec Jason Patric, Wes Studi, Robert Duvall, Gene Hackman, Matt Damon.

En 1885, un seul guerrier, le célèbre chef apache Géronimo, tient tête à l'armée américaine qui veut parquer dans des réserves les dernières tribus indiennes. Toute la panoplie du western pour le portrait d'un rebelle devenu légende. ✦ **Saint Lambert 96 v.f.**

AV LES TROIS MOUSQUETAIRES. 1h45. Film d'aventures américain en couleurs de Stephen Herek avec Chris O'Donnell, Charlie Sheen, Kiefer Sutherland, Oliver Platt, Tim Curry, Rebecca de Mornay.

Arrivant de sa Gascogne natale, le jeune et fringant d'Artagnan rêve d'entrer dans la célèbre compagnie des mousquetaires du roi. Hélas ! Le fourbe Richelieu vient de la dissoudre... D'Artagnan, en compagnie d'Athos, Porthos et Aramis, saura néanmoins prouver son courage au cours d'une mission très périlleuse... Nouvelle version librement adaptée du roman d'Alexandre Dumas. ✦ **Le Grand Pavois 94 v.f.**

SF UNE BREVE HISTOIRE DU TEMPS. A brief history of time. 1992. 1h20. Film de science-fiction américain en couleurs de Errol Morris.

L'univers a-t-il eu un commencement? Le temps s'achèvera-t-il un jour ? Adapté du best-seller de Stephen Hawking, le réalisateur de «Dossier Adams» met en images des théories scientifiques au cours d'un voyage en compagnie d'un savant d'exception, que certains comparent à Einstein. ✦ **Denfert 82 v.o.**

DR UNE PURE FORMALITE. 1h45. Drame franco-italien en couleurs de Giuseppe Tornatore avec Gérard Depardieu, Roman Polanski, Sergio Rubini, Nicola Di Pinto.

Quelque part en Italie, dans un commissariat de police qui prend l'eau. Un commissaire féru de littérature, joue au chat et à la souris avec un écrivain célèbre, à qui il fait subir un interrogatoire. L'affrontement de deux grands acteurs pour un huis clos psychologique. ✦ **Le Saint-Germain-Des-Prés 36 v.o.** ✦ **Gaumont Les Halles 3** ✦ **Gaumont Opéra Impérial 7** ✦ **14 Juillet Hautefeuille 31** ✦ **Gaumont Ambassade 45** ✦ **La Bastille 71** ✦ **Escurial Panorama 77** ✦ **Gaumont Gobelins 78** ✦ **Gaumont Alésia 84** ✦ **Les 7 Parnassiens 90**

18 Si on allait au ciné?

Look at the movie listings and answer these questions.

1. What information is given in the first paragraph of every entry? How can you tell the type of film?
2. What information is given in the second paragraph of every entry?
3. What information is given at the end of each entry after the diamond symbol?
4. Which film(s) would you like to see or have you already seen?

COMMENT DIT-ON... ?

Asking for and giving information

To ask about films:

Qu'est-ce qu'on joue comme film?
What films are playing?

C'est avec qui?

Ça passe où?
Where is it playing?

Ça commence à quelle heure?

To respond:

On joue *Profil bas.*
. . . is showing.

C'est avec Patrick Bruel.

Ça passe au Gaumont.
It's playing at the . . .
A 18h30.

19 Ecoute!

Ecoute la conversation entre
Béatrice et Fabien qui essaient
de décider quel film aller voir.
Puis, complète les phrases suivantes.

1. On joue...
   a. *Astérix chez les Bretons, Germinal, Jules et Jim.*
   b. *Astérix chez les Bretons, Le fugitif, Germinal.*
   c. *Astérix chez les Bretons, Profil bas, Germinal.*
2. *Germinal,* c'est avec...
   a. Patrick Bruel.
   b. Isabelle Adjani.
   c. Gérard Depardieu.
3. Ça passe au...
   a. Gaumont Gobelins, Gaumont Les Halles, 14 Juillet.
   b. Gaumont Les Halles, 14 Juillet, Gaumont Alésia.
   c. Gaumont Alésia, Gaumont Gobelins, UGC Georges V.
4. Ça commence à...
   a. 18h20 et à 20h50.
   b. 18h15 et à 19h50.
   c. 17h20 et à 20h30.

20 Méli-mélo!

Trouve la bonne
réponse pour chaque
question, puis mets le
dialogue dans le bon
ordre. Ensuite, lis le
dialogue avec un(e)
camarade.

Ça passe où?
C'est avec qui?
Qu'est-ce qu'on joue
comme film?
Ça commence à
quelle heure?

Camille Claudel.
Euh... à 17h05 ou à 20h10.
Ça passe à l'UGC Triomphe et au
Gaumont Opéra.
Gérard Depardieu et Isabelle
Adjani.

21 Qu'est-ce qu'on joue comme film?

Choisis un des films de la page 279. Un(e) camarade va te demander quel film on joue,
dans quels cinémas et qui sont les acteurs principaux. Ensuite, changez de rôles.

VOCABULAIRE

—Tu aimes quel **genre** de film?
—Moi, je préfère...

les westerns

les films comiques

les films d'horreur

Le train sifflera trois fois

Trois hommes et un couffin

Frankenstein

les films de science-fiction

les films d'amour

les films policiers

Star Trek®, terre inconnue

Carte verte

Le client

les films classiques

les films d'aventures

les films d'action

La belle et la bête

Indiana Jones et la dernière croisade

Last action hero

22 Ecoute!

Ecoute Nadège et Emile qui essaient de décider quel film aller voir. Quels genres de films est-ce qu'Emile suggère?

23 Le Hit-Parade

Fais une liste de tes dix films préférés. Ensuite, classe-les par genre. D'après ta liste, quel genre de films préfères-tu?

24 Ça te dit?

You're arranging a video night to show your favorite film. Invite several classmates to watch it with you. If they refuse or aren't familiar with the movie, tell them what kind of film it is and who's in it, and give them your opinion of it.

25 C'est toi, le critique

Ecris une critique de ton film préféré. N'oublie pas de préciser de quel genre de film il s'agit et qui sont le réalisateur *(director)* et les acteurs principaux, puis donne ton opinion sur le film.

26 Au Gaumont Alésia

a. Look at the first paragraph in the movie listings at the right. Find four types of information given.

b. Now look at the movie listings.
  1. How much is the full price for *L'enfant lion?* How much is the reduced price?
  2. Is *Aladdin* in French or in English?
  3. At the 2:00 P.M. showing of *Grosse fatigue,* what time does the feature film actually begin?
  4. Which of the movies listed here are French films?

27 Qu'est-ce qui passe au Gaumont?

Un(e) camarade et toi, vous avez envie de voir un film mercredi soir au Gaumont Alésia. Décidez ensemble quel film vous voulez voir et à quelle heure.

NOTE CULTURELLE

Before you go to the movies in France, check the local newspaper or movie guide. You'll notice that you can see many foreign films. Look for **v.o.** (**version originale**) to see a film in the original language with French subtitles, and **v.f.** (**version française**) to see a film dubbed in French. Look for ticket prices. Most theaters offer a discount (**tarif réduit**) for students and a lower ticket price for everyone on Mondays and/or Wednesdays. Check the time of the showing (**séance**), and be aware that there are 10–20 minutes of commercials before the movie actually starts.

---

84 GAUMONT ALESIA. 73, avenue du Général Leclerc. 43.27.84.50 36.65.75.14 M° Alésia. Perm de 14h à 24h. Pl : 43 et 42 F. Mer, tarif unique : 36 et 35 F ; Etud, CV : 36 et 35 F (Du Lun au Ven 18h) ; -12 ans : 30 F. Carte Gaumont : 5 places : 160 F (valables 2 mois, tlj à toutes les séances). Carte bleue acceptée. Rens : 3615 Gaumont. 1 salle équipée pour les malentendants.

L'incroyable voyage v.f. Dolby stéréo.
Séances : 13h35, 15h45, 17h55, 20h05, 22h15. Film 10 mn après.

J'ai pas sommeil Dolby stéréo
Séances : 13h35, 15h45, 17h55, 20h05, 22h15. Film 10 mn après.

L'enfant lion Dolby stéréo. (Pl : 48 et 37 F).
Séances : 14h, 17h20, 21h. Film 25 mn après.

Aladdin v.f.
Séances : Mer, Sam, Dim 13h25, 15h35. Film 15 mn après.

Une pure formalité
Séances : Mer, Sam, Dim 17h50, 20h, 22h10 ; Jeu, Ven, Lun, Mar 13h30, 15h40, 17h50, 20h, 22h10. Film 15 mn après.

Le jardin secret v.f.
Séances : 14h, 16h40, 19h20, 21h55. Film 20 mn après.

Madame Doubtfire v.f. Dolby stéréo
Séances : Mer, Sam, Dim 13h40, 15h30, 17h20. Film 20 mn après.

Les Aristochats v.f. Dolby stéréo
Séances : Mer, Sam, Dim 19h15, 21h50. Jeu, Ven, Lun, Mar 13h55, 16h30, 19h15, 21h50. Film 15 mn après.

Salle Gaumontrama (Pl : 45 et 37 F) :

Grosse fatigue Dolby stéréo.
Séances : 14h, 16h, 18h, 20h, 22h. Film 20 mn après.

Look at the Minitel screens below. What do you think Minitel is used for?

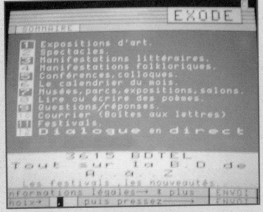

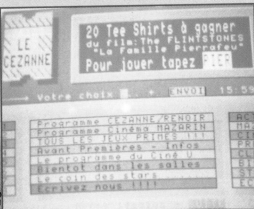

Qu'en penses-tu?

1. What services are being offered on the Minitel screens above?
2. Are there similar information systems available in your area? What kinds of services are available through them?

Savais-tu que... ?

Minitel is France's highly successful on-line information service. Subscribers gain access to Minitel from a computer terminal, and there is no installation fee for telephone subscribers. Numerous services are available. You can shop from your favorite catalogue, buy movie and concert tickets, make travel reservations, read magazine articles, or research colleges and technical schools. The most frequently used service is the electronic phone book, which allows you to look up any one of millions of subscribers.

S. F.

DAIREN
Alain Paris (J'ai Lu).

S'appuyant sur des structures sociales très hiérarchisées, l'humanité du XVIIe millénaire pratique une politique galactique conquérante. Mais cette expansion musclée est freinée par la résistance des Zyis sur la planète Uyuni et par une légende, celle de la Terre mythique, qui prône l'entente entre toutes les races de l'univers. Daïren est un solide «Space Opera» relevé d'un zeste de mysticisme, qui a parfaitement assimilé les leçons de son glorieux modèle, *la Guerre des étoiles.*

Denis Guiot

B.D.

CALVIN ET HOBBES
Bill Waterson (Hachette)

Calvin, c'est le garçon dynamique, intrépide, insupportable. Hobbes, c'est son faire-valoir… un tigre en peluche! Waterson, un des plus célèbres dessinateurs de presse américain, utilise seulement deux à quatre images par gag. Un trait simple et nerveux, un humour sympathique. Voilà une B.D. bien agréable et une traduction excellente, puisqu'elle est due au scénariste Frank Reichert.

Yves Frémion

28 Tu as compris?

1. How many categories of books are presented? What are they?
2. Look at the review of *La leçon* and *La cantatrice chauve*. List the words that are used to describe the plot. How would you describe these works?
3. Scan the commentary on *Daïren* for cognates. What is this book about?
4. How does Yves Frémion describe the heroes of *Calvin et Hobbes?*

DECOUVRIR DES LIVRES POUR RIRE

LA LEÇON, LA CANTATRICE CHAUVE, de Eugène Ionesco

Ionesco a composé la tragédie du langage. En rire majeur. Chez lui tout s'effondre : ses héros énoncent doctement des lieux communs éculés, entassent des axiomes absurdes dans leur conversation. Jusqu'au délire. De cette cacophonie burlesque naît l'image d'un monde en miettes, dérisoire et comique. (Folio.)

S.F.

COMMENT DIT-ON… ?

Giving opinions

Favorable:

C'est drôle/amusant. *It's funny.*

C'est une belle histoire.
It's a great story.

C'est plein de rebondissements.
It's full of plot twists.

Il y a du suspense. *It's suspenseful.*

On ne s'ennuie pas.
You're never bored.

C'est une histoire passionnante.
It's an exciting story.

Je te le/la recommande.
I recommend it.

Unfavorable:

C'est trop violent/long.
It's too violent/long.

C'est déprimant. *It's depressing.*

C'est bête. *It's stupid.*

C'est un navet. *It's a dud.*

C'est du n'importe quoi.
It's worthless.

Il n'y a pas d'histoire.
It has no plot.

C'est gentillet, sans plus.
It's cute (but that's all).

Ça casse pas des briques.
It's not earth-shattering.

29 Ecoute!

Ecoute Luc et Perrine parler de *La cantatrice chauve, Daïren* et *Calvin et Hobbes.* Qu'est-ce que Luc aime? Et Perrine?

30 A mon avis

Fais une liste des trois derniers livres (ou pièces de théâtre) que tu as lus. Comment est-ce que tu les décrirais à un(e) ami(e)? Utilise les phrases du **Comment dit-on** à la page 284.

31 Ecoute!

Ecoute ces clients demander des livres au vendeur d'une librairie. Quel est le genre de chaque livre?

1. un roman de Simenon
2. *La reine Margot*
3. les œuvres de Rimbaud
4. *La Florentine*
5. les œuvres complètes de Tintin

   a. une B.D.
   b. un roman d'amour
   c. un polar
   d. un livre de poésie
   e. un classique

32 Une interview

Tu dois faire la critique d'un livre pour ton cours de français. Demande à un(e) camarade quel livre il/elle a lu récemment, de quel genre de livre il s'agit et son opinion sur ce livre.

—Qu'est-ce que tu as lu récemment?
—On a lu *Huckleberry Finn* pour le cours d'anglais.
—C'est quel genre de livre?
—C'est un classique.
—Tu as aimé?
—Oui, c'est une belle histoire et en plus, c'est très amusant.

VOCABULAIRE

Ton livre préféré, c'est quel genre? C'est...

un roman policier
(un polar)?

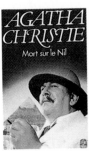

une
autobiographie?

un roman d'amour?

un roman de
science-fiction?

une bande dessinée
(une B.D.)?

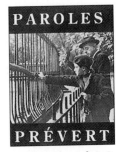

un livre de poésie?

un (roman) classique?

une pièce de théâtre?

COMMENT DIT-ON... ?

Summarizing

To ask what something is about:

De quoi ça parle? *What's it about?*

Qu'est-ce que ça raconte? *What's the story?*

To tell what something's about:

Ça parle d'une femme qui devient actrice. *It's about . . .*

C'est l'histoire d'un chien qui cherche son père. *It's the story of . . .*

TROIS HOMMES ET UN COUFFIN
(FRANCE - 1985)
(couleurs)   1 h 40
Comédie de Coline Serreau
avec Roland Giraud, Michel Boujenah, André Dussollier

Jacques, Michel et Pierre sont des célibataires endurcis qui chérissent leur indépendance... jusqu'au jour où ils trouvent un bébé de six mois sur leur paillasson! Peu à peu, les trois hommes apprennent leur nouveau rôle de pères, pour le meilleur et pour le pire. Bientôt ils ne peuvent plus se passer de la petite Marie. Que feront-ils quand sa mère reviendra?

AU REVOIR LES ENFANTS
(FRANCE - 1987)
(couleurs)   1 h 42
Comédie dramatique de Louis Malle
avec Gaspard Manesse, Raphael Fejto

Pendant la Deuxième Guerre Mondiale, deux adolescents français se rencontrent et deviennent amis. Julien, le personnage principal, découvre l'absurdité du monde adulte à travers la triste histoire de son ami Jean qui est persécuté par les Allemands. Julien, enfant de bonne famille, et Jean, enfant prodige, vivent ensemble quelques aventures qu'on n'est pas près d'oublier.

NOTRE-DAME DE PARIS
(FRANCE-ITALIE - 1956)   **CINÉ CINÉMAS**
(couleurs)   1 h 40
Drame parisien de J. Delannoy d'après V. Hugo
avec G. Lollobrigida, A. Quinn, A. Cuny, R. Hirsch

C'est la fête des fous sur le parvis de Notre-Dame. Tout le monde y remarque Esmeralda, la danseuse gitane. Le capitaine Phœbus en tombe amoureux ainsi que Quasimodo, le bossu monstrueux qui habite la cathédrale. Mais le perfide Frollo a décidé d'enlever Esmeralda et est prêt à toutes les bassesses pour la conquérir.

L'ETERNEL RETOUR
(FRANCE - 1943)   **RTL**
(noir et blanc)   1 h 45
Drame de Jean Delannoy
avec J. Marais, M. Sologne, J. Murat, A. Rignault.

C'est le mythe de Tristan et Yseult revisité par Jean Delannoy, et par Jean Cocteau qui a signé le scénario. Les héros de la légende sont devenus Patrice et Nathalie, deux jeunes gens contemporains qui tombent amoureux l'un de l'autre sous l'effet d'un élixir magique qu'ils n'auraient jamais dû boire. Car Nathalie est mariée à l'oncle de Patrice.

---

33 De quoi ça parle?

Lis les critiques des quatre films ci-dessus. Puis, lis les phrases suivantes et choisis le film qui correspond à chaque phrase.

1. C'est l'histoire de deux jeunes qui tombent amoureux.
2. Ce film parle de trois hommes qui tombent amoureux d'une danseuse gitane.
3. Ce film parle de trois hommes qui doivent s'occuper d'un bébé.
4. C'est l'histoire d'une amitié entre deux garçons.

De bons conseils

When you summarize the plot of a book or movie, you use the present tense instead of the past tense, just as you do in English.

C'est l'histoire d'un jeune homme français qui veut être mousquetaire. Il va à Paris pour devenir mousquetaire du roi et en route, il prend part à trois duels.

Grammaire The relative pronouns qui and que

You can use clauses that begin with **qui** or **que** *(that, which, who, or whom)* to describe something or someone that's already been mentioned.

- **Qui** is the subject of a clause and is followed by a singular or plural verb, depending on the subject of the main clause that **qui** represents.

  C'est l'histoire d'un garçon **qui tombe** amoureux d'une fille.

  Ça parle de deux garçons **qui tombent** amoureux de la même fille.

- **Que (qu')** is the direct object of a clause. It's always followed by a subject and a verb.

  Il aime une fille **que sa mère déteste.**

  Le film **qu'elle a vu était intéressant?**

- When the **passé composé** follows **que**, the past participle always agrees with the noun **que** represents.

  La pièce que j'ai **vue** était amusante.

34 Qu'est-ce que tu as lu ce week-end?

Lisa read a good book this weekend, and she wrote about it for her French class. She could summarize her book even more smoothly by combining sentences, using **qui** or **que**. See if you can combine each group of sentences below into one sentence. You may have to add some words (like **mais** or **et**) or take away some words.

1. Ce week-end j'ai lu une B.D.
   J'ai adoré cette B.D.
2. C'est une des aventures de Tintin.
   Tintin est un personnage très connu en France.
3. C'est un reporter.
   Il vit des aventures pleines de suspense.
   Il voyage dans tous les pays du monde.
4. Il a deux très bons amis.
   Ils s'appellent Capitaine Haddock et Professeur Tournesol.
5. Dans cette histoire, Tintin découvre quelque chose.
   Le Professeur Tournesol a été kidnappé.
6. Tintin ne comprend pas bien pourquoi, mais il sait quelque chose.
   Le professeur travaillait sur un projet scientifique très important.
7. Tintin décide de partir à la recherche du Professeur Tournesol.
   Il a beaucoup d'estime pour son ami.
8. Lis cette bande dessinée si tu veux savoir la suite de cette aventure.
   Cette aventure, j'en suis sûre, te plaira beaucoup.

35 Devine!

Jot down a few sentences to summarize the last book you read. Then, give your group clues about the plot, the genre, and the characters. The person who correctly identifies the title takes the next turn.

36 Mon journal

Quel est le meilleur (ou le plus mauvais) livre que tu as lu? Résume l'histoire, décris les personnages principaux et explique pourquoi tu as aimé ou détesté ce livre.

LISONS!

$\mathcal{D}$o you enjoy the movies?
Le cinéma is very popular
in France.

DE BONS CONSEILS

Let's review some of the basic reading strategies you used in earlier chapters. In this reading, you will need to get oriented to the text, figure out its organization, and answer some questions to check your understanding of it.

A. Read the first and last sentences in the black box. What will the reading be about?

1. special effects in films
2. some important films from the first 100 years of film-making
3. the history of filmmaking since 1895

B. Examine the organization of the text that deals with each of the eight films.

1. What does the information following the first star tell you about the film?
   a. country of origin
   b. director
   c. date of film
   d. principal actors
   e. all of the above

2. What do you find after the second star?
   a. a critique of the film
   b. a summary of the plot
   c. an interview with the star

3. After the third star?
   a. importance of the film in

Le cinéma est né en 1895 : "le 7e art" s'apprête à fêter un siècle d'existence. **En cent ans, que de progrès, que d'évolutions techniques, que de films !** Voici quelques-uns des films, qui, chacun à leur manière, ont marqué un tournant dans l'Histoire du cinéma.

6 FILMS QUI ONT FAIT DATE

2001, L'ODYSSEE DE L'ESPACE

★ Grande-Bretagne-Etats-Unis, 1968. De Stanley Kubrick. Avec Keir Dullea, Gary Lockwood.
★ Une tribu de singes découvre l'usage des armes. Quatre millions d'années plus tard, dans un vaisseau spatial, des hommes sont confrontés à l'ordinateur HAL.
★ Kubrick a réalisé une fable sur l'Homme face au progrès et à l'Univers. Ce film est aussi l'une des premières œuvres importantes en matière de science-fiction.

IL ETAIT UNE FOIS DANS L'OUEST

★ Italie, 1968. De Sergio Leone. Avec Henry Fonda, Charles Bronson.
★ Le film se passe dans l'Ouest américain, à la fin du siècle dernier. « Il était une fois dans l'Ouest est, sous le prétexte d'une histoire presque nulle, avec des personnages de convention, une tentative pour reconstruire l'Amérique de cette époque», explique le réalisateur italien Sergio Leone.
★ Jusqu'alors, les westerns étaient la chasse gardée des Américains. Sergio Leone renouvela complètement le genre, avec ce que l'on a appelé, le "western-spaghetti", une parodie du western classique. Avec des bons et des méchants. Mais sans réelle authenticité historique. Ce film, particulièrement célèbre pour la musique d'Ennio Morricone, fait partie d'une longue série, dont le premier, *Pour une poignée de dollars*, fut réalisé en 1964.

E.T., L'EXTRA-TERRESTRE

★ Etats-Unis, 1982. De Steven Spielberg. Avec Dee Wallace, Henry Thomas, Peter Coyote.
★ Eliott, un jeune Américain de 10 ans, se prend d'amitié pour E.T., un extra-terrestre égaré sur Terre et qui cherche à regagner sa planète.
★ La fable est belle ; le message de Steven Spielberg est simple mais essentiel : apprenez à respecter autrui, en dépit des différences...

LE GRAND BLEU

★ France, 1988. De Luc Besson. Avec Jean-Marc Barr, Jean Reno, Rosanna Arquette.
★ C'est l'histoire de l'attrait irrésistible d'un homme pour la mer, un amour plus fort que tout, plus fort que la vie.
★ Certains adorateurs ont vu ce film douze fois et plus. Au-delà de l'humour, de l'amour et de l'amitié, et d'une série de paysages sublimes, Le grand bleu est un hymne à la mer...

LE CERCLE DES POETES DISPARUS

★ Etats-Unis, 1989. De Peter Weir. Avec Robin Williams, Ethan Hawke.
★ Nouvelle-Angleterre, 1959. Un professeur bouleverse la vie de ses élèves, en leur rappelant l'avertissement d'un poète latin, Carpe diem ! : "Profitez du jour", le temps passe vite, soyez vous-même.
★ Après avoir vu ce film, les adolescents, enthousiastes, ont cherché à adopter cette attitude, et les parents ont retrouvé leurs rêves de jeunesse. C'est ce qu'on appelle "un film culte".

CYRANO DE BERGERAC

★ France, 1989. De Jean-Paul Rappeneau. Avec Gérard Depardieu, Anne Brochet.
★ Cyrano aime sa cousine Roxane, qui lui préfère Christian, un jeune soldat. Le premier écrira pour le second les lettres d'amour qui séduiront la belle...
★ Qui aurait cru qu'on puisse tirer un film de la pièce en vers d'Edmond Rostand ? Pourtant, c'est un film plein de vie et de panache. Cyrano a fait découvrir les œuvres classiques à beaucoup !

the history of filmmaking

  b. the evolution of film techniques

  c. a biography of the director

C. Star #1. Movie trivia:

1. How many of these films were made in the United States? In France?

2. How many were joint productions?

3. What other two countries were involved in these films?

D. Star #2. Read the information after the second star. Where and when does the story take place in *Il était une fois dans l'Ouest* and *Le cercle des poètes disparus*?

E. Star #3. Finish the sentences by matching the films with the information that best characterizes them.

1. *Le grand bleu* est...
2. *Il était une fois dans l'Ouest* est...
3. *2001, l'odyssée de l'espace* est...
4. *Cyrano de Bergerac* est...
5. *Le cercle des poètes disparus* est...

  a. une parodie du western classique.
  b. une fable sur l'homme face au progrès.
  c. tiré d'une pièce en vers.
  d. un film culte.
  e. un hymne à la mer.

F. Find a newspaper ad for a film you particularly like and think important. Then, write an article about it. For the movie you have chosen, supply the same kind of information you found after each of the three stars in these reviews. You might make a class paper with all the movie reviews in it. Make sure two or three classmates proofread your article before you submit it.

Guide de l'été

Expositions
Concerts
Musées
Festivals

PROVENCE-COTE-D'AZUR

CINEMA

● **Miramas**

5 - 9 juillet
Festival français de musique de films. Projections de films et concerts de musique de films, sous la direction de Vladimir Cosma et Lalo Schiffrin.
✆ **91.42.18.18.**

DANSE

● **Aix-en-Provence**

14 - 28 juillet
Aix en danse. Cours démonstrations, répétitions publiques, projets de rue et des spectacles assurés par nos jeunes chercheurs. Avec en prime : Alvin Ailey.
Espace Forbin, Cours Gambetta 13100 Aix-en-Provence.
✆ **42.63.06.75.**

● **Avignon**

8 juillet - 2 août
Orientales. La danse moderne japonaise, Bill T. Jones et le ballet de l'opéra dansant Taylor, Robbins, Forsythe.
Divers lieux de la ville, 84000 Avignon.
34
✆ **90.82.67.08.**

● **Carpentras**

30 juillet
Ballet national de Marseille. Pour une seule soirée, Roland Petit propose une création sur une partition de Chabrier dont on célèbre le centième anniversaire de la mort.
Théâtre de plein air, place d'Inguimbert, 84200.
✆ **90.60.46.00.**

● **Châteauvallon-Ollioules**

1er - 26 juillet
Trisha Brown, Caroline Carlson, plus un panorama de la nouvelle danse canadienne. Et le ballet de l'Opéra interprétant Tudor, Kylian, Mac Millan.
Théâtre national de la danse et de l'image, 83192.
✆ **94.24.11.76.**

● **Orange**

20 et 24 août
Les grands classiques. *Le Lac des cygnes, Roméo et Juliette,* dansés avec ferveur par le ballet Kirov accompagné par son orchestre.
Théâtre antique, 84100.
✆ **90.51.89.58.**

1

1. Look at these pages from the *Guide de l'été* on Provence-Côte d'Azur. What information is given for each event? Name four things.

2. Where would you go to see . . .

   a. a Canadian dance troupe?
   b. a Japanese dance?
   c. a Shakespeare play?
   d. the Kirov ballet?
   e. a concert of music from movies?

3. Which artists are exhibited in Provence in July?

4. Which musicians will be playing at Juan-les-Pins? What type of music do they play?

5. If you were in the Provence-Côte d'Azur area on July 26, what could you go to see?

6. If you had five days to spend in the Provence-Côte d'Azur area this summer, when would you go and which festivals would you see?

2

Listen as Martin and Janine, two radio film reviewers, give their opinions of *La rue Cases-Nègres,* which is playing at the **Festival français de musique de films.** Then, answer the questions.

1. Where does the film take place?

2. What happens in the movie?

3. Did Martin like the film? Did Janine? Why or why not?

EXPOSITIONS

● Nice

2 juillet - 30 octobre
Marc Chagall, 1945-1985 : les années méditerranéennes.
L'exposition est une manière de saluer l'importance de la couleur dans l'œuvre du maître.

Musée national du message biblique - Marc Chagall. 36, avenue du Docteur-Ménard, 06000 Nice.
℡ **93.81.75.75.**

● Saint-Paul-de-Vence

2 juillet - 15 octobre
Braque : rétrospective.
Pour fêter son trentième anniversaire, la Fondation ne pouvait mieux choisir : Braque, au travers de plus de cent vingt œuvres.

Fondation Maeght, 06570 Saint-Paul-de-Vence.
℡ **93.32.81.63.**

● Vence

2 juillet - 30 octobre
Marc Chagall, 1945-1985: les années méditerranéennes.

Château de Villeneuve. Fondation Emile Hugues. 3, place du Frêne, 06140 Vence.
℡**93.58.15.78.**

JAZZ

● Juan-les-Pins

19 - 27 juillet
Festival international de jazz d'Antibes-Juan-les-Pins.
Pour sa trente-quatrième édition, le célèbre festival permettra de retrouver Pat Metheny, Dee Dee Bridgewater, Gilberto Gil, Steve Grossman...

Pinède Gould, 06160 Juan-les-Pins.
℡ **92.90.53.00.**

THEATRE

● Avignon

8 juillet - 1er août
Festival d'Avignon.
In ou *off,* c'est le roi des festivals, la fête totale du théâtre avec ses beautés et ses dérives. En officiel, on pourra voir, entre autres, l'*Andromaque* d'Euripide monté par Jacques Lasalle et le très remarquable *Henry VI* de Shakespeare, que Start Seide reprend ici après son périple parisien.

PROVENCE-CÔTE-D'AZUR

35

3

a. Your group is in charge of setting up an arts festival for French teenagers visiting your area this summer. Pick a theme. Will you feature books about your region? Your favorite kind of music? Adventure films? Plays by high school students in your area?

b. Now make a list of what you'd like to feature in your festival. Then conduct a marketing poll by asking other groups if they're familiar with what you've selected. If they're familiar with something or someone on your list, ask the group's opinion. Keep track of quotes you can use when you advertise your festival.

4 Make a poster to advertise your festival. Create a schedule like the one for Provence-Côte d'Azur, being sure to include the performance dates, times, and locations in town. Write a short description of each event, and decorate your poster with magazine cutouts or art to make it more appealing.

5 If you were in France, how could you find information about festivals going on in each area of France?

6

JEU DE ROLE

Make a radio or television advertisement about your festival to be sent to France. Make sure you . . .

- give information about the events.
- identify the performers or features of your festival.
- use quotes that show how much people enjoy what you've chosen for your festival.

Can you use what you've learned in the chapter?

Can you identify people and things?
p. 273

1 How would you ask a friend if she's familiar with your favorite singer? If she isn't, how would you identify the person?

2 How would you respond if someone asked you if you were familiar with . . .

1. *La vie en rose*?
2. Téléphone?
3. Jeanne Mas?
4. Kassav'?

Can you ask for and give information?
p. 280

3 How would you ask a friend . . .

1. what movies are playing?
2. where a movie is playing?
3. who stars in a movie?
4. what time something starts?

4 According to this movie listing, how would you tell a friend what is playing tonight, where, and at what time?

Can you give opinions? p. 284

5 What's your opinion of . . .

1. the play, *Romeo and Juliet*?
2. romance novels?
3. westerns?
4. *To Kill a Mockingbird*?
5. classical music?
6. *La cantatrice chauve*?

6 What would you say about the last book you read that you liked? The last movie you saw that you didn't like?

Can you summarize?
p. 286

7 How would you summarize the plot of . . .

1. your favorite film?
2. your favorite book?

LE PLUMEREAU 10, place Plumereau. Pl : 38 F. Mer et Lun : 28 F ; -26 ans, 26 F. Séances sur réserv. Salle accessible aux handicapés.

Aladdin v.f. 15h30 ; 17h30 ; 20h10

Beaucoup de bruit pour rien v.o. Séances : 19h25 ; 21h40. Film 15 min après.

Les quatre cents coups Dolby stéréo Séances : 14h15, 18h15, 21h25. Film 10 min après.

Les trois mousquetaires v.f. Dolby stéréo. Séances : 14h ; 15h45 ; 18h30, 20h45. Film 15 min après.

Au revoir les enfants Séances : 14h, 16h, 18h, 20h. Film 10 min après.

VOCABULAIRE

PREMIERE ETAPE

Identifying people and things

Tu connais... *Are you familiar with . . . ?*
Bien sûr. C'est... *Of course. They are (He/She/It is) . . .*
Je ne connais pas. *I'm not familiar with them/him/her/it.*

Music

une chanteuse (un chanteur) *singer*
un musicien (une musicienne) *musician*
un groupe *(music) group*
une chanson *song*
la musique classique *classical music*
le jazz *jazz*
le rock *rock*

le rap *rap*
le blues *blues*
le country/le folk *country/folk*
le pop *popular, mainstream music*
le reggae *reggae*

Adjectives

canadien(ne) *Canadian*
africain(e) *African*
antillais(e) *from the Antilles*
américain(e) *American*

DEUXIEME ETAPE

Asking for and giving information

Qu'est-ce qu'on joue comme film? *What films are playing?*
On joue... *. . . is showing.*
Ça passe où? *Where is it playing?*
Ça passe à... *It's playing at . . .*
C'est avec qui? *Who's in it?*
C'est avec... *. . . is (are) in it.*

Ça commence à quelle heure? *What time does it start?*
A... *At . . .*

Types of films

un genre *a type (of film, literature, or music)*
un western *western*
un film comique *comedy*
un film d'horreur *horror movie*

un film de science-fiction *science-fiction movie*
un film d'amour *romantic movie*
un film policier *detective or mystery movie*
un film classique *classic movie*
un film d'aventures *adventure movie*
un film d'action *action movie*

TROISIEME ETAPE

Giving opinions

C'est drôle/amusant. *It's funny.*
C'est une belle histoire. *It's a great story.*
C'est plein de rebondissements. *It's full of plot twists.*
Il y a du suspense. *It's suspenseful.*
On ne s'ennuie pas. *You're never bored.*
C'est une histoire passionnante. *It's an exciting story.*
Je te le/la recommande. *I recommend it.*
Il n'y a pas d'histoire. *It has no plot.*

Ça casse pas des briques. *It's not earth-shattering.*
C'est... *It's . . .*
  trop violent *too violent*
  trop long *too long*
  bête *stupid*
  un navet *a dud*
  du n'importe quoi *worthless*
  gentillet, sans plus *cute (but that's all)*
  déprimant *depressing*

Summarizing

De quoi ça parle? *What's it about?*
Qu'est-ce que ça raconte? *What's the story?*

Ça parle de... *It's about . . .*
C'est l'histoire de... *It's the story of . . .*

Types of books

un roman policier (un polar) *detective or mystery novel*
une (auto)biographie *(auto)biography*
une bande dessinée (une B.D.) *comic book*
un livre de poésie *book of poetry*
un roman d'amour *romance novel*
un roman de science-fiction *science-fiction novel*
un (roman) classique *classic*
une pièce de théâtre *play*

deux cent quatre-vingt-treize **293**

CHAPITRE 12

Allez, viens au Québec !

Le mont Sainte-Anne

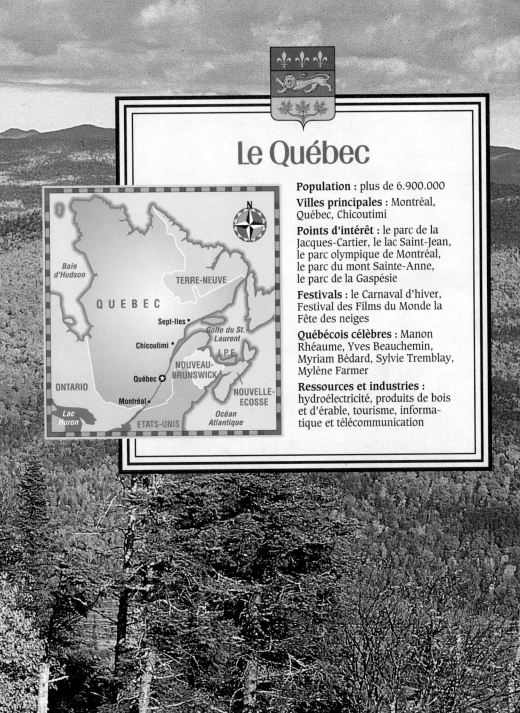

Le Québec

Population : plus de 6.900.000

Villes principales : Montréal, Québec, Chicoutimi

Points d'intérêt : le parc de la Jacques-Cartier, le lac Saint-Jean, le parc olympique de Montréal, le parc du mont Sainte-Anne, le parc de la Gaspésie

Festivals : le Carnaval d'hiver, Festival des Films du Monde la Fête des neiges

Québécois célèbres : Manon Rhéaume, Yves Beauchemin, Myriam Bédard, Sylvie Tremblay, Mylène Farmer

Ressources et industries : hydroélectricité, produits de bois et d'érable, tourisme, informatique et télécommunication

Le Québec

La province du Québec a un statut très indépendant. Trois fois plus grande que la France, elle compte pourtant moins de huit millions d'habitants. La langue officielle est le français, mais pour le commerce, la plupart des Québécois doivent aussi parler anglais. Montréal est la ville qui a le plus grand nombre d'habitants bilingues du monde. Pourquoi est-ce qu'on parle français au Québec? Parce que ce sont les Français qui l'ont fondé. Jacques Cartier a exploré le fleuve Saint-Laurent en 1534 et Samuel de Champlain a fondé La Nouvelle-France en 1608.

① On peut visiter le Vieux-Québec dans une calèche traditionnelle.

② Les hautes falaises qui bordent la très large **rivière Saguenay** lui donnent un aspect de fjord norvégien.

③ On trouve la plus grande concentration de stations de ski d'Amérique du nord dans **les Laurentides.**

④ **La péninsule de Gaspé** est l'une des plus anciennes régions touristiques du Québec, avec ses forêts et sa belle côte sauvage.

⑤ Au bord du Saint-Laurent, **Montréal** est la plus grande ville du Québec.

⑥ Au nord de la ville de Québec, **le parc de la Jacques-Cartier** offre une grande variété d'activités en pleine réserve naturelle.

⑦ **Les Inuits** sont un des peuples indigènes du Québec.

12

A la belle étoile

1 Au Québec, il y a des forêts magnifiques!

What images come to mind when you think of the Canadian wilderness? Mountain streams, tall trees, cool lakes? Canada's many national parks and wildlife preserves are beautiful settings for hiking, canoeing, or just enjoying nature.

In this chapter you will review and practice

- asking for and giving information; giving directions
- complaining; expressing discouragement and offering encouragement; asking for and giving advice
- relating a series of events; describing people and places

And you will

- listen to tourist bureau directions to parks
- read about camping excursions you can take
- write a journal entry about a camping trip
- find out about endangered animals in francophone countries and become familiar with some French-Canadian expressions

② Aïe! J'ai mal aux pieds!

③ D'abord, on a fait une randonnée pédestre. C'était tellement beau là-bas!

Mise en train

Promenons-nous dans les bois

Have you ever been camping? What do you think happens to these campers?

Michèle   Francine   René

Mme Desrochers   Paul   Denis

Le matin, au camping du parc de la Jacques-Cartier. René, Francine, Michèle, Denis et Paul s'apprêtent à partir pour une randonnée. Les parents de Francine, M. et Mme Desrochers, vont rester au camping. René, lui, commence son journal.

1 Tu as compris?

1. Where are the young people?
2. What are they doing?
3. What do Michèle and Denis disagree about?
4. What happens at the end of **Promenons-nous dans les bois**?

2 Il est quelle heure?

At what time did René write the following in his journal?

1. *Ça y est! Nous sommes perdus!*
2. *Mme Desrochers nous a donné une lampe de poche.*
3. *A propos des animaux, Michèle et Denis se disputent... comme d'habitude.*
4. *Il faudrait trouver une solution.*
5. *Allons, faisons confiance à Francine!*
6. *C'est tellement calme et tellement beau.*

3 Qui suis-je?

Michèle

Denis

René

Francine

Paul

J'ai faim.

J'aime aller à la chasse.

J'écris dans mon journal.

Je suis embêtée.

Je veux prendre un raccourci.

Je suis ravi.

Je pense qu'on devrait préserver les animaux.

4 Cherche les expressions

What do the people in **Promenons-nous dans les bois** say or write to . . .

1. ask for an opinion?
2. describe a place?
3. make a suggestion?
4. agree?
5. disagree?
6. ask for a suggestion?

5 Et maintenant, à toi

What do you think will happen next in the story? What would you do if you got lost while camping or hiking?

QUÉBEC
DESTINATION : NATURE

□ Parcs de Conservation
□ Parcs de Récréation

6 Destination nature

1. What geographical features do you see on the map? What cities?
2. What animals would you expect to find in Quebec?
3. What types of parks can you find in Quebec?

Asking for and giving information; giving directions

To ask for information:

Où se trouve le parc de la Jacques-Cartier?

Qu'est-ce qu'il y a à voir au parc?

Qu'est-ce qu'il y a à faire?

To give information:

Le parc **se trouve** près du lac Saint-Jean.

Il y a des forêts magnifiques et beaucoup d'animaux.

On peut faire des pique-niques, des safaris d'observation,...

To give directions:

C'est au nord/au sud/à l'est/à l'ouest de la ville de Québec.
It's to the north/south/east/west of . . .

C'est dans le nord/le sud/l'est/l'ouest du Québec. *It's in the northern/southern/eastern/western part of . . .*

7 Ecoute!

Stéphane est à Montréal. Il essaie de choisir quel parc il veut visiter. Ecoute les informations que l'office de tourisme lui donne et décide de quel parc on parle. Aide-toi du plan à la page 303.

8 C'est tellement beau!

Demande à ton/ta camarade où sont les parcs suivants et qu'est-ce qu'on peut y faire et y voir. Il/Elle va te répondre en s'aidant du plan à la page 303. Puis, changez de rôles.

> ### NOTE CULTURELLE
>
> There are many wilderness areas to visit in Quebec. **Le parc de la Jacques-Cartier** contains the southernmost tip of the band of boreal forest that circles the northern hemisphere from Quebec through Scandinavia and Siberia to Alaska. The park is named after Jacques Cartier, who claimed what is now Canada for the French crown in 1534. At the park you can follow the routes used by the **draveurs**, raftsmen who transported the trappers and lumberjacks who came to make their fortunes after Cartier mapped the area.

le parc du Mont-Tremblant

le parc du Saguenay

le parc de la Jacques-Cartier

9 On pourrait aller...

Ton ami(e) et toi, vous essayez de décider où vous voulez aller en vacances. Suggère un endroit et réponds aux questions de ton camarade qui te demande ce qu'il y a à voir et à faire là-bas. Puis, changez de rôles.

☐ au Québec à Paris
☐ à Abidjan en Touraine
☐ à la Martinique en Provence

De bons conseils

You've learned a lot of words and phrases. To review them, remember vocabulary in thematic groups. Think of a topic or situation that you've studied, such as making suggestions about what to see and do in Martinique. Then, list the vocabulary and phrases that you would need in that situation. Keep the lists you make and use them to study for your next test—and your final exam!

VOCABULAIRE

Qu'est-ce qu'on peut voir dans les parcs du Québec?

un orignal

un ours

un loup

un écureuil

un renard

un raton laveur

une mouffette

un canard

10 Ecoute!

Francine est revenue d'une excursion dans le parc de la Jacques-Cartier. Quels animaux est-ce qu'elle a vus?

11 Qui suis-je?

1. Je suis noir et blanc et j'ai une grande queue. Certains disent que je sens mauvais.
2. J'ai le museau et les oreilles pointus et une grande queue rousse. J'adore les poules!
3. Je suis gris et noir. J'ai une queue à rayures et je porte toujours un masque.
4. Je suis noir ou brun et les gens ont peur de moi parce que je suis grand et fort.
5. J'habite les lacs et les rivières. Les enfants adorent me donner à manger.

12 Et toi?

Réponds aux questions suivantes, puis interviewe un(e) camarade.

1. Quels animaux du **Vocabulaire** est-ce que tu as déjà vus?
2. Où est-ce que tu les as vus?
3. Est-ce que tu leur as donné à manger?
4. Quels animaux est-ce que tu n'as jamais vus?
5. Si tu pouvais être un de ces animaux, lequel choisirais-tu? Pourquoi?

VOCABULAIRE

Qu'est-ce qu'on peut faire au Québec? On peut...

faire du camping.

faire du canotage.

faire du vélo de montagne.

faire une randonnée en skis.

ACTIVITÉS ET SERVICES OFFERTS DANS LES 16 PARCS DU QUÉBEC	Baignade	Canotage, canot-camping	Interprétation	Observation	Pêche	Randonnée à bicyclette	Randonnée pédestre	Voile, planche à voile	Randonnée en raquettes	Randonnée en skis	Ski alpin	Camping	Chalet	Refuge	Pique-nique	Rampe de mise à l'eau	Restauration
1. Aiguebelle																	
2. Mont-Tremblant																	
3. Paul-Sauvé																	
4. Îles-de-Boucherville																	
5. Mont-Saint-Bruno																	
6. Yamasaka																	
7. Mont-Orford																	
8. Frontenac																	
9. Jacques-Cartier																	
10. Grands-Jardins																	
11. Pointe-Taillon																	
12. Saguenay																	
13. Bic																	
14. Gaspésie																	
15. Île-Bonaventure-et-Rocher-Percé																	
16. Miguasha																	

Note: Un service de location est disponible dans certains parcs.

faire une randonnée en raquettes.

faire une randonnée pédestre.

13 Vrai ou faux?

Regarde le tableau à la page 306 et décide si les phrases suivantes sont vraies ou fausses.

1. On peut se baigner au parc du Saguenay.
2. On peut faire du camping et du vélo de montagne au parc du Yamaska.
3. Au parc du Mont Tremblant, on peut faire une randonnée pédestre et aller à la pêche.
4. On peut faire une randonnée en raquettes au parc du Mont-Orford, mais on ne peut pas faire de canotage.
5. Au parc de la Gaspésie, on ne peut pas faire de ski alpin, mais on peut faire une randonnée en skis.
6. Dans tous les parcs, il est possible de faire un pique-nique et une randonnée pédestre.

14 Ecoute!

Ecoute ces personnes qui parlent de leurs week-ends. Fais une liste de ce que chaque groupe d'amis a fait.

15 Un week-end sportif

Des groupes de copains font du camping. Compare leurs activités. Qu'est-ce qu'ils font de semblable? Et de différent?

Jules et Romain

Marie et Jeanne

16 Moi, j'aime bien...

Fais une liste des activités que tu aimerais pratiquer si tu allais au Québec. Quels sont les parcs qui offrent ces activités?

17 Si on allait... ?

En utilisant les listes que vous avez faites pour l'activité 16, choisissez un parc québécois où votre classe de français peut aller pour le voyage de fin d'année. Créez une publicité pour le parc pour persuader le reste de la classe d'y aller.

Complaining; expressing discouragement and offering encouragement; asking for and giving advice

E.LECLERC Ⓛ

46 F 90
Tue-insectes
4 W, 220 V.
Tube fluorescent.
Coloris noir.

36 F 95
Panoplie
Comprenant : 1 mini lancer téléscopique : Anneaux sur bridges. Poignée plastique antidérapante. Porte-moulinet à os plastique. 1 moulinet : métal. Bobine plastique. Frein avant garni. 1 cuillère type "Rublex" spéciale gros carnassier, dorée. 1 flotteur.

57 F 90
Sac de couchage
Nylon uni, transformable en couverture. Dimensions: 1,80 m x 75 cm. Doublé polyester coton. Garnissage 100 % polyester 200 g/m².

86 F 50
Lampe 80 watts sur cartouche "Beaux Jours"
Lampe camping fonctionnant avec une cartouche 200 grs modèle 880

68 F 00
Sac à dos
35 litres. Nylon 420 deniers. Fermeture : cordon bloqueur + rabat élastiqué - 1 boucle rapide. Bretelles matelassées, dos rembourré contact coton, 2 poches latérales zippées + 1 poche frontale zippée + 1 poche caméra fermeture velcro. Fond renforcé.

12 F 90
Tapis de sol lisse
Dimensions: 1,80 m x 50 cm x 8 mm. Utilisation: camping, gymnastique, plage. Coloris assortis. Mousse de polyéthylène.

245 F 00
Dôme avec avancée 3 places "KIWI I"
Grande avancée avec volet + fenêtres. Double toit nylon 70 deniers. Intérieur nylon taffetas. Tapis de sol polyéthylène. Armature: 2 arceaux en fibre de verre diam.: 7,9 mm, 2 mâts de relevée en acier zingué.

18 Tu as compris?

Regarde la publicité pour E. Leclerc et réponds aux questions suivantes.

1. Cette publicité est pour quelle sorte d'équipement?
2. Combien de poches a le sac à dos? Combien coûte-t-il?
3. Comment dit-on *sleeping bag* en français? Quelles sont les dimensions de celui sur la publicité? Combien coûte-t-il?
4. Comment est-ce qu'on peut utiliser le tapis de sol lisse?
5. Est-ce que la tente a des fenêtres? Elle peut loger combien de personnes?

VOCABULAIRE

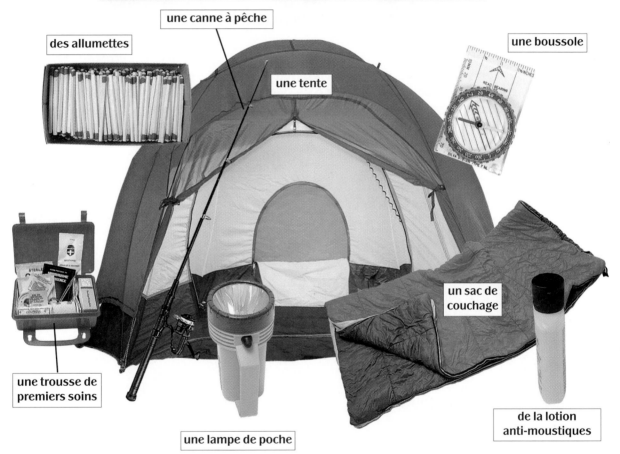

des allumettes

une canne à pêche

une tente

une boussole

une trousse de premiers soins

une lampe de poche

un sac de couchage

de la lotion anti-moustiques

19 J'en ai besoin!

Si tu vas faire du camping, qu'est-ce qu'il faut que tu emportes pour...

1. dormir?
2. attraper des poissons?
3. ne pas te perdre?
4. ne pas te faire piquer par les insectes?

5. soigner quelqu'un qui s'est fait mal?
6. bien voir la nuit?
7. faire la cuisine?

20 N'oublie pas...

Ton ami(e) va aller faire du camping avec toi. Ecris-lui une lettre dans laquelle tu lui donnes des conseils sur ce qu'il/elle doit emporter et mettre.

Si tu as oublié clothing vocabulary va à la page 336.

Note de Grammaire

The verb **emporter** means *to take something with you*. It's a regular **-er** verb. You can use it to advise someone what to bring: **Emporte** une boussole!

COMMENT DIT-ON... ?

Complaining; expressing discouragement and offering encouragement

To complain:
Je crève de faim!
Je meurs de soif!
Je suis fatigué(e).
J'ai peur des loups!
I'm scared of . . . !

To express discouragement:
Je n'en peux plus!
J'abandonne!
Je craque!

To offer encouragement:
Courage!
Tu y es presque!
On y est presque!
Allez!

21 Qu'est-ce qu'ils disent?

1.

2.

3.

22 Jeu de rôle

Ecris et joue une scène au sujet d'amis qui partent camper et qui se perdent. Parmi *(among)* tes amis, une personne est toujours en train de se plaindre *(complaining)*, une autre personne est découragée et elle a peur dans les bois, et la dernière personne essaie d'encourager les deux autres.

23 Au parc de la Jacques-Cartier

1. Look at the words in bold type at the top and bottom of the brochure. What is this brochure about? Who is it for?
2. If you were going to a state park, what things do you think would be forbidden? What would be encouraged?
3. According to the illustrations and text below each one, what are three things you shouldn't do at the **parc de la Jacques-Cartier**?
4. Read the brochure carefully to find two other things you shouldn't do, and two you should do.

VOCABULAIRE

respecter la nature	*to respect nature*
jeter (remporter) les déchets	*to throw away (to take with you) your trash*
nourrir les animaux	*to feed the animals*
mutiler les arbres	*to deface the trees*
suivre les sentiers balisés	*to follow the marked trails*

24 Ecoute!

Ecoute Bénédicte et ses copains qui font une randonnée dans le parc. Choisis le dessin qui correspond à chaque conversation.

PARC DE LA
JACQUES-CARTIER

BIENVENUE
DANS LE PARC DE LA JACQUES-CARTIER

«LA PROTECTION DU PARC, C'EST
L'AFFAIRE DE TOUS»

Lorsque tu viens dans le parc, prends soin de:

- laisser chez toi les animaux domestiques
- garer ta voiture dans les aires de stationnement

- admirer les animaux sauvages sans les déranger ni tenter de les nourrir;
- jeter tes déchets dans les contenants prévus à cette fin;
- contempler les arbres, arbustes et autres plantes sans les prélever, ni les mutiler;
- ramener chez toi toute substance nocive tels savon, huile, combustible ou pesticide;

- éviter de peinturer, d'altérer ou de prélever les roches et autres formations naturelles

Québec ::

a.   b.   c.

COMMENT DIT-ON... ?

Asking for and giving advice

To ask for advice:
Qu'est-ce que je dois faire?

To give advice:
Tu devrais respecter la nature.
Tu ferais bien de suivre les sentiers balisés.
Evite de nourrir les animaux.
Tu ne devrais pas mutiler les arbres.

25 Qu'est-ce qu'ils font, ces enfants?!

Tu fais du camping avec un groupe d'enfants... mais ils font des bêtises. Qu'est-ce que tu leur conseilles?

26 Tu dois respecter les règles!

Fais un poster comme celui du parc de la Jacques-Cartier de la page 311. Ecris la liste des règles que l'on doit respecter dans un parc près de chez toi, dans ton école, dans ta classe ou dans ta chambre à la maison. Utilise des illustrations ou des extraits de magazines.

27 Mon journal

Est-ce que l'idée de faire du camping te plaît? Ecris ce que tu aimes et ce que tu n'aimes pas au sujet du camping.

> ### NOTE CULTURELLE
>
> Ecology has been a growing concern in Canada. There are more than 500 groups dedicated to researching and protecting the environment in Canada alone. A television program, **La Semaine Verte,** provides regular updates on environmental issues. These groups don't work alone; the government seeks to protect the natural resources of Canada by designating areas as wildlife preserves, ecological reserves, and national parks.

PANORAMA CULTUREL

Max • Martinique

Marius • Côte d'Ivoire

Mathieu • Québec

We asked some francophone people about endangered animals in their areas. Here's what they had to say.

Quels sont les animaux en voie de disparition dans ta région?

«Il y en a beaucoup qui ont déjà complètement disparu, mais l'animal qui est en voie de disparition en ce moment, c'est l'iguane. Il en reste une dizaine d'unités. Ils sont au fort Saint-Louis. Je crois que c'est plutôt ceux-là qui sont vraiment en voie de disparition.»

Qu'est-ce qu'on fait pour les protéger?

«J'ai l'impression qu'on ne s'en occupe pas beaucoup. Ils sont là. Ils sont livrés à eux-mêmes et je pense qu'ils vont disparaître dans très peu de temps.»

—Max

«Il y a des animaux en voie de disparition comme l'éléphant. L'éléphant en Côte d'Ivoire, il y en avait plein avant, mais maintenant ils commencent à disparaître et puis aussi il y a... il y a plein d'animaux hein... Je ne sais pas, l'hippopotame, le crocodile et puis le singe et puis les jolis oiseaux, les petits oiseaux comme les grands. Bon, maintenant on n'en a pas trop. Pour les voir, il faut aller soit à l'intérieur du pays ou aller au zoo.»

—Marius

«Qui sont en voie de disparition? Dans le fleuve Saint-Laurent, ici, en bas du Québec, il y a les baleines. Il y a les bélugas qui sont en voie de disparition. A l'extérieur, il y en a plusieurs. Il y en a beaucoup qui ont déjà disparu aussi. Et puis, il y a beaucoup d'oiseaux aussi qui disparaissent, à cause des produits qu'on envoie dans l'environnement.»

Qu'est-ce qu'on fait pour les protéger?

«Le gouvernement, ils pensent, enfin ils veulent faire dépolluer le fleuve Saint-Laurent ici, mais ils [ne] font pas grand-chose.»

—Mathieu

Qu'en penses-tu?

1. Are there any endangered animals in your community? What endangered species have you read about or heard about in the news lately?
2. What is being done to protect endangered species?

*Relating a series of events;
describing people and places*

Lundi 12 septembre   20h15
Cher journal,
Me voici donc revenue de mon week-end
de camping! Il faisait un temps horrible
quand nous sommes partis, mais heureusement ça n'a pas duré. A midi,
il faisait beau et chaud, un temps
magnifique, surtout pour les randonnées. Alors, on s'est mis en route!
D'abord, on a fait une randonnée
super et Marc a pris des douzaines
de photos. Il y avait une chute
d'eau géniale; il a pris une
photo de moi devant. Nous avons
même vu un ours! Après ça, on

est allés se
baigner dans la
rivière. Ensuite,
Julie est allée à la pêche, Marc
est rentré au terrain de camping
et moi, je suis restée nager!
Malheureusement, les moustiques
sont restés aussi! Ils m'ont piquée
partout! Julie m'a prêté sa lotion
anti-moustiques, mais c'était
trop tard! Enfin, on a fait un
pique-nique super. On a mangé
les poissons que Julie avait
attrapés. Quelle journée! Malgré
les piqûres, c'était super-génial.
Vive le camping!
                              Sophie

28 Tu as compris?

1. Où est-ce que Sophie et ses amis sont allés?
2. Quel temps faisait-il?
3. Qu'est-ce qu'ils ont fait là-bas?
4. Le week-end s'est bien passé?

COMMENT DIT-ON... ?
Relating a series of events; describing people and places

To relate a series of events:
    D'abord, j'ai acheté des bottes et une casquette.
    Ensuite, je suis parti(e) au parc avec Francine et Denis.
    Après ça, on a fait une randonnée pédestre.
    Finalement, je me suis couché(e) très tôt.

To describe people and places:
    Il y avait beaucoup d'arbres et une chute d'eau.
    Paul **était** pénible parce qu'il **avait** faim.
    Francine **avait l'air** embêtée.
    Moi, j'**étais** ravi(e)!

29 Ecoute!

Séverine raconte son week-end au parc du Saguenay à son ami Guillaume. Ecoute, puis réponds aux questions.

1. Quel temps faisait-il?
2. Qu'est-ce qu'elles ont fait là-bas?
3. Est-ce que Monique était de bonne ou de mauvaise humeur? Pourquoi?

*G*rammaire The **passé composé** and the **imparfait**

- Remember that you use the **passé composé** to tell what happened in the past.
- When you use **être** as the helping verb, the past participle agrees with the subject.
- Words that often signal the **passé composé** are **un jour, une fois, soudain,** and the words you've learned to use to relate a series of events.
- You use the **imparfait** to describe what people or things were like; to describe repeated or habitual actions in the past, what used to happen; and to describe general conditions in the past, to tell what was going on.
- Words that often signal the **imparfait** are **toujours, d'habitude, souvent,** and **de temps en temps.**

30 Une histoire de fantômes

Francine raconte une histoire de fantômes à ses amis réunis autour d'un feu de camp. Complète son histoire en mettant les verbes au passé composé ou à l'imparfait. Est-ce que c'était un vrai fantôme? Qu'est-ce que c'était?

À PROPOS, VOUS CONNAISSEZ LA VIEILLE MAISON DUCHARME?

Ce __1__ (être) un soir d'automne. Je __2__ (rentrer) chez moi. Je __3__ (être) un peu en retard parce que je __4__ (chercher) mon chat, Minou. Je __5__ (passer) devant la maison Ducharme quand soudain, je __6__ (entendre) un bruit. On aurait dit un fantôme! Je __7__ (décider) de faire une enquête. D'abord, je __8__ (monter) par l'escalier jusqu'à la terrasse — « *CRICK, CRICK, CRICK,* », puis je __9__ (ouvrir) la porte « *JOUIIIING* » et je __10__ (entrer) dans la maison. A l'intérieur, il y __11__ (avoir) de la poussière et des toiles d'araignée partout. Je __12__ (faire) un pas vers le salon quand, tout à coup, quelque chose __13__ (tomber) derrière moi! Je __14__ (être) verte de peur! Le fantôme avait essayé de me tuer!

HEUREUSEMENT, JE ME SUIS ÉCHAPPÉE, SAINE ET SAUVE!

31 La journée de Pierre

Aujourd'hui, Pierre a fait une randonnée dans le parc. Mets ses activités en ordre et raconte sa journée.

a.

b.

c.

d.

e.

f.

32 Quelle aventure!

Imagine que tu as passé le week-end avec un groupe d'amis dans un des parcs québécois. Décris le temps qu'il a fait là-bas, ce que tu as vu et ce que tout le monde a fait. Décris tes impressions de cette expérience dans la nature.

33 Raconte!

Maintenant pose des questions à ton ami(e) au sujet du week-end décrit dans l'activité 32. Demande-lui où il/elle est allé(e), avec qui, quel temps il a fait, comment était le parc, ce qu'il/elle a fait et si c'était bien. Changez de rôles.

RENCONTRE CULTURELLE

If you visit Quebec, you might be surprised at some of the French-Canadian words and expressions you'll hear. See if you can match the French expressions on the left with their French-Canadian equivalents on the right.

1. maïs
2. dîner
3. stop
4. au revoir
5. boisson
6. pomme de terre
7. week-end
8. ça va
9. de rien
10. hot-dog

a. bonjour
b. breuvage
c. patate
d. bienvenue
e. fin de semaine
f. arrêt
g. souper
h. blé d'Inde
i. c'est correct
j. chien chaud

Qu'en penses-tu?

1. Which French expressions use English words? What do French Canadians use instead?
2. Which French-Canadian expressions show the influence of North American culture?

Savais-tu que... ?

If you visit Quebec, some of the words and expressions you will hear may be different from those you would hear in many parts of France. Some words and expressions heard in Quebec were used only in certain regions of France and might not be used in France anymore. Other more modern expressions originated separately in France and Quebec. For example, in France, English words such as **hot-dog, week-end,** and **stop** are commonly used. In Quebec you are more likely to hear **chien chaud, fin de semaine,** and **arrêt.** Some expressions you will hear in Quebec reflect the influence of English, such as **bienvenue,** which literally means "welcome," and is used instead of **de rien** to mean "you're welcome."

(answers: 1 h, 2 g, 3 f, 4 a, 5 b, 6 c, 7 e, 8 i, 9 d, 10 j)

LISONS!

A. Preview the text. Read the titles, headings, and subheadings. What kind of text is this?

1. an article from a nature magazine
2. pages from a travel brochure
3. a journal entry by a naturalist

B. Skim for the gist. What's the point of this text?

1. to describe a naturalist's journey through the wilderness
2. to promote a novel called *The Call of the Wolf*
3. to describe travel packages available to French tourists

C. Scan the text to answer these specific questions.

1. What are three sports you can do at the **Centre de Vacances Edphy**?
2. On which day of the **Circuit découverte** do tourists go back to Quebec?

L'APPEL DES LOUPS
CIRCUIT DÉCOUVERTE

Côtoyez la faune dans son habitat sauvage, au cœur de l'immense Parc de conservation de la rivière Jacques-Cartier. Explorez tous les aspects de la forêt québécoise: en randonnées pédestres, en canot et en survol par hélicoptère. Vivez un contact privilégié avec la nature, en suivant les guides naturalistes.

1er jour: Québec
Accueil à Québec. Installation à l'hôtel.

2e jour: Québec/Parc de la Jacques-Cartier
Transfert à l'auberge de la forêt Montmorency et rencontre avec les guides naturalistes. Dîner et logement.

3e jour: Parc de la Jacques-Cartier
Exploration de la flore de la forêt Montmorency. Découverte des chutes de la Rivière Noire. Départ pour le premier campement. Déjeuner au barrage Sautauriski. Premier contact avec le territoire sauvage et la faune du parc de conservation de la Jacques-Cartier: loups, lynx, castors, ours noirs, élans d'Amérique et autres animaux (23 espèces de mammifères et 132 espèces d'oiseaux). Arrivée au Lac des Alliés et montage du premier campement. Possibilité de pêche à la truite. Appel nocturne des loups.

4e jour: Parc de la Jacques-Cartier
Survol du territoire en hélicoptère. Accès au fond du Canyon de l'Equatèque et début de la randonnée de 11 km à pied le long de la rivière Jacques-Cartier. Repas au feu de bois. Soirée "légendes et chants folkloriques".

5e jour: Parc de la Jacques-Cartier
Initiation au canot de rivière. Amorce de la descente de la rivière Jacques-Cartier (30 km en deux jours). Petite excursion en montagne et découverte des abris sous roches. Poursuite de l'expédition jusqu'au camping du Héron.

6e jour: Parc de la Jacques-Cartier
Deuxième jour du parcours en canot (environ 15 km). Déjeuner au delta d'une rivière à saumons. Passage du rapide du draveur et de la Passe du loup. Visite du centre d'interprétation. Arrivée au camp en bois rond le Kernan. Soirée de clôture et fête.

7e jour: Parc de la Jacques-Cartier
Randonnée pédestre et interprétation. Découverte des cascades de la rivière-à-l'épaule. Retour vers Québec.

Départs garantis chaque samedi du début juin à la fin septembre (sauf en juillet).

Prix par personne : 4 410 F

Le prix comprend:
* Les transferts aller/retour Québec/Parc de la Jacques-Cartier.
* 1 nuit hôtel 1ère catégorie à Québec.
* 1 nuit à l'auberge de la forêt Montmorency.
* La pension complète du dîner jour 1 au déjeuner jour 7.
* Les services des guides naturalistes.
* Les équipements de transport sur le terrain, canots, tentes.
* Le survol en hélicoptère.
* Les taxes et services.

Le prix ne comprend pas:
* Le transport aérien Paris/Montréal/Paris.
* La taxe d'aéroport.
* Le sac de couchage.
* Les dépenses et assurances personnelles.

CENTRE DE VACANCES EDPHY INTERNATIONAL:
Unique en Amérique

A 80 km au nord de Mirabel, aux pieds de la chaîne de montagnes des Laurentides, c'est Edphy International, ses 590 acres de forêt, ses 3 lacs, la rivière du Nord et son parc récréo-sportif incomparable.

Activités proposées:

Sports individuels : tennis, judo, natation, tir à l'arc, canoë, équitation... Sports d'équipes : baseball, basket, volley, handball. Atelier de cirque : trampoline, échasses, jonglerie, trapèze, acrobaties... Les événements spéciaux, olympiades, "beach party", festivals arts et culture.

Prix par personne:	
2 semaines	5200 F

Le prix comprend:

• L'hébergement, la pension complète, tout le programme d'activités multi sports/animation et l'encadrement, les taxes.

POHENEGAMOOK
Un environnement exceptionnel:

Pohénégamook Santé Plein Air est situé sur la berge est du lac Pohénégamook. Pohénégamook, en "montagnais" lieu d'hivernement, signifie également "endroit où il fait bon vivre". Le centre bénéficie d'un cadre naturel exceptionnel, d'un micro climat des plus agréables, d'un rivage abritant plus de 750 chevreuils et d'une situation géographique peu commune, chevauchant les frontières de l'état du Maine, du nouveau Brunswick et du Québec. Une pléiade d'activités est offerte. Randonnées pédestres, observation de la faune, catamaran, voile, pêche, tir à l'arc, escalade, astronomie, pédalo, canot, baignade. (Les équipements nécessaires aux activités sont fournis gratuitement.)

Prix par personne et par jour:	
Prix enfant (jusqu'à dix-huit ans)	325 F
Prix adulte	450 F

Le prix comprend:

• L'hébergement, la pension complète, l'équipement et l'animation.

3. How much would a sixteen-year-old traveler pay to stay one day at the **Pohénégamook Santé Plein Air**?

4. When can a traveler be guaranteed a departure for the trip to the Jacques-Cartier Park?

   a. Sundays from June to the end of September, including July

   b. Saturdays from June through September, except for July

   c. Saturdays only in July

D. Read the information in the box in the lower left corner of **l'Appel des Loups**. How does it relate to the rest of the text? If you were to pay the 4410 francs for the trip, what else would that price include?

E. Which trip would you choose?

RAPPEL Before you summarize what you're reading, it helps to take notes. First, you need to be aware of the purpose of your summary. Next, go through the text and write down all the words and phrases you think are important and relevant to your purpose. Take notes only on that topic. Then, from the notes you've gathered, make your summary.

F. Summarize in one sentence the description of **Centre de Vacances Edphy International** and its activities. Do the same for the Pohénégamook resort in two sentences.

G. Write a card to your pen pal in France in which you summarize your imaginary seven-day trip to the Jacques-Cartier Park. Use all the information you've read as the basis for your account. Don't bore your friend with every detail; choose only the five or six most important points of interest on your trip.

Parc **b**romont

**Ouvert à l'année!
Open all year!**

- Un des plus beaux camping au Québec, **très propre !!!**
- Atmosphère familiale, **tranquille**
- Piscine, golf miniature, ski de fond, grande patinoire
- Location de roulotte, par jour/par semaine
- Camping le plus près du centre de **ski** et des **glissades de Bromont (3 km).** Piste cyclable Granby-Waterloo (1 km)
- Factory Outlets et marché aux puces
- Réduction de 15% avant le 18/6 et après le 23/8

CLASSIFICATION CAMPING QUÉBEC

Sortie 78, autoroute des Cantons de l'Est
24, Lafontaine, C.P. 26, Bromont, Québec, J0E 1L0
Tél: (514) 534-2669 ou 534-2712
Propriétaires: Martin et Lysette Visser

Venez vous reposer là où les oiseaux font leurs nids.

Come and rest where the birds nest.

Camping Granby

CLASSIFICATION CAMPING QUÉBEC

CAMPING QUÉBEC

ANDRÉ RAINVILLE, prop,
310, rue Robitaille, Granby, J2G 8C7

Tél.: (514) 372-6639

- Tennis éclairé
- Croquet, pétanque
- Jeux de fers
- Ballon volant
- Terrain de jeux pour enfants
- Salle d'amusement intérieure
- Danse
- Messe sur le terrain
- Emplacement pour caravane
- Badminton
- Camping familial

- Grosse glissade et baignade dans lac artificiel asphalté
- Lac artificiel pour matelas pneumatique
- Restaurant - glace
- Eau, électricité, égout
- Laveuse, sécheuse
- Douches, toilettes
- Salle communautaire
- Dépanneur licencié
- Gaz propane - bois
- Activités organisées

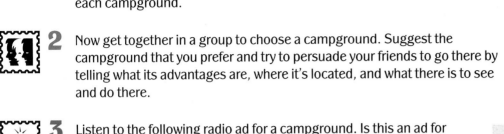

1 Look at the ads for the two campgrounds on page 320. In order to help you decide which one to go to, make a list of the things that are offered by both. Then, make separate lists of features that are unique to each campground.

2 Now get together in a group to choose a campground. Suggest the campground that you prefer and try to persuade your friends to go there by telling what its advantages are, where it's located, and what there is to see and do there.

3 Listen to the following radio ad for a campground. Is this an ad for **Camping Granby** or **Parc Bromont?**

4 You've been outvoted! Everyone else chose the campground that you like the least. Write a postcard home, telling what you did there and complaining about the things you didn't like.

5 Your friends decided to "rough it" on this camping trip, so you're off to the **parc de la Jacques-Cartier.** Before you go, read the **Conseils pratiques** of the lynx, the mascot of the park.

   1. When are you most likely to be bothered by insects at the park?

   2. What should you do to protect yourself against bites?

   3. **Non potable** means *not drinkable.* What water at the park is not drinkable?

   4. What can you do to make the water drinkable?

6 What kind of comparisons can you make between the people and places you've learned about this year? Make a chart with **France, Martinique, Côte d'Ivoire, Quebec,** and **United States** in a column on the left. Across the top of the chart, write headings for six columns: **Location and Size, Language(s), History, Life for Teenagers, Leisure Activities,** and **Food.** Fill out the chart, using your book as a reference. Compare your chart with a partner's. What similarities and differences do you find among these cultures?

7

JEU DE ROLE

It's your job to convince a reluctant friend to come with you to the **parc de la Jacques-Cartier.** He or she has never been camping and is a bit fearful. You should tell your friend . . .

- what you know about the park's history,
- what there is to see and do at the park,
- what to bring, and
- what to do and what not to do at the park.

Can you use what you've learned in this chapter?

Can you ask for and give information, and give directions? p. 304

Can you complain and express discouragement? p. 310

Can you offer encouragement? p. 310

Can you ask for and give advice? p. 312

Can you relate a series of events and describe people and places? p. 314

1 How would you ask someone what there is to see and do in these places? How would you tell someone?

    1. in a Canadian park   2. in Abidjan   3. in your favorite city

2 How would you ask where these places are? How would you tell where they are?

    1. le parc de la Jacques-Cartier   2. la Côte d'Ivoire   3. la Martinique

3 What would you say if . . .

    1. you were on a hike and just couldn't go on?
    2. you hadn't eaten since 5:00 this morning?
    3. you were afraid of a certain animal?

4 How would you encourage your friend to finish the hike?

5 How would you ask someone for advice?

6 What would you advise a friend to pack for a camping trip . . .

    1. in the summer?   2. in the winter?

7 What advice would you give a friend who . . .

    1. is being bitten by mosquitos?
    2. is offering some potato chips to a squirrel?
    3. just threw the potato chip bag on the ground?

8 How would you say that you did these things in this order?

9 How would you describe . . .

    1. the weather yesterday?   2. how you felt this morning?

PREMIERE ETAPE

Asking for and giving information; giving directions

Où se trouve... ? *Where is . . . located?*
Qu'est-ce qu'il y a à voir/faire... ? *What is there to see/do . . . ?*
... se trouve... *. . . is located . . .*
Il y a... *There is/are . . .*
On peut... *You can . . .*
C'est au nord/au sud/à l'est/à l'ouest de... *It's to the north/south/east/west of . . .*
C'est dans le nord/le sud/l'est/l'ouest de... *It's in the northern/southern/eastern/western part of . . .*

Animals

un orignal *moose*
un ours *bear*
un loup *wolf*
un écureuil *squirrel*
un renard *fox*
un raton laveur *raccoon*
une mouffette *skunk*
un canard *duck*

Outdoor activities

faire du camping *to go camping*
faire du canotage *to go canoeing*
faire du vélo de montagne *to go mountain-bike riding*
faire une randonnée pédestre *to go for a hike*
... en raquettes *. . . snow-shoeing*
... en skis *. . . cross-country skiing*

DEUXIEME ETAPE

Complaining; expressing discouragement and offering encouragement

Je crève de faim! *I'm dying of hunger!*
Je meurs de soif! *I'm dying of thirst!*
Je suis fatigué(e). *I'm tired.*
J'ai peur (de la, du, des)... *I'm scared (of) . . .*
Je n'en peux plus! *I just can't do any more!*
J'abandonne! *I'm giving up!*
Je craque! *I'm losing it!*
Courage! *Hang in there!*
Tu y es (On y est) presque! *You're (we're) almost there!*
Allez! *Come on!*

Asking for and giving advice

Qu'est-ce que je dois faire? *What should I do?*
Tu devrais... *You should . . .*
Tu ferais bien de... *You would do well to . . .*
Evite de... *Avoid . . .*
Tu ne devrais pas... *You shouldn't . . .*
respecter la nature *to respect nature*
jeter (remporter) les déchets *to throw away (to take with you) your trash*
nourrir les animaux *to feed the animals*
mutiler les arbres *to deface the trees*
suivre les sentiers balisés *to follow the marked trails*

Camping equipment

emporter *to bring (with you)*
une lampe de poche *flashlight*
une tente *tent*
un sac de couchage *sleeping bag*
une boussole *compass*
une trousse de premiers soins *first-aid kit*
une canne à pêche *fishing pole*
des allumettes *matches*
de la lotion anti-moustiques *insect repellent*

TROISIEME ETAPE

Relating a series of events; describing people and places

D'abord,... *First, . . .*
Ensuite,... *Then, . . .*
Après ça,... *After that, . . .*
Finalement,... *Finally, . . .*
Il y avait... *There was/were . . .*
Il était... *He was . . .*
Elle avait l'air... *She seemed . . .*
J'étais... *I was . . .*

REFERENCE SECTION

SUMMARY OF FUNCTIONS 326

SI TU AS OUBLIE 336

SUPPLEMENTARY VOCABULARY 337

NUMBERS 342

PRONUNCIATION GUIDE 343

GRAMMAR SUMMARY 344

VERB CHARTS 350

FRENCH-ENGLISH VOCABULARY 354

ENGLISH-FRENCH VOCABULARY 372

GRAMMAR INDEX 386

CREDITS 388

SUMMARY OF FUNCTIONS

Function is another word for the way in which you use language for a specific purpose. When you find yourself in specific situations, such as in a restaurant, in a grocery store, or at school, you'll want to communicate with those around you. In order to communicate in French, you have to "function" in the language.

Each chapter in this book focuses on language functions. You can easily find them in boxes labeled **Comment dit-on... ?** The other features in the chapter—grammar, vocabulary, culture notes—support the functions you're learning.

Here is a list of the functions presented in this book and their French expressions. You'll need them in order to communicate in a wide range of situations. Following each function are the numbers of the level, the chapter, and page where the function was first introduced.

SOCIALIZING

Greeting people   I Ch. 1, p. 22
  Bonjour.
  Salut.

Saying goodbye   I Ch. 1, p. 22
  Salut.   A bientôt.
  Au revoir.   A demain.
  A tout à l'heure.   Tchao.

Asking how people are   I Ch. 1, p. 23
  (Comment) ça va?
  Et toi?

Telling how you are   I Ch. 1, p. 23
  Ça va.   Bof.
  Super!   Pas mal.
  Très bien.   Pas terrible.
  Comme ci, comme ça.

Expressing thanks   I Ch. 3, p. 82
  Merci.
  A votre service.

Extending invitations   I Ch. 6, p. 159
  Allons... !
  Tu veux... ?
  Tu viens?
  On peut...

Accepting invitations   I Ch. 6, p. 159
  Je veux bien.
  Pourquoi pas?
  D'accord.
  Bonne idée.

Refusing invitations   I Ch. 6, p. 159
  Désolé(e), je suis occupé(e).
  Ça ne me dit rien.

  J'ai des trucs à faire.
  Desolé(e), je ne peux pas.

Identifying people   I Ch. 7, p. 179
  C'est...
  Ce sont...
  Voici...
  Voilà...

  II Ch. 11, p. 273
  Tu connais...
  Bien sûr. C'est...
  Je ne connais pas.

Introducing people   I Ch. 7, p. 179
  C'est...
  Je te/vous présente...
  Très heureux (heureuse). (FORMAL)

Seeing someone off   I Ch. 11, p. 296
  Bon voyage!   Amuse-toi bien!
  Bonnes vacances!   Bonne chance!

Welcoming someone   II Ch. 2, p. 33
  Bienvenue chez moi (chez nous).
  Faites (Fais) comme chez vous (toi).
  Vous avez (Tu as) fait bon voyage?

Responding to someone's welcome   II Ch. 2, p. 33
  Merci.
  C'est gentil de votre (ta) part.
  Oui, excellent.
  C'était fatigant!

Extending good wishes   II Ch. 3, p. 71
  Bonne fête!
  Joyeux (Bon) anniversaire!
  Bonne fête de Hanukkah!
  Joyeux Noël!
  Bonne année!
  Meilleurs vœux!

Félicitations!
Bon voyage!
Bonne route!
Bonne santé!

Congratulating someone   II Ch. 5, p. 127

Félicitations!
Bravo!
Chapeau!

EXCHANGING INFORMATION

Asking someone's name and giving yours
I Ch. 1, p. 24

Tu t'appelles comment?
Je m'appelle...

Asking and giving someone else's name
I Ch. 1, p. 24

Il/Elle s'appelle comment?
Il/Elle s'appelle...

Asking someone's age and giving yours
I Ch. 1, p. 25

Tu as quel âge?
J'ai... ans.

Asking for information (about classes)
I Ch. 2, pp. 51, 54

Tu as quels cours... ?
Vous avez... ?
Tu as quoi... ?
Tu as... à quelle heure?

(places)   **II Ch. 4, p. 90**

Où se trouve...?
Qu'est-ce qu'il y a...?
C'est comment?

II Ch. 12, p. 304
Où se trouve... ?
Qu'est-ce qu'il y a à voir... ?

(travel)   **II Ch. 6, p. 152**

A quelle heure est-ce que le train (le car) pour...
    part?
De quel quai... ?
A quelle heure est-ce que vous ouvrez (fermez)?
Combien coûte... ?
    un aller-retour
    un aller simple
C'est combien, l'entrée?

(movies)   **II Ch. 11, p. 280**

Qu'est-ce qu'on joue comme film?
Ça passe où?
C'est avec qui?
Ça commence à quelle heure?

Giving information
(about classes)   **I Ch. 2, pp. 51, 54**

Nous avons...
J'ai...

Telling when you have class   **I Ch. 2, p. 54**

à... heures
à... heures quinze
à... heures trente
à... heures quarante-cinq

Describing a place   **II Ch. 4, p. 90**

dans le nord
dans le sud
dans l'est
dans l'ouest
plus grand(e) que
moins grand(e) que
charmant(e)
coloré(e)
vivant(e)

II Ch. 12, p. 314
Il y avait...
Il était...

Giving information
(travel)   **II Ch. 6, p. 152**

Du quai...
Je voudrais...
Un..., s'il vous plaît.
... tickets, s'il vous plaît.

II Ch. 12, p. 304
...se trouve...
Il y a...
On peut...

(movies)   **II Ch. 11, p. 280**

On joue...
Ça passe à...
C'est avec...
A...

Making requests   **I Ch. 3, p. 72**

Tu as... ?
Vous avez... ?

Responding to requests   **I Ch. 3, p. 72**

Voilà.
Je regrette.
Je n'ai pas de...

Asking others what they need
I Ch. 3, p. 74

Qu'est-ce qu'il te faut pour...
Qu'est-ce qu'il vous faut pour...

Expressing need   **I Ch. 8, p. 210**

Qu'est-ce qu'il te faut?
Il me faut...

De quoi est-ce que tu as besoin?
J'ai besoin de...

Expressing need (shopping) **I Ch. 10, p. 265**

Oui, il me faut...
Oui, vous avez... ?
Je cherche quelque chose pour...
J'aimerais... pour aller avec...
Non, merci, je regarde.

Getting someone's attention **I Ch. 3, p. 82**

Pardon
Excusez-moi.

I Ch. 5, p. 135

... s'il vous plaît.
Excusez-moi.
Monsieur!
Madame!
Mademoiselle!

Exchanging information (leisure activities)
I Ch. 4, p. 104

Qu'est-ce que tu fais comme sport?
Qu'est-ce que tu fais pour t'amuser?
Je fais...
Je ne fais pas de...
Je joue...

II Ch. 1, p. 12
Qu'est-ce que tu aimes faire?
Qu'est-ce que tu fais comme sport?
Qu'est-ce que tu aimes comme musique?
Quel est ton... préféré(e)?
Qui est ton... préféré(e)?

Ordering food and beverages **I Ch. 5, p. 135**

Vous avez choisi?
Vous prenez?
Je voudrais...
Je vais prendre..., s'il vous plaît.
Un sandwich, s'il vous plaît.
Donnez-moi..., s'il vous plaît.
Apportez-moi..., s'il vous plaît.
Vous avez... ?
Qu'est-ce que vous avez comme... ?

Paying the check **I Ch. 5, p. 139**

L'addition, s'il vous plaît.
Oui, tout de suite.
Un moment, s'il vous plaît.
Ça fait combien, s'il vous plaît?
Ça fait... francs.
C'est combien,... ?
C'est... francs.

Making plans **I Ch. 6, p. 153**

Qu'est- ce que tu vas faire... ?
Tu vas faire quoi... ?
Je vais...

Pas grand-chose.
Rien de spécial.

Arranging to meet someone **I Ch. 6, p. 163**

Quand (ça)?   et demie
tout de suite   et quart
Où (ça)?   moins le quart
devant   moins cinq
au métro...   midi (et demi)
chez...   minuit (et demi)
dans...   vers
Avec qui?   On se retrouve...
A quelle heure?   Rendez-vous...
A cinq heures...   Entendu.

Describing and characterizing people **I Ch. 7, p. 185**

Il est comment?
Elle est comment?
Ils/Elles sont comment?
Il est...
Elle est...
Ils sont...

II Ch. 1, p. 10
avoir... ans
J'ai...
Il/Elle a...
Ils/Elles ont...
Je suis...
Il/Elle est...
Ils/Elles sont...

Describing people **II Ch. 12, p. 314**

Il avait...
Elle avait l'air...
J'étais...

Making a telephone call **I Ch. 9, p. 244**

Bonjour.
Je suis bien chez... ?
C'est...
(Est-ce que)... est là, s'il vous plaît?
(Est-ce que) je peux parler à... ?
Je peux laisser un message?
Vous pouvez lui dire que j'ai téléphoné?
Ça ne répond pas.
C'est occupé.

Answering a telephone call **I Ch. 9, p. 244**

Allô?
Bonjour.
Qui est à l'appareil?
Une seconde, s'il vous plaît.
D'accord.
Bien sûr.
Ne quittez pas.

Inquiring (shopping) **I Ch. 10, p. 265**

(Est-ce que) je peux vous aider?
Vous désirez?

Je peux l'(les) essayer?
Je peux essayer... ?
C'est combien,... ?
Ça fait combien?
Vous avez ça en... ?

Pointing out places and things   I Ch. 12, p. 317

Là, tu vois, c'est...
Regarde, voilà.
Ça, c'est...
Là, c'est...
Voici...

Asking for advice (directions)   I Ch. 12, p. 322

Comment est-ce qu'on y va?

Making suggestions   I Ch. 12, p. 322

On peut y aller...
On peut prendre...

Asking for directions   I Ch. 12, p. 327

Pardon,... , s'il vous plaît?
Pardon,... . Où est..., s'il vous plaît?
Pardon,... . Je cherche..., s'il vous plaît.

II Ch. 2, p. 45
Où est..., s'il vous plaît?

Giving directions   I Ch. 12, p. 327

Vous continuez jusqu'au prochain feu
   rouge.
Vous tournez...
Vous allez tout droit jusqu'à...
Vous prenez la rue..., puis traversez la rue...
Vous passez devant...
C'est tout de suite à...

II Ch. 2, p. 45
Traversez...
Prenez...
Puis, tournez à gauche dans/sur...
Allez (continuez) tout droit.
sur la droite (gauche)

II Ch. 12, p. 304
C'est au nord/au sud/à l'est/à l'ouest de...
C'est dans le nord/le sud/l'est/l'ouest de...

Inquiring about past events   I Ch. 9, p. 238

Qu'est-ce que tu as fait... ?
Tu es allé(e) où?
Et après?
Qu'est-ce qui s'est passé?

Inquiring about future plans   I Ch. 11, p. 289

Qu'est-ce que tu vas faire... ?
Où est-ce que tu vas aller... ?

Sharing future plans   I Ch. 11, p. 289

J'ai l'intention de...
Je vais...

Relating a series of events   II Ch. 1, p. 20

Qu'est-ce que tu vas faire... ?
D'abord, je vais...
Ensuite...,
Puis,...
Enfin,...

II Ch. 4, p. 99
Après ça...
Finalement...
Vers...

II Ch. 12, p. 314
D'abord,...
Ensuite,...
Puis...
Après ça,...
Finalement,...

Pointing out where things are
II Ch. 2, p. 39

Là, c'est...   en face de
A côté de...   à gauche de
Il y a...   à droite de
Ça, c'est...   près de

Making purchases   II Ch. 3, p. 58

Combien coûte(nt)... ?
Combien en voulez-vous?
Je vais en prendre...
Je vais (en) prendre...
Ça fait combien?

Asking what things were like   II Ch. 8, p. 198

C'était comment?
C'était tellement différent?

Describing what things were like
II Ch. 8, p. 198

C'était...
Il y avait...
La vie était plus... , moins...

Reminiscing   II Ch. 8, p. 201

Quand j'étais petit(e),...
Quand il/elle était petit(e),...
Quand j'avais... ans,...

Breaking some news   II Ch. 9, p. 232

Tu connais la nouvelle?
Tu ne devineras jamais ce qui s'est passé.
Tu sais qui...?
Tu sais ce que... ?
Devine qui...
Devine ce que...

Showing interest   II Ch. 9, p. 232

Raconte!
Aucune idée.
Dis vite!

Beginning a story   II Ch. 9, p. 235

A propos,...

Continuing a story   II Ch. 9, p. 235

Donc,...
Alors,...
Bref,...
C'est-à-dire que...
... quoi.
A ce moment-là,..
.... tu vois.

Ending a story   II Ch. 9, p. 235

Heureusement,...
Malheureusement,...
Finalement...

Summarizing   II Ch. 11, p. 286

De quoi ça parle?
Qu'est-ce que ça raconte?
Ça parle de...
C'est l'histoire de...

EXPRESSING FEELINGS AND EMOTIONS

Expressing likes and preferences about things
I Ch. 1, p. 26

J'aime (bien)...
J'aime mieux...
J'adore...
Je préfère...

I Ch. 5, p. 138
C'est...

Expressing dislikes about things   I Ch. 1, p. 26

Je n'aime pas...

I Ch. 5, p. 138
C'est...

Telling what you'd like and what you'd like to do
I Ch. 3, p. 77

Je voudrais...
Je voudrais acheter...

Telling how much you like or dislike something
I Ch. 4, p. 102

Beaucoup.
Pas beaucoup.
Pas tellement.
Pas du tout.
surtout

Inquiring about likes and dislikes   I Ch. 5, p. 138

Comment tu trouves ça?

Sharing confidences   I Ch. 9, p. 247

J'ai un petit problème.
Je peux te parler?
Tu as une minute?

II Ch. 10, p. 250
Je ne sais pas quoi faire.
J'ai un problème.
Tu as une minute?
Je peux te parler?
Qu'est-ce qu'il y a?
Je t'écoute.
Qu'est-ce que je peux faire?

Consoling others   I Ch. 9, p. 247

Ne t'en fais pas!
Je t'écoute.
Ça va aller mieux!
Qu'est-ce qu je peux faire?

II Ch. 5, p. 125
Ça va aller mieux.
T'en fais pas.
C'est pas grave.
Courage!

Hesitating   I Ch. 10, p. 274

Euh... J'hésite.
Je ne sais pas.
Il/Elle me plaît, mais il/elle est...

Making a decision   I Ch. 10, p. 274

Vous avez décidé de prendre... ?
Vous avez choisi?
Vous le/la/les prenez?
Je le/la/les prends.
Non, c'est trop cher.

Expressing indecision   I Ch. 11, p. 289

J'hésite.
Je ne sais pas.
Je n'en sais rien.
Je n'ai rien de prévu.

Expressing wishes   I Ch. 11, p. 289

J'ai envie de...
Je voudrais bien...

Asking how someone is feeling
II Ch. 2, p. 34

Pas trop fatigué(e)?
Vous n'avez pas (Tu n'as pas) faim?
Vous n'avez pas (Tu n'as pas) soif?

Telling how you are feeling   II Ch. 2, p. 34

Non, ça va.
Si, un peu.
Si, je suis crevé(e).
Si, j'ai très faim (soif)!
Si, je meurs de faim (soif)!

Inquiring II Ch. 5, p. 123

Comment ça s'est passé?
Comment s'est passée ta journée (hier)?
Comment s'est passé ton week-end?
Comment se sont passées tes vacances?

Expressing satisfaction II Ch. 5, p. 123

Ça s'est très bien passé!
C'était incroyable!
Quelle journée!
Quel week-end!

Expressing frustration II Ch. 5, p. 123

Quelle journée!
Quel week-end!
J'ai passé une journée épouvantable!
C'est pas mon jour!
Tout a été de travers!

Sympathizing with someone II Ch. 5, p. 125

Oh là là!
C'est pas de chance, ça!
Pauvre vieux (vieille)!

Making excuses II Ch. 5, p. 127

Je suis nul (nulle) en maths.
Je suis mauvais(e) en informatique.
Ce n'est pas mon fort
Je n'y comprends rien.
Le prof ne m'aime pas.
Le prof explique mal.

Expressing disbelief and doubt
II Ch. 6, p. 148

Tu plaisantes!   C'est pas vrai!
Pas possible!   N'importe quoi!
Ça m'étonnerait!   Mon œil!

Expressing concern for someone
II Ch. 5, p. 119

Ça n'a pas l'air d'aller.
Qu'est-ce qui se passe?
Qu'est-ce qui t'arrive?
Raconte!

II Ch. 7, p. 165
Quelque chose ne va pas?
Qu'est ce que tu as?
Tu n'as pas l'air en forme.

Complaining II Ch. 7, p. 165

Je ne me sens pas bien.
Je suis tout raplapla.
J'ai mal dormi.
J'ai mal partout!

II Ch. 12, p. 310
Je crève de faim!
Je meurs de soif!
Je suis fatigué(e).
J'ai peur (de la, du, des)...

Expressing discouragement II Ch. 7, p. 174

Je n'en peux plus!
J'abandonne.
Je craque!

II Ch. 12, p. 310
Je n'en peux plus!
J'abandonne!
Je craque!

Offering encouragement II Ch. 7, p. 174

Allez!
Encore un effort!
Tu y es presque!
Courage!

II Ch. 12, p. 310
Courage!
Tu y es (On y est) presque!
Allez!

To tell what or whom you miss II Ch. 8, p. 197

Je regrette...
... me manque.
... me manquent.
Ce qui me manque, c'est...

PERSUADING

Asking for suggestions II Ch. 1, p. 18

Qu'est-ce qu'on fait?

II Ch. 4, p. 94
Qu'est-ce qu'on peut faire?

Making suggestions I Ch. 12, p. 322

On peut y aller...
On peut prendre...

I Ch. 5, p. 133
On va... ?
On fait... ?
On joue... ?

II Ch. 1, p. 18
Si tu veux, on peut...
On pourrait...
Tu as envie de... ?
Ça te dit de... ?

II Ch. 4, p. 94
On peut...
Ça te dit d'aller...?
Si on allait...?

II Ch. 8, p. 209
Si on achetait... ?
Si on visitait... ?
Si on jouait... ?
Si on allait... ?

Accepting suggestions   I Ch. 4, p. 110

D'accord.   Allons-y!
Bonne idée.   Oui, c'est...

Turning down suggestions   I Ch. 4, p. 110

Non, c'est...
Ça ne me dit rien.
Désolé(e), mais je ne peux pas.

Responding to suggestions   II Ch. 1, p. 18

D'accord.
C'est une bonne (excellente) idée.
Je veux bien.
Je ne peux pas.
Ça ne me dit rien.
Non, je préfère...
Pas question!

II Ch. 8, p. 209
D'accord.
C'est une bonne idée.
Bof.
Ça m'est égal.
Non, je préfère...
Non, je ne veux pas.

Making excuses   I Ch. 5, p. 133

Désolé(e), j'ai des devoirs à faire.
J'ai des courses à faire.
J'ai des trucs à faire.
J'ai des tas de choses à faire.

II Ch. 5, p. 127
... , c'est pas mon fort.
J'a du mal à comprendre.
Je suis pas doué(e) pour...

II Ch. 10, p. 255
Désolé(e).
J'ai quelque chose à faire.
Je n'ai pas le temps.
Je suis très occupé(e).
C'est impossible.

Giving reasons   II Ch. 5, p. 127

Je suis assez bon (bonne) en...
C'est en... que je suis le/la meilleur(e).
... , c'est mon fort.

Making a recommendation   I Ch. 5, p. 133

Prends...

Asking for permission   I Ch. 7, p. 189

(Est-ce que) je peux... ?
Tu es d'accord?

Giving permission   I Ch. 7, p. 189

Oui, si tu veux.
Pourquoi pas?
Oui, bien sûr.
D'accord, si tu... d'abord...

Refusing permission   I Ch. 7, p. 189

Pas question!
Je ne suis pas d'accord.
Non, tu as... à...
Pas ce soir.

Making requests   I Ch. 8, p. 212

Tu peux aller faire les courses?
Tu me rapportes... ?

I Ch. 12, p. 320
Est-ce que tu peux... ?
Tu pourrais passer à... ?

Accepting requests   I Ch. 8, p. 212

Bon, d'accord.
Je veux bien.
J'y vais tout de suite.

I Ch. 12, p. 320
D'accord.
Je veux bien.
Si tu veux.

Declining requests   I Ch. 8, p. 212

Je ne peux pas maintenant.
Je regrette, mais je n'ai pas le temps.

I Ch. 12, p. 320
Désolé(e), mais je n'ai pas le temps.
J'ai des tas de choses (trucs) à faire.

Telling someone what to do   I Ch. 8, p. 212

Rapporte-moi...
Prends...
Achète(-moi)...
N'oublie pas.

Asking for food   II Ch. 3, p. 64

Je pourrais avoir... ?
Vous pourriez (tu pourrais) me passer... ?

Offering food   I Ch. 8, p. 219

Tu veux... ?   Tu prends... ?
Vous voulez... ?   Encore de... ?
Vous prenez... ?

II Ch. 3, p. 64
Voilà.
Vous voulez (tu veux)... ?
Encore... ?
Tenez (tiens).

Accepting food   I Ch. 8, p. 219

Oui, s'il vous (te) plaît.
Oui, avec plaisir.

II Ch. 3, p. 64
Oui, je veux bien.

Refusing food I Ch. 8, p. 219

Non, merci.
Non, merci. Je n'ai plus faim.
Je n'en veux plus.

II Ch. 3, p. 64
Merci, ça va.
Je n'ai plus faim (soif).

Asking for advice I Ch. 12, p. 322

Comment est-ce qu'on y va?

I Ch. 9, p. 247
A ton avis, qu'est-ce que je fais?
Qu'est-ce que tu me conseilles?

I Ch. 10, p. 264
Je ne sais pas quoi mettre pour...
Qu'est-ce que je mets?

II Ch. 3, p. 68
Tu as une idée de cadeau pour... ?
Qu'est-ce que je pourrais offrir à... ?
Bonne idée!

II Ch. 10, p. 250
A ton avis, qu'est-ce que je dois faire?
Qu'est-ce que tu ferais, toi?
Qu'est-ce que tu me conseilles?

II Ch. 12, p. 312
Qu'est-ce que je dois faire?

Giving advice I Ch. 9, p. 247

Oublie-le/-la/-les!
Téléphone-lui/-leur!
Tu devrais...
Pourquoi tu ne... pas?

I Ch. 10, p. 264
Pourquoi est-ce que tu ne mets pas... ?
Mets...

II Ch. 1, p. 15
Pense à prendre...
Prends...
N'oublie pas...

II Ch. 3, p. 68
Offre-lui (leur)...
Tu pourrais lui (leur) offrir...
...peut-être?

II Ch. 7, p. 173
Tu devrais...   Tu n'as qu'à...
Tu ferais bien de...   Pourquoi tu ne... pas... ?

II Ch. 10, p. 250
Oublie-le/-la/-les.   Explique-lui/-leur.
Invite-le/-la/-les.   Excuse-toi.
Parle-lui/-leur.   Téléphone-lui/-leur.
Dis-lui/-leur que...   Tu devrais...
Ecris-lui/-leur.

II Ch. 7, p. 178
Evite de...
Ne saute pas...
Tu ne devrais pas...

II Ch. 12, p. 312
Tu devrais...
Tu ferais bien de...
Evite de...
Tu ne devrais pas...

Accepting advice II Ch. 3, p. 68

Bonne idée!
C'est original.
Tu as raison...
D'accord.

II Ch. 7, p. 173
Tu as raison.
Bonne idée.
D'accord.

Rejecting advice II Ch. 3, p. 68

C'est trop cher.
C'est banal.
Ce n'est pas son style.
Il/Elle en a déjà un(e).

II Ch. 7, p. 173
Non, je n'ai pas très envie.
Je ne peux pas.
Ce n'est pas mon truc.
Non, je préfère...

Reminding I Ch. 11, p. 293

N'oublie pas...
Tu n'as pas oublié... ?
Tu ne peux pas partir sans...
Tu prends... ?

Reassuring I Ch. 11, p. 293

Ne t'en fais pas.
J'ai pensé à tout.
Je n'ai rien oublié.

II Ch. 8, p. 197
Tu vas t'y faire.
Fais-toi une raison.
Tu vas te plaire ici.
Tu vas voir que...

Asking a favor I Ch. 12, p. 320

Est-ce que tu peux... ?
(Est-ce que) tu pourrais me rendre un petit
    service?
Tu pourrais passer à... ?

Agreeing to a request I Ch. 12, p. 320

D'accord.
Je veux bien.
Si tu veux.

Refusing a request   I Ch. 12, p. 320

Désolé(e), mais je n'ai pas le temps.
J'ai des tas de choses (trucs) à faire.
Non, je ne peux pas.

Reprimanding someone   II Ch. 5, p. 127

C'est inadmissible.
Il faut mieux travailler en classe.
Il ne faut pas faire le clown en classe!
Ne recommence pas.

Justifying your recommendations   II Ch. 7, p. 178

C'est bon pour toi.
C'est meilleur que...
Ça te fera du bien.

Advising against something   II Ch. 7, p. 178

Evite de...
Ne saute pas...
Tu ne devrais pas...

Asking for a favor   II Ch. 10, p. 255

Tu peux m'aider?
Tu pourrais...?
Ça t'ennuie de... ?
Ça t'embête de... ?

Granting a favor   II Ch. 10, p. 255

Avec plaisir.
Bien sûr.
Pas du tout.
Bien sûr que non.
Pas de problème.

Apologizing   II Ch. 10, p. 258

C'est de ma faute.   J'aurais dû...
Excuse-moi.   J'aurais pu...
Désolé(e).   Tu ne m'en veux pas?

Accepting an apology   II Ch. 10, p. 258

Ça ne fait rien.
Je ne t'en veux pas.
Il n'y a pas de mal.

Reproaching someone   II Ch. 10, p. 258

Tu aurais dû...
Tu aurais pu...

EXPRESSING ATTITUDES AND OPINIONS

Agreeing   I Ch. 2, p. 50

Oui, beaucoup.
Moi aussi.
Moi non plus.

Disagreeing   I Ch. 2, p. 50

Moi, non.
Non, pas trop.
Moi, si.

Asking for opinions   I Ch. 2, p. 57

Comment tu trouves... ?
Comment tu trouves ça?

I Ch. 9, p. 237
Tu as passé un bon week-end?
Ça s'est bien passé?

I Ch. 10, p. 270
Comment tu trouves... ?
Ça me va?
Ça te (vous) plaît?
Tu aimes mieux... ou... ?

I Ch. 11, p. 297
Tu as passé un bon... ?
Ça s'est bien passé?
Tu t'es bien amusé(e)?

II Ch. 6, p. 144
C'était comment?
Ça t'a plu?
Tu t'es amusé(e)?

Expressing opinions   I Ch. 2, p. 57

C'est...

I Ch. 9, p. 237
Oui, très chouette.
Oui, excellent.
Oui, très bon.
Oui, ça a été.
Oh, pas mal.
C'était épouvantable.
Très mal.

I Ch. 11, p. 297
Oui, très chouette.
C'était formidable!
Non, pas vraiment.
Oui, ça a été.
Oh, pas mal.
C'était épouvantable.
Je suis embêté(e).
C'était un véritable cauchemar!

Paying a compliment   I Ch. 10, p. 270

C'est tout à fait ton style.
Ça te (vous) va très bien.
Ça va très bien avec...
Je le/la/les trouve...
sensas (sensationnel)
C'est parfait.

II Ch. 3, p. 64
C'est vraiment bon!
C'était délicieux!

II Ch. 2, p. 40
Il (Elle) est vraiment bien, ton (ta)...
Il (Elle) est cool, ton (ta)...
　　　　beau (belle)
　　　　génial(e)
　　　　chouette

Responding to compliments   **II Ch. 2, p. 40;
II Ch. 3, p. 64**

> Ce n'est pas grand-chose.
> C'est gentil!
> Tu trouves?
> C'est vrai? (Vraiment?)

Criticizing   **I Ch. 10, p. 270**

> Ça ne te (vous) va pas du tout.
> Ça ne va pas du tout avec...
> Il/Elle est (Ils/Elles sont) trop...
> Je le/la/les trouve moche(s).

Emphasizing likes   **II Ch. 4, p. 96**

> Ce que j'aime bien, c'est...
> Ce que je préfère, c'est...
> Ce qui me plaît, c'est...

Emphasizing dislikes   **II Ch. 4, p. 96**

> Ce que je n'aime pas, c'est...
> Ce qui m'ennuie, c'est...
> Ce qui ne me plaît pas, c'est...

Expressing enthusiasm   **II Ch. 6, p. 144**

> C'était...
>> magnifique.
>> incroyable.
>> superbe.
>> sensas.
> Ça m'a beaucoup plu.
> Je me suis beaucoup amusé(e).

Expressing indifference   **II Ch. 6, p. 144**

> C'était...
>> assez bien.
>> comme ci, comme ça.
>> pas mal.
> Mouais.
> Plus ou moins.

Expressing dissatisfaction   **II Ch. 6, p. 144**

> C'était...
>> ennuyeux.

>> mortel.
>> nul.
>> sinistre.
> Sûrement pas!
> Je me suis ennuyé(e).

*Wondering what happened and offering possible
explanations*   **II Ch. 9, p. 228**

> Je me demande...
> A mon avis,...
> Peut-être que...
> Je crois que...
> Je parie que...

Accepting explanations   **II Ch. 9, p. 228**

> Tu as peut-être raison.
> C'est possible.
> Ça se voit.
> Evidemment.

Rejecting explanations   **II Ch. 9, p. 228**

> A mon avis, tu te trompes.
> Ce n'est pas possible.
> Je ne crois pas.

Giving opinions   **II Ch. 11, p. 284**

> C'est drôle (amusant).
> C'est une belle histoire.
> C'est plein de rebondissements.
> Il y a du suspense.
> On ne s'ennuie pas.
> C'est une histoire passionnante.
> Je te le recommande.
> Il n'y a pas d'histoire.
> Ça casse pas des briques.
> C'est...
>> trop violent.
>> trop long.
>> bête.
>> un navet.
>> du n'importe quoi.
>> gentillet, sans plus.
>> déprimant.

SI TU AS OUBLIE...

FAMILY AND PETS

le beau-père *stepfather*
la belle-fille *stepdaughter*
la belle-mère *stepmother*
le cousin (la cousine) *cousin*
le demi-frère *half-brother/stepbrother*
la demi-sœur *half-sister/stepsister*
l'enfant unique *only child*
le frère *brother*
la grand-mère *grandmother*
le grand-père *grandfather*
la mère *mother*
l'oncle (m.) *uncle*
le père *father*
la sœur *sister*
la tante *aunt*
le canari *canary*
le chat *cat*
le chien *dog*
le poisson *fish*

CLOTHING AND COLORS

un blouson *a jacket*
des boucles d'oreilles (f.) *earrings*
un bracelet *a bracelet*
un cardigan *a sweater*
une casquette *a cap*
une ceinture *a belt*
un chapeau *a hat*
des chaussettes (f.) *socks*
des chaussures (f.) *shoes*
une chemise *a shirt (men's)*
un chemisier *a shirt (women's)*
un collant *hose*
une cravate *a tie*
une jupe *a skirt*
des lunettes de soleil (f.) *sunglasses*
un maillot de bain *a bathing suit*
un manteau *a coat*
un pantalon *a pair of pants*
une robe *a dress*
des sandales (f.) *sandals*
un short *a pair of shorts*
un sweat-shirt *a sweatshirt*
une veste *a suit jacket, a blazer*
blanc(he)(s) *white*
bleu(e)(s) *blue*
gris(e)(s) *grey*
jaune(s) *yellow*
marron *brown*
noir(e)(s) *black*
orange *orange*
rose(s) *pink*
rouge(s) *red*
vert(e)(s) *green*
violet(te)(s) *purple*

WEATHER AND SEASONS

Il fait beau. *It's nice weather.*
Il fait chaud. *It's hot.*
Il fait frais. *It's cool.*
Il fait froid. *It's cold.*
Il neige. *It's snowing.*
Il pleut. *It's raining.*
l'hiver *the winter*
le printemps *the spring*
l'été *the summer*
l'automne *the fall*

HOW TO TELL TIME

A quelle heure? *At what time?*
à... heures *at . . . o'clock*
à... heures quinze *at . . . fifteen*
à... heures trente *at . . . thirty*
à... heures quarante-cinq *at . . . forty-five*
à... heures et demie *at half past . . .*
à... heures et quart *at quarter past . . .*
à... heures moins le quart *at quarter to . . .*
à... heures moins cinq *at five to . . .*
à midi *at noon*
à minuit *at midnight*
à midi (minuit) et demi. *at half past noon (midnight).*

SPORTS

faire de l'aérobic *to do aerobics*
faire de l'athlétisme *to do track and field*
faire du jogging *to jog*
faire de la natation *to swim*
faire du patin à glace *to ice-skate*
faire des photos *to take pictures*
faire du roller en ligne *to in-line skate*
faire du ski *to ski*
faire du ski nautique *to water ski*
faire du théâtre *to do drama*
faire du vélo *to bike*
faire de la vidéo *to make videos*
jouer au base-ball *to play baseball*
jouer au basket(-ball) *to play basketball*
jouer au foot(ball) *to play soccer*
jouer au football américain *to play football*
jouer au golf *to play golf*
jouer au hockey *to play hockey*
jouer à des jeux vidéo *to play video games*
jouer au tennis *to play tennis*
jouer au volley(-ball) *to play volleyball*

SUPPLEMENTARY VOCABULARY

This list presents additional vocabulary you may want to use when you're working on the activities in the textbook and workbook. If you can't find the words you need here, try the English-French and French-English vocabulary lists beginning on page 360.

ADJECTIVES

absurd *absurde*
agile *agile*
awesome (impressive) *impressionnant(e),*
    imposant(e)
boring *ennuyeux (ennuyeuse)*
chilly *froid(e); frais (fraîche)*
colorful (thing) *vif (vive);* (person)
    pittoresque; coloré(e)
despicable *abject(e); ignoble;*
    méprisable
eccentric *excentrique;*
    original(e); bizarre
horrifying *horrifiant(e)*
incredible *incroyable*
phenomenal *phénoménal(e)*
scandalous *scandaleux*
    (scandaleuse)
tasteless (flavor) *sans goût/insipide*
tasteless (remark) *de mauvais goût*
tasteful (remark, object) *de bon goût*
terrifying *terrifiant(e), épouvantable*
threatening *menaçant(e)*
tremendous (size) *énorme;* (excellent)
    formidable; fantastique
unbearable *insupportable*
unforgettable *inoubliable*
unique *unique*

ROOMS OF THE HOUSE AND FURNISHINGS

garage *le garage*
office *le bureau*
basement *la cave/le*
    sous-sol
attic *le grenier*
patio *la terrasse*
closet *le placard*
couch *le divan; le*
    canapé

easy chair *le fauteuil*
mirror *le miroir*
night stand *la table de nuit*
painting *le tableau*
refrigerator *le réfrigérateur (le frigo)*
oven *le four*
microwave *le micro-ondes*
dishwasher *le lave-vaisselle*
washing machine *le lave-linge, la machine*
    à laver
dryer *le sèche-linge*
wall-to-wall carpeting *la moquette*

SHOPS AND GIFTS

mall *le centre commercial*
jewelry shop *la*
    bijouterie
perfume shop *la*
    parfumerie
clothing store *la*
    boutique
    de vêtements
bookstore *la*
    librairie
music store *le disquaire*
jewelry *des bijoux*
ring *une bague*
watch *une montre*
necklace *un collier*
earrings *des boucles d'oreilles*
bracelet *un bracelet*
perfume *un parfum*
outfit (matching; women) *un ensemble*

DAILY ACTIVITIES

to wake up *se réveiller*
to get ready *se préparer*
to comb your hair *se*
    peigner

to fix your hair *se coiffer*
to shave *se raser*
to put on makeup *se maquiller*
to put perfume on *se parfumer*
to look at yourself in the mirror *se regarder dans le miroir*
to hurry *se dépêcher*
to shower *se doucher, prendre une douche*

SCHOOL DAY ACTIVITIES

to get a good grade *avoir une bonne note*
to see friends *retrouver ses amis*
to have a substitute *avoir un(e) remplaçant(e)*
to be quizzed *être interrogé par le prof*
to win a game *gagner un match*
to have an argument with a friend *se disputer avec un copain*
to miss a class *manquer un cours*
to be called to the principal's office *être convoqué chez le proviseur*
to receive a warning *recevoir un avertissement*

WEEKEND ACTIVITIES

to visit friends *rendre visite à des amis*
to go to a concert *aller au concert*
to rent some movies *louer des vidéos*
to go to a party *aller à une soirée/boum/fête*
to go to a botanical garden *aller au jardin botanique*
to go to an art exhibit *aller voir une exposition*
to go to a festival *aller voir un festival*

ILLNESSES

to cough *tousser*
bronchitis *une bronchite*
tonsilitis *une angine*
indigestion *une indigestion*

sore neck *un torticolis*
to be sick to your stomach *avoir une crise de foie*

INJURIES

to have a bruise *avoir un bleu*
to have a cut/wound *avoir une coupure/plaie*
to strain a muscle *se froisser un muscle*
to bump into *se cogner contre*
to injure (something) *se blesser (à la) (au)*

CHILDHOOD EVENTS, TOYS, AND GAMES

to get in trouble *faire des bêtises*
to have slumber parties *passer la nuit chez un copain (une copine)*
to jump chinese jump rope *jouer à l'élastique*
to jump rope *sauter à la corde*
to lose a tooth *perdre une dent de lait*
to play blind man's bluff *jouer à colin-maillard*
to play hopscotch *jouer à la marelle*
to put one's tooth under one's pillow *mettre sa dent sous l'oreiller*
run away *faire une fugue*
to start school for the first time *entrer à l'école*
to swing *faire de la balançoire*
to wait for the Tooth Fairy *attendre que la souris passe*

FAIRY TALES

Once upon a time . . . *Il était une fois...*
bears *des ours (m.)*
big bad wolf *le grand méchant loup*
castle *un château*
enchanted *enchanté(e)*
fairy *la fée*
golden hair *des cheveux d'or*

king *le roi*
knight *le chevalier*
magic mirror *le miroir magique*
magician *le magicien*
poisoned apple *la pomme empoisonnée*
prince *le prince*
Prince Charming *le Prince Charmant*
princess *la princesse*
seven dwarves *les sept nains*
slipper *le soulier*
sword *l'épée*
queen *la reine*
wicked stepmother *la marâtre*
And they lived happily ever after. *Ils vécurent heureux et eurent beaucoup d'enfants.*

FRIENDSHIP

to be sorry *être désolé(e)*
to confide in someone *se confier à quelqu'un*
to feel guilty *se sentir coupable*
to get along with someone *s'entendre bien avec quelqu'un*
to help someone do something *aider quelqu'un à faire quelque chose*
to make friends *se faire des amis*
to meet after school *se retrouver après l'école*
to misunderstand *mal comprendre*
to take the first step *faire le premier pas*
to talk with friends *discuter avec des amis*

MORE MUSIC, MOVIES, BOOKS

latest (music) hits *les derniers tubes*
movie soundtrack *la bande originale d'un film*
music videos *les clips*
new wave *la new wave*
opera *l'opéra*

fantasy film *un film fantastique*
historic film *un film historique*
psychological drama *un drame psychologique*

war movie *un film de guerre*

biography *une biographie*
comedy *une comédie*
drama *un drame*
fable *une fable*
fairy tale *un conte de fée*
novel *un roman*
tragedy *une tragédie*

OUTDOOR ACTIVITIES

to climb mountains *faire de l'alpinisme*
to go rock-climbing *faire de l'escalade*
to go rafting *faire la descente d'une rivière*
to do archery *faire du tir à l'arc*
to go spelunking *faire de la spéléologie*
to go on a photo safari *aller faire un safari-photo*
to collect rocks *ramasser des pierres*
to collect butterflies *aller à la chasse aux papillons*
to pick wildflowers *cueillir des fleurs sauvages*
to collect wood *ramasser du bois*
to build a fire *faire un feu*
to sing around the campfire *chanter autour du feu de camp*

GEOGRAPHICAL TERMS

THE CONTINENTS

Africa   *l'Afrique* (f.)
Antarctica   *l'Antarctique* (f.)
Asia   *l'Asie* (f.)
Australia   *l'Australie* (f.)
Europe   *l'Europe* (f.)
North America   *l'Amérique* (f.) du Nord
South America   *l'Amérique* (f.) du Sud

COUNTRIES

Algeria   *l'Algérie* (f.)
Argentina   *l'Argentine* (f.)
Australia   *l'Australie* (f.)
Austria   *l'Autriche* (f.)
Belgium   *la Belgique*
Brazil   *le Brésil*
Canada   *le Canada*
China   *la Chine*
Egypt   *l'Egypte* (f.)
England   *l'Angleterre* (f.)
France   *la France*
Germany   *l'Allemagne* (f.)
Greece   *la Grèce*
Holland   *la Hollande*
India   *l'Inde* (f.)
Ireland   *l'Irlande* (f.)
Israel   *Israël* (m.) (no article)
Italy   *l'Italie* (f.)
Jamaica   *la Jamaïque*
Japan   *le Japon*
Jordan   *la Jordanie*
Lebanon   *le Liban*
Libya   *la Libye*
Luxembourg   *le Luxembourg*
Mexico   *le Mexique*
Monaco   *Monaco* (f.) *(no article)*
Morocco   *le Maroc*
Netherlands   *les Pays-Bas* (m.)
North Korea   *la Corée du Nord*
Peru   *le Pérou*
Philippines   *les Philippines* (f.)
Poland   *la Pologne*
Portugal   *le Portugal*

the Republic of Côte d'Ivoire   *la République de la Côte d'Ivoire*
Russia   *la Russie*
Senegal   *le Sénégal*
South Korea   *la Corée du Sud*
Spain   *l'Espagne* (f.)
Switzerland   *la Suisse*
Syria   *la Syrie*
Tunisia   *la Tunisie*
Turkey   *la Turquie*
United States   *les Etats-Unis* (m.)
Vietnam   *le Viêt-nam*

STATES

Alabama   *l'Alabama* (m.)
Alaska   *l'Alaska* (m.)
Arizona   *l'Arizona* (m.)
Arkansas   *l'Arkansas* (m.)
California   *la Californie*
Colorado   *le Colorado*
Connecticut   *le Connecticut*
Delaware   *le Delaware*
Florida   *la Floride*
Georgia   *la Géorgie*
Hawaii   *Hawaii* (m.)
Idaho   *l'Idaho* (m.)
Illinois   *l'Illinois* (m.)
Indiana   *l'Indiana* (m.)
Iowa   *l'Iowa* (m.)
Kansas   *le Kansas*
Kentucky   *le Kentucky*
Louisiana   *la Louisiane*
Maine   *le Maine*
Maryland   *le Maryland*
Massachusetts   *le Massachusetts*
Michigan   *le Michigan*
Minnesota   *le Minnesota*
Mississippi   *le Mississippi*
Missouri   *le Missouri*
Montana   *le Montana*
Nebraska   *le Nebraska*
Nevada   *le Nevada*
New Hampshire   *le New Hampshire*
New Jersey   *le New Jersey*
New Mexico   *le Nouveau Mexique*
New York   *l'état de New York*
North Carolina   *la Caroline du Nord*

North Dakota   *le Dakota du Nord*
Ohio   *l'Ohio* (m.)
Oklahoma   *l'Oklahoma* (m.)
Oregon   *l'Oregon* (m.)
Pennsylvania   *la Pennsylvanie*
Rhode Island   *le Rhode Island*
South Carolina   *la Caroline du Sud*
South Dakota   *le Dakota du Sud*
Tennessee   *le Tennessee*
Texas   *le Texas*
Utah   *l'Utah*
Vermont   *le Vermont*
Virginia   *la Virginie*
Washington   *l'état de Washington*
West Virginia   *la Virginie de l'Ouest*
Wisconsin   *le Wisconsin*
Wyoming   *le Wyoming*

CITIES

Algiers   *Alger*
Brussels   *Bruxelles*
Cairo   *Le Caire*
Geneva   *Genève*
Lisbon   *Lisbonne*
London   *Londres*
Montreal   *Montréal*
Moscow   *Moscou*
New Orleans   *La Nouvelle-Orléans*
Quebec City   *Québec*
Tangier   *Tanger*
Venice   *Venise*
Vienna   *Vienne*

OTHER GEOGRAPHICAL TERMS

Alps   *les Alpes* (f.)
Atlantic Ocean   *l'Atlantique* (m.), *l'océan* (m.) *Atlantique*
border   *la frontière*
capital   *la capitale*
continent   *un continent*
country   *un pays*
English Channel   *la Manche*
hill   *une colline*
lake   *un lac*
latitude   *la latitude*
longitude   *la longitude*
Mediterranean Sea   *la mer Méditerranée*
mountain   *une montagne*
North Africa   *l'Afrique* (f.) *du Nord*
the North Pole   *le pôle Nord*
ocean   *l'océan* (m.)
Pacific Ocean   *le Pacifique, l'océan* (m.) *Pacifique*
plain   *une plaine*
Pyrenees   *les Pyrénées* (f.)
river   *une rivière, un fleuve*
sea   *la mer*
the South Pole   *le pôle Sud*
state   *un état*
valley   *une vallée*

NUMBERS

LES NOMBRES CARDINAUX

0	zéro	20	vingt	80	quatre-vingts
1	un	21	vingt et un(e)	81	quatre-vingt-un(e)
2	deux	22	vingt-deux	82	quatre-vingt-deux
3	trois	23	vingt-trois	90	quatre-vingt-dix
4	quatre	24	vingt-quatre	91	quatre-vingt-onze
5	cinq	25	vingt-cinq	92	quatre-vingt-douze
6	six	26	vingt-six	100	cent
7	sept	27	vingt-sept	101	cent un
8	huit	28	vingt-huit	200	deux cents
9	neuf	29	vingt-neuf	300	trois cents
10	dix	30	trente	800	huit cents
11	onze	31	trente et un(e)	900	neuf cents
12	douze	32	trente-deux	1.000	mille
13	treize	40	quarante	2.000	deux mille
14	quatorze	50	cinquante	3.000	trois mille
15	quinze	60	soixante	10.000	dix mille
16	seize	70	soixante-dix	19.000	dix-neuf mille
17	dix-sept	71	soixante et onze	40.000	quarante mille
18	dix-huit	72	soixante-douze	500.000	cinq cent mille
19	dix-neuf	73	soixante-treize	1.000.000	un million

- The word **et** is used only in 21, 31, 41, 51, 61, and 71.
- **Vingt** (**trente**, **quarante**, and so on) **et une** is used when the number refers to a feminine noun: **trente et une cassettes**.
- The **s** is dropped from **quatre-vingts** and is not added to multiples of **cent** when these numbers are followed by another number: **quatre-vingt-cinq**; **deux cents**, *but* **deux cent six**. The number **mille** never takes an **s**: **deux mille insectes**.
- **Un million** is followed by **de** + a noun: **un million de francs**.
- In writing numbers, a period is used in French where a comma is used in English.

LES NOMBRES ORDINAUX

1er, 1ère	premier, première	9^e	neuvième	17^e	dix-septième
2^e	deuxième	10^e	dixième	18^e	dix-huitième
3^e	troisième	11^e	onzième	19^e	dix-neuvième
4^e	quatrième	12^e	douzième	20^e	vingtième
5^e	cinquième	13^e	treizième	21^e	vingt et unième
6^e	sixième	14^e	quatorzième	22^e	vingt-deuxième
7^e	septième	15^e	quinzième	30^e	trentième
8^e	huitième	16^e	seizième	40^e	quarantième

PRONUNCIATION GUIDE

SOUND	LETTER COMBINATION	IPA SYMBOL	EXAMPLE
The sounds [y] and [u]	the letter **u** the letter combination **ou**	/y/ /u/	une nous
The nasal sound [ɑ̃]	the letter combination **an** the letter combination **am** the letter combination **en** the letter combination **em**	/ɑ̃/	anglais jambon comment temps
The vowel sounds [ø] and [œ]	the letter combination **eu** the letter combination **eu**	/ø/ /œ/	deux heure
The nasal sounds [ɔ̃], [ɛ̃], and [œ̃]	the letter combination **on** the letter combination **om** the letter combination **in** the letter combination **im** the letter combination **ain** the letter combination **aim** the letter combination **(i)en** the letter combination **un** the letter combination **um**	/ɔ̃/ /ɛ̃/ /œ̃/	pardon nombre cousin impossible copain faim bien lundi humble
The sounds [o] and [ɔ]	the letter combination **au** the letter combination **eau** the letter **ô** the letter **o**	/o/ /ɔ/	jaune beau rôle carotte
The vowel sounds [e] and [ɛ]	the letter combination **ez** the letter combination **er** the letter combination **ait** the letter combination **ais** the letter combination **ei** the letter **ê**	/e/ /ɛ/	apportez trouver fait français neige bête
The glides [j], [w], and [ɥ]	the letter **i** the letter combination **ill** the letter combination **oi** the letter combination **oui** the letter combination **ui**	/j/ /w/ /ɥ/	mieux maillot moi Louis huit
h, th, ch, and gn	the letter **h** the letter combination **th** the letter combination **ch** the letter combination **gn**	/'/ /t/ /ʃ/ /ɲ/	les halls théâtre chocolat oignon
The **r** sound	the letter **r**	/ʀ/	rouge vert

GRAMMAR SUMMARY

ARTICLES

SINGULAR		PLURAL	
MASCULINE	FEMININE	MASCULINE	FEMININE
un frère un ami	une sœur une amie	des frères des amis	des sœurs des amies
le frère l'ami	la sœur l'amie	les frères les amis	les sœurs les amies
ce frère cet ami	cette sœur cette amie	ces frères ces amis	ces sœurs ces amies

CONTRACTIONS WITH à AND de

à or de + article =	CONTRACTION
à + le =	au
à + la =	à la (no contraction)
à + l' =	à l' (no contraction)
à + les =	aux
de + le =	du
de + la =	de la (no contraction)
de + l' =	de l' (no contraction)
de + les =	des

ADJECTIVES: FORMATION OF FEMININE

	MASCULINE	FEMININE
Most adjectives (add -**e**)	Il est brun.	Elle est brune.
Most adjectives ending in -**é** (add -**e**)	Il est démodé.	Elle est démodée.
All adjectives ending in an unaccented -**e** (no change)	Il est jeune.	Elle est jeune.
Most adjectives ending in -**eux** (-**eux** → -**euse**)	Il est délicieux.	Elle est délicieuse.
All adjectives ending in -**ien** (-**ien** → -**ienne**)	Il est ivoirien.	Elle est ivoirienne.

ADJECTIVES AND NOUNS: FORMATION OF PLURAL

		MASCULINE	FEMININE
Most noun and adjective forms (add -**s**)	Singular Plural	un pantalon vert des pantalons verts	une jupe verte des jupes vertes
Most noun and masculine adjective forms ending in -al (-**al** → -**aux**)	Singular Plural	le sport principal les sports principaux	la rue principale les rues principales
All noun and masculine adjective forms ending in -**eau** (add -**x**)	Singular Plural	le nouveau manteau les nouveaux manteaux	la nouvelle robe les nouvelles robes
All noun and masculine adjective forms ending in -**s** (no change)	Singular Plural	un bus gris des bus gris	une maison grise des maisons grises
All masculine adjective forms ending in -**x** (no change)	Singular Plural	un garçon heureux des garçons heureux	une fille heureuse des filles heureuses

POSSESSIVE ADJECTIVES

SINGULAR		PLURAL		SINGULAR		PLURAL
MASCULINE	FEMININE	MASCULINE	FEMININE	MASCULINE	FEMININE	MASCULINE
mon frère mon ami ton ami son frère son ami	ma sœur mon amie ton amie sa sœur son amie	mes frères mes amis tes amis ses frères ses amis	mes sœurs mes amies tes amies ses sœurs ses amies	notre frère votre ami leur frère	notre sœur votre amie leur sœur	nos frères nos amis vos amis leurs frères leurs amis

PRONOUNS

INDEPENDENT PRONOUNS	SUBJECT PRONOUNS	DIRECT OBJECT PRONOUNS	INDIRECT OBJECT PRONOUNS	PRONOUN REPLACING à, dans, sur… + noun phrase	PRONOUN REPLACING de + noun phrase
moi toi lui elle soi	je (j') tu il elle on	me te le la	me te lui lui		
				y	en
nous vous eux elles	nous vous ils elles	nous vous les les	nous vous leur leur		

INTERROGATIVE PRONOUNS

	PEOPLE	THINGS
SUBJECT OF VERB	qui qui est-ce qui	qu'est-ce qui
OBJECT OF VERB	qui qui est-ce que	que qu'est-ce que
OBJECT OF PREPOSITION	de qui à qui	de quoi à quoi

RELATIVE PRONOUNS

	Qui Subject of verb in clause	**Que** Object of verb in clause
PEOPLE	Laeticia parle avec une amie **qui** s'appelle Séverine.	Séverine sort avec un garçon **que** je ne connais pas.
PLACES	J'ai visité une ville **qui** est près de Strasbourg.	La ville **que** j'ai visitée était intéressante.
THINGS	C'est un poster **qui** vient des Etats-Unis.	C'est un poster **que** j'aime beaucoup.

REGULAR VERBS

	STEM	ENDING	STEM	ENDING	STEM	ENDING	STEM	ENDING
INFINITIVE	écouter		sortir		choisir		répondre	
PRESENT	écout	-e -es -e -ons -ez -ent	sor sort	-s -s -t -ons -ez -ent	chois	-is -is -it -issons -issez -issent	répond	-s -s — -ons -ez -ent
REQUESTS COMMANDS SUGGESTIONS	écout	-e -ons -ez	sor sort	-s -ons -ez	chois	-is -issons -issez	répond	-s -ons -ez

Verbs like sortir: dormir, partir
Verbs like choisir: finir, grandir, grossir, maigrir
Verbs like répondre: attendre, descendre, entendre, perdre, rendre, tondre

REGULAR VERBS: COMPOUND TENSES

		AUXILIARY		PAST PARTICIPLE	
PASSE COMPOSE	with avoir	ai as a	avons avez ont	aim chois répond	-é -i -u
	with être	suis es est	sommes êtes sont	arriv sort descend	-é(e)(s) -i(e)(s) -u(e)(s)

IMPERFECT (IMPARFAIT)

STEM	ENDING
Present tense **nous** form: habit~~ons~~ finiss~~ons~~ entend~~ons~~	-ais -ais -ait -ions -iez -aient

VERB CHARTS

VERBS WITH STEM AND SPELLING CHANGES

Verbs listed in this section are not irregular, but they do show some stem and spelling changes. The forms in which the changes occur are printed in **boldface** type.

Acheter *(to buy)*

Present	Imperfect	Commands
achète	achetais	
achètes	achetais	**achète**
achète	achetait	
achète	achetions	
achetons	achetiez	achetons
achètent	achetaient	achetez

Passé Composé: *Auxiliary:* avoir
                  Past Participle: acheté

Essayer *(to try)*

Present	Imperfect	Commands
essaie	essayais	
essaies	essayais	**essaie**
essaie	essayait	
essayons	essayions	essayons
essayez	essayiez	essayez
essaient	essayaient	

Passé Composé: *Auxiliary:* avoir
                  Past Participle: essayé

Appeler *(to call)*

Present	Imperfect	Commands
appelle	appelais	
appelles	appelais	**appelle**
appelle	appelait	
appelons	appelions	appelons
appelez	appeliez	appelez
appellent	appelaient	

Passé Composé: *Auxiliary:* avoir
                  Past Participle: appelé

Manger *(to eat)*

Present	Imperfect	Commands
mange	**mangeais**	
manges	**mangeais**	mange
mange	**mangeait**	
mangeons	mangions	**mangeons**
mangez	mangiez	mangez
mangent	**mangeaient**	

Passé Composé: *Auxiliary:* avoir
                  Past Participle: mangé

Commencer *(to start, to begin)*

Present	Imperfect	Commands
commence	**commençais**	
commences	**commençais**	commence
commence	**commençait**	
commençons	commencions	**commençons**
commencez,	commenciez	commencez
commencent	**commençaient**	

Passé Composé: *Auxiliary:* avoir
                  Past Participle: commencé

Préférer *(to prefer)*

Present	Imperfect	Commands
préfère	préférais	
préfères	préférais	**préfère**
préfère	préférait	
préférons	préférions	préférons
préférez	préfériez	préférez
préfèrent	préféraient	

Passé Composé   *Auxiliary:* avoir
                  Past Participle: préféré

VERBS WITH IRREGULAR FORMS

Verbs listed in this section are those that do not follow the pattern of verbs like **aimer**, verbs like **choisir**, verbs like **sortir**, or verbs like **attendre**.

Aller *(to go)*

Present	Imperfect	Commands
vais	allais	
vas	allais	va
va	allait	
allons	allions	allons
allez	alliez	allez
vont	allaient	

Passé Composé: *Auxiliary:* être
                   Past Participle: allé

Avoir *(to have)*

Present	Imperfect	Commands
ai	avais	aie
as	avais	
a	avait	ayons
avons	avions	ayez
avez	aviez	
ont	avaient	

Passé Composé: *Auxiliary:* avoir
                   Past Participle: eu

Boire *(to drink)*

Present	Imperfect	Commands
bois	buvais	
bois	buvais	bois
boit	buvait	
buvons	buvions	buvons
buvez	buviez	buvez
boivent	buvaient	

Passé Composé: *Auxiliary:* avoir
                   Past Participle: bu

Conduire *(to drive)*

Present	Imperfect	Commands
conduis	conduisais	
conduis	conduisais	conduis
conduit	conduisait	
conduisons	conduisions	conduisons
conduisez	conduisiez	conduisez
conduisent	conduisaient	

Passé Composé: *Auxiliary:* avoir
                   Past Participle: conduit

Connaître *(to know, to be acquainted with)*

Present	Imperfect	Commands
connais	connaissais	
connais	connaissais	connais
connaît	connaissait	
connaissons	connaissions	connaissons
connaissez	connaissiez	connaissez
connaissent	connaissaient	

Passé Composé: *Auxiliary:* avoir
                   Past Participle: connu

Croire *(to believe)*

Present	Imperfect	Commands
crois	croyais	
crois	croyais	crois
croit	croyait	
croyons	croyions	croyons
croyez	croyiez	croyez
croient	croyaient	

Passé Composé: *Auxiliary:* avoir
                   Past Participle: cru

Devoir *(to have to)*

Present	Imperfect	Commands
dois	devais	
dois	devais	dois
doit	devait	
devons	devions	devons
devez	deviez	devez
doivent	devaient	

Passé Composé: *Auxiliary:* avoir
                   Past Participle: dû

Dire *(to say, tell)*

Present	Imperfect	Commands
dis	disais	
dis	disais	dis
dit	disait	
disons	disions	disons
dites	disiez	dites
disent	disaient	

Passé Composé: *Auxiliary:* avoir
                   Past Participle: dit

Ecrire (to write)

Present	Imperfect	Commands
écris	écrivais	
écris	écrivais	écris
écrit	écrivait	
écrivons	écrivions	écrivons
écrivez	écriviez	écrivez
écrivent	écrivaient	

Passé Composé: *Auxiliary:* avoir
                  Past Participle: écrit

Mettre (to put, to put on)

Present	Imperfect	Commands
mets	mettais	
mets	mettais	mets
met	mettait	
mettons	mettions	mettons
mettez	mettiez	mettez
mettent	mettaient	

Passé Composé: *Auxiliary:* avoir
                  Past Participle: mis

Etre (to be)

Present	Imperfect	Commands
suis	étais	
es	étais	sois
est	était	
sommes	étions	soyons
êtes	étiez	soyez
sont	étaient	

Passé Composé: *Auxiliary:* avoir
                  Past Participle: été

Ouvrir (to open)

Present	Imperfect	Commands
ouvre	ouvrais	
ouvres	ouvrais	ouvre
ouvre	ouvrait	
ouvrons	ouvrions	ouvrons
ouvrez	ouvriez	ouvrez
ouvrent	ouvraient	

Passé Composé: *Auxiliary:* avoir
                  Past Participle: ouvert

Faire (to make, to do)

Present	Imperfect	Commands
fais	faisais	
fais	faisais	fais
fait	faisait	
faisons	faisions	faisons
faites	faisiez	faites
font	faisaient	

Passé Composé: *Auxiliary:* avoir
                  Past Participle: fait

Pouvoir (to be able, can)

Present	Imperfect	Commands
peux	pouvais	
peux	pouvais	—
peut	pouvait	
pouvons	pouvions	—
pouvez	pouviez	—
peuvent	pouvaient	

Passé Composé: *Auxiliary:* avoir
                  Past Participle: pu

Lire (to read)

Present	Imperfect	Commands
lis	lisais	
lis	lisais	lis
lit	lisait	
lisons	lisions	lisons
lisez	lisiez	lisez
lisent	lisaient	

Passé Composé: *Auxiliary:* avoir
                  Past Participle: lu

Prendre (to take)

Present	Imperfect	Commands
prends	prenais	
prends	prenais	prends
prend	prenait	
prenons	prenions	prenons
prenez	preniez	prenez
prennent	prenaient	

Passé Composé: *Auxiliary:* avoir
                  Past Participle: pris

Savoir *(to know)*

Present	Imperfect	Commands
sais	savais	
sais	savais	sache
sait	savait	
savons	savions	sachons
savez	saviez	sachez
savent	savaient	

Passé Composé: *Auxiliary:* avoir
                          Past Participle: su

Voir *(to see)*

Present	Imperfect	Commands
vois	voyais	
vois	voyais	vois
voit	voyait	
voyons	voyions	voyons
voyez	voyiez	voyez
voient	voyaient	

Passé Composé: *Auxiliary:* avoir
                          Past Participle: vu

Venir *(to come)*

Present	Imperfect	Commands
viens	venais	
viens	venais	viens
vient	venait	
venons	venions	venons
venez	veniez	venez
viennent	venaient	

Passé Composé: *Auxiliary:* être
                          Past Participle: venu

Vouloir *(to want)*

Present	Imperfect	Commands
veux	voulais	
veux	voulais	veuille
veut	voulait	
voulons	voulions	
voulez	vouliez	veuillez
veulent	voulaient	

Passé Composé: *Auxiliary:* avoir
                          Past Participle: voulu

FRENCH-ENGLISH VOCABULARY

This list includes both active and passive vocabulary in this textbook. Active words and phrases are those listed in the **Vocabulaire** section at the end of each chapter. You are expected to know and be able to use active vocabulary. All entries in black heavy type in this list are active. All other words are passive. Passive vocabulary is for recognition only.

The number after each entry refers to the chapter where the word or phrase after each entry is introduced. Verbs are given in the infinitive. Phrases are alphabetized by the key word(s) in the phrase. Nouns are always given with an article. If it is not clear whether the noun is masculine or feminine, *m.* (masculine) or *f.* (feminine) follows the noun. An asterisk (*) before a word beginning with *h* indicates an aspirate *h*.

The following abbreviations are used in this vocabulary: pl. (plural), pp. (past participle), and inv. (invariable).

A

à *to, in (a city or place)*, I, 11; **A...** *At . . .* , II, 11; **à la** *to, at*, I, 6; **A bientôt.** *See you soon.* I, 1; **A côté de...** *Next to . . .* , II, 2; **A demain.** *See you tomorrow.* I, 1; **à droite de** *to the right of*, II, 2; **à gauche de** *to the left of*, II, 2; **à l'autre bout** *at the other end*, II, 9; **à la mode** *in style*, I, 10; **A pro-pos,...** *By the way, . . .* , II, 9; **A quelle heure?** *At what time?* I, 6; **A tout à l'heure!** *See you later!* I, 1; **A votre ser-vice.** *At your service; You're welcome*, I, 3; **Tu n'as qu'à...** *All you have to do is . . .* , II, 7

a: Il/Elle a... *He/She has . . .* , II, 1

abandonne: J'abandonne. *I give up.* II, 7

les abdominaux (m.): **faire des abdominaux** *to do sit-ups*, II, 7

l' accès (m.) *access*, II, 2

l' accident (m.): avoir un accident *to have an accident*, II, 9

accord: D'accord. *OK.* I, 9; II, 7; **D'accord, si tu... d'abord.** *OK, if you . . . , first.* I, 7; **Bon, d'accord.** *Well, OK.* I, 8; **Je ne suis pas d'accord.** *I don't agree.* I, 7; **Tu es d'accord?** *Is that OK with you?* I, 7

accordons: accordons nos violons *let's come to an understanding*, II, 4

accueillant *welcoming*, II, 1

achetait: Si on achetait... ? *How about buying . . . ?* II, 8

achète: Achète (-moi)... *Buy me . . .* , I, 8

acheter *to buy*, I, 9

l' addition (f.): **L'addition, s'il vous plaît.** *The check please.* I, 5

adore: J'adore... *I adore . . .* , I, 1; *I love . . .* , II, 1

l' adresse (f.) *skill*, II, 7

l' aérobic: faire de l'aérobic *to do aerobics*, I, 4; II, 7

africain(e) *African*, II, 11

l' âge (m.): **Tu as quel âge?** *How old are you?* I, 1

âgé(e) *older*, I, 7

ai: J'ai... *I have...*, I, 2; II, 1

aider *to help*, II, 8; **(Est-ce que) je peux vous aider?** *May I help you?* I, 10; **Tu peux m'aider?** *Can you help me?* II, 10

l' ail (m.) *garlic*, II, 3

aime: Ce que j'aime bien, c'est... *What I like is . . .* , II, 4; **Ce que je n'aime pas, c'est...** *What I don't like is . . .* , II, 4; **J'aime bien...** *I like . . .* , II, 1; **J'aime mieux...** *I prefer . . .* , I, 1; II, 1; **Je n'aime pas...** *I don't like . . .* , I, 1; II, 1; **Moi, j'aime (bien)...** *I (really) like . . .* , I, 1

aimer *to like*, I, 1

aimerais: J'aimerais... pour aller avec... *I'd like . . . to go with . . .* , I, 10

aimes: Qu'est-ce que tu aimes comme musique? *What music do you like?* II, 1; **Qu'est-ce que tu aimes faire?** *What do you like to do?* II, 1; **Tu aimes mieux... ou... ?** *Do you prefer . . . or . . . ?* I, 10; **Tu aimes... ?** *Do you like . . . ?* I, 1

l' air (m.): **avoir l'air...** *to seem . . .* , II, 9; **Ça n'a pas l'air d'aller.** *Something's wrong.* II, 5; **Elle avait l'air...** *She seemed . . .* , II, 12; **Tu n'as pas l'air en forme.** *You don't seem too well.* II, 7

ajouter *to add*, II, 3

l' algèbre (f.) *algebra*, I, 2

allait: Si on allait... ? *How about going . . . ?* II, 4

allé: Je suis allé(e)... *I went . . .* I, 9; **Tu es allé(e) où?** *Where did you go?* I, 9

l' allemand (m.) *German (lan-guage)*, I, 2

aller *to go*, I, 6; **l'aller-retour** (m.) *a round-trip ticket*, II, 6; **l'aller simple** (m.) *a one-way ticket*, II, 6; **aller à la pêche** *to go fishing*, II, 4; **Ça n'a pas l'air d'aller.** *Something's wrong.* II, 5; **Ça te dit d'aller... ?** *What do you think about going . . . ?* II, 4; **Ça va aller mieux!** *It's going to get better!* I, 9; II, 5; **On peut y aller...** *We can go there . . .* , I, 12

les allergies (f.): **J'ai des allergies.** *I have allergies.* II, 7

allez: Allez! *Come on!* II, 7; **Allez (continuez) tout droit.** *Go (keep going) straight ahead.* II, 2; **Allez au tableau!** *Go to the blackboard!* I, 0

Allô? *Hello?* I, 9

allons: Allons... *Let's go . . .* I, 6; **Allons-y!** *Let's go!* I, 4

les allumettes (f.) *matches*, II, 12

l' allure (f.) *style, elegance*, II, 4
Alors,... *So . . .*, II, 9
amener: amener à ébullition
  bring to a boil, II, 3
américain(e) *American (adj.)*,
  II, 11
l' ami(e) *friend*, I, 1
l' amitié (f.) *friendship*, II, 10
amoureux (amoureuse) *in
  love*, II, 9; tomber amoureux
  (-euse) (de quelqu'un) *to
  fall in love (with someone)*, II, 9
amusant(e) *funny*, I, 7; II, 1;
  fun, II, 11
amuse: Amuse-toi bien! *Have
  fun!* I, 11
les amuse-gueule (m.): préparer les
  amuse-gueule *to make party
  snacks*, II, 10
amusé: Je me suis beaucoup
  amusé(e). *I had a lot of fun.*
  II, 6; Tu t'es amusé(e)? *Did
  you have fun?* II, 6; Tu t'es
  bien amusé(e)? *Did you have
  fun?* I, 11
amuser: Qu'est-ce que tu fais
  pour t'amuser? *What do you
  do to have fun?* I, 4; s'amuser
  to have fun, II, 4
les ananas (m.) *pineapple*, I, 8; II, 4
l' anglais (m.) *English*, I, 1
les animaux (m.): nourrir les animaux *to feed the animals*, II,
  12
animé(e) *exciting*, II, 8
l' année (f.) *year*, II, 1; Bonne
  année! *Happy New Year!* II, 3
anniversaire: Joyeux (Bon)
  anniversaire! *Happy birthday!* II, 3
l' anorak (m.) *a ski jacket*, II, 1
ans: avoir... ans *to be . . . years
  old*, II, 1; J'ai... ans. *I am . . .
  years old.* I, 1; Quand j'avais...
  ans,... *When I was . . . years
  old, . . .*, II, 8
antillais(e) *from the Antilles*,
  II, 11
août *August*, I, 4
apercevoir (pp. aperçu) *to
  notice*, II, 8, 9
aplatir *to flatten*, II, 3
l' appareil (m.): Qui est à l'appareil? *Who's calling?* I, 9
l' appareil-photo (m.) *a camera*,
  I, 11; II, 1
appelle: Il/Elle s'appelle comment?
  What's his/her name? I, 1; Il/
  Elle s'appelle... *His/Her name
  is . . .*, I, 1; Je m'appelle... *My
  name is . . .*, I, 1
appelles: Tu t'appelles comment? *What's your name?* I, 1

apporter *to bring*, I, 9
apportez: Apportez-moi... , s'il
  vous plaît. *Please bring
  me . . .* I, 5
apprécier *to appreciate*, II, 1
l' après-midi *in the afternoon*, I,
  2; après-midi libre (m.) *afternoon off*, I, 2
après *after*, I, 9; Après ça... *After
  that . . .*, II, 4; Après, je suis
  sorti(e). *Afterwards, I went out.*
  I, 9; Et après? *And afterwards?*
  I, 9
les arbres (m.) *trees*, II, 12; mutiler
  les arbres *to deface the trees*,
  II, 12
l' argent (m.) *money*, I, 11
l' armoire (f.) *armoire/wardrobe*,
  II, 2
arracher *to grab, snatch*, II, 8
arrive: Qu'est-ce qui t'arrive?
  What's wrong? II, 5
arriver *to arrive*, II, 5
les arts (m.) plastiques *art class*,
  I, 2
as: Qu'est ce que tu as? *What's
  wrong?*, II, 7; Tu as... ? *Do you
  have . . . ?* I, 3; Tu as... à quelle
  heure? *At what time do you
  have . . . ?* I, 2
l' ascenseur (m.) *elevator*, II, 2
asseyez: Asseyez-vous! *Sit
  down!* I, 0
assez *sort of*, II, 9; assez bien
  OK, II, 6
assister: assister à un spectacle
  son et lumière *to attend a
  sound and light show*, II, 6
l' athlétisme (m.): faire de
  l'athlétisme *to do track and
  field*, I, 4
attendre *to wait for*, I, 9
l' attrait (m.) *attraction*, II, 11
au *to, at*, I, 6; *to, in (before a
  masculine noun)*, I, 11; Au
  revoir! *Goodbye!* I, 1; au
  métro... *at the . . . metro stop*,
  I, 6
auberge: l'auberge de jeunesse
  youth hostel, II, 2
aucune: Aucune idée. *No idea.*
  II, 9
aujourd'hui *today*, I, 2
aurais: J'aurais dû... *I should
  have . . .*, II, 10; J'aurais pu...
  I could have . . ., II, 10; Tu
  aurais dû... *You should have
  . . .*, II, 10; Tu aurais pu...
  You could have . . ., II, 10
aussi *also*, I, 1; Moi aussi. *Me
  too.* I, 2
l' automne (m.) *autumn, fall*, I, 4;
  en automne *in the fall*, I, 4

aux *to, in (before a plural
  noun)*, I, 11
avais: Quand j'avais... ans,...
  When I was . . . years old, . . . ,
  II, 8
avait: Elle avait l'air... *She
  seemed . . .*, II, 12; Il y avait...
  There was/were . . ., II, 8
avec: avec moi *with me*, I, 6;
  Avec qui? *With whom?* I, 6;
  C'est avec qui? *Who's in it?*
  II, 11; C'est avec... *. . . is
  (are) in it.* II, 11
l' avenir (m.) *future*, II, 1
avez: Oui, vous avez... ? *Yes,
  do you have . . . ?* I, 10;
  Qu'est-ce que vous avez
  comme... ? *What kind of . . .
  do you have?* I, 5; Vous
  avez... ? *Do you have . . . ?*
  I, 2
l' avion (m.) *plane*, I, 12; en
  avion *by plane*, I, 12
avis: A mon avis,... *In my opinion, . . .*, II, 9; A mon avis, tu
  te trompes. *In my opinion,
  you're mistaken.* II, 9; A ton
  avis, qu'est-ce que je dois
  faire? *In your opinion, what
  should I do?* II, 10; A ton avis,
  qu'est-ce que je fais? *In your
  opinion, what do I do?* I, 9
les avocats (m.) *avocados*, I, 8
avoir *to have* I, 2 ; avoir rendez-vous (avec quelqu'un)
  to have a date (with someone),
  II, 9; avoir des responsabilités
  to have responsibilities, II, 8;
  avoir des soucis *to have worries*, II, 8; avoir faim *to be
  hungry*, I, 5; avoir l'air... *to
  seem . . .*, II, 9; avoir soif *to
  be thirsty*, I, 5; avoir un accident *to have an accident*, II,
  9; avoir... ans *to be . . . years
  old*, II, 1
avril *April*, I, 4

B

la baguette *long, thin loaf of bread*,
  II, 3
se baigner *to go swimming*, II, 4
le bal *dance, prom*, II, 1
le balcon *balcony*, II, 2
banal: C'est banal. *That's ordinary.* II, 3
les bananes (f.) *bananas*, I, 8
le bananier *banana tree*, II, 4
la bande *group of friends*, II, 10
la bande dessinée (la B.D.) *comic
  book*, II, 11

la banque *bank,* I, 12

barbant *boring,* I, 2

le base-ball *baseball,* I, 4; **jouer au base-ball** *to play baseball,* I, 4

le basket(-ball) *basketball,* I, 4; **jouer au basket-ball** *to play basketball,* I, 4

les baskets (f.) *a pair of sneakers,* I, 3; II, 1

le bateau *boat,* I, 12; **en bateau** *by boat,* I, 12; **faire du bateau** *to go sailing,* I, 11

le bâtiment *building,* II, 8

beau *handsome,* II, 1; **Il fait beau.** *It's nice weather.* I, 4

Beaucoup. *A lot.* I, 4; **Oui, beaucoup.** *Yes, very much.* I, 2; **Pas beaucoup.** *Not very much.* I, 4

beaux: beaux-arts *fine arts,* II, 2

belle *beautiful,* II, 1; **C'est une belle histoire.** *It's a great story.* II, 11

besoin: De quoi est-ce que tu as besoin? *What do you need?* I, 8; **J'ai besoin de...** *I need . . . ,* I, 8

la bête *beast, animal,* II, 6, 9; **bête** *stupid,* II, 1

les bêtises (f.): **faire des bêtises** *to do silly things,* II, 8

le beurre *butter,* I, 8; II, 3

la bibliothèque *library,* I, 6; II, 2

bien: bien se nourrir *eat well,* II, 7; **Ça te fera du bien.** *It'll do you good.* II, 7; **Il/Elle est vraiment bien, ton/ta...** *Your . . . is really great.* II, 2 ; **J'aime bien...** *I like . . . ,* II, 1; **J'en veux bien.** *I'd like some.* I, 8; **Je ne me sens pas bien.** *I don't feel well.* II, 7; **Je veux bien.** *Gladly.* I, 8; *I'd like to.* II, 1; *I'd really like to.* I, 6; **Moi, j'aime (bien)...** *I (really) like . . . ,* I, 1; **Très bien.** *Very well.* I, 1

Bien sûr. *Of course,* I, 3; II, 10; *Certainly,* I, 9; **Bien sûr que non.** *Of course not.* II, 10; **Bien sûr. C'est...** *Of course. They are (He/She is) . . . ,* II, 11; **Oui, bien sûr.** *Yes, of course.* I, 7

bientôt: A bientôt. *See you soon.* I, 1

Bienvenue chez moi (chez nous). *Welcome to my home (our home),* II, 2

le bifteck *steak,* I, 8; II, 3

le billet: billet d'avion *plane ticket,* I, 11; II, 1; **billet de train** *train ticket,* I, 11

la biographie *biography,* II, 11

la biologie *biology,* I, 2

la bise *kiss,* II, 1

blanc(he) *white,* I, 3

bleu(e) *blue,* I, 3; II, 1

le bleuet *blueberry,* II, 3

blond(e) *blond,* I, 7; II, 1

le blouson *a jacket,* I, 10

le blues *blues (music),* II, 11

le bœuf *beef,* II, 3

Bof! *(expression of indifference),* I, 1; II, 8

boire *to drink,* II, 3

le bois: en bois *made of wood,* II, 2

les boissons (f.): **Qu'est-ce que vous avez comme boissons?** *What do you have to drink?* I, 5

la boîte: une boîte de *a can of,* I, 8; **une boîte de chocolats** *box of chocolates,* II, 3

le bol *bowl,* II, 3

bon *good,* I, 5; **Bon voyage!** *Have a good trip!* I, 11; **Bon, d'accord.** *Well, OK.* I, 8; **C'est bon pour toi.** *It's good for you.* II, 7; **C'est vraiment bon!** *It's really good!* II, 3; **Oui, très bon.** *Yes, very good.* I, 9; **pas bon** *not very good,* I, 5; **Vous avez (Tu as) fait bon voyage?** *Did you have a good trip?* II, 2

bonne(s): Bonne chance! *Good luck!* I, 11; **Bonne fête!** *Happy holiday! (Happy saint's day!),* II, 3; **Bonne idée.** *Good idea.* I, 4; II, 3; **Bonnes vacances!** *Have a good vacation!* I, 11; **C'est une bonne (excellente) idée.** *That's a good (excellent) idea.,* II, 1; **de bonne humeur** *in a good mood,* II, 9

les bonbons (m.) *candies,* II, 3

le bonheur *happiness,* II, 1

Bonjour *Hello,* I, 1

bord: au bord de la mer *to/at the coast,* I, 11

les bottes (f.) *boots,* I, 10; II, 1

la boucherie *butcher shop,* II, 3

les boucles d'oreilles (f.) *earrings,* I, 10

la bougie *candle,* II, 3

la boulangerie *bakery,* I, 12; II, 3

la boum: aller à une boum *to go to a party,* I, 6; **faire une boum** *to give a party,* II, 10

la boussole *compass,* II, 12

bout: à l'autre bout *at the other end,* II, 9

la bouteille: une bouteille de *a bottle of,* I, 8

la boutique de cadeaux *gift shop,* II, 3

le bracelet *a bracelet,* I, 3

le bras: J'ai mal au bras *My arm hurts.* II, 7

brave *brave,* II, 1

Bravo! *Terrific!* II, 5

Bref,... *Anyway, . . . ,* II, 9

briques: Ça casse pas des briques. *It's not earth-shattering.* II, 11

brosser: se brosser les dents *to brush one's teeth,* II, 4

le bruit *noise,* II, 8, 12

brun(e) *brunette,* I, 7; *dark brown (hair),* II, 1

bruyant(e) *noisy,* II, 8

le bus: en bus *by bus,* I, 12; **rater le bus** *to miss the bus,* II, 5

C

ça: Ça fait combien? *How much does that make?* II, 3; **Ça fait combien, s'il vous plaît?** *How much is it, please?* I, 5; **Ça fait... francs.** *It's . . . francs.* I, 5; **Ça ne me dit rien.** *That doesn't interest me.,* II, 1; **Ça se voit.** *That's obvious.* II, 9; **Ça te dit d'aller... ?** *What do you think about going . . . ?* II, 4; **Ça te dit de... ?** *Does . . . sound good to you?* II, 1; **Ça va. Fine.** I, 1; **Ça, c'est...** *This is . . . ,* II, 2; **Comment ça s'est passé?** *How did it go?* II, 5; **Et après ça...** *And after that, . . . ,* I, 9; **Merci, ça va.** *No thank you, I've had enough.* II, 3; **Non, ça va.** *No, I'm fine.* II, 2; **Oui, ça a été.** *Yes, it was fine.* I, 9

les cacahuètes (f.) *peanuts,* II, 7

cacher *to hide,* II, 5

le cachot *a dungeon,* II, 6

le cadeau *gift,* I, 11; **Tu as une idée de cadeau pour... ?** *Have you got a gift idea for. . . ?* II, 3; **la boutique de cadeaux** *gift shop,* II, 3

le cadre (active vocabulary) *photo frame,* II, 3; (passive vocabulary) *setting, surroundings,* II, 6, 12; **un cadre rustique** *a country (rustic) atmosphere,* II, 1

le café *coffee, café,* I, 5

le cahier *notebook,* I, 3

la calculatrice *calculator,* I, 3

cambodgien *Cambodian* (adj), II, 1

camp: ficher le camp *to leave quickly, "scram,"* II, 5

la campagne: à la campagne *to/at the countryside,* I, 11

camping: faire du camping *to go camping,* I, 11; II, 12; **terrain de camping** *campground,* II, 2

canadien(ne) *Canadian,* II, 11

le canard *duck,* II, 12

le canari *canary,* I, 7

la canne à pêche *fishing pole,* II, 12

la cannelle *cinnamon,* II, 3

le canotage: faire du canotage *to go canoeing,* II, 12

la cantine: à la cantine *at the school cafeteria,* I, 9

la capitale *capital,* II, 4

le cardigan *sweater,* I, 10

les carottes (f.) *carrots,* I, 8

le carré d'agneau *rack of lamb,* II, 3

la carte *map,* I, 0; **La carte, s'il vous plaît.** *The menu, please.* I, 5

la case *box,* II, 10; *hut,* II, 11

la casquette *a cap,* I, 10

casse: Ça casse pas des briques. *It's not earth-shattering.* II, 11

casser (avec quelqu'un) *to break up (with someone),* II, 9; **se casser...** *to break one's . . . ,* II, 7

la cassette *cassette tape,* I, 3

la cathédrale *cathedral,* II, 2

le cauchemar: C'était un véritable cauchemar! *It was a real nightmare!* I, 11

ce *this; that,* I, 3; **Ce sont...** *These/those are . . . ,* I, 7

ce que: Ce que j'aime bien, c'est... *What I like is . . . ,* II, 4; **Ce que je n'aime pas, c'est...** *What I don't like is . . . ,* II, 4; **Ce que je préfère, c'est...** *What I prefer is . . . ,* II, 4; **Tu sais ce que... ?** *Do you know what . . . ?* II, 9

ce qui: Ce qui m'ennuie, c'est... *What bothers me is . . . ,* II, 4; **Ce qui me plaît, c'est...** *What I like is . . . ,* II, 4; **Ce qui ne me plaît pas, c'est...** *What I don't care for is . . . ,* II, 4

la ceinture *belt,* I, 10

le centre commercial *mall,* I, 6

les céréales (f.) *cereal,* II, 3

ces *these; those,* I, 3

c'est: C'est... *It's . . . ,* I, 2; II, 11; *This is . . . ,* I, 7; **C'est-à-dire que...** *That is, . . . ,* II, 9; **C'est comment?** *What's it like?* II, 4; **Ça, c'est...** *This is . . . ,* II, 2; **Non, c'est...** *No, it's . . . ,* I, 4; **Oui, c'est...** *Yes, it's . . . ,* I, 4

cet *this; that,* I, 3

C'était... *It was . . . ,* II, 6

cette *this; that,* I, 3

la chaîne stéréo *stereo,* II, 2

la chaise *chair,* I, 0

la chaleur *warmth,* II, 4

la chambre *bedroom,* I, 7; II, 2; **ranger ta chambre** *to pick up your room,* I, 7

les champignons (m.) *mushrooms,* I, 8

les champs (m.) **de canne à sucre** *sugarcane fields,* II, 4

la chance: Bonne chance! *Good luck!* I, 11; **C'est pas de chance, ça!** *Tough luck!* II, 5

la chanson *song,* II, 11

chanter *to sing,* I, 9

chanteur *(male) singer,* II, 11

chanteuse *(female) singer,* II, 11

le chapeau *hat,* I, 10; **Chapeau!** *Well done!* II, 5

la charcuterie *delicatessen,* II, 3

charmant(e) *charming,* II, 4

le chat *cat,* I, 7

châtain (inv.) *brown (hair),* II, 1

les châtelaines (f.) *ladies of the nobility,* II, 6

chaud: Il fait chaud. *It's hot.* I, 4

chauffer *to heat,* II, 3

les chaussettes (f.) *socks,* I, 10

les chaussures (f.) *shoes,* I, 10

la chemise *a shirt (men's),* I, 10

le chemisier *a shirt (women's),* I, 10

les chèques (m.) **de voyage** *traveler's checks,* II, 1

cher: C'est trop cher. *It's too expensive.* I, 10; II, 3

chercher *to look for,* I, 9

les cheveux (m.) *hair,* II, 1

la cheville: se fouler la cheville *to sprain one's ankle,* II, 7

le chèvre *goat cheese,* II, 3

chez... *to/at . . . 's house,* I, 6; **Bienvenue chez moi (chez nous).** *Welcome to my home (our home),* II, 2; **chez le disquaire** *at the record store,* I, 12; **Faites/Fais comme chez vous/toi.** *Make yourself at home.* II, 2; **Je suis bien chez... ?** *Is this . . . 's house?* I, 9

chic *chic,* I, 10

le chien *dog,* I, 7; **promener le chien** *to walk the dog,* I, 7

les chiffres (m.) *numbers,* II, 1

la chimie *chemistry,* I, 2

la chipie *rascal (for a girl only),* II, 10

le chocolat *chocolate,* I, 1; *hot chocolate,* I, 5

choisi: Vous avez choisi? *Have you decided?* I, 5

choisir *to choose, to pick,* I, 10; **choisir la musique** *to choose the music,* II, 10

la chorale *choir,* I, 2

chose: J'ai quelque chose à faire. *I have something else to do.* II, 10; **J'ai des tas de choses (trucs) à faire.** *I have lots of things to do.* I, 12; **Quelque chose ne va pas?** *Is something wrong?* II, 7

le chou *cabbage,* II, 3

chouette *very cool,* II, 2; **Oui, très chouette.** *Yes, very cool.* I, 9

la chute d'eau *waterfall,* II, 4

le cimetière *cemetery,* II, 2

le cinéma *the movies,* I, 1; *the movie theater,* I, 6

le circuit: faire un circuit des châteaux *to tour some châteaux,* II, 6

le classeur *loose-leaf binder,* I, 3

le clavecin *harpsicord,* II, 2

clignoter *to blink,* II, 9

climatisé *air-conditioned,* II, 2

le clocher *church tower,* II, 2

clown: Il ne faut pas faire le clown en classe! *You can't be goofing off in class!* II, 5

le coca *cola,* I, 5

cocher *to check off,* II, 10

le cocotier *coconut tree,* II, 4

le cœur: J'ai mal au cœur. *I'm sick to my stomach.* II, 7

coin: au coin de *on the corner of,* I, 12

le collant *hose,* I, 10

collé: être collé(e) *to have detention,* II, 5

le colombo de cabri *a type of spicy goat stew,* II, 3

colonie: en colonie de vacances *to/at a summer camp,* I, 11

coloré(e) *colorful,* II, 4

combien: C'est combien,... ? *How much is . . . ?* I, 5; **C'est combien?** *How much is it?* I, 3; **C'est combien, l'entrée?** *How much is the entrance fee?* II, 6; **Ça fait combien?** *How much is it?* I, 10; *How much does that make?* II, 3; **Ça fait combien, s'il vous plaît?** *How much is it, please?* I, 5; **Combien coûte(nt)... ?** *How much is (are). . . ?* II, 3; **Combien en voulez-vous?** *How many (much) do you want?* II, 3

comme: Comme ci, comme ça. *So-so.* I, 1; II, 6; Qu'est-ce que tu fais comme sport? *What sports do you play?* I, 4; Qu'est-ce que vous avez comme... ? *What kind of . . . do you have?* I, 5

commence: Ça commence à quelle heure? *What time does it start?* II, 11

commencer *to begin, to start,* I, 9

comment *what,* I, 0; *how,* I, 1; (Comment) ça va? *How's it going?* I, 1; C'est comment? *What's it like?* II, 4; C'était comment? *How was it?* II, 6; *What was it like?* II, 8; Comment tu trouves... ? *What do you think of . . . ?* I, 2; Comment tu trouves ça? *What do you think of that/it?* I, 2; *How do you like it?* I, 5; Il/Elle est comment? *What is he/she like?* I, 7; Ils/Elles sont comment? *What are they like?* I, 7; Tu t'appelles comment? *What is your name?* I, 0

commenté: un circuit commenté *guided walk,* II, 2

la commode *chest of drawers,* II, 2

comprendre *to understand,* II, 5; J'ai du mal à comprendre *I have a hard time understanding.* II, 5

compris: Tu as compris? *Did you understand?,* II, 1

concassé *crushed,* II, 3

les concerts (m.) *concerts,* I, 1

le concombre *cucumber,* II, 3

condition: se mettre en condition *to get into shape,* II, 7

conduire: conduire une voiture *to drive a car,* II, 8

se confier à *to confide in,* II, 10

la confiserie *candy shop,* II, 3

la confiture *jam,* I, 8

connais: Je ne connais pas. *I'm not familiar with them (him/her).* II, 11; Tu connais la nouvelle? *Did you hear the latest?* II, 9; Tu connais... *Are you familiar with . . . ?* II, 11

connaissance: faire la connaissance de *to make someone's acquaintance,* II, 10

conseilles: Qu'est-ce que tu me conseilles? *What do you advise me to do?* I, 9; *What do you think I should do?* II, 10

consommer: consommer trop de sucre *to eat too much sugar,* II, 7

continuez: Vous continuez jusqu'au prochain feu rouge. *You keep going until the next light.* I, 12

contre *against,* II, 2

cool *cool,* I, 2; Il/Elle est cool, ton/ta... *Your . . . is cool.* II, 2

côté: à côté de *next to,* I, 12; II, 2

coton: en coton *cotton,* I, 10

le cou: J'ai mal au cou *My neck hurts.* II, 7

la couche *layer,* II, 3

se coucher *to go to bed,* II, 4

coule: J'ai le nez qui coule. *I've got a runny nose.* II, 7

le country *country (music),* II, 11

le coup *strike, blow, hit,* II, 7, 9; un coup de main *a helping hand,* II, 10

coupé *cut,* II, 3

coupe: ça coupe l'appétit *it spoils your appetite,* II, 3

se couper: se couper le doigt *to cut one's finger,* II, 7

la cour *court (of a king or queen),* II, 6

Courage! *Hang in there!* II, 5

le coureur *runner,* II, 4

le cours *course,* I, 2; cours de développement personnel et social (DPS) *health,* I, 2; Tu as quels cours... ? *What classes do you have . . . ?* I, 2

les courses (f.): Tu peux aller faire les courses? *Can you do the shopping?* I, 8

court(e) *short (objects),* I, 10; II, 1

le cousin *male cousin,* I, 7

la cousine *female cousin,* I, 7

coûte: Combien coûte(nt)... ? *How much is (are). . . ?* II, 3

craque: Je craque! *I'm losing it!* II, 7

la cravate *tie,* I, 10

le crayon *pencil,* I, 3

la crème: crème fraîche *a type of thick, sour, heavy cream,* II, 3; de la crème contre les insectes *insect repellent,* II, 12

la crémerie *dairy,* II, 3

creuser *to dig,* II, 8

crève: Je crève de faim! *I'm dying of hunger!* II, 12

crevé: Si, je suis crevé(e). *Yes, I'm exhausted.* II, 2

les crevettes (f.) *shrimp,* II, 3

crier *to yell, scream,* II, 5

croire *to believe,* II, 6, 9

crois: Je crois que... *I think that . . . ,* II, 9; Je ne crois pas. *I don't think so.* II, 9

les croissants (m.) *croissants,* II, 3

le croque-monsieur *toasted cheese and ham sandwich,* I, 5

la cuillerée: cuillerée à soupe *tablespoonful,* II, 3; cuillerée à thé *teaspoonful,* II, 3

le cuir: en cuir *leather,* I, 10

cuire *to cook, bake,* II, 3

la cuisine *kitchen,* II, 2

D

d'abord: D'abord,... *First, . . . ,* II, 1; D'abord, j'ai fait... *First, I did . . . ,* I, 9

d'accord: D'accord. *OK.* I, 4; II, 1; D'accord, si tu... d'abord... *OK, if you . . . , first.* I, 7; Je ne suis pas d'accord. *I don't agree.* I, 7; Tu es d'accord? *Is that OK with you?* I, 7

d'habitude *usually,* I, 4

dangereux (dangereuse) *dangerous,* II, 8

dans *in,* I, 6

la danse *dance,* I, 2

danser *to dance,* I, 1; danser le zouk *to dance the zouk,* II, 4

la daube de lapin *rabbit stew,* II, 3

de *of,* I, 0; de l' *some,* I, 8; de la *some,* I, 8; de taille moyenne *of medium height,* II, 1; Je n'ai pas de... *I don't have . . . ,* I, 3; Je ne fais pas de... *I don't play/do . . . ,* I, 4

débarrasser la table *to clear the table,* I, 7

debout *standing up,* II, 5

décembre *December,* I, 4

les déchets (m.): jeter (remporter) les déchets *to throw away (to take with you) your trash,* II, 12

déchirer *to rip,* II, 5

decidé: Vous avez décidé de prendre... ? *Have you decided to take . . . ?* I, 10

la découverte *discovery,* II, 6

découvrir *to discover,* II, 2

la défaite *defeat,* II, 7

dégoûtant *gross,* I, 5

déguster *to taste, enjoy,* II, 4

déjà *already,* I, 9; Il/Elle en a déjà un(e). *He/She already has one (of them).* II, 3

le déjeuner *lunch,* I, 2; déjeuner *to have lunch,* I, 9

délicieux (délicieuse) *delicious,* I, 5; C'était délicieux! *That was delicious!* II, 3

deltaplane: faire du deltaplane *to hang glide,* II, 4

demain *tomorrow,* I, 2; A demain. *See you tomorrow.* I, 1

demande: Je me demande... *I wonder . . .* , II, 9

demander: demander la permission à tes parents *to ask your parents' permission,* II, 10; **demander pardon à (quelqu'un)** *to ask (someone's) forgiveness,* II, 10

demi: et demi *half past (after midi and minuit),* I, 6

demie: et demie *half past,* I, 6

démodé(e) *old-fashioned,* I, 10

les dents (f.): **J'ai mal aux dents** *My teeth hurt.* II, 7

déposer *to deposit,* I, 12

déprimant *depressing,* II, 11

déprimé(e) *depressed,* II, 9

se dérouler *to take place,* II, 4

derrière *behind,* I, 12

des *some,* I, 3

descendre *to go down,* II, 6

désirez: Vous désirez? *What would you like?* I, 10

Désolé(e). *Sorry.* I, 5; II, 10

le dessert *dessert,* II, 3

devant *in front of,* I, 6

devenir *to become,* II, 6

devine: Devine ce que... *Guess what . . .* , II, 9; **Devine qui...** *Guess who . . .* , II, 9

devineras: Tu ne devineras jamais ce qui s'est passé. *You'll never guess what happened.* II, 9

les devoirs (m.) *homework,* I, 2; **faire ses devoirs** *to do homework,* I, 7

devrais: Tu devrais... *You should . . .* , I, 9; II, 7; **Tu ne devrais pas...** *You shouldn't . . .* , II, 7

le dictionnaire *dictionary,* I, 3

difficile *hard,* I, 2

le dimanche *on Sundays,* I, 2

le dîner *dinner,* I, 8; **dîner** *to have dinner,* I, 9

dingue *crazy,* II, 9

dire *to say, tell,* I, 9; **dire à (quelqu'un) que...** *to tell (someone) that . . .* , II, 10; **Vous pouvez lui dire que j'ai téléphoné?** *Can you tell her/him that I called?* I, 9

dis: Dis vite! *Let's hear it!* II, 9; **Dis-lui/-leur que...** *Tell him/her/them that . . .* , II, 10

disponible *available,* II, 2

se disputer (avec quelqu'un) *to have an argument (with someone),* II, 9

le disquaire: chez le disquaire *at the record store,* I, 12

le disque compact/un CD *compact disc/CD,* I, 3

dit: Ça ne me dit rien. *That doesn't interest me.* I, 4; II, 1; **Ça te dit d'aller... ?** *What do you think about going . . . ?* II, 4; **Ça te dit de... ?** *Does . . . sound good to you?* II, 1; **écouter ce qu'il/elle dit** *to listen to what he/she says,* II, 10; **il dit** *he says,* II, 5

la diversité *diversity,* II, 2

le doigt: se couper le doigt *to cut one's finger,* II, 7

dois: Qu'est-ce que je dois... *What should I . . . ?* II, 1; **A ton avis, qu'est-ce que je dois faire?** *In your opinion, what should I do?* II, 10

doit: On doit. *Everyone should . . .* , II, 7

Donc,... *Therefore, . . .* , II, 9

donner: donner à manger aux animaux *to feed the animals,* II, 6

donnez: Donnez-moi... , s'il vous plaît. *Please give me . . .* I, 5

dorer *to brown,* II, 3

dormi: J'ai mal dormi. *I didn't sleep well.* II, 7

dormir *to sleep,* I, 1

le dos: J'ai mal au dos *My back hurts.* II, 7

la douceur *sweetness,* II, 4

doux (douce) *mild,* II, 1

la douzaine: une douzaine de *a dozen,* I, 8

le droit *the right to do something,* II, 8

droite: à droite *to the right,* I, 12; **à droite de** *to the right of,* II, 2; **sur la droite** *on the right,* II, 2

drôle: C'est drôle (amusant). *It's funny.* II, 11

du *some,* I, 8

dû (pp. of devoir): **J'aurais dû...** *I should have . . .* , II, 10; **Tu aurais dû...** *You should have . . .* , II, 10

dur *hard,* II, 3; *tough, difficult,* II, 4

E

l' eau (f.) *water,* I, 5; **l'eau minérale** *mineral water,* I, 5; **la chute d'eau** *waterfall,* II, 4

ébullition: amener à ébullition *bring to a boil,* II, 3

les échanges (m.): **échanges franco-américains** *Franco-American exchange programs,* II, 1

l' écharpe (f.) *scarf,* I, 10; II, 1

l' école (f.) *school,* I, 1

écoute: Je t'écoute. *I'm listening.* I, 9; II, 10

écouter: écouter ce qu'il/elle dit *to listen to what he/she says,* II, 10; **écouter de la musique** *to listen to music,* I, 1

Ecoutez! *Listen!* I, 0

l' écran (m.) *screen,* II, 1

écrasé *crushed,* II, 3

écris: Ecris-lui/leur. *Write him/her/them.* II, 10

s' écrouler *to collapse, fall down,* II, 5

l' écureuil (m.) *squirrel,* II, 12

l' éducation (f.) **physique et sportive (EPS)** *physical education,* I, 2

effort: Encore un effort! *One more try!* II, 7

l' église (f.) *church,* II, 2

l' élève (m./f.) *student,* I, 2

embêtant(e) *annoying,* I, 7; II, 1

embête: Ça t'embête de... ? *Would you mind . . . ?* II, 10

emmener *to take (someone) along,* II, 8

emporter *to bring (with you),* II, 12

emprunter *borrow,* I, 12

en *some, of it, of them, any, none,* I, 8; *to, in (before a feminine noun),* I, 11; **Combien en voulez-vous?** *How many (much) do you want?* II, 3; **en coton** *cotton,* I, 10; **en cuir** *leather,* I, 10; **en face de** *across from,* II, 2; **en jean** *denim,* I, 10; **Il/Elle en a déjà un(e).** *He/She already has one (of them).* II, 3; **Je n'en peux plus!** *I just can't do any more!* II, 7; **Je n'en veux plus.** *I don't want anymore,* I, 8; **Je ne t'en veux pas.** *No hard feelings.* II, 10; **J'en veux bien.** *I'd like some.* I, 8; **Je vais (en) prendre...** *I'll take . . .* , II, 3; **T'en fais pas.** *Don't worry.* II, 5; **Tu n'as pas l'air en forme.** *You don't seem too well.* II, 7; **Tu ne m'en veux pas?** *No hard feelings?* II, 10; **Vous avez ça en... ?** *Do you have that in . . . ? (size, fabric, color),* I, 10

encore: Encore de... ? *More . . . ?* I, 8; **Encore un effort!** *One more try!* II, 7; **Encore... ?** *Some more . . . ?* II, 3

énervé(e) *annoyed*, II, 9

Enfin,... *Finally, . . .* , II, 1; **Enfin, je suis allé(e)...** *Finally, I went . . .* , I, 9

ennuie: Ça t'ennuie de... ? *Would you mind . . . ?* II, 10; **Ce qui m'ennuie, c'est...** *What bothers me is . . .* , II, 4; **On ne s'ennuie pas.** *You're never bored.* II, 11

ennuyé: Je me suis ennuyé(e). *I was bored.* II, 6

ennuyer *to bother*, II, 8

ennuyeux (ennuyeuse) *boring*, II, 6; **C'était ennuyeux.** *It was boring*, I, 5

Ensuite,... *Next, . . .* , II, 1; *Then, . . .* , II, 12

entendre: entendre le réveil *to hear the alarm clock*, II, 5

Entendu. *OK.* I, 6

s' entraîner à... *to train for (a sport)*, II, 7

entre *between*, I, 12

l' entrée (f.) *first course*, II, 3; *entrance fee*, II, 6; **C'est combien, l'entrée?** *How much is the entrance fee?* II, 6

entrer *to enter*, II, 6

l' enveloppe (f.) *envelope*, I, 12

envie: J'ai envie de... *I feel like . . .* , 11; **Non, je n'ai pas très envie.** *No, I don't feel like it.* II, 7; **Tu as envie de... ?** *Do you feel like . . . ?* II, 1

envoyer: envoyer des lettres *to send letters*, I, 12; **envoyer les invitations** *to send the invitations*, II, 10

l' épicerie (f.) *(a small) grocery store*, I, 12

épouser *to marry*, II, 8

épouvantable: avoir une journée épouvantable *to have a horrible day*, II, 5; **C'était épouvantable.** *It was horrible.* I, 11; II, 9

épreuve: à toute épreuve *solid, unfailing*, II, 10

l' équilibre (m.) *balance*, II, 7

équitation: faire de l'équitation *to go horseback riding*, I, 1

les escargots (m.) *snails*, I, 1; II, 3

l' espagnol (m.) *Spanish*, I, 2

essayer: Je peux essayer... ? *Can I try on . . . ?* I, 10; **Je peux l'(les) essayer?** *Can I try it (them) on?* I, 10

Est-ce que *(Introduces a yes-or-no question)*, I, 4; **(Est-ce que) je peux... ?** *May I . . . ?*

I, 7

l' est: dans l'est *in the east*, II, 4; **C'est à l'est de...** *It's to the east of . . .* , II, 12

est: Ça s'est très bien passé! *It went really well!* II, 5; **Comment ça s'est passé?** *How did it go?* II, 5; **Il/Elle est...** *He/She is . . .* , I, 7; II, 1

et *and*, I, 1; **Et après ça...** *And after that, . . .* , I, 9; **Et toi?** *And you?* I, 1

les étagères (f.) *shelves*, II, 2

étais: J'étais... *I was . . .* , II, 12

était: C'était comment? *What was it like?* II, 8; **C'était tellement différent?** *Was it really so different?* II, 8

l' été (m.) *summer*, I, 4; **en été** *in the summer*, I, 4

été (pp. of être): **Oui, ça a été.** *Yes, it was fine.* I, 9

l' étoile (f.) *star*, II, 4, 9

étonné(e) *surprised*, II, 9

étonnerait: Ça m'étonnerait! *That would surprise me.* II, 6

étranger: à l'étranger *abroad*, II, 1

être *to be*, I, 7; **être collé(e)** *to have detention*, II, 5; **être en train de** *to be in the process of (doing something)*, II, 9

l' étude (f.) *study hall*, I, 2

étudier *to study*, I, 1

Evidemment. *Obviously.* II, 9

évite: Evite/Evitez de... *Avoid . . .* , II, 7

les examens (m.) *exams, tests*, I, 1; **passer un examen** *to take a test*, I, 9

excellent *excellent*, I, 5; **Oui, excellent.** *Yes, excellent.* I, 9; II, 2

excuse: Excuse-moi. *Forgive me.* II, 10; **Excuse-toi.** *Apologize.* II, 10

s' excuser *to apologize*, II, 10

excusez: Excusez-moi. *Excuse me.* I, 3

l' exercice: faire de l'exercice *to exercise*, II, 7

explique: Explique-lui/-leur. *Explain to him/her/them.* II, 10

expliquer: expliquer ce qui s'est passé (à quelqu'un) *to explain what happened (to someone)*, II, 10

F

face: en face de *across from*, I, 12; II, 2

fâché(e) *angry*, II, 9

facile *easy*, I, 2

la façon *way*, II, 1

la faïence *glazed pottery*, II, 2

la faim: avoir faim *to be hungry*, I, 5; **Je n'ai plus faim.** *I'm not hungry anymore.* II, 3; **Si, j'ai très faim!** *Yes, I'm very hungry.* II, 2; **Vous n'avez pas (Tu n'as pas) faim?** *Aren't you hungry?* II, 2

faire *to do, to make, to play*, I, 4; **faire la connaissance de** *to make someone's acquaintance*, II, 10; **faire la tête** *to sulk*, II, 9; **faire les préparatifs** *to get ready*, II, 10; **faire semblant de** *to pretend to (do something)*, II, 10; **Fais-toi une raison.** *Make the best of it.* II, 8; **Faites/Fais comme chez vous (toi).** *Make yourself at home.* II, 2; **J'ai des courses à faire.** *I have errands to do.* I, 5; **J'ai des tas de choses à faire.** *I have lots of things to do.* I, 5; **J'ai des trucs à faire.** *I have some things to do.* I, 5; **Je ne sais pas quoi faire.** *I don't know what to do.* II, 10; **Qu'est-ce qu'on peut faire?** *What can we do?* II, 4; **Qu'est-ce que je dois faire?** *What should I do?* II, 12; **Qu'est-ce que tu aimes faire?** *What do you like to do?* II, 1; **Qu'est-ce que tu vas faire... ?** *What are you going to do . . . ?* I, 6; **se se faire mal à...** *to hurt one's . . .* , II, 7; **Tu peux aller faire les courses?** *Can you do the shopping?* I, 8; **Tu vas faire quoi... ?** *What are you going to do . . . ?* I, 6; **Tu vas t'y faire.** *You'll get used to it.* II, 8

fais: A ton avis, qu'est-ce que je fais? *In your opinion, what do I do?* I, 9; **Fais-toi une raison.** *Make the best of it.* II, 8; **Ne t'en fais pas!** *Don't worry!* I, 9; **Faites (Fais) comme chez vous (toi).** *Make yourself at home.* II, 2; **Je fais...** *I play/do . . .* , I, 4; **Ne t'en fais pas.** *Don't worry.* I, 11; **Qu'est-ce que tu fais comme sport?** *What sports do you play?* II, 1; **Qu'est-ce que tu fais pour t'amuser?** *What do you do to have fun?* I, 4; **Qu'est-ce que tu fais quand... ?** *What do you do* when . . . ? I, 4; **T'en fais pas.** *Don't worry.* II, 5

fait (pp. of faire) *done, made,* I, 9; **Ça fait combien?** *How much does that make?* II, 3; **Ça ne fait rien.** *It doesn't matter.* II, 10; **D'abord, j'ai fait...** *First, I did . . . ,* I, 9; **Il fait beau.** *It's nice weather.* I, 4; **Il fait frais.** *It's cool.* I, 4; **Il fait froid.** *It's cold.* I, 4; **Il fait chaud.** *It's hot.* I, 4; **Qu'est-ce qu'on fait?** *What should we do?* II, 1; **Qu'est-ce que tu as fait... ?** *What did you do . . . ?* I, 9

faites: Faites/Fais comme chez vous/toi. *Make yourself at home.* II, 2

la farine *flour,* I, 8

fatigant: C'était fatigant! *It was tiring!* II, 2

fatigué: Je suis fatigué(e) *I'm tired.* II, 12; **Pas trop fatigué(e)?** *(You're) not too tired?* II, 2

faut: Il faut mieux travailler en classe. *You have to do better in class.* II, 5; **Il me faut...** *I need . . . ,* I, 3; **Il ne faut pas faire le clown en classe!** *You can't be goofing off in class!* II, 5; **Oui, il me faut...** *Yes, I need . . . ,* I, 10; **Qu'est-ce qu'il te faut pour... ?** *What do you need for . . . ? (informal),* I, 3; **Qu'est-ce qu'il vous faut pour... ?** *What do you need for . . . ? (formal),* I, 3

la faute: C'est de ma faute. *It's my fault.* II, 10

les féculents (m.) *carbohydrates,* II, 7

Félicitations! *Congratulations!* II, 3

la fenêtre *window,* I, 0

fera: Ça te fera du bien. *It'll do you good.* II, 7

ferais: Qu'est-ce que tu ferais, toi? *What would you do?* II, 10; **Tu ferais bien de...** *You would do well to . . . ,* II, 7

fermez: A quelle heure est-ce que vous fermez? *When do you close?* II, 6; **Fermez la porte.** *Close the door.* I, 0

la fête: Bonne fête! *Happy holiday! (Happy saint's day!),* II, 3; **Bonne fête de Hanoukka!** *Happy Hanukkah!* II, 3; **la fête des Mères** *Mother's Day,* II, 3;

la fête des Pères *Father's Day,* II, 3

le feu *flame* (heat), II, 3

la feuille: une feuille de papier *a sheet of paper,* I, 0

février *February,* I, 4

ficher: ficher le camp *to leave quickly, "scram,"* II, 5

le film *movie,* I, 6; **film classique** *classic movie,* II, 11; **film comique** *comedy,* II, 11; **film d'action** *action movie,* II, 11; **film d'amour** *romantic movie,* II, 11; **film d'aventures** *adventure movie,* II, 11; **film d'horreur** *horror movie,* II, 11; **film de science-fiction** *science-fiction movie,* II, 11; **film policier** *detective or mystery movie,* II, 11; **voir un film** *to see a movie,* I, 6

Finalement... *Finally . . . ,* II, 4

fixer: fixer la date *to choose the date,* II, 10

le fleuriste *florist's shop,* II, 3

les fleurs (f.) *flowers,* II, 3

la fois: une fois par semaine *once a week,* I, 4

fondu *melted,* II, 3

le foot(ball) *soccer,* I, 1; **le football américain** *football,* I, 4

la forêt *forest,* I, 11; **en forêt** *to the forest,* I, 11; **la forêt tropicale** *tropical rainforest,* II, 4

la forme: Tu n'as pas l'air en forme. *You don't seem too well.* II, 7

formidable: C'était formidable! *It was great!* I, 11

fort(e) *strong,* I, 7; II, 1; **C'est pas mon fort.** *It's not my strong point.* II, 5; **C'est mon fort.** *It's my strong point.* II, 5

la fosse *grave,* II, 8

le foulard *scarf,* II, 3

se fouler: se fouler la cheville *to sprain one's ankle,* II, 7

le four *oven,* II, 3; **au four** *baked,* II, 3

fous: plus on est de fous, plus on rit *the more the merrier,* II, 3

frais: Il fait frais. *It's cool.* I, 4

les fraises (f.) *strawberries,* I, 8

le franc *(the French monetary unit),* I, 3; **C'est... francs.** *It's . . . francs.* I, 5

le français *French (language),* I, 1 **français(e)** *French (adj),* II, 1

frapper *to knock,* II, 2

le frère *brother,* I, 7

les frites (f.) *French fries,* I, 1

froid: Il fait froid. *It's cold.* I, 4

le fromage *cheese,* I, 5; II, 3

les fruits de mer (m.) *seafood,* II, 3

furieux (furieuse) *furious,* II, 9

G

gagner *to win, to earn,* I, 9

les gants (m.) *a pair of gloves,* II, 1

le garçon *boy,* I, 0

garder ta petite sœur *to look after your little sister,* I, 7

la gare *train station ,* II, 2

garni *garnished,* II, 3

le gâteau *cake,* I, 8

gauche: à gauche *to the left,* I, 12; **à gauche de** *to the left of,* II, 2; **sur la gauche** *on the left,* II, 2

gêné(e) *embarrassed,* II, 9

génial(e) *great,* I, 2; II, 2

gentil (gentille) *nice,* I, 7; II, 1; **C'est gentil de votre (ta) part.** *That's so nice of you.* II, 2; **C'est gentil!** *That's nice of you.* II, 2

gentillet: gentillet, sans plus *cute (but that's all),* II, 11

la géographie *geography,* I, 2

la géométrie *geometry,* I, 2

la glace *ice cream,* I, 1; **faire du patin à glace** *to ice-skate,* I, 4

glacé *iced,* II, 3

le golf *golf,* I, 4

les gombos (m.) *okra,* I, 8

la gomme *eraser,* I, 3

la gorge: J'ai mal à la gorge *I have a sore throat.* II, 7

gourmand(e) *someone who loves to eat,* II, 1

la gousse d'ail *clove of garlic,* II, 3

le goûter *afternoon snack,* I, 8

la goutte *drop,* II, 8

les goyaves (f.) *guavas,* I, 8

la grammaire *grammar,* II, 1

grand(e) *tall,* I, 7; II, 1; *big,* I, 10; II, 1; **moins grand(e) que** *smaller than . . . ,* II, 4; **plus grand(e) que** *bigger than . . . ,* II, 4

grand-chose: Ce n'est pas grand-chose. *It's nothing special.* II, 3; **Pas grand-chose.** *Not much.* I, 6

la grand-mère *grandmother,* I, 7

le grand-père *grandfather,* I, 7

grandir *to grow,* I, 10

grasses: des matières grasses *fat,* II, 7

gratuit *free,* II, 1

grave: C'est pas grave. *It's not serious.* II, 5

grec *Greek (adj),* II, 1

grignoter: grignoter entre les

repas *to snack between meals,* II, 7

grillé *grilled,* II, 3

la grippe: J'ai la grippe. *I've got the flu.* II, 7

gris(e) *grey,* I, 3

gros (grosse) *fat,* I, 7

grossir *to gain weight,* I, 10

le groupe *(music) group,* II, 11

guidée: une visite guidée *a guided tour,* II, 6

la gymnastique: faire de la gymnastique *to do gymnastics,* II, 7

H

s' habiller *to get dressed,* II, 4

habitude: d'habitude *usually,* I, 4

haché *chopped,* II, 3

*les hamburgers (m.) *hamburgers,* I, 1

*les haricots (m.) *beans,* I, 8; les haricots verts (m.) *green beans,* I, 8

l' hébergement (m.) *lodging,* II, 6, 12

hésite: Euh... J'hésite. *Oh, I'm not sure.* I, 10; J'hésite. *I'm not sure.* I, 11

l' heure (f.): A quelle heure? *At what time?* I, 6; A tout à l'heure! *See you later!* I, 1; Tu as... à quelle heure? *At what time do you have . . . ?* I, 2

heures: à... heures *at . . . o'clock,* I, 2; à... heures quarante-cinq *at . . . forty-five,* I, 2; à... heures quinze *at . . . fifteen,* I, 2; à... heures trente *at . . . thirty,* I, 2

Heureusement,... *Fortunately, . . . ,* II, 9

heureux: Très heureux (heureuse). *Pleased to meet you.* I, 7

l' histoire (f.) *history,* I, 2; C'est l'histoire de... *It's the story of . . . ,* II, 11; C'est une belle histoire. *It's a great story.* II, 11; C'est une histoire passionnante. *It's an exciting story.* II, 11; Il n'y a pas d'histoire. *It has no plot.* II, 11

l' hiver (m.) *winter,* I, 4; en hiver *in the winter,* I, 4

*le hockey *hockey,* I, 4; jouer au hockey *to play hockey,* I, 4

horrible *terrible,* I, 10

hors: hors du feu *away from the flame,* II, 3

*le hot-dog *hot dog,* I, 5

l' huile (f.) *oil,* II, 3

les huîtres (f.) *oysters,* II, 3

l' humeur (f): de mauvaise humeur *in a bad mood,* II, 9; de bonne humeur *in a good mood,* II, 9

I

l' idée (f.): Bonne idée! *Good idea!* II, 3; C'est une bonne (excellente) idée. *That's a good (excellent) idea.* II, 1; Tu as une idée de cadeau pour... ? *Have you got a gift idea for . . . ?* II, 3

l' île (f.) *island,* II, 4

il y a: Il y a... *There is/are . . . ,* II, 12; Il n'y a pas de mal. *No harm done.* II, 10

il y avait: Il y avait... *There was/were . . . ,* II, 12

imperméable *a raincoat,* II, 1

importe: du n'importe quoi *worthless,* II, 11; ; N'importe quoi! *That's ridiculous!* II, 6

impossible: C'est impossible. *It's impossible.* II, 10

inadmissible: C'est inadmissible. *That's not acceptable.* II, 5

incroyable *incredible,* II, 6; C'était incroyable! *It was amazing/unbelievably bad!* II, 5

indien *Indian* (adj), II, 1

indonésien *Indonesian* (adj), II, 1

l' informatique *computer science,* I, 2

inquiet (inquiète) *worried,* II, 9

intelligent(e) *smart,* I, 7; II, 1

intention: J'ai l'intention de... *I intend to . . . ,* 11

intéressant *interesting,* I, 2

l' intérieur (m.) *interior,* II, 2

l' interro (f.) *quiz,* I, 9

les invitations (f.): envoyer les invitations *to send the invitations,* II, 10

invite: Invite-le/-la/-les. *Invite him/her/them.* II, 10

J

jamais: ne... jamais *never,* I, 4

la jambe: J'ai mal à la jambe *My leg hurts.* II, 7

le jambon *ham,* I, 5; II, 3

janvier *January,* I, 4

le jardin *yard,* II, 2

jaune *yellow,* I, 3

le jazz *jazz,* II, 11

je *I,* I, 1

le jean *(a pair of) jeans,* I, 3; II, 1; en jean *denim,* I, 10

jeter: jeter (remporter) les déchets *to throw away (to take with you) your trash,* II, 12

le jeu *game,* II, 1

le jeudi *on Thursdays,* I, 2

jeune *young,* I, 7; II, 1

la jeunesse: l'auberge de jeunesse *youth hostel,* II, 2

les jeux (m.): jouer à des jeux vidéo *to play video games,* I, 4

la Joconde *the Mona Lisa,* II, 1

le jogging: faire du jogging *to jog,* I, 4

la joie *joy,* II, 1

jouait: Si on jouait... ? *How about playing . . . ?* II, 8

joue: Je joue... *I play . . . ,* I, 4; On joue... *. . . is showing.* II, 11; Qu'est-ce qu'on joue comme film? *What films are playing?* II, 11

jouer *to play,* I, 4; jouer à... *to play . . . (a game),* I, 4

jour: C'est pas mon jour! *It's just not my day!* II, 5

la journée: avoir une journée épouvantable *to have a horrible day,* II, 5; Comment s'est passée ta journée (hier)? *How was your day (yesterday)?* II, 5; Quelle journée! *What a bad day!* II, 5;

joyeux: Joyeux (Bon) anniversaire! *Happy birthday!* II, 3; Joyeux Noël! *Merry Christmas!* II, 3

juillet *July,* I, 4

juin *June,* I, 4

la jupe *a skirt,* I, 10

le jus: le jus d'orange *orange juice,* I, 5; le jus de pomme *apple juice,* I, 5

jusqu'à: Vous allez tout droit jusqu'à... *You go straight ahead until you get to . . . ,* 12

K

le kilo: un kilo de *a kilogram of,* I, 8

L

là: -là *there (noun suffix),* I, 3; (Est-ce que)... est là, s'il vous plaît? *Is . . . , there, please?* I, 9; Là, c'est... *Here (There) is . . . ,* II, 2

laisser *to permit,* II, 6, 8 *to leave,* II, 12; **Je peux laisser un message?** *Can I leave a message?* I, 9

le lait *milk,* I, 8; II, 3

la laitue *lettuce,* II, 3

la lampe *lamp,* II, 2; **la lampe de poche** *flashlight,* II, 12

le lapin chasseur *rabbit in tomato-mushroom sauce,* II, 3

large *baggy,* I, 10

le latin *Latin* (language), I, 2

laver *to wash,* I, 7; **laver la voiture** *to wash the car,* I, 7; **se laver** *to wash oneself,* II, 4

les légumes (m.) *vegetables,* II, 7

leur(s) *their,* I, 7; **leur** (indirect object) *to them,* I, 9

se lever *to get up,* II, 4

levez: Levez la main! *Raise your hand!* I, 0; **Levez-vous!** *Stand up!* I, 0

libanais *Lebanese* (adj), II, 1

la librairie *bookstore,* I, 12

les lieux (m.) *places,* II, 1

la limonade *lemon soda,* I, 5

lire *to read,* I, 1

le lit *bed,* II, 2

le litre: un litre de *a liter of,* I, 8

la livre: une livre de *a pound of,* I, 8

le livre *book,* I, 3; **le livre de poésie** *book of poetry,* II, 11

le logement *lodging,* II, 2

loin: loin de *far from,* I, 12

long (longue) *long,* II, 1; **trop long** *too long,* II, 11

la lotion: la lotion anti-moustiques *insect repellent,* II, 12

louer *to rent,* II, 6

le loup *wolf,* II, 12

lu (pp. of lire) *read,* I, 9

lui *to him, to her,* I, 9

la lumière *light,* II, 6, 9

le lundi *on Mondays,* I, 2

les lunettes de soleil (f.) *sunglasses,* I, 10

le lycée *high school,* II, 2

M

ma *my,* I, 7

madame (Mme) *ma'am; Mrs,* I, 1; **Madame!** *Waitress!* I, 5

mademoiselle (Mlle) *miss; Miss,* I, 1; **Mademoiselle! Waitress!** I, 5

les magasins (m.) *stores,* I, 1; **faire les magasins** *to go shopping,* I, 1; **un grand magasin** *department store,* II, 3

le magazine *magazine,* I, 3

le magnétoscope *videocassette recorder, VCR,* I, 0

magnifique *beautiful,* II, 6

mai *May,* I, 4

maigrir *to lose weight,* I, 10

le maillot de bain *a bathing suit,* I, 10

la main *hand,* I, 0; **J'ai mal à la main** *My hand hurts.* II, 7; **se serrer la main** *to shake hands,* II, 8; **un coup de main** *a helping hand,* II, 10

mais *but,* I, 1

le maïs *corn,* I, 8

la Maison des Jeunes et de la culture (MJC) *the recreation center,* I, 6

mal: Il n'y a pas de mal. *No harm done.* II, 10; **J'ai mal... ** *My . . . hurts.* II, 7; **J'ai mal à la gorge.** *I have a sore throat.* II, 7; **J'ai mal à la jambe.** *My leg hurts.* II, 7; **J'ai mal à la main.** *My hand hurts.* II, 7; **J'ai mal à la tête.** *My head hurts.* II, 7; **J'ai mal au bras.** *My arm hurts.* II, 7; **J'ai mal au cœur.** *I'm sick to my stomach.* II, 7; **J'ai mal au cou.** *My neck hurts.* II, 7; **J'ai mal au dos.** *My back hurts.* II, 7; **J'ai mal au ventre.** *My stomach hurts.* II, 7; **J'ai mal aux dents** (f.). *My teeth hurt.* II, 7; **J'ai mal à l'oreille** (f.). *My ear hurts.* II, 7; **J'ai mal au pied.** *My foot hurts.* II, 7; **J'ai mal dormi.** *I didn't sleep well.* II, 7; **J'ai mal partout!** *I hurt all over!* II, 7; **mal à l'aise** *uncomfortable,* II, 9; **pas mal** *not bad,* I, 1; *all right,* II, 6; **se faire mal à...** *to hurt one's . . . ,* II, 7; **Très mal.** *Very badly.* I, 9

malade: Je suis malade. *I'm sick.* II, 7

le malentendu: un petit malentendu *a little misunderstanding,* II, 10

malgré *in spite of,* II, 5

Malheureusement,... *Unfortunately, . . . ,* II, 9

les mandarines (f.) *mandarin oranges,* II, 3

manger *to eat,* I, 6; II, 7; **donner à manger aux animaux** *to feed the animals,* II, 6

les mangues (f.) *mangoes,* I, 8

manque: ... me manque. *I miss . . .* (singular subject), II, 8; **Ce qui me manque, c'est...** *What I miss is . . . ,* II, 8

manquent: ... me manquent. *I miss . . .* (plural subject), II, 8

le manteau *coat,* I, 10

le maquis *popular Ivorian outdoor restaurant,* II, 8

marche: rater une marche *to miss a step,* II, 5

le mardi *on Tuesdays,* I, 2

marocain *Moroccan* (adj), II, 1

la maroquinerie *leather-goods shop,* II, 3

marron *brown,* I, 3; II, 1

le marron *a chestnut,* II, 3

mars *March,* I, 4

le masque *a mask,* II, 8

le match: regarder un match *to watch a game* (on TV), I, 6; **voir un match** *to see a game* (in person), I, 6

les maths (f.) *math,* I, 1

les matières grasses (f.) *fat,* II, 7

le matin *in the morning,* I, 2

mauvais(e): Oh, pas mauvais. *Oh, not bad.* I, 9; **Très mauvais.** *Very bad.* I, 9; **avoir une mauvaise note** *to get a bad grade,* II, 5; **de mauvaise humeur** *in a bad mood,* II, 9

méchant(e) *mean,* I, 7; II, 1

les médicaments (m.) *medicine,* I, 12

meilleur(s): C'est meilleur que... *It's better than . . . ,* II, 7; **Meilleurs vœux!** *Best wishes!* II, 3; **C'est en... que je suis le/la meilleur(e).** *I'm best in . . . ,* II, 5

mélanger *to mix,* II, 3

même *same,* II, 9; **le/la même** *the same,* II, 9

le ménage: faire le ménage *to do housework,* I, 1; II, 10

la méprise *mistake, error,* II, 1

la mer *sea,* II, 4; **au bord de la mer** *to/at the coast,* I, 11

merci: Merci. *Thank you,* I, 3; II, 2; **Merci, ça va.** *No thank you, I've had enough.* II, 3; **Non, merci.** *No, thank you.* I, 8

le mercredi *on Wednesdays,* I, 2

la mère *mother,* I, 7

mes *my,* I, 7

le métro: au métro... *at the . . . metro stop,* I, 6; **en métro** *by subway,* I, 12

mets: Mets... *Wear . . . ,* I, 10

mettre *to put, to put on, to wear,* I, 10; **Je ne sais pas quoi mettre pour...** *I don't know what to wear for . . . ;* **mettre: mets: Qu'est-ce que je mets?** *What shall I wear?* I, 10; **se mettre en condition** *to get into shape,* II, 7 meublé *furnished*, II, 2

meurs: Je meurs de soif! *I'm dying of thirst!* II, 12; **Si, je meurs de faim/soif!** *Yes, I'm dying of hunger/thirst!* II, 2

mexicain *Mexican* (adj), II, 1

midi *noon*, I, 6

mieux: Ça va aller mieux! *It's going to get better!* I, 9; *It'll get better.* II, 5; **J'aime mieux...** *I prefer . . .* , I, 1; II, 1; **Tu aimes mieux... ou... ?** *Do you prefer . . . or . . . ?* I, 10

mignon(ne) *cute*, I, 7; II, 1

le mille-feuille *layered pastry*, II, 3

mince *slender*, I, 7

minuit *midnight*, I, 6

la **minute: Tu as une minute?** *Do you have a minute?* I, 9; II, 10

le mobilier *furniture*, II, 2

moche: Je le/la/les trouve moche(s). *I think it's (they're) really tacky.* I, 10

la mode *fashion*, II, 3; **à la mode** *in style*, I, 10

moi: Moi, non. *I don't.* I, 2

moins: La vie était ... moins... *Life was . . . , less . . .* , II, 8; **moins cinq** *five to*, I, 6; **moins grand(e) que** *smaller than . . .* , II, 4; **moins le quart** *quarter to*, I, 6; **Plus ou moins.** *More or less.* II, 6

moitié: la moitié de *half of*, II, 3

moment: A ce moment-là,... *At that point, . . .* , II, 9; **Un moment, s'il vous plaît.** *One moment, please.* I, 5

mon *my*, I, 7

monsieur (M.) *sir; Mr.* I, 1; **Monsieur!** *Waiter!* I, 5

la montagne *mountain*, I, 11; **à la montagne** *to/at the mountains*, I, 11; **faire du vélo de montagne** *to go mountain-bike riding*, II, 12; **les montagnes russes** *the roller coaster*, II, 6

monter *to go up*, II, 6; **monter dans une tour** *to go up in a tower*, II, 6

la montre *watch*, I, 3

montrer *to show*, I, 9

le **morceau: un morceau de** *a piece of*, I, 8

mortel (mortelle) *deadly dull*, II, 6

la mosquée *mosque*, II, 8

Mouais. *Yeah.* II, 6

la mouffette *skunk*, II, 12

mourir *to die*, II, 6

le moustique *mosquito*, II, 4

le mouton *mutton*, II, 3

le moyen *means, way to do something*, II, 8

le Moyen Age *Middle Ages*, II, 6

moyenne: de taille moyenne *of medium height*, II, 1

le mur *wall*, II, 5

la **musculation: faire de la musculation** *to lift weights*, II, 7

le musée *museum*, I, 6; II, 2

le musicien (la musicienne) *a musician*, II, 11

la musique *music*, I, 2; **la musique classique** *classical music*, II, 11; **écouter de la musique** *to listen to music*, I, 1; **Qu'est-ce que tu aimes comme musique?** *What music do you like?* II, 1

mutiler: mutiler les arbres *to deface the trees*, II, 12

N

nager *to swim*, I, 1

naître *to be born*, II, 6

la **natation: faire de la natation** *to swim*, I, 4

nautique: faire du ski nautique *to water-ski*, I, 4

le **navet: C'est un navet.** *It's a dud.* II, 11

ne: ne... jamais *never*, I, 4; **ne... pas encore** *not yet*, I, 9; **ne... pas** *not*, I, 1; **Pourquoi tu ne... pas... ?** *Why don't you . . . ?* II, 7; **Tu n'as qu'à...** *All you have to do is . . .* , II, 7

neige: Il neige. *It's snowing.* I, 4

le **nez: J'ai le nez qui coule.** *I've got a runny nose.* II, 7

le **Noël: Joyeux Noël!** *Merry Christmas!* II, 3

noir(e) *black*, I, 3; II, 1

les noix de coco (f.) *coconuts*, I, 8

le nom *(last) name*, II, 1

non *no*, I, 1; **Moi, non.** *I don't.* I, 2; **Moi non plus.** *Neither do I.* I, 2; **Non, pas trop.** *No, not too much.* I, 2

le **nord: dans le nord** *in the north*, II, 4; **C'est au nord de...** *It's to the north of . . .* , II, 12

nos *our*, I, 7

la **note: avoir une mauvaise note** *to get a bad grade*, II, 5

notre *our*, I, 7

nourrir: nourrir les animaux *to feed the animals*, II, 12; **bien se nourrir** *eat well*, II, 7

nouveau *new*, II, 2

nouvelle *new*, II, 2; **Tu connais la nouvelle?** *Did you hear the latest?* II, 9

novembre *November*, I, 4

nul (nulle) *useless*, I, 2; *lame*, II, 6; *worthless*, II, 8

nullement *not at all*, II, 9

O

l' occasion (f.) *chance*, II, 1

occupé: C'est occupé. *It's busy.* I, 9; **Désolé(e), je suis occupé(e).** *Sorry, I'm busy.* I, 6; **Je suis très occupé(e).** *I'm very busy.* II, 10

s' occuper de *to take care of someone or something*, II, 10

octobre *October*, I, 4

l' œil (m.) (pl. les yeux) *eye*, II, 1; **Mon œil!** *Yeah, right!* II, 6

les œillets (m.) *carnations*, II, 3

œufs (m.) *eggs*, I, 8; II, 3

l' oeuvre (f.) *work, piece of art*, II, 11

l' office de tourisme (m.) *tourist information office*, II, 2

offre: Offre-lui (-leur)... *Give him/her (them) . . .* , II, 3

offrir (à quelqu'un) *to give (to someone)*, II, 10; **Qu'est-ce que je pourrais offrir à... ?** *What could I give to . . . ?* II, 3; **Tu pourrais lui (leur) offrir...** *You could give him/her (them) . . .* , II, 3

oh: Oh là là! *Oh no!* II, 5; **Oh, pas mauvais.** *Oh, not bad.* I, 9

l' ombre (f.) *shade*, II, 1

on: On... ? *How about . . . ?* I, 4; **On fait du ski?** *How about skiing?* I, 5; **On joue au base-ball?** *How about playing baseball?* I, 5; **On pourrait...** *We could . . .* , II, 1; **On va au café?** *Shall we go to the café?* I, 5

l' oncle (m.) *uncle*, I, 7

orange (inv.) *orange* (color), I, 3; **les oranges** (f.) *oranges*, I, 8

l' ordinateur (m.) *computer*, I, 3

l' oreille (f.) *ear*, II, 7; **J'ai mal à l'oreille** *My ear hurts.* II, 7

original: C'est original. *That's unique .* II, 3

l' orignal (m.) *moose*, II, 12

où: Où (ça)? *Where?* I, 6; **Où est-ce que tu vas aller... ?** *Where are you going to go . . . ?* I, 11; **Où est... s'il vous plaît?** *Where is . . . , please?* II, 2; **Où se trouve... ?** *Where is . . . ?* II, 4; **Tu es**

allé(e) où? *Where did you go?* I, 9

oublie: N'oublie pas... *Don't forget . . . ,* I, 8; II, 1; **Oublie-le/-la/-les!** *Forget him/her/them!* I, 9; II, 10

oublié: Je n'ai rien oublié. *I didn't forget anything.* I, 11; **Tu n'as pas oublié... ?** *You didn't forget . . . ?* I, 11

oublier *to forget,* I, 9

l' ouest: dans l'ouest *in the west,* II, 4; **C'est à l'ouest de...** *It's to the west of . . . ,* II, 12

oui *yes,* I, 1

l' ours (m.) *bear,* II, 12

ouvert *open,* II, 1

ouvrez: A quelle heure est-ce que vous ouvrez? *When do you open?* II, 6; **Ouvrez vos livres à la page...** *Open your books to page . . . ,* I, 0

P

la page *page,* I, 0

le pagne *a piece of Ivorian cloth,* II, 8

le pain *bread,* I, 8; II, 3; **le pain au chocolat** *croissant with a chocolate filling,* II, 3

le palmier *palm tree,* II, 4

les paniers (m.) *baskets,* II, 8

la panne: tomber en panne *to break down,* II, 9

le pantalon *a pair of pants,* I, 10

les papayes (f.) *papayas,* I, 8

la papeterie *stationery store,* I, 12

le papier *paper,* I, 0

le paquet: un paquet de *a carton/box of,* I, 8

le parc *park,* I, 6; II, 2; **visiter un parc d'attractions** *to visit an amusement park,* II, 6

pardon: Pardon *Pardon me,* I, 3; **demander pardon à (quelqu'un)** *to ask (someone's) forgiveness,* II, 10; **Pardon, madame. ... s'il vous plaît?** *Excuse me, ma'am . . . please?* I, 12; **Pardon, mademoiselle. Où est... s'il vous plaît?** *Excuse me, miss. Where is . . . please?* I, 12; **Pardon, monsieur. Je cherche... s'il vous plaît.** *Excuse me, sir. I'm looking for . . . please.* I, 12

pardonner à (quelqu'un) *to forgive (someone),* II, 10

parfait: C'est parfait. *It's perfect.* I, 10

parie: Je parie que... *I bet that . . . ,* II, 9

parle: Ça parle de... *It's about . . . ,* II, 11; **De quoi ça parle?** *What's it about?* II, 11; **Parle-lui/-leur.** *Talk to him/her/them.* II, 10

parlé: Nous avons parlé. *We talked.* I, 9

parler *to talk, to speak,* I, 1; **(Est-ce que) je peux parler à... ?** *Could I speak to . . . ?* I, 9; **Je peux te parler?** *Can I talk to you?* I, 9; II, 10; **parler au téléphone** *to talk on the phone,* I, 1

part: A quelle heure est-ce que le train (le car) pour... part? *What time does the train (the bus) for . . . leave?* II, 6; **C'est gentil de votre (ta) part.** *That's so nice of you.* II, 2

partager *to share,* II, 7

partenaire (m./f.) *partner,* II, 1

partir *to leave,* I, 11; II, 6; **Tu ne peux pas partir sans...** *You can't leave without . . . ,* 11

partout: J'ai mal partout! *I hurt all over!* II, 7

pas: Il/Elle ne va pas du tout avec... *It doesn't go at all with . . . ,* I, 10; **Out of the question!** I, 7; **Pas du tout.** *Not at all.* II, 10; **Pas mal.** *Not bad.* I, 1; **Pas moi.** *Not me.* I, 2; **Pas question!** *No way!,* II, 1; **Pas terrible.** *Not so great.* I, 1; **pas super** *not so hot,* I, 2

passe: Ça passe à... *It's playing at . . . ,* II, 11; **Ça passe où?** *Where is that playing?* II, 11; **Qu'est-ce qui se passe?** *What's going on?* II, 5

passé: Ça s'est bien passé? *Did it go well?* I, 11; **Ça s'est très bien passé!** *It went really well!* II, 5; **Comment ça s'est passé?** *How did it go?* II, 5; **expliquer ce qui s'est passé (à quelqu'un)** *to explain what happened (to someone),* II, 10; **J'ai passé une journée épouvantable!** *I had a terrible day!* II, 5; **Qu'est-ce qui s'est passé?** *What happened?* I, 9; **Tu as passé un bon week-end?** *Did you have a good weekend?* I, 9; **Tu as passé un bon... ?** *Did you have a good . . . ?* I, 11

passer: passer un examen *to take a test,* I, 9; **Tu pourrais passer à... ?** *Could you go by . . . ?* I, 12

passez: Vous passez devant... *You'll pass . . . ,* 12

le passeport *passport,* I, 11; II, 1

passionnant(e) *fascinating,* I, 2; **C'est une histoire passionnante.** *It's an exciting story.* II, 11

le pâté *paté,* II, 3

les pâtes (f.) *pasta,* II, 7

le patin: faire du patin à glace *to ice skate,* I, 4

la pâtisserie *pastry,* I, 12; *pastry shop,* I, 12; II, 3

pauvre: Pauvre vieux/vieille! *You poor thing!* II, 5

le pays *country,* II, 6

la pêche: aller à la pêche *to go fishing,* II, 4

les pêches (f.) *peaches,* I, 8

pêcheurs: village de pêcheurs *fishing village,* II, 4

pédestre: faire une randonnée pédestre *to go for a hike,* II, 12

la peinture *painting,* II, 2

pendant: pendant ce temps *meanwhile,* II, 1

la pendule *clock,* II, 9

pénible *a pain in the neck,* I, 7

pense: Pense à prendre... *Remember to take . . . ,* II, 1

pensé: J'ai pensé à tout. *I've thought of everything.* I, 11

la pension *meals,* II, 12

perdre *to lose,* II, 5; **se perdre** *to get lost,* II, 9

le père *father,* I, 7

la permission: demander la permission à tes parents *to ask your parents' permission,* II, 10

le petit déjeuner *breakfast,* I, 8

petit(e) *short (height),* I, 7; II, 1; *small,* I, 10; II, 1; **petit à petit** *little by little,* II, 3; **Quand il/elle était petit(e),...** *When he/she was little, . . . ,* II, 8; **Quand j'étais petit(e),...** *When I was little, . . . ,* II, 8

les petits pois (m.) *peas,* I, 8

peu: Si, un peu. *Yes, a little.* II, 2

la peur: J'ai peur (de la, du, des)... *I'm scared (of) . . . ,* II, 12

peut: On peut... *We can . . . ,* II, 4; *You can . . . ,* II, 12; **Qu'est-ce qu'on peut faire?** *What can we do?* II, 4; **Si tu veux, on peut...** *If you like, we can . . . ,* II, 1

peut-être *maybe,* II, 3; **Tu as peut-être raison.** *Maybe you're right.* II, 9

peux: (Est-ce que) je peux... ? *May I . . . ,* ? I, 7; **Est-ce que tu peux... ?** *Can you . . . ?*

I, 12; **Je n'en peux plus!** *I just can't do any more!* II, 7; **Je ne peux pas maintenant.** *I can't right now.* I, 8; **Je ne peux pas.** *I can't.* II, 1; **Je peux te parler?** *Can I talk to you?* II, 10; **Non, je ne peux pas.** *No, I can't.* I, 12; **Qu'est-ce que je peux faire?** *What can I do?* I, 9; **Tu peux m'aider?** *Can you help me?* II, 10

la pharmacie *drugstore,* I, 12

les photos: faire des photos *to take pictures,* I, 4

la physique *physics,* I, 2

la pièce *room (of a house),* II, 2; *play* (theatrical), I, 6; **voir une pièce** *to see a play,* I, 6; **une pièce** (d'or ou d'argent) *coin,* II, 4

le pied *foot,* I, 12; **à pied** *on foot,* I, 12; **J'ai mal au pied.** *My foot hurts.* II, 7

piétonnier *pedestrian* (adj), II, 2

le pique-nique: faire un pique-nique *to have a picnic,* I, 6; II, 6

la piscine *swimming pool,* I, 6; II, 2

la pizza *pizza,* I, 1

la plage *beach,* I, 1; II, 4

plaire: Tu vas te plaire ici. *You're going to like it here.* II, 8

plaisantes: Tu plaisantes! *You're joking!* II, 6

plaisir: Avec plaisir. *With pleasure.* II, 10; **Oui, avec plaisir.** *Yes, with pleasure.* I, 8

plaît: Il/Elle me plaît, mais c'est cher. *I like it, but it's expensive.* I, 10; **Il/Elle te/vous plaît?** *Do you like it?* I, 10; **Ce qui me plaît, c'est...** *What I like is . . . ,* II, 4; **Ce qui ne me plaît pas, c'est...** *What I don't care for is . . . ,* II, 4; **s'il vous/te plaît** *please,* I, 3; **Un... s'il vous plaît.** *A . . . , please.* II, 6

planche: faire de la planche à voile *to go windsurfing,* I, 11; II, 4

le plat principal *main course,* II, 3

plein: C'est plein de rebondissements. *It's full of plot twists.* II, 11; **plein tarif** *full admission price,* II, 2

pleurer *to cry,* II, 6

pleut: Il pleut. *It's raining.* I, 4

plongée: faire de la plongée avec un tuba *to snorkel,* II, 4; **faire de la plongée sous-marine** *to scuba dive,* II, 4

plu (pp. of plaire): **Ça m'a beau-coup plu.** *I really liked it.* II, 6; **Ça t'a plu?** *Did you like it?* II, 6

plus: Je n'ai plus faim/soif. *I'm not hungry/thirsty anymore.* II, 3; **Je n'en peux plus!** *I just can't do any more!* II, 7; **Je n'en veux plus.** *I don't want anymore,* I, 8; **La vie était plus...** *Life was more . . . ,* II, 8; **Moi non plus.** *Neither do I.* I, 2; **Non, merci. Je n'ai plus faim.** *No thanks. I'm not hungry anymore.* I, 8; **plus grand(e) que** *bigger than . . . ,* II, 4; **plus on est de fous, plus on rit** *the more the merrier,* II, 3; **Plus ou moins.** *More or less.* II, 6

plutôt *rather,* II, 9

la poêle *frying pan,* II, 3

les poires (f.) *pears,* I, 8

le poisson *fish,* I, 7; II, 3

la poissonnerie *fish shop,* II, 3

les pommes (f.) *apples,* I, 8

les pommes de terre (f.) *potatoes,* I, 8

les pompes (f.): **faire des pompes** *to do push-ups,* II, 7

le pop *popular, mainstream music,* II, 11

le porc *pork,* I, 8

la porte *door,* I, 0

le portefeuille *wallet,* I, 3; II, 3

porter *to wear,* I, 10

poser (un problème, une question) *to present or ask,* II, 5

possible: C'est possible. *That's possible.* II, 9; **Ce n'est pas possible.** *That's not possible.* II, 9; **Pas possible!** *No way!* II, 6

la poste *post office,* I, 12; II, 2

le poster *poster,* I, 3; II, 2

la poterie *pottery,* II, 8

la poubelle *trashcan,* I, 7; **sortir la poubelle** *to take out the trash,* I, 7

les poules (f.) *chickens,* I, 8

le poulet *chicken,* I, 8; II, 3

pour: Qu'est-ce qu'il te faut pour... ? *What do you need for . . . ? (informal),* I, 3; **Qu'est-ce que tu fais pour t'a-muser?** *What do you do to have fun?* I, 4

pourquoi: Pourquoi est-ce que tu ne mets pas... ? *Why don't you wear . . . ? ,* I, 10; **Pourquoi pas?** *Why not?* I, 6; **Pourquoi tu ne... pas?** *Why don't you . . . ?* I, 9; II, 7

pourrais: Je pourrais avoir... ? *May I have some . . . ?* II, 3;

Qu'est-ce que je pourrais offrir à... ? *What could I give to . . . ?* II, 3; **Tu pourrais... ?** *Could you . . . ?* II, 10; **Tu pourrais lui (leur) offrir...** *You could give him/her (them) . . . ,* II, 3; **Tu pourrais passer à... ?** *Could you go by . . . ?* I, 12

pourrait: On pourrait... *We could . . . ,* II, 1

pourriez: Vous pourriez (tu pourrais) me passer... *Would you pass . . . ,* II, 3

pouvoir *to be able to, can,* I, 8

pratiquer *to practice,* II, 1

préfère: Ce que je préfère, c'est... *What I prefer is . . . ,* II, 4; **Je préfère** *I prefer,* I, 1; II, 1; **Non, je préfère...** *No, I'd rather . . . ,* II, 1

préféré: Quel est ton... préféré(e)? *What is your favorite . . . ?* II, 1; **Qui est ton... préféré(e)?** *Who is your favorite . . . ?* II, 1

le premier étage *second floor,* II, 2

prendre *to take or to have (food or drink),* I, 5; **avoir (prendre) rendez-vous (avec quelqu'un)** *to have (make) a date (with someone),* II, 9; **Je vais (en) prendre...** *I'll take . . . ,* II, 3; **Je vais prendre... , s'il vous plaît.** *I'll have . . . , please.* I, 5; *I'm going to have . . . , please.* I, 5; **On peut prendre...** *We can take . . . ,* 12; **Pense à prendre...** *Remember to take . . . ,* II, 1; **Prends...** *Take . . . ,* II, 1; **Vous avez décidé de prendre... ?** *Have you decided to take . . . ?* I, 10

prends: Prends... *Get . . . ,* I, 8; **Prends/Prenez...** *Have . . . ,* I, 5; **Je le/la/les prends.** *I'll take it/them.* I, 10; **Tu prends... ?** *Are you taking . . . ?* I, 11; *Will you have . . . , ?* I, 8

prenez: Prenez... *Take . . . ,* II, 2; **Prenez une feuille de papier.** *Take out a sheet of paper.* I, 0; **Vous le/la/les prenez?** *Are you going to take it/them?* I, 10; **Vous prenez?** *What are you having?* I, 5; **Vous prenez... ?** *Will you have . . . , ?* I, 8; **Prenez la rue... , puis traversez la rue...** *Take . . . Street, then cross . . . Street,* I, 12

le prénom *first name,* II, 1

les préparatifs (m.): **faire les préparatifs** *to get ready,* II, 10

préparer: préparer les amuse-gueule *to make party snacks,* II, 10

près: près de *close to,* I, 12; *near,* II, 2

présente: Je te/vous présente... *I'd like you to meet . . .* I, 7

presque: Tu y es (On y est) presque! *You're (we're) almost there!* II, 7

pressé(e) *in a hurry,* II, 7

prévu: Je n'ai rien de prévu. *I don't have any plans.* I, 11

le printemps *spring,* I, 4; **au printemps** *in the spring,* I, 4

pris (pp. of prendre) *took,* I, 9

privé: être privé(e) de sortie *to be "grounded,"* II, 9

le problème: J'ai un petit problème. *I've got a problem.* I, 9; J'ai un problème. *I have a problem.* II, 10; Pas de problème. *No problem.* II, 10

prochain: Vous continuez jusqu'au prochain feu rouge. *You keep going until the next light.* I, 12

proche *nearby,* II, 1; *close,* II, 5

le professeur (le prof) *teacher,* I, 2

profiter *to take advantage of,* II, 1

le projet *projects, plans,* II, 1

la promenade: faire une promenade *to go for a walk,* I, 6

promener: promener le chien *to walk the dog,* I, 7; promener *to go for a walk,* II, 4

promouvoir *to promote,* II, 2

propos: A propos,... *By the way, . . . ,* II, 9

propre *(one's) own,* II, 1; **propre** *clean,* II, 8

pu (pp. of pouvoir): J'aurais pu... *I could have . . . ,* II, 10; Tu aurais pu... *You could have . . . ,* II, 10

la publicité *advertisement,* II, 3

puis: Puis,... *Then, . . . ,* II, 1; Puis, tournez à gauche dans/sur... *Then, turn left on . . . ,* II, 2; Prenez la rue... , puis traversez la rue... *Take . . . Street, then cross . . . Street,* I, 12

le pull(-over) *a pullover sweater,* I, 3; II, 1

Q

qu'est-ce que: Qu'est ce que tu as? *What's wrong?* , II, 7; Qu'est-ce qu'il y a... ? *What is there . . . ?* II, 4; Qu'est-ce

qu'il y a? *What's wrong?* II, 10; Qu'est-ce qu'on fait? *What should we do?* II, 1; Qu'est-ce qu'on peut faire? *What can we do?* II, 4; Qu'est-ce que je peux faire? *What can I do?* I, 9; II, 10; Qu'est-ce que tu aimes faire? *What do you like to do?* II, 1; Qu'est-ce que tu as fait... ? *What did you do . . . ?* I, 9; Qu'est-ce que tu fais... ? *What do you do . . . ?* I, 4; Qu'est-ce que tu fais quand... ? *What do you do when . . . ?* I, 4; Qu'est-ce que tu vas faire... ? *What are you going to do . . . ?* I, 6; Qu'est-ce que vous avez comme... ? *What kind of . . . do you have?* I, 5

qu'est-ce qui: Qu'est-ce qui s'est passé? *What happened?* I, 9; Qu'est-ce qui se passe? *What's going on?* II, 5; Qu'est-ce qui t'arrive? *What's wrong?* II, 5

le quai: De quel quai... ? *From which platform . . . ?* II, 6; Du quai... *From platform . . . ,* II, 6

quand: Quand (ça)? *When?* I, 6

quant: quant à *with respect to,* II, 1

quart: et quart *quarter past,* I, 6; moins le quart *quarter to,* I, 6

quel(s): Quel est ton... préféré? *What is your favorite . . . ?* II, 1; Quel week-end formidable! *What a great weekend!* II, 5; Quel week-end! *What a bad weekend!* II, 5; Tu as quel âge? *How old are you?* I, 1; Tu as quels cours... ? *What classes do you have . . . ?* I, 2

quelle: Quelle journée formidable! *What a great day!* II, 5; Quelle journée! *What a bad day!* II, 5; Tu as... à quelle heure? *At what time do you have . . . ?* I, 2

quelqu'un *someone,* II, 3

quelque chose: J'ai quelque chose à faire. *I have something else to do.* II, 10; Je cherche quelque chose pour... *I'm looking for something for . . . ,* I, 10; Quelque chose ne va pas? *Is something wrong?* II, 7

quelquefois *sometimes,* I, 4

question: Pas question! *No way!,* II, 1; *Out of the question!* I, 7

qui: Avec qui? *With whom?* I, 6; Qui est ton/ta... préféré(e)? *Who is your favorite . . . ?* II, 1

quittez: Ne quittez pas. *Hold on.* I, 9

quoi: ... quoi. *. . . you know.* II, 9; Je ne sais pas quoi faire. *I don't know what to do.* II, 10; Je ne sais pas quoi mettre pour... *I don't know what to wear for . . . ,* I, 10; N'importe quoi! *That's ridiculous!* II, 6; Tu as quoi... ? *What do you have . . . ?* I, 2

R

le raccourci *short cut,* II, 12

raconte: Raconte! *Tell me!* II, 5; Qu'est-ce que ça raconte? *What's the story?* II, 11

raconter *to tell (a story),* II, 1

la radio *radio,* I, 3

le raisin *grapes,* I, 8

raison: Fais-toi une raison. *Make the best of it.* II, 8; Tu as raison... *You're right . . . ,* II, 3

rajouter *to add,* II, 7

le ramasseur de balle *ballboy,* II, 8

le randonnée: faire de la randonnée *to go hiking,* I, 11; faire une randonnée en raquettes *to go snow-shoeing,* II, 12; faire une randonnée en skis *to go cross-country skiing,* II, 12; faire une randonnée pédestre *to go for a hike,* II, 12

le rang *row,* II, 3

ranger: ranger ta chambre *to pick up your room,* I, 7

le rap *rap (music),* II, 11

râpé *grated,* II, 3

raplapla: Je suis tout raplapla. *I'm wiped out.* II, 7

rappeler: Vous pouvez rappeler plus tard? *Can you call back later?* I, 9

rapporte: Rapporte-moi... *Bring me back . . . ,* I, 8

rapportes: Tu me rapportes... ? *Will you bring me . . . , ?* I, 8

les raquettes (f.): faire une randonnée en raquettes *to go snow-shoeing,* II, 12

rater: rater le bus *to miss the bus,* I, 9; II, 5; rater un examen *to fail a test,* I, 9; rater une marche *to miss a step,* II, 5

le raton laveur *raccoon,* II, 12

les rebondissements (m.): C'est plein de rebondissements. *It's full of plot twists.* II, 11

recevoir: recevoir le bulletin trimestriel *to receive one's report card,* II, 5

recommande: Je te le recommande. *I recommend it.* II, 11

recommence: Ne recommence pas. *Don't do it again.* II, 5

réconcilier: se réconcilier avec (quelqu'un) *to make up (with someone),* II, 10

la récréation *break,* I, 2

réduit *reduced,* II, 2

le regard *look, glance,* II, 10

regarde: Non, merci, je regarde. *No, thanks, I'm just looking.* I, 10; **Regarde, c'est...** *Look, here's (there's) (it's) . . . ,* I, 12

regarder *to watch, to look at,* I, 1; **regarder la télé(vision)** *to watch TV,* I, 1; **regarder un match** *to watch a game (on TV),* I, 6

regardez: Regardez la carte! *Look at the map!* I, 0

le régent (la régente) *the regent; someone who rules in place of the king or queen,* II, 6

le reggae *reggae music,* II, 11

le régime: suivre un régime trop strict *follow a diet that's too strict.* II, 7

la règle *ruler,* I, 3; **les règles** *rules,* II, 7

regrette: Je regrette. *Sorry,* I, 3; **Je regrette...** *I miss . . . ,* II, 8; **Je regrette, mais je n'ai pas le temps.** *I'm sorry, but I don't have time.* I, 8

la reine *the queen,* II, 6

relaxant(e) *relaxing,* II, 8

la religieuse *cream puff pastry ,* II, 3

le renard *fox,* II, 12

rencontrer *to meet,* I, 9; II, 9

rendez-vous: avoir (prendre) rendez-vous (avec quelqu'un) *to have (make) a date (with someone),* II, 9; **Rendez-vous...** *We'll meet . . .* I, 6

rendre *to return something,* I, 12; **rendre les examens** *to return tests,* II, 5

rentrer *to go back (home),* II, 6

renverser *to knock over, spill,* II, 5

répartir *to spread evenly,* II, 3

le repas *meal,* II, 7; **sauter un repas** *to skip a meal,* II, 7

répéter *to rehearse, to practice,* I, 9

répétez: Répétez! *Repeat!* I, 0

répond: Ça ne répond pas.

There's no answer. I, 9

répondre *to answer,* I, 9

respecter: respecter la nature *to respect nature,* II, 12

les responsabilités (f.): **avoir des responsabilités** *to have responsibilities,* II, 8

ressuciter *to bring back to life,* II, 8

le restaurant *the restaurant,* I, 6

rester *to stay,* II, 6

rétablissement: Bon rétablissement! *Get well soon!* II, 3

retirer: retirer de l'argent (m.) *withdraw money,* I, 12

retourner *to return,* II, 6

rétro (inv.) *style of the Forties or Fifties,* I, 10

retrouve: Bon, on se retrouve... *We'll meet . . .* I, 6

le rêve *dream,* II, 1

réveil: entendre le réveil *to hear the alarm clock,* II, 5

revenir *to come back,* II, 6; **faire revenir dans le beurre** *to sauté in butter,* II, 3

le rez-de-chaussée *first (ground) floor,* II, 2

le rhume: J'ai un rhume. *I've got a cold.* II, 7

rien: Ça ne fait rien. *It doesn't matter.* II, 10; **Ça ne me dit rien.** *That doesn't interest me.* I, 4; **Je n'ai rien oublié.** *I didn't forget anything.* I, 11; **Rien de spécial.** *Nothing special.* I, 6

le riz *rice,* I, 8

la robe *a dress,* I, 10

le rock *rock,* II, 11

le roi *the king,* II, 6

le roller: faire du roller en ligne *to in-line skate,* I, 4

le roman *novel,* I, 3; **le roman classique** *classic (novel),* II, 11; **le roman d'amour** *romance novel,* II, 11; **le roman de science-fiction** *science-fiction novel,* II, 11; **le roman policier (le polar)** *detective or mystery novel,* II, 11

rose *pink,* I, 3

le rôti de bœuf *roast beef,* II, 3

roue: la grande roue *the ferris wheel,* II, 6

rouge *red,* I, 3

rousse (roux) *red-headed,* I, 7

route: Bonne route! *Have a good (car) trip!,* II, 3

roux *red-headed,* I, 7; II, 1

russe *Russian* (adj), II, 1; **les montagnes russes** *roller coaster,* II, 6

S

sa *his, her,* I, 7

le sable *sand,* II, 4

le sac (à dos) *bag; backpack,* I, 3; **le sac à main** *purse,* II, 3; **le sac de couchage** *sleeping bag,* II, 12

le sachet *small bag,* II, 3

sais: Je n'en sais rien. *I have no idea.* I, 11; **Je ne sais pas quoi faire.** *I don't know what to do.* II, 10; **Je ne sais pas.** *I don't know.* I, 10; **Tu sais ce que... ?** *Do you know what . . . ?* II, 9; **Tu sais qui... ?** *Do you know who . . . ?* II, 9

la salade *salad, lettuce,* I, 8

sale *dirty,* II, 8

saler *to salt,* II, 3

la salle à manger *dining room,* II, 2; **la salle de bains** *bathroom,* II, 2

le salon *living room,* II, 2

saluer *to greet,* II, 8

Salut! *Hi! or Goodbye!* I, 1

le samedi *on Saturdays,* I, 2

les sandales (f.) *sandals,* I, 10

le sandwich *sandwich,* I, 5

la santé *health,* II, 7

le saucisson *salami,* I, 5; II, 3

sauf *except,* II, 2

saupoudrer *to sprinkle (with),* II, 3

saute: Ne saute pas... *Don't skip . . . ,* II, 7

sauter: sauter un repas *to skip a meal,* II, 7

sauver *to save,* II, 5

les sciences (f.) **naturelles** *natural science ,* I, 2

sec (sèche) *dry, dried,* II, 7

la seconde: Une seconde, s'il vous plaît. *One second, please.* I, 9

le séjour *visit, stay,* II, 1

le sel *salt,* II, 7

la semaine *week,* I, 4; **une fois par semaine** *once a week,* I, 4

semblant: faire semblant de *to pretend to (do something),* II, 10

sens: Je ne me sens pas bien. *I don't feel well.* II, 7

sensas (sensationnel) *fantastic,* I, 10; *sensational,* II, 6

les sentiers (m.): **suivre les sentiers balisés** *to follow the marked trails,* II, 12

septembre *September,* I, 4

serré(e) *tight,* I, 10

se serrer: serrer la main *to shake hands,* II, 8

service: A votre service. *At your service; You're welcome,* I, 3

ses *his, her*, I, 7
seul(e) *only one*, II, 4
le short *(a pair of) shorts*, I, 3
si: Moi, si. *I do.* I, 2; Si on achetait... ? *How about buying . . . ?* II, 8; Si on allait... ? *How about going . . . ?* II, 4; Si on jouait... ? *How about playing . . . ?* II, 8; Si on visitait... ? *How about visiting . . . ?* II, 8; Si tu veux, on peut... *If you like, we can . . . ,* II, 1
le siècle *century*, II, 6
la sieste: faire la sieste *to take a nap*, II, 8
s'il vous/te plaît *please*, I, 5
simple *simple*, II, 8
sinistre *awful*, II, 6
le ski *skiing*, I, 1; faire du ski *to ski*, I, 4; faire du ski nautique *to water-ski*, I, 4
les skis (m.): faire une randonnée en skis *to go cross-country skiing*, II, 12
la sœur *sister*, I, 7
la soif: avoir soif *to be thirsty*, I, 5; Je n'ai plus soif. *I'm not thirsty anymore.* II, 3; Si, j'ai très soif! *Yes, I'm very thirsty.* II, 2; Vous n'avez pas (Tu n'as pas) soif? *Aren't you thirsty?* II, 2
le soir *evening; in the evening*, I, 4; Pas ce soir. *Not tonight.* I, 7
son *his, her*, I, 7
le sondage *poll*, II, 1
sont: Ce sont... *These/those are . . . ,* I, 7; Ils/Elles sont... *They're . . . ,* I, 7; II, 1
la sortie *dismissal*, I, 2; être privé(e) de sortie *to be "grounded,"* II, 9
sortir *to go out*, II, 6; sortir avec les copains *to go out with friends*, I, 1; sortir la poubelle *to take out the trash*, I, 7
les soucis (m.): avoir des soucis *to have worries*, II, 8
sous-marine: faire de la plongée sous-marine *to scuba dive*, II, 4
souvent *often*, I, 4
spécial: Rien de spécial. *Nothing special.* I, 6
le spectacle: assister à un spectacle son et lumière *to attend a sound and light show*, II, 6
le sport *sports*, I, 1; *gym class*, I, 2; faire du sport *to play sports*, I, 1; Qu'est-ce que tu fais comme sport? *What sports do you play?* I, 4
le stade *the stadium*, I, 6
le steak-frites *steak and French fries*, I, 5
le style: C'est tout à fait ton style. *It looks great on you!* I, 10; Ce n'est pas son style. *That's not his/her style.* II, 3
le stylo *pen*, I, 3
le sud: dans le sud *in the south*, II, 4; C'est au sud de... *It's to the south of . . . ,* II, 12
suite: C'est tout de suite à... *It's right there on the . . . ,* I, 12; J'y vais tout de suite. *I'll go right away.* I, 8; tout de suite *right away*, I, 6
suivre *to follow*, II, 7; suivre les sentiers balisés *to follow the marked trails*, II, 12; suivre un régime trop strict *to follow a diet that's too strict.* II, 7
super (adj.) *super*, I, 2; (adv.) *really, ultra-*, II, 9; Super! *Great!* I, 1; pas super *not so hot*, I, 2
superbe *great*, II, 6
sur: sur la droite/gauche *on the right/left*, II, 2
sûr: Bien sûr. *Of course.* II, 10; Bien sûr. C'est... *Of course. They are (He/She is) . . . ,* II, 11
sûrement: Sûrement pas! *Definitely not!* II, 6
surprenant *surprising*, II, 2
surtout *especially*, I, 1
le surveillant *university student who supervises younger students at school*, II, 5
le suspense: Il y a du suspense. *It's suspenseful.* II, 11
le sweat(-shirt) *a sweatshirt*, I, 3; II, 1
sympa (abbrev. of sympathique) *nice*, I, 7; II, 1
sympathique *nice*, I, 7

T

ta *your*, I, 7
le tableau *blackboard*, I, 0
le taille-crayon *pencil sharpener*, I, 3
le tam-tam *an African drum*, II, 8
la tante *aunt*, I, 7
le tapis *rug*, II, 2
les tapisseries (f.) *tapestries*, II, 2
taquiner *to tease*, II, 8
tard *late*, II, 4
le tarif *admission price*, II, 2
la tarte *pie*, I, 8; la tarte aux pommes *apple tart*, II, 3
la tartine *bread, butter, and jam*, II, 3
tas: J'ai des tas de choses à faire. *I have lots of things to do.* I, 5
tasse *cup*, II, 3
taxi: en taxi *by taxi*, I, 12
Tchao! *Bye!* I, 1
le tee-shirt *T-shirt*, II, 1
la télé(vision) *television, TV*, I, 1; regarder la télé(vision) *to watch TV*, I, 1
le téléphone *telephone*, I, 1; parler au téléphone *to talk on the phone*, I, 1; Téléphone-lui/-leur! *Call him/her/them!* I, 9; *Phone him/her/them.* II, 10
téléphoner à (quelqu'un) *to call (someone)*, II, 10
tellement: C'était tellement différent? *Was it really so different?* II, 8; Pas tellement. *Not too much.* I, 4
temps: de temps en temps *from time to time*, I, 4; Je suis désolé(e), mais je n'ai pas le temps. *Sorry, but I don't have time.* I, 12; Je n'ai pas le temps. *I don't have time.* II, 10
Tenez. *Here you are.* II, 3
le tennis *tennis*, I, 4
la tente *tent*, II, 12
la tenue *outfit*, II, 1
le terrain de camping *campground*, II, 2
la terrasse *terrace*, II, 2
terrible: Pas terrible. *Not so great.* I, 1
tes *your*, I, 7
la tête *head*, II, 7; J'ai mal à la tête *My head hurts.* II, 7; faire la tête *to sulk*, II, 9
thaïlandais *Thai* (adj), II, 1
le thé *tea*, II, 3
le théâtre *theater*, I, 6; II, 2; faire du théâtre *to do drama*, I, 4
les tickets (m.): Trois tickets, s'il vous plaît. *Three (entrance) tickets, please.* II, 6
Tiens. *Here you are.* II, 3
le timbre *stamp*, I, 12
timide *shy*, I, 7
le tissu *fabric, cloth*, II, 8
toi *you*, I, 1; Et toi? *And you?* I, 1
les toilettes (les W.-C.) (f.) *toilet, restroom*, II, 2
les tomates (f.) *tomatoes*, I, 8
tomber *to fall*, II, 5; tomber amoureux (-euse) (de quelqu'un) *to fall in love (with someone)*, II, 9; tomber en panne *to break down*, II, 9

ton *your,* I, 7

tôt *early,* II, 4

la tour *tower,* II, 6

le tour: faire un tour sur la grande roue *to take a ride on the ferris wheel,* II, 6; **faire un tour sur les montagnes russes** *to take a ride on the roller coaster,* II, 6

tournez: Puis, tournez à gauche dans/sur... *Then, turn left on . . . ,* II, 2; **Vous tournez...** *You turn . . . ,* I, 12

le tournoi de joute *jousting tournament,* II, 6

tout: A tout à l'heure! *See you later!* I, 1; **Allez (continuez) tout droit.** *Go (keep going) straight ahead.* II, 2; **C'est tout à fait ton style.** *It looks great on you!* I, 10; **C'est tout de suite à...** *It's right there on the . . . ,* I, 12; **J'ai pensé à tout.** *I've thought of everything.* I, 11; **J'y vais tout de suite.** *I'll go right away.* I, 8; **Pas du tout.** *Not at all.* I, 4; II, 10; **Tout a été de travers!** *Everything went wrong!* II, 5; **tout de suite** *right away,* I, 5; **Vous allez tout droit jusqu'à...** *You go straight ahead until you get to . . . ,* 12

toute: à toute épreuve *solid, unfailing,* II, 10

le train *train,* I, 12; **en train** *by train,* I, 12; **être en train de** *to be in the process of (doing something),* II, 9

la tranche: une tranche de *a slice of,* I, 8

tranquille *calm,* II, 8

travailler *to work,* I, 9; **Il faut mieux travailler en classe.** *You have to do better in class.* II, 5

les travaux (m.) **pratiques** *lab,* I, 2

travers: Tout a été de travers! *Everything went wrong!* II, 5

Traversez... *Cross . . . ,* II, 2

très: Très bien. *Very well.* I, 1; **Ça s'est très bien passé!** *It went really well!* I, 10

trompes: A mon avis, tu te trompes. *In my opinion, you're mistaken.* II, 9

trop *too (much),* I, 10; **C'est trop cher.** *It's too expensive.* I, 10; II, 3; **Non, pas trop.** *No, not too much.* I, 2

la trousse *pencil case,* I, 3; **la trousse de premiers soins** *first-aid kit,* II, 12

trouve: Je le/la/les trouve... *I think it's/they're . . . ,* I, 10; **Où se trouve... ?** *Where is . . . ?* II, 4

trouver *to find,* I, 9

trouves: Comment tu trouves... ? *How do you like . . . ?* I, 10; *What do you think of . . . ?* I, 2; **Tu trouves?** *Do you think so?* II, 2;

truc(s): Ce n'est pas mon truc. *It's not my thing.* II, 7; **J'ai des tas de choses (trucs) à faire.** *I have lots of things to do.* I, 12; **J'ai des trucs à faire.** *I have some things to do.* I, 5

tu *you,* I, 0

U

un *a; an,* I, 3

une *a; an,* I, 3

V

Ça me va? *Does it suit me?* I, 10; **Ça ne te/vous va pas du tout.** *That doesn't look good on you.* I, 10; **Ça te/vous va très bien.** *That suits you really well.* I, 10; **Ça va.** *Fine.* I, 1; **Ça va aller mieux.** *It'll get better.* II, 5; **Ça va très bien avec...** *It goes very well with . . . ,* I, 10; **Comment est-ce qu'on y va?** *How can we get there?* I, 12; **Quelque chose ne va pas?** *Is something wrong?* II, 7

les vacances (f.) *vacation,* I, 1; **Bonnes vacances!** *Have a good vacation!* I, 11; **Comment se sont passées tes vacances?** *How was your vacation?* II, 5; **en colonie de vacances** *to/at a summer camp,* I, 11; **en vacances** *on vacation,* I, 4

vachement *really,* II, 9

vais: D'abord, je vais... *First, I'm going to . . . ,* II, 1; **Je vais...** *I'm going . . .* I, 6; *I'm going to . . . ,* I, 11; **Je vais (en) prendre...** *I'll take . . . ,* II, 3

la vaisselle: faire la vaisselle *to do the dishes,* I, 7

la valise *suitcase,* I, 11

vas: Qu'est-ce que tu vas faire... ? *What are you going to do . . . ?* II, 1

le vase *vase,* II, 3

le vélo *bike,* I, 1; **à vélo** *by bike,* I, 12; **faire du vélo** *to bike,* I, 4; **faire du vélo de montagne**

to go mountain-bike riding, II, 12

le vendredi *on Fridays,* I, 2

venir *to come,* II, 6

le ventre: J'ai mal au ventre *My stomach hurts.* II, 7

véritable: C'était un véritable cauchemar! *It was a real nightmare!* I, 11

le verre *glass,* II, 2

vers *around,* I, 6; **Vers... About (a certain time) . . . ,** II, 4

verser *to pour,* II, 3

vert(e) *green,* I, 3; II, 1

la veste *a suit jacket, a blazer,* I, 10

veux: J'en veux bien. *I'd like some.* I, 8; **Je ne t'en veux pas.** *No hard feelings.* II, 10; **Je veux bien.** *Gladly,* I, 12; *I'd like to.* II, 1; *I'd really like to.* I, 6; **Non, je ne veux pas.** *No, I don't want to.* II, 8; **Oui, je veux bien.** *Yes, I would.* II, 3; **Oui, si tu veux.** *Yes, if you want to.* I, 7; **Si tu veux, on peut... If you like, we can . . . ,** II, 1; **Tu ne m'en veux pas?** *No hard feelings?* II, 10; **Tu veux... ?** *Do you want . . . ?* I, 6; II, 3

la viande *meat,* I, 8

la vidéo: faire de la vidéo *to make videos,* I, 4; **jouer à des jeux vidéo** *to play video games,* I, 4

la vidéocassette *videotape,* I, 3

la vie *life,* II, 8; **La vie était plus... moins... Life was more . . . , less . . . ,** II, 8

vieille: Pauvre vieille! *You poor thing!* II, 5

viens: Tu viens? *Will you come?* I, 6

vietnamien *Vietnamese (adj),* II, 1

vieux: Pauvre vieux! *You poor thing!* II, 5

le village de pêcheurs *fishing village,* II, 4

la ville *city,* II, 2

violent: trop violent *too violent,* II, 11

violet(te) *purple,* I, 3

violons: accordons nos violons *let's come to an understanding,* II, 4

visitait: Si on visitait... ? *How about visiting . . . ?* II, 8

la visite: une visite guidée *a guided tour,* II, 6

visiter *to visit (a place),* I, 9; II, 6

vite: Dis vite! *Let's hear it!* II, 9

le vitrail (pl. -aux) *stained glass,* II, 2

les vitrines (f.): faire les vitrines *to window-shop*, I, 6
vivant(e) *lively*, II, 4
vivre *to live*, II, 4
vœux: Meilleurs vœux! *Best wishes!* II, 3; une carte de vœux *greeting card*, II, 3
Voici... *This is* . . . , I, 7
voilà: Voilà. *Here it is.* II, 3; *Here*, I, 3; Voilà... *There's* . . . , I, 7
voile: faire de la planche à voile *to go windsurfing*, I, 11; faire de la voile *to go sailing*, I, 11
voir *to see*, I, 6; Qu'est-ce qu'il y a à voir... *What is there to see* . . . ? II, 12; Tu vas voir que... *You'll see that* . . . , II, 8; voir un film *to see a movie*, I, 6; voir un match *to see a game (in person)*, I, 6; voir une pièce *to see a play*, I, 6
vois: ... tu vois. *. . .you see.* II, 9
voit: Ça se voit. *That's obvious.* II, 9
la voiture *car*, I, 7; en voiture *by car*, I, 12; laver la voiture *to wash the car*, I, 7
la volaille *poultry*, II, 3
le volcan *volcano*, II, 4

le volley(-ball) *volleyball*, I, 4; jouer au volley-ball *to play volleyball*, I, 4
vos *your*, I, 7
votre *your*, I, 7
voudrais: Je voudrais acheter... *I'd like to buy* . . . , I, 3; Je voudrais bien... *I'd really like to* . . . , 11; Je voudrais... *I'd like* . . . , I, 3; II, 6
voulez: Vous voulez... ? *Do you want* . . . , ? I, 8; II, 3
vouloir *to want*, I, 6
vous *you*, I, 0
voyage: Bon voyage! *Have a good trip! (by plane, ship)*, I, 11; II, 3; Vous avez (Tu as) fait bon voyage? *Did you have a good trip?* II, 2
voyager *to travel*, I, 1
vrai: C'est pas vrai! *You're kidding!* II, 6; C'est vrai? *Really?* II, 2
vraiment: Vraiment? *Really?* II, 2; C'est vraiment bon! *It's really good!* II, 3; Il/Elle est vraiment bien, ton/ta... *Your* . . . *is really great.* II, 2 ; Non, pas vraiment. *No, not really.* I, 11
vu (pp. of voir) *seen*, I, 9
vue *with a view of*, II, 2

W

le week-end *weekend; on weekends*, I, 4; ce week-end *this weekend*, I, 6; Comment s'est passé ton week-end? *How was your weekend?* II, 5
le western *western (movie)*, II, 11

Y

y *there*, I, 12; Allons-y! *Let's go!* I, 4; Comment est-ce qu'on y va? *How can we get there?* I, 12; Il y avait... *There were* . . . , II, 8; Je n'y comprends rien. *I don't understand anything about it.* II, 5; On peut y aller... *We can go there* . . . , 12; Tu vas t'y faire. *You'll get used to it.* II, 8
le yaourt *yogurt*, I, 8
les yeux (m.) *eyes*, II, 1

Z

zéro *a waste of time*, I, 2
le zoo *the zoo*, I, 6; II, 6
zouk: danser le zouk *to dance the zouk*, II, 4
Zut! *Darn!*, I, 3

ENGLISH-FRENCH VOCABULARY

In this vocabulary, the English definitions of all active French words in the book have been listed, followed by the French. The numbers after each entry refer to the level and chapter where the word or phrase first appears, or where it becomes an active vocabulary word. It is important to use a French word in its correct context. The use of a word can be checked easily by referring to the unit where it appears.

French words and phrases are presented in the same way as in the French-English vocabulary.

A

a *un, une,* I, 3
about: about (a certain time) . . . *Vers... ,* II, 4; It's about . . . *Ça parle de... ,* II, 11; What's it about? *De quoi ça parle?* II, 11
acceptable: That's not acceptable. *C'est inadmissible.* II, 5
accident: to have an accident *avoir un accident,* II, 9
across: across from *en face de,* I, 12; II, 2
action: action movie *un film d'action,* II, 11
adventure: adventure movie *un film d'aventures,* II, 11
advise: What do you advise me to do? *Qu'est-ce que tu me conseilles?* I, 9
aerobics: to do aerobics *faire de l'aérobic,* I, 4; II, 7
African *africain(e),* II, 11
after: And after that, . . . *Et après ça... ,* I, 9; II, 4
afternoon: afternoon off *l'après-midi libre,* I, 2; in the afternoon *l'après-midi,* I, 2
afterwards: Afterwards, I went out. *Après, je suis sorti(e),* I, 9; And afterwards? *Et après?* I, 9
again: Don't do it again! *Ne recommence pas!* II, 5
agree: I don't agree. *Je ne suis pas d'accord.* I, 7
ahead: Go (keep going) straight ahead. *Allez (continuez) tout droit.* II, 2
alarm: to hear the alarm clock *entendre le réveil,* II, 5
algebra *l'algèbre* (f.), I, 2
all: All you have to do is . . . *Tu n'as qu'à... ,* II, 7; Not at all. *Pas du tout.* I, 4; II, 10; I hurt all over! *J'ai mal partout!* II, 7; all right *pas mal,* II, 6
allergies: I have allergies. *J'ai des allergies.* II, 7
almost: You're (We're) almost there!

Tu y es (On y est) presque! II, 7
already *déjà,* I, 9
also *aussi,* I, 1
am: I am . . . *Je suis... ,* II, 1
amazing: It was amazing! *C'était incroyable!* II, 5
American *américain(e),* II, 11
amusement park *un parc d'attractions,* II, 6
an *un, une,* I, 3
and *et,* I, 1
angry *fâché(e),* II, 9
ankle: to sprain one's ankle *se fouler la cheville,* II, 7
annoyed *énervé(e),* II, 9
annoying *embêtant(e),* I, 7; II, 1
answer *répondre,* I, 9; There's no answer. *Ça ne répond pas.* I, 9
any (of it) *en,* I, 8
any more: I don't want any more *Je n'en veux plus.* I, 8; I just can't do any more! *Je n'en peux plus!* II, 7
anymore: I'm not hungry/thirsty anymore. *Je n'ai plus faim/soif.* II, 3
anything: I didn't forget anything. *Je n'ai rien oublié.* I, 11
Anyway, . . . *Bref,... ,* II, 9
apologize *s'excuser,* II, 10; Apologize. *Excuse-toi.* II, 10
apple: apples *les pommes* (f.), I, 8; apple juice *le jus de pomme,* I, 5; apple tart *la tarte aux pommes,* II, 3
April *avril,* I, 4
argument: to have an argument (with someone) *se disputer (avec quelqu'un),* II, 9
arm *le bras,* II, 7
armoire *l'armoire* (f.), II, 2
around *vers,* II, 4
arrive *arriver,* II, 5
art class *les arts* (m.) *plastiques,* I, 2
ask: to ask (someone's) forgiveness *demander pardon à (quelqu'un),* II, 10; to ask your parents' permission *demander la permission à tes parents,* II, 10
at *à,* I, 6, II, 2; at . . . fifteen *à...

heures quinze,* I, 2; at . . . forty-five *à... heures quarante-cinq,* I, 2; at . . . 's house *chez... ,* I, 6; At that point, . . . *A ce moment-là,... ,* II, 9; at the record store *chez le disquaire,* I, 12; At what time? *A quelle heure?* I, 6
attend: to attend a sound and light show *assister à un spectacle son et lumière,* II, 6
August *août,* I, 4
aunt *la tante,* I, 7
avocados *les avocats* (m.), I, 8
Avoid . . . *Evitez de... ,* II, 7; *Evite de... ,* II, 12
away: Yes, right away. *Oui, tout de suite.* I, 5
awful *sinistre,* II, 6

B

back *le dos,* II, 7
back: come back *revenir,* II, 6; go back (home) *rentrer,* II, 6
backpack *le sac à dos,* I, 3
bad: *mauvais,* I, 9 It was unbelievably bad! *C'était incroyable!* II, 5; not bad *pas mal,* I, 2; Oh, not bad. *Oh, pas mauvais.* I, 9; Very bad. *Très mauvais.* I, 9; What a bad day! *Quelle journée!* II, 5; What a bad weekend! *Quel week-end!* II, 5
bag *le sac,* I, 3
baggy *large,* I, 10
bakery *la boulangerie,* I, 12; II, 3
balcony *le balcon,* II, 2
banana tree *un bananier,* II, 4
bananas *les bananes* (f.), I, 8
bank *la banque,* I, 12
baseball *le base-ball,* I, 4; to play baseball *jouer au base-ball,* I, 4
basketball *le basket(-ball),* I, 4; to play basketball *jouer au basket(-ball),* I, 4
baskets *des paniers,* (m.) II, 8
bathing suit *le maillot de bain,* I, 10
bathroom *la salle de bains,* II, 2

be *être*, I, 7

be able to, can *pouvoir*, I, 8; **Can you . . . ?** *Est-ce que tu peux... ?*, I, 12; **I can't** *Je ne peux pas.* II, 7

be in the process of (doing something) *être en train de (+ infinitive)*, II, 9

beach *la plage*, I, 1

beans *des haricots* (m.), I, 8

bear *un ours*, II, 12

beautiful *beau (belle) (bel)*, II, 2; *magnifique*, II, 6

become *devenir*, II, 6

bed *le lit*, II, 2; **to go to bed** *se coucher*, II, 4

bedroom *la chambre*, II, 2

begin *commencer*, I, 9

behind *derrière*, I, 12

belt *la ceinture*, I, 10

best: **Best wishes!** *Meilleurs vœux!* II, 3; **Make the best of it.** *Fais-toi une raison.* II, 8

bet: **I bet that . . .** *Je parie que... ,* II, 9

better: **It'll get better.** *Ça va aller mieux.* II, 5; **It's better than . . .** *C'est meilleur que... ,* II, 7; **You have to do better in class.** *Il faut mieux travailler en classe.* II, 5

between *entre*, I, 12

big *grand(e)*, I, 10, II, 1

bigger: **bigger than . . .** *plus grand(e) que*, II, 4

bike *le vélo, faire du vélo*, I, 4; **by bike** *à vélo*, I, 12

biking *le vélo*, I, 1

binder: **loose-leaf binder** *le classeur*, I, 3

biography *la biographie*, II, 11

biology *la biologie*, I, 2

birthday: **Happy birthday!** *Joyeux (Bon) anniversaire!* II, 3

black *noir(e)*, I, 3; **black hair** *les cheveux noirs*, II, 1

blackboard *le tableau*, I, 0; **blackboard: Go to the blackboard!** *Allez au tableau!*, I, 0

blazer *la veste*, I, 10

blond *blond(e)*, I, 7; **blond hair** *les cheveux blonds*, II, 1

blue *bleu(e)*, I, 3

blues music *le blues*, II, 11

boat *le bateau*, I, 12; **by boat** *en bateau*, I, 12

book *le livre*, I, 0

bookstore *la librairie*, I, 12

boots *les bottes* (f.), I, 10, II, 1

bored: **I was bored.** *Je me suis ennuyé(e).* II, 6; **You're never bored.** *On ne s'ennuie pas.* II, 11

boring *barbant*, I, 2; *ennuyeux (ennuyeuse)*, II, 6; **It was boring.** *C'était ennuyeux.* I, 5

born: **be born** *naître*, II, 6

borrow *emprunter*, I, 12

bother *ennuyer*, II, 8; **What bothers me is . . .** *Ce qui m'ennuie, c'est... ,* II, 4

bottle: **a bottle of** *une bouteille de*, I, 8

box: **a carton/box of** *un paquet de*, I, 8

boy *le garçon*, I, 0

bracelet *le bracelet*, I, 3

brave *brave*, II, 1

bread *le pain*, I, 8; II, 3

break *la récréation*, I, 2; **break down** *tomber en panne*, II, 9; **break up (with someone)** *casser (avec quelqu'un)*, II, 9; **to break one's . . .** *se casser... ,* II, 7

breakfast *le petit déjeuner*, I, 8

bring *apporter*, I, 9; **Bring me back . . .** *Rapporte-moi... ,* I, 8; **Please bring me . . .** *Apportez-moi... , s'il vous plaît.* I, 5; **to bring (with you)** *emporter*, II, 12; **Will you bring me . . . ?** *Tu me rapportes... ?* I, 8

brother *le frère*, I, 7

brown *marron*, I, 3; **brown hair** *les cheveux châtain*, II, 1; **dark brown hair** *les cheveux bruns*, II, 1

brunette *brun(e)*, I, 7

brush: **to brush one's teeth** *se brosser les dents*, II, 4

bus: **by bus** *en bus*, I, 12; **miss the bus** *rater le bus*, II, 5

busy: **I'm very busy.** *Je suis très occupé(e).* II, 10; **It's busy.** *C'est occupé.* I, 9; **Sorry, I'm busy.** *Désolé(e), je suis occupé(e).* I, 6

but *mais*, I, 1

butcher shop *la boucherie*, II, 3

butter *le beurre*, I, 8; II, 3

buy *acheter*, I, 9; **Buy me . . .** *Achète(-moi)... ,* I, 8; **How about buying . . . ?** *Si on achetait... ?* II, 8

by: **By the way, . . .** *A propos,... ,* II, 9

Bye! *Tchao!* I, 1

C

cafeteria: **at the school cafeteria** *à la cantine*, I, 9

cake *le gâteau*, I, 8

calculator *la calculatrice*, I, 3

call (someone) *téléphoner à (quelqu'un)*, II, 10; **Call him/her/them!** *Téléphone-lui/-leur!* I, 9; **Can you call back later?** *Vous pouvez rappeler plus tard?* I, 9; **Then I called . . .** *Ensuite, j'ai téléphoné à... ,* I, 9

calling: **Who's calling?** *Qui est à l'appareil?* I, 9

calm *tranquille*, II, 8

camera *l'appareil-photo* (m.), I, 11; II, 1

camp: **to/at a summer camp** *en colonie de vacances*, I, 11

campground *le terrain de camping*, II, 2

camping: **to go camping** *faire du camping*, I, 11

can (to be able to) *pouvoir*, I, 8; **Can you do the shopping?** *Tu peux aller faire les courses?* I, 8; **Can I try on . . . ?** *Je peux essayer... ?* I, 10; **Can you . . . ?** *Est-ce que tu peux... ?* I, 12; **Can I talk to you?** *Je peux te parler?* II, 10; **If you like, we can . . .** *Si tu veux, on peut... ,* II, 1; **We can . . .** *On peut... ,* II, 4; **What can I do?** *Qu'est-ce que je peux faire?* II, 10; **What can we do?** *Qu'est-ce qu'on peut faire?* II, 4

can: **a can of** *une boîte de*, I, 8

can't: **I can't.** *Je ne peux pas.* II, 1; **I can't right now.** *Je ne peux pas maintenant.* I, 8

Canadian *canadien(ne)*, II, 11

canary *le canari*, I, 7

candies *les bonbons*, II, 3

candy shop *la confiserie*, II, 3

canoe: **to go canoeing** *faire du canotage*, II, 12

cap *la casquette*, I, 10

capital *la capitale*, II, 4

car *la voiture*, I, 7; **by car** *en voiture*, I, 12; **to wash the car** *laver la voiture*, I, 7

care: **What I don't care for is . . .** *Ce qui ne me plaît pas, c'est... ,* II, 4

carrots *les carottes* (f.), I, 8

carton: **a carton/box of** *un paquet de*, I, 8

cassette tape *la cassette*, I, 3

cat *le chat*, I, 7

cathedral *la cathédrale*, II, 2

CD (compact disc) *le disque compact/le CD*, I, 3

cereal *les céréales*, II, 3

Certainly. *Bien sûr.* I, 9

chair *la chaise*, I, 0

charming *charmant(e)*, II, 4

check: **The check, please.** *L'addition, s'il vous plaît.* I, 5; **traveler's checks** *les chèques* (m.) *de voyage*, II, 1

cheese *le fromage*, I, 5, II, 3; **toasted cheese and ham sandwich** *le croque-monsieur*, I, 5

chemistry *la chimie*, I, 2

chest: **chest of drawers** *la commode*, II, 2

chic *chic*, I, 10

chicken   *le poulet*, II, 3; **chicken meat**   *du poulet*, I, 8; **live chickens**   *les poules*, I, 8

chocolate   *le chocolat*, I, 1; **box of chocolates**   *la boîte de chocolats*, II, 3

choir   *la chorale*, I, 2

choose   *choisir*, I, 10; **to choose the date**   *fixer la date*, II, 10; **to choose the music**   *choisir la musique*, II, 10;

Christmas: Merry Christmas!   *Joyeux Noël!* II, 3

church   *l'église* (f.), II, 2

class: What classes do you have . . . ?   *Tu as quels cours... ?* I, 2

classic book   *un (roman) classique*, II, 11; **classic movie**   *un film classique*, II, 11

classical: classical music   *la musique classique*, II, 11

clean   *propre*, II, 8; **to clean house**   *faire le ménage*, I, 7

clear the table   *débarrasser la table*, I, 7

clock: to hear the alarm clock   *entendre le réveil*, II, 5

close to   *près de*, I, 12

close: Close the door!   *Fermez la porte!*, I, 0; **When do you close?**   *A quelle heure est-ce que vous fermez?* II, 6

cloth   *le tissu*, II, 8

coast: to/at the coast   *au bord de la mer*, I, 11

coat   *le manteau*, I, 10

coconut tree   *un cocotier*, II, 4

coconuts   *les noix de coco* (f.), I, 8

coffee   *le café*, I, 5

cola   *le coca*, I, 5

cold: I've got a cold.   *J'ai un rhume.* II, 7; **It's cold.**   *Il fait froid.*

colorful   *coloré(e)*, II, 4

come   *venir*, II, 6; **Come on!**   *Allez!* II, 7; **Will you come?**   *Tu viens?* I, 6

come back   *revenir*, II, 6

comedy (film)   *un film comique*, II, 11

comic book   *une bande dessinée (une B. D.)*, II, 11

compact disc/CD   *le disque compact/le CD*, I, 3

compass   *la boussole*, II, 12

computer   *l'ordinateur* (m.), I, 3

computer science   *l'informatique*, I, 2

concerts   *les concerts* (m.), I, 1

Congratulations!   *Félicitations!* II, 3

cool   *cool*, I, 2; **very cool**   *chouette*, II, 2; **Your . . . is cool.**   *Il (Elle) est cool, ton (ta)...*, II, 2; **It's cool (outside).**   *Il fait frais.* I, 4

corn   *du maïs*, I, 8

corner: on the corner of   *au coin de*, I, 12

cotton: in cotton   *en coton*, I, 10

could: Could you . . . ?   *Tu pourrais...?* II, 10; **Could you do me a favor?**   *(Est-ce que) tu pourrais me rendre un petit service?* I, 12; **Could you go by . . . ?**   *Tu pourrais passer à... ?* I, 12; **I could have . . .**   *J'aurais pu . . .*, II, 10; **We could . . .**   *On pourrait...*, II, 1; **You could give him/her (them) . . .**   *Tu pourrais lui (leur) offrir...*, II, 3; **You could have . . .**   *Tu aurais pu...*, II, 10

country, folk music   *le country/le folk*, II, 11

country: to/at the countryside   *à la campagne*, I, 11

course   *le cours*, I, 2; **first course of a meal**   *l'entrée*, II, 3; **main course of a meal**   *le plat principal*, II, 3; **Of course.**   *Bien sûr.* I, 3; **Of course not.**   *Bien sûr que non.* II, 10

cousin   *le cousin (la cousine)*, I, 7

cream puff pastry   *la religieuse*, II, 3

croissant   *le croissant*, II, 3; **croissant with a chocolate filling**   *le pain au chocolat*, II, 3

cross-country: to go cross-country skiing   *faire une randonnée en skis*, II, 12

cross: Cross . . .   *Traversez...*, II, 2

cut: to cut one's finger   *se couper le doigt*, II, 7

cute   *mignon (mignonne)*, I, 7, II, 1

cute: cute (but that's all)   *gentillet, sans plus*, II, 11

D

dairy   *la crémerie*, II, 3

dance   (verb) *danser*, I, 1; (noun) *la danse*, I, 2; **to dance the zouk**   *danser le zouk*, II, 4

dangerous   *dangereux (dangereuse)*, II, 8

Darn!   *Zut!* I, 3

date: to have (make) a date (with someone)   *avoir (prendre) rendez-vous (avec quelqu'un)*, II, 9

day: I had a terrible day!   *J'ai passé une journée épouvantable!* II, 5; **It's just not my day!**   *C'est pas mon jour!* II, 5; **What a bad day!**   *Quelle journée!* II, 5

deadly dull   *mortel (mortelle)*, II, 6

December   *décembre*, I, 4

decided: Have you decided to take . . . ?   *Vous avez décidé de prendre...?* I, 10; **Have you decided?**   *Vous avez choisi?* I, 5

deface: to deface the trees   *mutiler les arbres*, II, 12

Definitely not!   *Sûrement pas!* II, 6

delicatessen   *la charcuterie*, II, 3

delicious   *délicieux (délicieuse)*, I, 5; **That was delicious!**   *C'était délicieux!* II, 3

denim: in denim   *en jean*, I, 10

deposit   *déposer*, I, 12

depressed   *déprimé(e)*, II, 9

depressing   *déprimant*, II, 11

dessert   *le dessert*, II, 3

detective: detective or mystery movie   *un film policier*, II, 11; **detective or mystery novel**   *un roman policier (un polar)*, II, 11

detention: to have detention   *être collé(e)*, II, 5

dictionary   *le dictionnaire*, I, 3

die   *mourir*, II, 6

diet: follow a diet that's too strict.   *suivre un régime trop strict*, II, 7

different: Was it really so different?   *C'était tellement différent?* II, 8

dining room   *la salle à manger*, II, 2

dinner   *le dîner*, I, 8; **to have dinner**   *dîner*, I, 9

dirty   *sale*, II, 8

dishes: to do the dishes   *faire la vaisselle*, I, 7

dismissal (when school gets out)   *la sortie*, I, 2

do   *faire*, I, 4; **All you have to do is . . .**   *Tu n'as qu'à...*, II, 7; **Don't do it again.**   *Ne recommence pas.* II, 5; **I don't know what to do.**   *Je ne sais pas quoi faire.* II, 10; **I don't play/do . . .**   *Je ne fais pas de...*, I, 4; **I have errands to do.**   *J'ai des courses à faire.* I, 5; **I just can't do any more!**   *Je n'en peux plus!* II, 7; **I play/do . . .**   *Je fais...*, I, 4; **In your opinion, what do I do?**   *A ton avis, qu'est-ce que je fais?* I, 9; **It'll do you good.**   *Ça te fera du bien.* II, 7; **to do homework**   *faire les devoirs*, I, 7; **to do the dishes**   *faire la vaisselle*, I, 7; **What are you going to do . . . ?**   *Qu'est-ce que tu vas faire... ?* I, 6, II, 1; **What are you going to do . . . ?**   *Tu vas faire quoi... ?* I, 6; **What can I do?**   *Qu'est-ce que je peux faire?* I, 9; **What can we do?**   *Qu'est-ce qu'on peut faire?* II, 4; **What did you do . . . ?**   *Qu'est-ce que tu as fait... ?* I, 9; **What do you advise me to do?**   *Qu'est-ce que tu me conseilles?* I, 9; **What do you do . . .**   *Qu'est-ce que tu fais...*, I, 4; **What do you do when . . .**   *Qu'est-ce que tu fais quand...*, I, 4; **What do you like to do?**   *Qu'est-ce que tu aimes faire?* II, 1; **What should we do?**   *Qu'est-ce qu'on fait?* II, 1

dog *le chien*, I, 7

dog: to walk the dog *promener le chien*, I, 7

done *fait (pp. of faire)*, I, 9

door *la porte*, I, 0

down: go down *descendre*, II, 6

dozen: a dozen *une douzaine de*, I, 8

drama: to do drama *faire du théâtre*, I, 1

drawers: chest of drawers *la commode*, II, 2

dress *la robe*, I, 10

dressed: to get dressed *s'habiller*, II, 4

drink: What do you have to drink? *Qu'est-ce que vous avez comme boissons?* I, 5

drive: to drive a car *conduire une voiture*, II, 8

drugstore *la pharmacie*, I, 12

drum (from Africa) *un tam-tam*, II, 8

duck *un canard*, II, 12

dud: It's a dud. *C'est un navet*, II, 11

dying: I'm dying of hunger! *Je crève de faim!* II, 12; **I'm dying of thirst!** *Je meurs de soif!* II, 12

E

early *tôt*, II, 4

earrings *les boucles d'oreilles* (f.), I, 10

ear *l'oreille* (f.), II, 7; **my ear hurts** *j'ai mal à l'oreille.* II, 7

earth-shattering: It's not earth-shattering. *Ça casse pas des briques.* II, 11

east: in the east *dans l'est*, II, 4; **It's to the east of . . .** *C'est à l'est de...* , II, 12

easy *facile*, I, 2

eat *manger*, I, 6, II, 7; **to eat too much sugar** *consommer trop de sucre*, II, 7; **someone who loves to eat** *gourmand(e)*, II, 1; **to eat well** *bien se nourrir*, II, 7

eggs *les œufs* (m.), I, 8, II, 3

else: I have something else to do. *J'ai quelque chose à faire.* II, 10

embarrassed *gêné(e)*, II, 9

English *l'anglais* (m.), I, 1

enjoy *déguster*, II, 4

enter *entrer*, II, 6

entrance: How much is the entrance fee? *C'est combien, l'entrée?* II, 6

envelope *l'enveloppe* (f.), I, 12

eraser *la gomme*, I, 3

especially *surtout*, I, 1

evening: in the evening *le soir*, I, 2

everyone: Everyone should . . . *On doit.* II, 7

everything: Everything went wrong! *Tout a été de travers!* II, 5; **I've thought of everything.** *J'ai pensé à tout.* I, 11

exams *les examens* (m.), I, 1

excellent *excellent*, I, 5, II, 2

exciting: It's an exciting story. *C'est une histoire passionnante.* II, 11

excuse: Excuse me. *Excusez-moi.* I, 3; **Excuse me, . . . , please?** *Pardon,... , s'il vous plaît?* I, 12; **Excuse me, sir. I'm looking for . . .** *Pardon, monsieur. Je cherche... ,* I, 12

exercise *faire de l'exercice*, II, 7

exhausted: Yes, I'm exhausted. *Si, je suis crevé(e)*, II, 2

expensive: It's too expensive. *C'est trop cher.* II, 3

explain: Explain to him/her/them. *Explique-lui/leur.* II, 10; **to explain what happened (to someone)** *expliquer ce qui s'est passé (à quelqu'un)*, II, 10

eyes *les yeux* (m.), II, 1

F

fabric *le tissu*, II, 8

fail: to fail a test *rater un examen*, I, 9

fall: in the fall *en automne*, I, 4

fall: *tomber*, II, 5, **to fall in love (with someone)** *tomber amoureux(-euse) (de quelqu'un)*, II, 9

familiar: Are you familiar with . . . ? *Tu connais...* , II, 11; **I'm not familiar with them (him/her).** *Je ne connais pas.* II, 11

fantastic *sensas (sensationnel)*, I, 10; II, 6

far from *loin de*, I, 12

fascinating *passionnant*, I, 2

fat (adjective) *gros (grosse)*, I, 7; **(noun)** *les matières grasses*, II, 7

father *le père*, I, 7

fault: It's my fault. *C'est de ma faute.* II, 10

favor: Could you do me a favor? *(Est-ce que) tu pourrais me rendre un petit service?* I, 12

favorite: What is your favorite . . . ? *Quel(le) est ton/ta... préféré(e)?* II, 1; **Who is your favorite . . . ?** *Qui est ton/ta... préféré(e)?* II, 1

February *février*, I, 4

fee: How much is the entrance fee? *C'est combien, l'entrée?* II, 6

feed: to feed the animals *donner à manger aux animaux*, II, 6; *nourrir les animaux*, II, 12

feel: Do you feel like . . . ? *Tu as envie de... ?* II, 1; **I don't feel well.**

Je ne me sens pas bien. II, 7; **I feel like . . .** *J'ai envie de...* , I, 11; **No, I don't feel like it.** *Non, je n'ai pas très envie.* II, 7

feelings: No hard feelings. *Je ne t'en veux pas.* II, 10; **No hard feelings?** *Tu ne m'en veux pas?* II, 10

ferris wheel *la grande roue*, II, 6

film: What films are playing? *Qu'est-ce qu'on joue comme film?* II, 11

finally: Finally, . . . *Enfin,...* , II, 1, *Finalement...* , II, 4

find *trouver*, I, 9

fine: Fine. *Ça va.* I, 1; **Yes, it was fine.** *Oui, ça a été.* I, 9

first-aid kit *la trousse de premiers soins*, II, 12

first: *d'abord...* , I, 7, II, 1

fish *le poisson*, I, 7; II, 3

fish shop *la poissonnerie*, II, 3

fishing: to go fishing *aller à la pêche*, II, 4; **fishing pole** *une canne à pêche*, II, 12; **fishing village** *un village de pêcheurs*, II, 4

flashlight *une lampe de poche*, II, 12

floor: first (ground) floor *le rez-de-chaussée*, II, 2; **second floor** *le premier étage*, II, 2

florist's shop *le fleuriste*, II, 3

flour *la farine*, I, 8

flu: I've got the flu. *J'ai la grippe.* II, 7

folk (music) *le folk*

follow: to follow a diet that's too strict *suivre un régime trop strict*, II, 7; **to follow the marked trails** *suivre les sentiers balisés*, II, 12

foot: *le pied*, II, 7; **on foot** *à pied*, I, 12; **My foot hurts.** *J'ai mal au pied.* II, 7

football: to play football *jouer au football américain*, I, 4

for: It's good for you. *C'est bon pour toi.* II, 7

forest: to the forest *en forêt*, I, 11

forget *oublier*, I, 9; **Don't forget.** *N'oublie pas.* I, 8, II, 1; **Forget him/her/them!** *Oublie-le/-la/-les!* I, 9; II, 10; **I didn't forget anything.** *Je n'ai rien oublié.* I, 11; **You didn't forget your . . . ?** *Tu n'as pas oublié... ?* I, 11

forgive: Forgive me. *Excuse-moi.* II, 10; **forgive (someone)** *pardonner à (quelqu'un)*, II, 10

forgiveness: to ask (someone's) forgiveness *demander pardon à (quelqu'un)*, II, 10

Fortunately, . . . *Heureusement,...* , II, 9

fox *un renard*, II, 12

frame: photo frame *le cadre*, II, 3

franc (the French monetary unit) *le franc*, I, 3

French *le français*, I, 1; **French fries** *les frites* (f.), I, 1

Friday: on Fridays *le vendredi*, I, 2

friend *l'ami(e)*, I, 1

friends: to go out with friends *sortir avec les copains*, I, 1

from: From platform . . . *Du quai...*, II, 6

front: in front of *devant*, I, 6

fun *amusant(e)*, II, 8 **to have fun** *s'amuser*, II, 4; **Did you have fun?** *Tu t'es amusé(e)?* I, 11; II, 6; **Have fun!** *Amuse-toi bien!* I, 11; **I had a lot of fun.** *Je me suis beaucoup amusé(e).* II, 6; **What do you do to have fun?** *Qu'est-ce que tu fais pour t'amuser?* I, 4

funny *amusant(e)*, I, 7, II, 1; **It's funny.** *C'est drôle (amusant).* II, 11

furious *furieux (furieuse)*, II, 9

G

gain: to gain weight *grossir*, I, 10

game: to watch a game (on TV) *regarder un match*, I, 6

geography *la géographie*, I, 2

geometry *la géométrie*, I, 2

German *l'allemand* (m.), I, 2

get: Get . . . *Prends...* , I, 8; **to get up** *se lever*, II, 4; **You'll get used to it.** *Tu vas t'y faire.* II, 8; **Get well soon!** *Bon rétablissement!* II, 3; **How can we get there?** *Comment est-ce qu'on y va?* I, 12; **It'll get better.** *Ça va aller mieux.* II, 5; **to get a bad grade** *avoir une mauvaise note*, II, 5; **to get lost** *se perdre*, II, 9; **to get ready** *faire les préparatifs*, II, 10

gift *le cadeau*, I, 11; **gift shop** *la boutique de cadeaux*, II, 3; **Have you got a gift idea for. . . ?** *Tu as une idée de cadeau pour... ?* II, 3

give *offrir (à quelqu'un)*, II, 10; **Give him/her (them) . . .** *Offre-lui (leur) ...* , II, 3; **Please give me . . .** *Donnez-moi..., s'il vous plaît.* I, 5; **What could I give to . . . ?** *Qu'est-ce que je pourrais offrir à... ?* II, 3; **You could give him/her (them) . . .** *Tu pourrais lui (leur) offrir... ,* II, 3; **I'm giving up.** *J'abandonne.* II, 7

Gladly. *Je veux bien.* I, 8

gloves: pair of gloves *les gants* (m.), II, 1

go *aller*, I, 6; **to go back (home)** *rentrer*, II, 6; **to go down** *descendre*, II, 6; **to go out** *sortir*, II, 6; **to go up** *monter*, II, 6; **Go to the blackboard!** *Allez au tableau!*, I, 0; **Could you go by . . . ?** ; *Tu pourrais passer à... ?* I, 12; **Go straight ahead.** *Allez tout droit*, II, 2; **How did it go?** *Comment ça s'est passé?* II, 5; **Let's go . . .** *Allons...* , I, 6; **It doesn't go at all with . . .** *Il/Elle ne va pas du tout avec...* , I, 10; **It goes very well with . . .** *Ça va très bien avec...* , I, 10; **to go for a walk** *faire une promenade*, I, 6; **I'd like . . . to go with . . .** *J'aimerais... pour aller avec...* , I, 10; **We can go there . . .** *On peut y aller...* , I, 12; **What are you going to do . . . ?** *Qu'est-ce que tu vas faire... ?* I, 6; II, 1; *Tu vas faire quoi... ?* I, 6; **Where are you going to go . . . ?** *Où est-ce que tu vas aller... ?* I, 11; **Where did you go?** *Tu es allé(e) où?* I, 9; **First, I'm going to . . .** *D'abord, je vais...* , II, 1; **How about going . . . ?** *Si on allait... ?* II, 4; **How's it going?** *(Comment) ça va?* I, 1; **I'm going . . .** *Je vais...* , I, 6; **I'm going to . . .** *Je vais...* , I, 11; **I'm going to have . . . ,** **please.** *Je vais prendre... , s'il vous plaît.* I, 5; **What do you think about going . . . ?** *Ça te dit d'aller... ?* II, 4; **You're going to like it here.** *Tu vas te plaire ici.* II, 8; **You keep going until the next light.** *Vous continuez jusqu'au prochain feu rouge.* I, 12

golf: to play golf *jouer au golf*, I, 4

good *bon(ne)*, I, 5; **Did you have a good . . . ?** *Tu as passé un bon... ?* I, 11; **Did you have a good trip?** *Vous avez (Tu as) fait bon voyage?* II, 2; **Good idea!** *Bonne idée!* II, 3, 7; **It'll do you good.** *Ça te fera du bien.* II, 7; **It's good for you.** *C'est bon pour toi.* II, 7; **It's really good!** *C'est vraiment bon!* II, 3; **not very good** *pas bon*, I, 5; **That's a good (excellent) idea.** *C'est une bonne (excellente) idée.* II, 1; **Yes, very good.** *Oui, très bon.* I, 9; **Goodbye!** *Au revoir!, Salut!* I, 1

goof: You can't be goofing off in class! *Il ne faut pas faire le clown en classe!* II, 5

grade: to get a bad grade *avoir une mauvaise note*, II, 5

grandfather *le grand-père*, I, 7

grandmother *la grand-mère*, I, 7

grapes *les raisins* (m.), I, 8

great *génial(e)*, I, 2; II, 2; *superbe*, II, 6; **Great!** *Super!* I, 1; **It was great!** *C'était formidable!* I, 11; **Not so great.** *Pas terrible.* I, 1; **What a great day !** *Quelle journée formidable!* II, 5; **What a great weekend!** *Quel week-end formidable!* II, 5; **Your . . . is really great.** *Il (Elle) est vraiment bien, ton (ta)...* , II, 2

green *vert(e)*, I, 3; **green beans** *les haricots verts* (m.), I, 8

grey *gris(e)*, I, 3

grocery store *l'épicerie* (f.), I, 12

gross *dégoûtant*, I, 5

grounded: to be "grounded" *être privé(e) de sortie*, II, 9

group *un groupe*, II, 11

grow up *grandir*, I, 10

guavas *les goyaves* (f.), I, 8

guess: Guess what . . . *Devine ce que...* , II, 9; **Guess who . . .** *Devine qui...* , II, 9; **You'll never guess what happened.** *Tu ne devineras jamais ce qui s'est passé.* II, 9

guided: to take a guided tour *faire une visite guidée*, II, 6

gym *le sport*, I, 2

gymnastics: to do gymnastics *faire de la gymnastique*, II, 7

H

hair *les cheveux* (m.), II, 1; **black hair** *les cheveux noirs*, II, 1; **blond hair** *les cheveux blonds*, II, 1; **brown hair** *les cheveux châtain*, II, 1; **dark brown hair** *les cheveux bruns*, II, 1; **long hair** *les cheveux longs*, II, 1; **red hair** *les cheveux roux*, II, 1; **short hair** *les cheveux courts*, II, 1

half: half past *et demie*, I, 6; **(after midi and minuit)** *et demi*, I, 6

ham *le jambon*, I, 5; **toasted cheese and ham sandwich** *le croque-monsieur*, I, 5

hamburgers *les hamburgers* (m.), I, 1

hand *la main*, I, 0

handsome (beautiful) *beau (belle) (bel)*, II, 1

hang glide *faire du deltaplane*, II, 4

hang: Hang in there! *Courage!* II, 5

Hanukkah: Happy Hanukkah! *Bonne fête de Hanoukka!* II, 3

happen: What happened? *Qu'est-ce qui s'est passé?* I, 9; **to explain what happened (to someone)** *expliquer ce qui s'est passé (à quelqu'un)*, II, 10; **You'll never guess what happened.** *Tu ne devineras jamais ce qui s'est passé.* II, 9

happy: Happy birthday! *Joyeux (Bon) anniversaire!* II, 3; **Happy**

Hanukkah! *Bonne fête de Hanoukka!* II, 3; Happy holiday! (Happy saint's day!) *Bonne fête!* II, 3; Happy New Year! *Bonne année!* II, 3

hard *difficile*, I, 2; No hard feelings. *Je ne t'en veux pas.* II, 10; No hard feelings? *Tu ne m'en veux pas?* II, 10

harm: No harm done. *Il n'y a pas de mal.* II, 10

has: He/She has . . . *Il/Elle a... ,* II, 1

hat *le chapeau,* I, 10

have *avoir,* I, 2; to take or to have (food, drink) *prendre,* I, 5; to have fun *s'amuser,* II, 4; have to: All you have to do is . . . *Tu n'as qu'à...* , II, 7; You have to do better in class. *Il faut mieux travailler en classe.* II, 5; Do you have that in . . . ? (size, fabric, color) *Vous avez ça en...* ? I, 10; Have a good trip! (by car) *Bonne route!;* (by plane, ship) *Bon voyage!* II, 3; I have some things to do. *J'ai des trucs à faire.* I, 5; I'll have/I'm going to have . . . , please. *Je vais prendre... , s'il vous plaît.* I, 5; May I have some . . . ? *Je pourrais avoir... ?* II, 3; to have an accident *avoir un accident,* II, 9; to have an argument (with someone) *se disputer (avec quelqu'un),* II, 9; What classes do you have . . . ? *Tu as quels cours... ?* I, 2; What do you have . . . ? *Tu as quoi... ?* I, 2; What kind of . . . do you have? *Qu'est-ce que vous avez comme... ?* I, 5

head *la tête,* II, 7

health *le cours de développement personnel et social (DPS),* I, 2

hear: Did you hear the latest? *Tu connais la nouvelle?* II, 9; Let's hear it! *Dis vite!* II, 9; to hear the alarm clock *entendre le réveil,* II, 5

height: of medium height *de taille moyenne,* II, 1

Hello *Bonjour,* I, 1; Hello? (on the phone) *Allô?* I, 9

help *aider,* II, 8

help: Can you help me? *Tu peux m'aider?* II, 10; May I help you? *(Est-ce que) je peux vous aider?* I, 10

her *la,* I, 9; her... *son/sa/ses,* I, 7; to her *lui,* I, 9

here: Here. *Voilà.* I, 3; Here (There) is . . . *Là, c'est... ,* II, 2; Here it is. *Voilà.* II, 3; Here you are. *Tenez (tiens).* II, 3

Hi! *Salut!* I, 1

high school *le lycée,* II, 2

hike: to go for a hike *faire une ran-*

donnée pédestre, II, 12; to go hiking *faire de la randonnée,* I, 11

him *le,* I, 9; to him *lui,* I, 9

his *son/sa/ses,* I, 7

history *l'histoire* (f.), I, 2

hockey *'le hockey,* I, 4; to play hockey *jouer au hockey,* I, 4

Hold on. *Ne quittez pas.* I, 9

holiday: Happy holiday! (Happy saint's day!) *Bonne fête!* II, 3

home: Make yourself at home. *Faites (Fais) comme chez vous (toi),* II, 2; Welcome to my home (our home) *Bienvenue chez moi (chez nous),* II, 2

homework *les devoirs,* I, 2; to do homework *faire les devoirs,* I, 7

horrible: It was horrible. *C'était épouvantable.* I, 9; to have a horrible day *avoir une journée épouvantable,* II, 5

horror movie *un film d'horreur,* II, 11

horseback: to go horseback riding *faire de l'équitation,* I, 1

hose *le collant,* I, 10

hostel: youth hostel *l'auberge* (f.) *de jeunesse,* II, 2

hot: hot chocolate *le chocolat,* I, 5; hot dog *le hot-dog,* I, 5; It's hot (outside). *Il fait chaud.* I, 4; not so hot *pas super,* I, 2

house: Is this . . . 's house? *Je suis bien chez... ?* I, 9; to clean house *faire le ménage,* I, 7; to/at . . . 's *chez... ,* I, 11

housework: to do housework *faire le ménage,* I, 1

how: How did it go? *Comment ça s'est passé?* II, 5; How do you like it? *Comment tu trouves ça?* I, 5; How old are you? *Tu as quel âge?* I, 1; How was it? *C'était comment?* II, 6; How was your day (yesterday)? *Comment s'est passée ta journée (hier)?* II, 5; How was your vacation? *Comment se sont passées tes vacances?* II, 5; How was your weekend? *Comment s'est passé ton week-end?* II, 5; How's it going? *(Comment) ça va?* I, 1

how about: How about . . . ? *On... ?* I, 4; How about buying . . . ? *Si on achetait... ?* II, 8; How about going . . . ? *Si on allait... ?* II, 4; How about playing . . . ? *Si on jouait... ?* II, 8; How about playing baseball? *On joue au baseball?* I, 5; How about skiing? *On fait du ski?* I, 5; How about visiting . . . ? *Si on visitait... ?* II, 8;

how much: How much is . . . ? *C'est combien,... ?* I, 3; *Combien coûte... ?*

II, 3; How much are . . . ? *Combien coûtent... ?* II, 3; How much does that make? *Ça fait combien?* I, 5; How many (much) do you want? *Combien en voulez-vous?* II, 3

hunger: I'm dying of hunger! *Je crève de faim!* II, 12; *Je meurs de faim!* II, 2

hungry: to be hungry *avoir faim,* I, 5; Aren't you hungry? *Vous n'avez pas (Tu n'as pas) faim?* II, 2; He was hungry. *Il avait faim.* II, 12; I'm not hungry anymore. *Non, merci. Je n'ai plus faim.* I, 8; I'm very hungry. *J'ai très faim!* II, 2

hurt: I hurt all over! *J'ai mal partout!* II, 7

hurt: My . . . hurts. *J'ai mal à... ,* II, 7; to hurt one's . . . *se faire mal à... ,* II, 7

I je, I, 1; I do. *Moi, si.* I, 2; I don't. *Moi, non.* I, 2

ice cream *la glace,* I, 1

ice-skate *faire du patin à glace,* I, 4

idea: Good idea. *Bonne idée.* I, 4; That's a good (excellent) idea. *C'est une bonne (excellente) idée.* II, 1; I have no idea. *Je n'en sais rien.* I, 11; No idea. *Aucune idée.* II, 9

if *si,* I, 7; OK, if you . . . first. *D'accord, si tu... d'abord.* I, 7

impossible: It's impossible. *C'est impossible.* II, 10

in *dans,* I, 6; (a city or place) *à,* I, 11; (before a feminine noun) *en,* I, 11; (before a masculine noun) *au,* I, 11; (before a plural noun) *aux,* I, 11; in front of *devant,* I, 6; in the afternoon *l'après-midi,* I, 2; in the evening *le soir,* I, 2; in the morning *le matin,* I, 2; . . . is (are) in it. *C'est avec... ,* II, 11; Who's in it? *C'est avec qui?* II, 11

incredible *incroyable,* II, 6

indifference: (expression of indifference) *Bof!* I, 1

insect repellent *de la lotion anti-moustiques,* II, 12

intend: I intend to . . . *J'ai l'intention de... ,* I, 11

interest: That doesn't interest me. *Ça ne me dit rien.* I, 4

interesting *intéressant,* I, 2

invite: Invite him/her/them. *Invite-le/-la/-les.* II, 10

island *l'île* (f.), II, 4

it *le, la,* I, 9
it's: It's . . . *C'est...* , I, 2; **It's . . . francs.** *Ça fait...francs.* I, 5

J

jacket *le blouson,* I, 10; **ski jacket** *l'anorak (m.),* II, 1
jam *de la confiture,* I, 8
January *janvier,* I, 4
jazz *le jazz,* II, 11
jeans *le jean,* I, 3, II, 1
jog *faire du jogging,* I, 4
joking: You're joking! *Tu plaisantes!* II, 6
July *juillet,* I, 4
June *juin,* I, 4

K

kidding: You're kidding! *C'est pas vrai!* II, 6
kilogram: a kilogram of *un kilo de,* I, 8
kind: What kind of . . . do you have? *Qu'est-ce que vous avez comme... ?* I, 5
kitchen *la cuisine,* II, 2
know: . . . , you know. *... , quoi.* II, 9; **Do you know what . . . ?** *Tu sais ce que... ?* II, 9; **Do you know who . . . ?** *Tu sais qui... ?* II, 9; **I don't know what to do.** *Je ne sais pas quoi faire.* II, 10; **I don't know.** *Je ne sais pas.* I, 10

L

lab *les travaux (m.) pratiques,* I, 2
lame *nul (nulle),* II, 6
lamp *la lampe,* II, 2
late *tard,* II, 4
later: Can you call back later? *Vous pouvez rappeler plus tard?* I, 9; **See you later!** *A tout à l'heure!* I, 1
latest: Did you hear the latest? *Tu connais la nouvelle?* II, 9
Latin *le latin,* I, 2
leather: in leather *en cuir,* I, 10
leather-goods shop *la maroquinerie,* II, 3
leave *partir,* I, 11; **Can I leave a message?** *Je peux laisser un message?* I, 9; **leave: You can't leave without . . .** *Tu ne peux pas partir sans... ,* I, 11
left: to the left *à gauche,* I, 12; **on the left** *sur la gauche;* **to the left of** *à gauche de,* II, 2
leg *la jambe,* II, 7
lemon soda *la limonade,* I, 5
less: Life was more . . . , less . . . *La vie était plus... moins... ,* II, 8; **More or less.** *Plus ou moins.* II, 8
let's: Let's go! *Allons-y!* I, 4; **Let's hear it!** *Dis vite!* II, 9
letter: to send letters *envoyer des lettres,* I, 12
library *la bibliothèque,* I, 6
life *la vie,* II, 8
lift: to lift weights *faire de la musculation,* II, 7
like *aimer,* I, 1; **Did you like it?** *Ça t'a plu?* II, 6; **Do you like . . . ?** *Tu aimes... ?* I, 1; **Do you like it?** *Il/Elle te/vous plaît?* I, 10; **How do you like . . . ?** *Comment tu trouves... ?* I, 10; **How do you like it?** *Comment tu trouves ça?* I, 5; **I (really) like...** *Moi, j'aime (bien)... ,* I, 1; **I don't like...** *Je n'aime pas... ,* I, 1; **I like . . .** *J'aime bien... ,* II, 1; **I like it, but it's expensive.** *Il/Elle me plaît, mais c'est cher.* I, 10; **I'd like . . .** *Je voudrais... ,* I, 3; **I'd like . . . to go with . . .** *J'aimerais... pour aller avec... ,* I, 10; **I'd like to.** *Je veux bien.* II, 1; **I'd really like to.** *Je veux bien.* I, 6; **If you like, . . .** *Si tu veux,... ,* II, 1; **What are they like?** *Ils sont comment?* I, 7; **What do you like to do?** *Qu'est-ce que tu aimes faire?* II, 1; **What I don't like is . . .** *Ce que je n'aime pas, c'est... ,* II, 4; **What I like is . . .** *Ce que j'aime bien, c'est... ,* II, 4; *Ce qui me plaît, c'est... ,* II, 4; **What is he/she like?** *Il /Elle est comment?* I, 7; **What music do you like?** *Qu'est-ce que tu aimes comme musique?* II, 1; **What was it like?** *C'était comment?* II, 8; **You're going to like it here.** *Tu vas te plaire ici.* II, 8; **I really liked it.** *Ça m'a beaucoup plu.* II, 6
listen: to listen to music *écouter de la musique,* I, 1; **Listen!** *Ecoutez!,* I, 0; **to listen to what he/she says** *écouter ce qu'il/elle dit,* II, 10; **I'm listening.** *Je t'écoute.* I, 9
liter: a liter of *un litre de,* I, 8
little: When he/she was little, . . . *Quand il/elle était petit(e),... ,* II, 8; **When I was little, . . .** *Quand j'étais petit(e),... ,* II, 8; **Yes, a little.** *Si, un peu.* II, 2
lively *vivant(e),* II, 4
living room *le salon,* II, 2
located: . . . is located . . . *... se trouve... ?* II, 12; **Where is . . . located?** *Où se trouve... ?* II, 12
long *long (longue),* II, 11; **long hair** *les cheveux longs,* II, 1
look: to look for *chercher,* I, 9; **Look at the map!** *Regardez la carte!,* I, 0; **Look, here's (there's) (it's) . . .** *Regarde, c'est... ,* I, 12; **That doesn't look good on you.** *Ça ne te (vous) va pas du tout.* I, 10; **to look after someone** *garder ,* I, 7; **I'm looking for something for . . .** *Je cherche quelque chose pour... ,* I, 10; **No, thanks, I'm just looking.** *Non, merci, je regarde.* I, 10; **It looks great on you!** *C'est tout à fait ton style.* I, 10
lose *perdre,* II, 5; **I'm losing it!** *Je craque!* II, 7; **to lose weight** *maigrir,* I, 10
lost: to get lost *se perdre,* II, 9
lot: A lot. *Beaucoup.* I, 4; **I had a lot of fun.** *Je me suis beaucoup amusé(e).* II, 6
lots: I have lots of things to do. *J'ai des tas de choses (trucs) à faire.* I, 12
love: I love . . . *J'adore... ,* II, 1; **in love** *amoureux (amoureuse),* II, 9; **to fall in love (with someone)** *tomber amoureux(-euse) (de quelqu'un),* II, 9
luck: Good luck! *Bonne chance!* I, 11; **Tough luck!** *C'est pas de chance, ça!* II, 5
lunch *le déjeuner,* I, 2; **to have lunch** *déjeuner,* I, 9

M

ma'am *madame (Mme),* I, 1
magazine *le magazine,* I, 3
make *faire,* I, 4; **make up (with someone)** *se réconcilier (avec quelqu'un),* II, 10; **How much does that make?** *Ça fait combien?* II, 3; **Make the best of it.** *Fais-toi une raison.* II, 8; **to make a date (with someone)** *prendre rendez-vous (avec quelqu'un),* II, 9
mall *le centre commercial,* I, 6
mangoes *les mangues (f.),* I, 8
many: How many (much) do you want? *Combien en voulez-vous?* II, 3
map *la carte,* I, 0
March *mars,* I, 4
mask *le masque,* II, 8
matches *les allumettes (f.),* II, 12
math *les maths (f.),* I, 1
matter: It doesn't matter. *Ça ne fait rien.* II, 10
May *mai,* I, 4
may: May I . . . ? *(Est-ce que) je peux... ?* I, 7; **May I have some . . . ?** *Je pourrais avoir... ?* II, 3; **May I help you?** *(Est-ce que) je peux vous aider?* I, 10

maybe *peut-être*, II, 3; **Maybe . . .** *Peut-être que... ,* II, 9; **Maybe you're right.** *Tu as peut-être raison.* II, 9

meal *un repas*, II, 7

mean *méchant(e)*, I, 7

meat *la viande*, I, 8

medicine *les médicaments* (m.), I, 12

meet *rencontrer*, I, 9; **I'd like you to meet . . .** *Je te (vous) présente... ,* I, 7; **Pleased to meet you.** *Très heureux (heureuse).* I, 7; **We'll meet . . .** *Bon, on se retrouve... ,* I, 6; *Rendez-vous... ,* I, 6

menu: The menu, please. *La carte, s'il vous plaît.* I, 5

merry: Merry Christmas! *Joyeux Noël!* II, 3

message: Can I leave a message? *Je peux laisser un message?* I, 9

metro: at the . . . metro stop *au métro... ,* I, 6

midnight *minuit*, I, 6

milk *le lait*, I, 8; II, 3

mind: Would you mind . . . ? *Ça t'embête de... ?* II, 10; *Ça t'ennuie de... ?* II, 10

mineral water *l'eau minérale* (f.), I, 5

minute: Do you have a minute? *Tu as une minute?* I, 9

miss (Miss) *mademoiselle (Mlle)*, I, 1

miss: I miss . . . *Je regrette... ,* II, 8; **I miss . . .** *(plural subject)* *...me manquent.* II, 8; *(singular subject)* *...me manque.* II, 8; **to miss the bus** *rater le bus,* II, 5; **What I miss is . . .** *Ce qui me manque, c'est... ,* II, 8

mistaken: In my opinion, you're mistaken. *A mon avis, tu te trompes.* II, 9

misunderstanding: a little misunderstanding *un petit malentendu,* II, 10

moment: One moment, please. *Un moment, s'il vous plaît.* I, 5

Monday *lundi,* I, 2; **on Mondays** *le lundi,* I, 2

money *l'argent,* I, 11

mood: in a bad/good mood *de mauvaise/bonne humeur,* II, 9

moose *l'orignal,* II, 12

more: More . . . ? *Encore de... ?* I, 8; **I just can't do any more!** *Je n'en peux plus!* II, 7; **Life was more . . . , less . . .** *La vie était plus... moins... ,* II, 8; **More or less.** *Plus ou moins.* II, 6; **One more try!** *Encore un effort!* II, 7; **Some more . . . ?** *Encore... ?* II, 3

morning: in the morning *le matin,* I, 2

mosque *une mosquée,* II, 8

mosquito *un moustique,* II, 4

mother *la mère,* I, 7

mountain: to go mountain-bike riding *faire du vélo de montagne,* II, 12; **to/at the mountains** *à la montagne,* I, 11

movie: movie theater *le cinéma,* I, 6; **the movies** *le cinéma,* I, 1

Mr. *monsieur (M.),* I, 1

Mrs. *madame (Mme),* I, 1

much: How much is (are) . . . ? *Combien coûte(nt)... ?* II, 3; **How much is . . . ?** *C'est combien,... ?* I, 3; **How much is it, please?** *Ça fait combien, s'il vous plaît?* I, 5; **How much is the entrance fee?** *C'est combien, l'entrée?* II, 6; **No, not too much.** *Non, pas trop.* I, 2; **Not much.** *Pas grand-chose.* I, 6; **Not too much.** *Pas tellement.* I, 4; **Not very much.** *Pas beaucoup.* I, 4; **Yes, very much.** *Oui, beaucoup.* I, 2

museum *le musée,* I, 6

mushrooms *les champignons* (m.), I, 8

music *la musique,* I, 2; **music group** *le groupe,* II, 11; **classical music** *la musique classique,* II, 11; **What music do you like?** *Qu'est-ce que tu aimes comme musique?* II, 1

musician *un musicien(ne),* II, 11

my *mon/ma/mes,* I, 7; **It's just not my day!** *C'est pas mon jour!* II, 5

mystery: detective or mystery movie *un film policier,* II, 11

N

name: His/Her name is... *Il/Elle s'appelle... ,* I, 1; **My name is...** *Je m'appelle... ,* I, 1; **What's your name?** *Tu t'appelles comment?* I, 1

nap: to take a nap *faire la sieste,* II, 8

natural science *les sciences* (f.) *naturelles,* I, 2

near *près de,* II, 2

neck *le cou,* II, 7; **a pain in the neck** *pénible,* I, 7

need: I need . . . *Il me faut... ,* I, 3; *J'ai besoin de... ,* I, 8; **What do you need for . . . ?** *(formal)* *Qu'est-ce qu'il vous faut pour... ,* I, 3; **What do you need for . . . ?** *(informal)* *Qu'est-ce qu'il te faut pour... ?* I, 3; **What do you need?** *De quoi est-ce que tu as besoin?* I, 8; *Qu'est-ce qu'il te faut?* I, 8; **Yes, I need . . .** *Oui, il me faut... ,* I, 10

neither: Neither do I. *Moi non plus.* I, 2

never *ne... jamais,* I, 4

new *nouveau (nouvelle) (nouvel),* II, 2

new: Happy New Year! *Bonne année!* II, 3

next to *à côté de,* I, 12; II, 2

next: Next, . . . *Ensuite,... ,* II, 1

nice *gentil (gentille),* I, 7; II, 1; *sympa, sympathique,* I, 7; II, 1; **It's nice weather.** *Il fait beau.* I, 4; **That's nice of you.** *C'est gentil!* II, 2; **That's so nice of you.** *C'est gentil de votre (ta) part,* II, 2

nightmare: It was a real nightmare! *C'était un véritable cauchemar!* I, 11

no *non,* I, 1; **No way!** *Pas question!* II, 1

noisy *bruyant(e),* II, 8

none (of it) *en,* I, 8

noon *midi,* I, 6

north: in the north *dans le nord,* II, 4; **It's to the north of . . .** *C'est au nord de... ,* II, 12

nose: I've got a runny nose. *J'ai le nez qui coule.* II, 7

not: Definitely not! *Sûrement pas!* II, 6; **Not at all.** *Pas du tout.* I, 4, II, 10; **Oh, not bad.** *Oh, pas mauvais.* I, 9; **Not me.** *Pas moi.* I, 2; **not so great** *pas terrible,* I, 5; **not very good** *pas bon,* I, 5; **not yet** *ne... pas encore,* I, 9

notebook *le cahier,* I, 0

nothing: It's nothing special. *Ce n'est pas grand-chose.* II, 3; **Nothing special.** *Rien de spécial.* I, 6

novel *le roman,* I, 3

November *novembre,* I, 4

O

o'clock: at . . . o'clock *à... heures,* I, 2

obvious: That's obvious. *Ça se voit.* II, 9

obviously *évidemment,* II, 9

October *octobre,* I, 4

of *de,* I, 0; **Of course.** *Bien sûr.* I, 3, II, 10; **Of course not.** *Bien sûr que non.* II, 10; **of it** *en,* I, 8; **of them** *en,* I, 8

off: afternoon off *l'après-midi libre,* I, 2

often *souvent,* I, 4

oh: Oh no! *Oh là là!* II, 5

OK. *D'accord.* I, 4, II, 1; **OK.** *Entendu.* I, 6; **Is that OK with you?** *Tu es d'accord?* I, 7; **It was OK.** *C'était assez bien,* II, 6; **No, I'm okay.** *Non, ça va,* II, 2; **Well, OK.**

Bon, d'accord. I, 8; **Yes, it was OK.** *Oui, ça a été.* I, 9

okra *du gombo,* I, 8

old-fashioned *démodé(e),* I, 10

old: **How old are you?** *Tu as quel âge?* I, 1; **to be . . . years old** *avoir... ans,* II, 1; **When I was . . . years old, . . .** *Quand j'avais... ans,... ,* II, 8

older *âgé(e),* I, 7

on: **Can I try on . . . ?** *Je peux essayer... ?* I, 10; **on foot** *à pied,* I, 12; **on the right (left)** *sur la droite (gauche),* II, 2

one-way: **a one-way ticket** *un aller simple,* II, 6

one: **He/She already has one (of them).** *Il/Elle en a déjà un(e).* II, 3

open: **Open your books to page . . .** *Ouvrez vos livres à la page... ,* I, 0; **When do you open?** *A quelle heure est-ce que vous ouvrez?* II, 6

opinion: **In my opinion, you're mistaken.** *A mon avis, tu te trompes.* II, 9; **In your opinion, what do I do?** *A ton avis, qu'est-ce que je fais?* I, 9; **In your opinion, what should I do?** *A ton avis, qu'est-ce que je dois faire?* II, 10

orange *orange,* I, 3; **orange juice** *le jus d'orange,* I, 5; **oranges** *les oranges* (f.), I, 8

ordinary: **That's ordinary.** *C'est banal.* II, 3

our *notre/nos,* I, 7

out: **go out** *sortir,* II, 6; **Out of the question!** *Pas question!* I, 7

oysters *les huîtres,* II, 3

P

page *la page,* I, 0

pain: **a pain** *pénible,* II, 1

pair: **(a pair of) jeans** *un jean,* I, 3; **(a pair of) shorts** *un short,* I, 3; **(pair of) boots** *les bottes* (f.), II, 1; **(pair of) gloves** *les gants* (m.), II, 1; **(pair of) pants** *un pantalon,* I, 10; **(pair of) sneakers** *les baskets* (f.), II, 1

palm tree *un palmier,* II, 4

papayas *les papayes* (f.), I, 8

paper *le papier,* I, 0; **sheets of paper** *les feuilles* (f.) *de papier,* I, 3

pardon: **Pardon me.** *Pardon,* I, 3

park *le parc,* I, 6; II, 2

party: **to give a party** *faire une boum,* II, 10; **to go to a party** *aller à une boum,* I, 6

pass: **Would you pass . . .** *Vous pourriez (tu pourrais) me passer... ,* II, 3; **You'll pass . . .** *Vous passez devant... ,* I, 12

passport *le passeport,* I, 11; II, 1

pasta *des pâtes,* II, 7

pastry *la pâtisserie,* I, 12

pastry shop *la pâtisserie;* I, 12; II, 3

paté *le pâté,* II, 3

peaches *les pêches* (f.), I, 8

pears *les poires* (f.), I, 8

peas *les petits pois* (m.), I, 8

pen *le stylo,* I, 0

pencil *le crayon,* I, 3; **pencil case** *la trousse,* I, 3; **pencil sharpener** *le taille-crayon,* I, 3

perfect: **It's perfect.** *C'est parfait.* I, 10

permission: **to ask your parents' permission** *demander la permission à tes parents,* II, 10

phone: **Phone him/her/them.** *Téléphone-lui/-leur.* II, 10; **to talk on the phone** *parler au téléphone,* I, 1

photo: **photo frame** *le cadre,* II, 3

physical education *l'éducation* (f.) *physique et sportive (EPS),* I, 2

physics *la physique,* I, 2

pick *choisir,* I, 10; **to pick up your room** *ranger ta chambre,* I, 7

picnic: **to have a picnic** *faire un pique-nique,* I, 6; II, 6

picture: **to take pictures** *faire des photos,* I, 4

pie *la tarte,* I, 8; II, 3

piece: **a piece of** *un morceau de,* I, 8

pineapple *un ananas,* I, 8; II, 4

pink *rose,* I, 3

pizza *la pizza,* I, 1

plane ticket *le billet d'avion,* I, 11

plane *l'avion* (m.), I, 12; **by plane** *en avion,* I, 12

plans: **I don't have any plans.** *Je n'ai rien de prévu.* I, 11

platform: **From which platform . . . ?** *De quel quai... ?* II, 6; **From platform . . .** *Du quai... ,* II, 6

play *faire,* I, 4; *jouer,* I, 4; **play (theatrical)** *la pièce,* I, 6; **to see a play** *voir une pièce,* I, 6; **How about playing . . . ?** *Si on jouait... ?* II, 8; **I don't play/do . . .** *Je ne fais pas de... ,* I, 4; **to play (a game)** *jouer à... ,* I, 4; **to play sports** *faire du sport,* I, 1; **What sports do you play?** *Qu'est-ce que tu fais comme sport?* I, 4; II, 1

playing: **It's playing at . . .** *Ça passe à... ,* II, 11; **What films are playing?** *Qu'est-ce qu'on joue comme film?* II, 11; **Where is that playing?** *Ça passe où?* II, 11

please *s'il vous (te) plaît,* I, 3

pleased: **Pleased to meet you.** *Très heureux (heureuse).* I, 7

pleasure: **With pleasure.** *Avec plaisir.* I, 8; II, 10

plot: **It has no plot.** *Il n'y a pas d'histoire.* II, 11; **It's full of plot twists.** *C'est plein de rebondissements.* II, 11

poetry: **book of poetry** *un livre de poésie,* II, 11

point: **At that point, . . .** *A ce moment-là,... ,* II, 9

pool *la piscine,* II, 2

poor: **You poor thing!** *Pauvre vieux (vieille)!* II, 5

pop: **popular, mainstream music** *le pop,* II, 11

pork *du porc,* I, 8

possible: **That's not possible.** *Ce n'est pas possible.* II, 9; **That's possible.** *C'est possible.* II, 9

post office *la poste,* I, 12; II, 2

poster *le poster,* I, 0; II, 2

potatoes *les pommes de terre* (f.), I, 8

pottery *la poterie,* II, 8

pound: **a pound of** *une livre de,* I, 8

practice *répéter,* I, 9

prefer: **Do you prefer . . . or . . . ?** *Tu aimes mieux... ou... ?* I, 10; **I prefer** *Je préfère,* I, 1; II, 1; *J'aime mieux... ,* I, 1; II, 1; **No, I prefer . . .** *Non, je préfère... ,* II, 7; **What I prefer is . . .** *Ce que je préfère, c'est... ,* II, 4

problem: **I have a problem.** *J'ai un (petit) problème.* I, 9; I, 10; **No problem.** *Pas de problème.* II, 10

process: **to be in the process of (doing something)** *être en train de,* II, 9

pullover (sweater) *le pull-over,* I, 3

purple *violet(te),* I, 3

purse *le sac à main,* II, 3

push-ups: **to do push-ups** *faire des pompes,* II, 7

put *mettre,* I, 10

put on (clothing) *mettre,* I, 10

Q

quarter: **quarter past** *et quart,* I, 6; **quarter to** *moins le quart,* I, 6

question: **Out of the question!** *Pas question!* I, 7

quiz *l'interro* (f.), I, 9

R

raccoon *un raton laveur,* II, 12

radio *la radio,* I, 3

rain: **It's raining.** *Il pleut.* I, 4

raincoat *l'imperméable* (m.), II, 1

rainforest: **tropical rainforest** *la forêt tropicale,* II, 4 raise: Raise your hand! *Levez la main!*, I, 0

rap *le rap*, II, 11

rather *plutôt*, II, 9; No, I'd rather. . . *Non, je préfère...*, II, 1

read *lire*, I, 1

read *lu* (pp. of *lire*), I, 9

ready: to get ready *faire les préparatifs*, II, 10

really: I (really) like... *Moi, j'aime (bien)...*, I, 1; I really liked it. *Ça m'a beaucoup plu.* II, 6; I'd really like to... *Je voudrais bien...*, I, 11; I'd really like to. *Je veux bien.* I, 6; No, not really. *Non, pas vraiment.* I, 11; Really? *C'est vrai? (Vraiment?)*, II, 2; Was it really so different? *C'était tellement différent?* II, 8; Your . . . is really great. *Il (Elle) est vraiment bien, ton (ta)...*, 2; really *vachement*, II, 9; really, ultra- *super*, II, 9

receive: to receive one's report card *recevoir le bulletin trimestriel*, II, 5

recommend: I recommend it. *Je te le recommande.* II, 11

record: at the record store *chez le disquaire*, I, 12

recreation center *la Maison des Jeunes et de la culture (MJC)*, I, 6

red: *rouge*, I, 3; red hair *les cheveux roux*, II, 1; red-headed *roux (rousse)*, I, 7

reggae music *le reggae*, II, 11

rehearse *répéter*, I, 9

relaxing *relaxant(e)*, II, 8

remember: Remember to take . . . *Pense à prendre...*, II, 1

repeat: Repeat! *Répétez!*, I, 0

report card: to receive one's report card *recevoir le bulletin trimestriel*, II, 5

respect: to respect nature *respecter la nature*, II, 12

responsibilities: to have responsibilities *avoir des responsabilités*, II, 8

restaurant *le restaurant*, I, 6

restroom: toilet, restroom *les toilettes (les W.-C.)*, II, 2

return *retourner*, II, 6; to return something *rendre*, I, 12; to return tests *rendre les examens*, II, 5

rice *du riz*, I, 8

ride: to go horseback riding *faire de l'équitation*, I, 1; to take a ride on the ferris wheel *faire un tour sur la grande roue*, II, 6; to take a ride on the roller coaster *faire un tour sur les montagnes russes*, II, 6

ridiculous: That's ridiculous! *N'importe quoi!* II, 6

riding: to go horseback riding *faire de l'équitation*, I, 1

right: I can't right now. *Je ne peux pas maintenant.* I, 8; I'll go right away. *J'y vais tout de suite.* I, 8; right away *tout de suite*, I, 6; It's right there on the . . . *C'est tout de suite à...*, I, 12; on the right *sur la droite*, II, 2; to the right *à droite*, I, 12; to the right of *à droite de*, II, 2; Yeah, right! *Mon œil!* II, 6 You're right . . . *Tu as raison...*, II, 3

rip *déchirer*, II, 5

rock (music) *le rock*, II, 11

roller coaster *les montagnes russes*, II, 6

romance novel *un roman d'amour*, II, 11

romantic: romantic movie *un film d'amour*, II, 11

room (of a house) *la pièce*, II, 2

room: to pick up your room *ranger ta chambre*, I, 7

round-trip: a round-trip ticket *un aller-retour*, II, 6

rug *le tapis*, II, 2

ruler *la règle*, I, 3

runny: I've got a runny nose. *J'ai le nez qui coule.* II, 7

S

sailing: to go sailing *faire de la voile, faire du bateau*, I, 11

salad *de la salade*, I, 8

salami *le saucisson*, I, 5

salt *le sel*, II, 7

sand *le sable*, II, 4

sandals *les sandales* (f.), I, 10

sandwich *le sandwich*, I, 5

Saturday: on Saturdays *le samedi*, I, 2

scared: I'm scared (of) . . . *J'ai peur (de la, du, des)...*, II, 12

scarf (for outdoor wear) *l'écharpe*, I, 10 (dressy) *le foulard*, II, 3

school *l'école* (f.), I, 1

school: high school *le lycée*, II, 2

science fiction: novel *un roman de science-fiction*, II, 11; movie *un film de science-fiction*, II, 11

scuba dive *faire de la plongée sous-marine*, II, 4

sea *la mer*, II, 4

second: One second, please. *Une seconde, s'il vous plaît.* I, 9

see *voir*, I, 6, . . . you see. *... tu vois.* II, 9; See you later! *A tout à l'heure!* I, 1; See you soon. *A bientôt.* I, 1; See you tomorrow. *A demain.* I, 1; to see a game (in person) *voir un match*, I, 6; to see a movie *voir un film*, I, 6; to see a

play *voir une pièce*, I, 6; What is there to see . . . ? *Qu'est-ce qu'il y a à voir... ?* II, 12; You'll see that . . . *Tu vas voir que...*, II, 8

seem: to seem *avoir l'air*, II, 9; You don't seem too well. *Tu n'as pas l'air en forme.* II, 7; She seemed . . . *Elle avait l'air...*, II, 12

seen *vu* (pp. of *voir*), I, 9

send: to send letters *envoyer des lettres*, I, 12; to send the invitations *envoyer les invitations*, II, 10

sensational *sensas*, II, 6

September *septembre*, I, 4

serious: It's not serious. *C'est pas grave.* II, 5

service: At your service; You're welcome. *A votre service.* I, 3

shall: Shall we go to the café? *On va au café?* I, 5

shape: to get into shape *se mettre en condition*, II, 7

sheet: a sheet of paper *la feuille de papier*, I, 0

shelves *les étagères*, II, 2

shirt (men's) *la chemise*, I, 10; shirt (women's) *le chemisier*, I, 10

shoes *les chaussures* (f.), I, 10

shop: to go shopping *faire les magasins*, I, 1; to window-shop *faire les vitrines*, I, 6

shopping: Can you do the shopping? *Tu peux aller faire les courses?* I, 8

short (height) *petit(e)*, I, 7; (length) *court(e)*, I, 10; short hair *les cheveux courts*, II, 1

shorts: (a pair of) shorts *le short*, I, 3; II, 1

should: Everyone should . . . *On doit.* II, 7; I should have . . . *J'aurais dû...*, II, 10; In your opinion, what should I do? *A ton avis, qu'est-ce que je dois faire?* II, 10; What do you think I should do? *Qu'est-ce que tu me conseilles?* II, 10; What should I . . . ? *Qu'est-ce que je dois...?* II, 1; What should we do? *Qu'est-ce qu'on fait?* II, 1; You should . . . *Tu devrais...*, I, 9; II, 7; You should have . . . *Tu aurais dû...*, II, 10

shouldn't: You shouldn't . . . *Tu ne devrais pas...*, II, 7

show (verb) *montrer*, I, 9; sound and light show *un spectacle son et lumière*, II, 6

showing: . . . is showing. *On joue...*, II, 11

shrimp *les crevettes*, II, 3

shy *timide*, I, 7

sick: I'm sick to my stomach. *J'ai mal au cœur.* II, 7; I'm sick. *Je suis malade.* II, 7

silly: to do silly things *faire des bêtises*, II, 8
simple *simple*, II, 8
sing *chanter*, I, 9
singer *une chanteuse (un chanteur)*, II, 11
sir *monsieur (M.)*, I, 1
sister *la sœur*, I, 7
sit-ups: to do sit-ups *faire des abdominaux*, II, 7
sit: Sit down! *Asseyez-vous!*, I, 0
skate: to ice-skate *faire du patin à glace*, I, 4; to in-line skate *faire du roller en ligne*, I, 4
ski *faire du ski*, I, 4; to water-ski *faire du ski nautique*, I, 4; ski jacket *l'anorak (m.)*, II, 1
skiing *le ski*, I, 1
skip: Don't skip . . . *Ne saute pas...*, II, 7; skipping a meal *sauter un repas*, II, 7
skirt *la jupe*, I, 10
skunk *une mouffette*, II, 12
sleep *dormir*, I, 1; I didn't sleep well. *J'ai mal dormi.* II, 7
sleeping bag *un sac de couchage*, II, 12
slender *mince*, I, 7
slice: a slice of *une tranche de*, I, 8
small, short *petit(e)*, I, 10; II, 1
smaller: smaller than . . . *moins grand(e) que...*, II, 4
smart *intelligent(e)*, I, 7; II, 1
snack: afternoon snack *le goûter*, I, 8; snacking between meals *grignoter entre les repas*, II, 7; party snacks *les amuse-gueule (m.)*, II, 10
snails *les escargots (m.)*, I, 1; II, 3
sneakers *les baskets (f.)*, I, 3; II, 1
snorkel *faire de la plongée avec un tuba*, II, 4
snow: It's snowing. *Il neige.* I, 4; to go snow-shoeing *faire une randonnée en raquettes*, II, 12
So . . . *Alors,...* , II, 9; so-so *comme ci, comme ça*, I, 1; II, 6; not so great *pas terrible*, I, 5
soccer *le football*, I, 1; to play soccer *jouer au foot(ball)*, I, 4
socks *les chaussettes (f.)*, I, 10
some *du, de la, de l', des*, I, 8; I'd like some. *J'en veux bien.* I, 8; Some more . . . ? *Encore... ?* II, 3; some (of it) *en*, I, 8; II, 3
sometimes *quelquefois*, I, 4
song *une chanson*, II, 11
soon: See you soon. *A bientôt.* I, 1
Sorry. *Je regrette.* I, 3; *Désolé(e).* I, 5; II, 10
sort of *assez*, II, 9
sound: Does . . . sound good to you? *Ça te dit de... ?* II, 1; sound and

light show *un spectacle son et lumière*, II, 6
south: in the south *dans le sud*, II, 4; It's to the south of . . . *C'est au sud de...* , II, 12
Spanish *l'espagnol (m.)*, I, 2
speak: Could I speak to . . . ? *(Est-ce que) je peux parler à... ?* I, 9
special: It's nothing special. *Ce n'est pas grand-chose.* II, 3; Nothing special. *Rien de spécial.* I, 6
sports *le sport*, I, 1; to play sports *faire du sport*, I, 1; What sports do you play? *Qu'est-ce que tu fais comme sport?* I, 4; II, 1
sprain: to sprain one's ankle *se fouler la cheville*, II, 7
spring: in the spring *au printemps*, I, 4
squirrel *un écureuil*, II, 12
stadium *le stade*, I, 6
stamp *le timbre*, I, 12
stand: Stand up! *Levez-vous!*, I, 0
start *commencer*, I, 9; What time does it start? *Ça commence à quelle heure?* II, 11
stationery store *la papeterie*, I, 12
stay *rester*, II, 6
steak *le bifteck*, I, 8; II, 3
steak and French fries *le steak-frites*, I, 5
step: to miss a step *rater une marche*, II, 5
stereo *la chaîne stéréo*, II, 2
stomach *le ventre*, II, 7; I'm sick to my stomach. *J'ai mal au cœur.* II, 7
stop: at the metro stop *au métro*, I, 6
stores *les magasins (m.)*, I, 1
story: It's a great story. *C'est une belle histoire.* II, 11; It's the story of . . . *C'est l'histoire de...* , II, 11; What's the story? *Qu'est-ce que ça raconte?* II, 11
straight ahead: You go straight ahead until you get to . . . *Vous allez tout droit jusqu'à...* , I, 12; Go (keep going) straight ahead. *Allez (continuez) tout droit*, II, 2
strawberries *les fraises (f.)*, I, 8
street: You take . . . Street, then . . . Street. *Prenez la rue...* , *puis traversez la rue...* , I, 12
strict: to follow a diet that's too strict. *suivre un régime trop strict*, II, 7
strong *fort(e)*, I, 7; II, 1
strong: It's not my strong point. *Ce n'est pas mon fort.* II, 5
student *l'élève (m./f.)*, I, 2
study *étudier*, I, 1
study hall *l'étude*, I, 2
stupid *bête*, II, 1

style: in style *à la mode*, I, 10; That's not his/her style. *Ce n'est pas son style.* II, 3; style of the Forties or Fifties *rétro (inv.)*, I, 10
subway: by subway *en métro*, I, 12
sugar: sugarcane fields *des champs de canne à sucre*, II, 4
suit jacket, blazer *la veste*, I, 10
suit: Does it suit me? *Ça me va?* I, 10; That suits you really well. *Ça te (vous) va très bien.* I, 10
suitcase *la valise*, I, 11
sulk *faire la tête*, II, 9
summer: in the summer *en été*, I, 4
Sunday: on Sundays *le dimanche*, I, 2
sunglasses *les lunettes (f.) de soleil*, I, 10
super *super*, I, 2
sure: Oh, I'm not sure. *Euh... J'hésite.* I, 10
surprise: That would surprise me. *Ça m'étonnerait!* II, 6
surprised *étonné(e)*, II, 9
suspenseful: It's suspenseful. *Il y a du suspense.* II, 11
sweater *le cardigan*, I, 10; *le pull*, I, 10
sweatshirt *le sweat*, II, 1
swim *nager*, I, 1; *faire de la natation*, I, 4; to go swimming *se baigner*, II, 4
swimming pool *la piscine*, I, 6

T

T-shirt *le tee-shirt*, I, 3; II, 1
table: to clear the table *débarrasser la table*, I, 7
tacky: I think it's (they're) really tacky. *Je le/la/les trouve moche(s).* I, 10
take out: Take out a sheet of paper. *Prenez une feuille de papier.* I, 0; to take out the trash *sortir la poubelle*, I, 7
take *prendre*, I, 5; Are you going to take it/them? *Vous le/la/les prenez?* I, 10; Have you decided to take . . . ? *Vous avez décidé de prendre... ?* I, 10; I'll take . . . *Je vais (en) prendre...* , II, 3; I'll take . . . (of them). *Je vais en prendre...* , II, 3; I'll take it/them. *Je le/la/les prends.* I, 10; Remember to take . . . *Pense à prendre...* , II, 1; Take . . . *Prends... , Prenez...* , II, 2; to take pictures *faire des photos*, I, 4; We can take . . . *On peut prendre...* , I, 12; You take . . . Street, then . . . Street. *Prenez la rue... , puis traversez la rue...* , I, 12

taken *pris (pp. of prendre)*, I, 9

taking: Are you taking . . . ? *Tu prends... ?* I, 11

talk: Can I talk to you? *Je peux te parler?* I, 9; II, 10; **Talk to him/her/them.** *Parle-lui/leur.* II, 10; **to talk on the phone** *parler au téléphone*, I, 1

talked: We talked. *Nous avons parlé.* I, 9

tall *grand(e)*, I, 7; II, 1

tart: apple tart *la tarte aux pommes*, II, 3

taste *déguster*, II, 4

taxi: by taxi *en taxi*, I, 12

teacher *le professeur*, I, 0

tease *taquiner*, II, 8

teeth *les dents* (f.), II, 7

television *la télévision*, I, 0

tell: Can you tell her/ him that I called? *Vous pouvez lui dire que j'ai téléphoné?* I, 9; **Tell him/her/ them that . . .** *Dis-lui/-leur que... ,* II, 10; **Tell me!** *Raconte!* II, 5; **to tell (someone) that . . .** *dire à (quelqu'un) que... ,* II, 10

tennis: to play tennis *jouer au tennis*, I, 4

tent *une tente*, II, 12

terrible *horrible*, I, 10; **I had a terrible day!** *J'ai passé une journée horrible!* II, 5

Terrific! *Bravo!* II, 5

tests *les examens* (m.), I, 1; **to take a test** *passer un examen*, I, 9

than: bigger than . . . *plus grand(e) que... ,* II, 4; **It's better than . . .** *C'est meilleur que... ,* II, 7; **smaller than . . .** *moins grand(e) que... ,* II, 4

thanks: Thank you. *Merci,* I, 3, II, 2; **No, thank you.** *Non, merci.* I, 8; **Yes, thank you.** *Oui, s'il vous (te) plaît.* I, 8; **No thank you, I've had enough.** *Merci, ça va.* II, 3; **No thanks. I'm not hungry anymore.** *Non, merci. Je n'ai plus faim.* I, 8

that *ce, cet, cette*, I, 3; **That is, . . .** *C'est-à-dire que... ,* II, 9; **This/That is . . .** *Ça, c'est... ,* I, 12

theater *le théâtre*, I, 6, II, 2

their *leur/leurs*, I, 7

them *les*, I, 9, *leur*, I, 9

then: Then I called . . . *Ensuite, j'ai téléphoné à... ,* I, 9; II, 1 **Then, . . .** *Puis,... ,* II, 1

there *-là (noun suffix)*, I, 3; *y*, I, 12; **Here (There) is . . .** *Là, c'est... ,* II, 2; **Is . . . there, please?** *(Est-ce que)... est là, s'il vous plaît?* I, 9; **There is . . .** *Il y a... ,* II, 2; **There's . . .** *Voilà... ,* I, 7; **You're almost there!** *Tu y es presque!* II, 7

Therefore, . . . *Donc,... ,* II, 9

these *ces*, I, 3; **These/Those are . . .** *Ce sont... ,* I, 7

thing: It's not my thing. *Ce n'est pas mon truc.* II, 7; **I have lots of things to do.** *J'ai des tas de choses à faire.* I, 5; **I have some things to do.** *J'ai des trucs à faire.* I, 5

think: Do you think so? *Tu trouves?* II, 2; **I don't think so.** *Je ne crois pas.* II, 9; **I think it's/they're . . .** *Je le/la/les trouve... ,* I, 10; **I think that . . .** *Je crois que... ,* II, 9; **What do you think about going . . . ?** *Ça te dit d'aller... ?* II, 4; **What do you think I should do?** *Qu'est-ce que tu me conseilles?* II, 10; **What do you think of . . . ?** *Comment tu trouves... ?* I, 2; **What do you think of that/it?** *Comment tu trouves ça?* I, 2

thirst: I'm dying of thirst! *Je meurs de soif!* II, 2

thirsty: Aren't you thirsty? *Vous n'avez pas (Tu n'as pas) soif?* II, 2; **I'm not hungry/thirsty anymore.** *Je n'ai plus faim/soif.* II, 3; **to be thirsty** *avoir soif*, I, 5

this *ce, cet, cette*, I, 3; **This is . . .** *C'est... ,* I, 7; **This is . . .** *Voici... ,* I, 7; **This/That is . . .** *Ça, c'est... ,* I, 12

those *ces*, I, 3; **These (those) are . . .** *Ce sont... ,* I, 7

thought: I've thought of everything. *J'ai pensé à tout.* I, 11

throat *la gorge*, II, 7

throw: to throw away (to take with you) your trash *jeter (remporter) les déchets*, II, 12

Thursday: on Thursdays *le jeudi*, I, 2

ticket: plane ticket *le billet d'avion*, I, 11; II, 1; **Three (entrance) tickets, please.** *Trois tickets, s'il vous plaît.* II, 6; **train ticket** *le billet de train*, I, 11

tie *la cravate*, I, 10

tight *serré(e)*, I, 10

time: a waste of time *zéro*, I, 2; **At what time do you have . . . ?** *Tu as... à quelle heure?* I, 2; **At what time?** *A quelle heure?* I, 6; **from time to time** *de temps en temps*, I, 4; **I don't have time.** *Je n'ai pas le temps.* II, 10; **What time does it start?** *Ça commence à quelle heure?* II, 11; **What time does the train (the bus) for . . . leave?** *A quelle heure est-ce que le train (le car) pour... part?* II, 6

tired: (You're) not too tired? *Pas trop fatigué(e)?* II, 2; **I'm tired.** *Je suis fatigué(e).* II, 12

tiring: It was tiring! *C'était fatigant!* II, 2

to: *à la, au*, I, 6; **(a city or place)** *à*, I, 11; **(before a feminine noun)** *en*, I, 11; **(before a masculine noun)** *au*, I, 11; **(before a plural noun)** *aux*, I, 11

today *aujourd'hui*, I, 2

toilet: toilet, restroom *les toilettes (les W.-C.)*, II, 2

tomatoes *les tomates* (f.), I, 8

tomorrow *demain*, I, 2; **See you tomorrow.** *A demain.* I, 1

tonight: Not tonight. *Pas ce soir.* I, 7

too: It's too expensive. *C'est trop cher.* I, 10; II, 3; **Me too.** *Moi aussi.* I, 2; **No, not too much.** *Non, pas trop.* I, 2; **Not too much.** *Pas tellement.* I, 4; **too violent** *trop violent*, II, 11

tough: Tough luck! *C'est pas de chance, ça!* II, 5

tour: to take a guided tour *faire une visite guidée*, II, 6; **to tour some châteaux** *faire un circuit des châteaux*, II, 6

tourist: tourist information office *l'office de tourisme*, II, 2

tower: to go up in a tower *monter dans une tour*, II, 6

track: to do track and field *faire de l'athlétisme*, I, 4

trails: to follow the marked trails *suivre les sentiers balisés*, II, 12

train for (a sport) *s'entraîner à... ,* II, 7

train: by train *en train*, I, 12; **train station** *la gare*, II, 2; **train ticket** *le billet de train*, I, 11

trash: to take out the trash *sortir la poubelle*, I, 7

trashcan *la poubelle*, I, 7

travel *voyager*, I, 1

trip: Did you have a good trip? *Vous avez (Tu as) fait bon voyage?* II, 2; **Have a good (car) trip!** *Bonne route!* II, 3; **Have a good trip! (by plane, ship)** *Bon voyage!* II, 3

tropical rainforest *la forêt tropicale*, II, 4

try: Can I try it (them) on ? *Je peux l'(les) essayer?* I, 10; **One more try!** *Encore un effort!* II, 7

Tuesdays: on Tuesdays *le mardi*, I, 2

turn: Then, turn left on . . . *Puis, tournez à gauche dans... ,* II, 2; **You turn . . .** *Vous tournez... ,* I, 12

TV: to watch TV *regarder la télé(vision)*, I, 1

twists: It's full of plot twists. *C'est plein de rebondissements.* II, 11

U

uncle *l'oncle* (m.), I, 7
uncomfortable *mal à l'aise*, II, 9
Unfortunately, . . .
  Malheureusement,... , II, 9
unique: That's unique. *C'est original.* II, 3
up: go up *monter,* II, 6
used: You'll get used to it. *Tu vas t'y faire.* II, 8
useless *nul,* I, 2
usually *d'habitude,* I, 4

V

vacation *les vacances* (f.), I, 1; **Have a good vacation!** *Bonnes vacances!* I, 11; **on vacation** *en vacances,* I, 4
vase *le vase,* II, 3
VCR (videocassette recorder) *le magnétoscope,* I, 0
vegetables *des légumes,* II, 7
very: not very good *pas bon,* I, 5; **very cool** *chouette,* II, 2; **Yes, very much.** *Oui, beaucoup.* I, 2
video: to make videos *faire de la vidéo,* I, 4; **video games** *faire des jeux vidéo,* I, 4
videocassette recorder, VCR *le magnétoscope,* I, 0
videotape *la vidéocassette,* I, 3
village: fishing village *un village de pêcheurs,* II, 4
violent *violent,* II, 11
visit visiter, I, 9; II, 6; **How about visiting . . . ?** *Si on visitait... ?* II, 8
volcano *le volcan,* II, 4
volleyball: to play volleyball *jouer au volley(-ball),* I, 4

W

wait for *attendre,* I, 9
Waiter! *Monsieur!* I, 5
Waitress! *Madame!* I, 5, *Mademoiselle!* I, 5
walk: to go for a walk *faire une promenade,* I, 6, *se promener,* II, 4; **to walk the dog** *promener le chien,* I, 7
wallet *le portefeuille,* I, 3; II, 3
want *vouloir,* I, 6; **No, I don't want to.** *Non, je ne veux pas.* II, 8; **Do you want . . . ?** *Tu veux... ?* I, 6; II, 3; **Do you want . . . ?** *Vous voulez... ?* I, 8; II, 3; **Yes, if you want to.** *Oui, si tu veux.* I, 7
wardrobe: armoire/wardrobe *l'armoire* (f.), II, 2

wash: to wash oneself *se laver,* II, 4; **to wash the car** *laver la voiture,* I, 7
waste: a waste of time *zéro,* I, 2
watch *la montre,* I, 3; **to watch a game (on TV)** *regarder un match,* I, 6; **to watch TV** *regarder la télé(vision),* I, 1
water: to water-ski *faire du ski nautique,* I, 4
waterfall *une chute d'eau,* II, 4
way: No way! *Pas question!* II, 1; *Pas possible!* II, 6
wear *mettre, porter,* I, 10; **I don't know what to wear for . . .** *Je ne sais pas quoi mettre pour... ,* I, 10; **Wear . . .** *Mets... ,* I, 10; **What shall I wear?** *Qu'est-ce que je mets?* I, 10; **Why don't you wear . . . ?** *Pourquoi est-ce que tu ne mets pas... ?* I, 10
Wednesday: on Wednesdays *le mercredi,* I, 2
weekend: Did you have a good weekend? *Tu as passé un bon week-end?* I, 9; **on weekends** *le week-end,* I, 4; **this weekend** *ce week-end,* I, 6; **What a bad weekend!** *Quel week-end!* II, 5
welcome: At your service; You're welcome. *A votre service.* I, 3; **Welcome to my home (our home)** *Bienvenue chez moi (chez nous),* II, 2
well: Did it go well? *Ça s'est bien passé?* I, 11; **Get well soon!** *Bon rétablissement!* II, 3; **I don't feel well.** *Je ne me sens pas bien.* II, 7; **It went really well!** *Ça s'est très bien passé!* II, 5; **Very well.** *Très bien.* I, 1; **Well done!** *Chapeau!* II, 5; **You don't seem too well.** *Tu n'as pas l'air en forme.* II, 7; **You would do well to . . .** *Tu ferais bien de... ,* II, 7
west: in the west *dans l'ouest,* II, 4; **It's to the west of . . .** *C'est à l'ouest de... ,* II, 12
western (film) *un western,* II, 11
what *comment,* I, 0; **I don't know what to do.** *Je ne sais pas quoi faire.* II, 10; **What are you going to do . . . ?** *Qu'est-ce que tu vas faire... ?* I, 6; **What are you going to do . . . ?** *Tu vas faire quoi... ?* I, 6; **What bothers me is . . .** *Ce qui m'ennuie, c'est... ,* II, 4; **What can we do?** *Qu'est-ce qu'on peut faire?* II, 4; **What do you have to drink?** *Qu'est-ce que vous avez comme boissons?* I, 5; **What do you need for . . . ? (formal)** *Qu'est-ce qu'il vous faut pour... ?* I, 3; **What do**

you need for . . . ? (informal)
  Qu'est-ce qu'il te faut pour... ? I, 3; **What do you think of . . . ?** *Comment tu trouves... ?* I, 2; **What do you think of that/it?** *Comment tu trouves ça?* I, 2; **What I don't like is . . .** *Ce que je n'aime pas, c'est... ,* II, 4; **What I like is . . .** *Ce qui me plaît, c'est... ,* II, 4; **What is there . . . ?** *Qu'est-ce qu'il y a... ?* II, 4; **What is your name?** *Tu t'appelles comment?,* I, 0; **What kind of . . . do you have?** *Qu'est-ce que vous avez comme... ?* I, 5; **What's his/her name?** *Il/Elle s'appelle comment?* I, 1; **What's it like?** *C'est comment?* II, 4
when: When? *Quand (ça)?* I, 6; **When do you open (close)?** *A quelle heure est-ce que vous ouvrez (fermez)?* II, 6
where *où,* I, 6 **Where did you go?** *Tu es allé(e) où?* I, 9; **Where is . . . , please?** *Où est... , s'il vous plaît?* II, 2
which: From which platform . . . ? *De quel quai... ?* II, 6
white *blanc(he),* I, 3
who: Who's calling? *Qui est à l'appareil?* I, 9
whom: With whom? *Avec qui?* I, 6
why: Why don't you . . . ? *Pourquoi tu ne... pas?* I, 9; II, 7; **Why not?** *Pourquoi pas?* I, 6
win *gagner,* I, 9
window *la fenêtre,* I, 0; **to window-shop** *faire les vitrines,* I, 6
windsurfing: to go windsurfing *faire de la planche à voile,* I, 11; II, 4
winter: in the winter *en hiver,* I, 4
wiped out: I'm wiped out. *Je suis tout raplapla.* II, 7
wishes: Best wishes! *Meilleurs vœux!* II, 3
with: with me *avec moi,* I, 6; **With whom?** *Avec qui?* I, 6
withdraw: to withdraw money *retirer de l'argent* (m.), I, 12
without: You can't leave without . . . *Tu ne peux pas partir sans... ,* I, 11
wolf *un loup,* II, 12
wonder: I wonder . . . *Je me demande... ,* II, 9
work *travailler,* I, 9
worried *inquiet (inquiète),* II, 9
worries: to have worries *avoir des soucis,* II, 8
worry: Don't worry! *Ne t'en fais pas!* I, 9; *T'en fais pas.* II, 5
worthless *nul (nulle),* II, 8; **It's worthless** *C'est du n'importe quoi,* II, 11

would: What would you do? *Qu'est-ce que tu ferais, toi?* II, 10; Would you mind . . . ? *Ça t'embête de . . . ?* II, 10; *Ça t'ennuie de. . . ?* II, 10; Would you pass . . . *Vous pourriez (tu pourrais) me passer... ,* II, 3; Yes, I would. *Oui, je veux bien.* II, 3; You would do well to . . . *Tu ferais bien de... ,* II, 7
would like: I'd like to buy . . . *Je voudrais acheter... ,* I, 3;
write: Write him/her/them. *Ecris-lui/leur.* II, 10
wrong: Everything went wrong! *Tout a été de travers!* II, 5; Is something wrong? *Quelque chose ne va pas?* II, 7; You look like something's wrong. *Ça n'a pas l'air d'aller.* II, 5; What's wrong? *Qu'est-ce qui t'arrive?* II, 5; *Qu'est ce que tu as?* II, 7; *Qu'est-ce qu'il y a?* II, 10

Y

yard *le jardin,* II, 2
Yeah. *Mouais.* II, 6
yeah: Yeah, right! *Mon œil!* II, 6
year: I am . . . years old. *J'ai ... ans.* I, 1; When I was . . . years old, . . . *Quand j'avais... ans,... ,* II, 8
yellow *jaune,* I, 3
yes *oui,* I, 1

yet: not yet *ne... pas encore,* I, 9
yogurt *du yaourt,* I, 8
you *tu, vous,* I, 0; And you? *Et toi?* I, 1
young *jeune,* I, 7, II, 1
your *ton/ta/tes/votre/vos,* I, 7

Z

zoo *le zoo,* I, 6, II, 6

GRAMMAR INDEX

A

à: Contractions with à, p. 44
adjective: Adjective agreement, p. 11; Irregular adjectives, pp. 11 and 39; The use of de before a plural adjective and a noun, p. 88
air: avoir l'air + adjective, p. 227
aller: The future with aller, p. 21
articles: Partitive articles, p. 65
avoir: avoir l'air + adjective, p. 227

C

c'est: il/elle est vs. c'est, p. 275
c'était, p. 144
commands: Imperatives, p. 15
connaître, p. 274
contractions: Contractions with à, p. 44; with de, p. 39

D

de: The use of de before a plural adjective and a noun, p. 88; Contractions with de, p. 39

E

elle: il/elle est vs. c'est, p. 275
emporter, p. 310
en: The object pronoun en, p. 58; The pronoun en with activities, p. 172
est: il/elle est vs. c'est, p. 275
était, p. 144
être: The passé composé with être, pp. 124 and 147
être en train de: The passé composé and the imparfait with interrupted actions, p. 237

F

future tense: The future with aller, p. 21

I

il: il/elle est vs. c'est, p. 275
imparfait: Formation of the imparfait, pp. 199 and 202; Making suggestions with si on + the imparfait, p. 209; The passé composé and the imparfait, pp. 233 and 315; The passé composé and the imparfait with interrupted actions, p. 237
imperatives, p. 15
indirect object: The indirect object pronouns lui and leur, p. 68
infinitive: Object pronouns before an infinitive, p. 259
irregular: Irregular adjectives, pp. 11 and 39

L

leur: The indirect object pronouns lui and leur, p. 68
lui: The indirect object pronouns lui and leur, p. 68

O

object pronouns: The pronoun en, p. 58; Direct object pronouns with the passé composé, p. 257; Object pronouns before an infinitive, p. 259; Placement of object pronouns, p. 252
ouvrir, p. 153

P

partitive articles, p. 65
passé composé: The passé composé with avoir, p. 120; Direct object pronouns with the passé composé, p. 257; The passé composé with être, pp. 124 and 147; Reflexive verbs in the passé composé, pp. 124 and 168; The passé composé and the imparfait, pp. 233 and 315; The passé composé and the imparfait with interrupted actions, p. 237
present tense: The present tense of reflexive verbs, p. 100

Q

que: The relative pronouns qui and que, p. 287
questions: Formal and informal phrasing of questions, p. 152
qui: The relative pronouns qui and que, p. 287

R

reflexive verbs, p. 93; Reflexive verbs in the **passé composé**, pp. 124 and 168; The present tense of reflexive verbs, pp. 93, 96, and 100; The reflexive verbs **se coucher** and **se lever**, p. 96

relative pronouns: The relative pronouns **qui** and **que**, p. 287

S

se coucher, p. 96

se lever, p. 96

se nourrir, p. 177

si: Making suggestions with **si on** + the **imparfait,** p. 209

ACKNOWLEDGMENTS (continued from ii)

Camping Granby: Advertisement, "Camping Granby," from *Camping/Caravaning '93.*

Casterman: Cover of *Les aventures de Tintin : Le Secret de la Licorne* by Hergé. Copyright © 1947, 1974 by Casterman.

Centre Équilibre Santé les Quatre-Temps: Cover of brochure, *Centre Équilibre Santé Les Quatre-Temps.*

City Lights Books and Photo Izis Bidermanas: Cover of *Paroles: Selected Poems* by Jacques Prévert, translated by Lawrence Ferlinghetti. Translation copyright © 1958 by Lawrence Ferlinghetti.

COFIROUTE: Excerpt from map of Touraine from *Guide des autoroutes,* 18th edition.

Comité Français d'Education Pour la Santé: "Vive l'eau" from *Les Secrets de la Forme-Guides Pratiques,* no. 14. From the poster "Code des enfants pour les enfants," edited and distributed by CFES-2, rue August Comte-92170 Vanves.

Contrex: Photograph from "Vive l'eau" from *Les Secrets de la Forme—Guides Pratiques,* no. 14.

Domaine des Arpents Verts: Advertisement, "Domaine des Arpents Verts," from *Camping/Caravaning '93.*

EDICEF: "78. Les questions difficiles (suite)" and cover from *La Belle Histoire de Leuk-le-Lièvre* by Léopold Sédar Senghor and Abdoulaye Sadji. Copyright © 1953 by Librairie Hachette.

Editions Gallimard: Cover and text from *La cantatrice chauve* by Eugène Ionesco. Copyright © 1954 by Editions Gallimard. Cover of *La cantatrice chauve suivi de La leçon* by Eugene Ionesco. Copyright © 1954 by Editions Gallimard. "Le cancre" and "Page d'écriture" from *Paroles* by Jacques Prévert. Copyright © 1980 by Editions Gallimard. Cover of *Un amour de Swann* by Marcel Proust. Copyright © 1954 by Editions Gallimard.

Editions J'ai Lu: Cover of *Les années métalliques* by Michel Demuth. Copyright © 1977 by Éditions Robert Laffont, S.A. Cover of *Daïren* by Alain Paris.

Editions J. M. Fuzeau: Cover of "Lycée Alfred Kastler: Carnet de Correspondance."

EF Foundation: From "Votre année en High School aux USA" from *Une année scolaire à l'étranger,* 1993–94.

Grand Teint, Gonfreville, Ivory Coast: Portion of cloth manufactured by Grand Teint.

Groupement E. Leclerc: Photographs and text of camping equipment and logo from *Bientôt les vacances,* June 9–19, 1993. Nine photographs of fruits and vegetables and logo from *Grande Fraicheur à petits prix,* October 13–23, 1993.

Gymnase Club: Schedule of activities for October 1993 for Gymnase Club.

Hachette Filipacchi Presse: From "Secret de Beauté : Claudia Schiffer" by Caroline Corvaisier from *OK Podium!* Copyright © by Hachette Filipacchi Presse.

La Cave: Advertisement, "La Cave," from *Chartres : Ville d'Art.*

La Napolitaine-Pizzeria: Advertisement, "La Napolitaine-Pizzeria."

La Passacaille: Advertisement, "La Passacaille," from *Chartres : Ville d'Art.*

Le Chêne Fleuri: Advertisement, "Le Chêne Fleuri," from *Chartres : Ville d'Art.*

Le Figaro: From "Theatre: Avignon" from "Provence-Côte-d'Azur" from *Le Figaro Magazine: Guide de l'été,* June 25, 1994. Copyright © 1994 by Le Figaro.

Le P'tit Morard: Advertisement, "Le P'tit Morard," from *Chartres : Ville d'Art.*

Le Temple d'Angkor: Advertisement, "Le Temple d'Angkor," from *Chartres : Ville d'Art.*

Les Baladins du Comte de Taillebourg Mairie: Advertisement, "Taillebourg: 'Le génie du château'" from *Évasions,* no. 49, August 1993.

Librairie des Champs-Élysées: Cover of *Mort sur le Nil* by Agatha Christie, translated by Louis Postif. Copyright © 1948 by Agatha Christie Librairie des Champs-Élysées.

Ministère de la Culture et de la Francophonie: "Les exclus du loisir" from *Francoscopie 1993* by Gérard Mermet.

Ministère de l'environnement et de la Faune: "Conseils pratiques" with illustration and "Bienvenue dans le Parc de la Jacques-Cartier" with illustrations from *Parc de la Jacques-Cartier.* Chart, "Activités et services offerts dans les 16 parcs du Québec" from *Destination Nature: Les Parcs du Québec.*

Office de Tourisme de Chartres: Map of Chartres from *Chartres: Ville d'Art.* "Le Centre International du Vitrail," "Le Maison Picassiette," "Le Musée des Beaux Arts," and "Les Tours de la Cathédrale" from *Passeport Culturel pour Chartres,* 1992. Copyright © 1992 by the Office de Tourisme de Chartres.

Office de Tourisme de Fontainebleau: "Renseignements Pratiques" from *Fontainebleau.*

Office Départemental du Tourisme de la Martinique: From "Calendrier des Evénements" from *Tourist Magazine.*

Pariscope: une semaine de Paris: "Aladdin," "Le Fugitif," "Geronimo," "les Trois Mouquetaires," "Une breve histoire du temps," and "Une pure formalite" from *Pariscope: une semaine de Paris,* no. 1357, May 25–31, 1994, pages 82, 87, 88, 90, 95, 97, 138, 139. Copyright © 1994 by Pariscope.

Parc Bromont: Advertisement, "Parc Bromont," from *Camping/Caravaning '93.*

Pocket: Cover of *L'enfant noir* by Camara Laye. Copyright © 1953 by Librairie Plon.

Présence Africaine: Cover of *La tragédie du Roi Christophe* by Aimé Césaire. Copyright © 1963 by Présence Africaine.

PROMOTRAIN: Advertisement, "Une promenade insolite, sans fatigue," from *Chartres : Ville d'Art.*

Rainbow Symphony, Inc: Portion of "The Original Lazer Viewers™ 3-D Fireworks Glasses."

Daho Malick Raoul: Adaptation of "Un Jeune Ivoirien s'en Souvient" by Hoba Raoul from *Le Miroir d'Abidjan,* no. 001, page 3.

Scoop: Adaptation of Table of Contents from *Paris Match,* no. 2342, April 14, 1994. Copyright © 1994 by Scoop.

Services Touristiques de Touraine: From "Circuits d'une demi-journée," from "Circuits d'une journée," and from "Spectacles son et lumière" from *Châteaux de la Loire : Circuits en autocars au départ de TOURS du 10 AVRIL au 30 SEPTEMBRE 1993.*

SNCF: Direction Grandes Lignes: SNCF train schedule.

Sony Music France: Cover and side 2 of CD from *Tékit izi* by Kassav'. Copyright © 1992 by Sony Music Entertainment (France) S.A./Saligna Production.

Sony Tunes: Lyrics from "An Sèl Zouk" from *Tékit izi* by Kassav'. Copyright © 1992 by Sony Music Entertainment (France) S.A./Saligna Production.

PHOTOGRAPHY CREDITS

171(br), HRW Photo by Michelle Bridwell; 172(l), T. Rosenberg/Allsport; 172(r), David Madison; 172(c), Vandystadt/AllSport; 173, 177, HRW Photo by Scott Van Osdol; 179(l), HRW Photo by Sam Dudgeon; 179(r), Michelle Bridwell/Frontera Fotos; 179(c), Robert Fried; 183, ISO-Press/Sipa Press; 184(c), Richard Hutchings/PhotoEdit.

UNIT FOUR: Page 186-189(all), Louis Boireau. **Chapter Eight:** Page 190(c), HRW Photo by Louis Boireau/Edge Productions; 191(t), Jacky Gucia/The Image Bank; 191(b), HRW Photo by Louis Boireau/Edge Productions; 192(bl), HRW Photo by Sam Dudgeon; 192(t) and (cl), HRW Photo by Louis Boireau/Edge Productions, 192(cr) and (b), Edge Productions; 193(cr), HRW Photo by Sam Dudgeon; 193(cr), (bl), and (br), HRW Photo by Louis Boireau/Edge Productions, 193(tl), (tr), and (cl), Edge Productions; 194(both), HRW Photo by Sam Dudgeon; 195(all), Louis Boireau; 196(t), HRW Photo by Louis Boireau/Edge Productions, (c) Louis Boireau, (b), HRW Photo by Louis Boireau/Edge Productions; 197(tr), Marc & Evelyne Bernheim/Woodfin Camp & Associates; 197(c), Kevin Syms/David R. Frazier Photolibrary; 197(cl), Louis Boireau; 197(cr), HRW Photo by Louis Boireau/Edge Productions; 198(c), HRW Photo by Louis Boireau/Edge Productions; 202, HRW Photo by Scott Van Osdol; 203(tl), 203(tc), Marc & Evelyne Bernheim/Woodfin Camp & Associates; 203(cl), William Stevens/Gamma Liaison; HRW Photo by Louis Boireau/Edge Productions; 206(bl) Louis Boireau, (c) Louis Boireau, (br) HRW Photo by Louis Boireau/Edge Productions; 207(all), HRW Photo by Louis Boireau/Edge Productions; 209(tr), HRW Photo; 209(l), Richard Wood/The Picture Cube; 209(all remaining), HRW Photo by Louis Boireau/Edge Productions; 214(tl), Mary Kate Denny/PhotoEdit; 214(tc), HRW Photo by Sam Dudgeon; 214(tr), Cleo Freelance Photo/PhotoEdit.

UNIT FIVE: Page 216-217, P. Jacques/FOC Photo; 218(t), Nik Wheeler; 218(c), Allan A. Philiba; 218(b), R. Palomba/FOC Photo; 219(t), Robert Fried; 219(c), Nik Wheeler; 219(br), Scala/Art Resource, New York. **Chapter Nine:** Page 220(b), HRW Photo by May Polycarpe; 228(t), Erich Lessing/Art Resource, NY; 229(l), HRW Photo by Louis Boireau/Edge Productions; 231(b), 233(b), HRW Photo by Scott Van Osdol; 234(t), Sebastien Raymond/Sipa Press; 238-239(bckgd), Daniel J. Schaefer; 240(tr), Robert Doisneau/Rapho. **Chapter Ten:** Page 249(t), 249(bc), HRW Photo by Mark Antman;

249(cl), HRW Photo by Russell Dian; 249(cr), Mat Jacob/The Image Works; 249(br), HRW Photo by Patrice Maurin; 255(cl), HRW Photo by May Polycarpe; 255(cr), HRW Photo by Russell Dian; 255(bl), HBJ Photo by Mark Antman; 255(all remaining), 257(all), HRW Photo by Sam Dudgeon; 258(t), HRW Photo by May Polycarpe; 258(b), HRW Photo by Daniel Aubry; 259(cl), HRW Photo by François Vikar; 259(c), HRW Photo by Patrick Courtault; 259(cr), HRW Photo by Sam Dudgeon; 259(bl), HRW Photo by Daniel Aubry; 259(bc), Michelle Bridwell/Frontera Fotos; 261(r), HRW Photo; 261(c), HRW Photo by Louis Boireau/Edge Productions; 266(l), 262-263, HRW Photos by Marty Granger and Louis Boireau/Edge Productions; 266(c), HRW Photo by Sam Dudgeon; 266(r), Michelle Bridwell/Frontera Fotos. **Chapter Eleven:** Page 268(c), Robert Fried; 269(t), PonoPresse/Liaison International; 272(b), HRW Photo by Patrice Maurin; 273(r), Shirley Rosicke/The Stock Market; 274(bl), HRW Photo by Sam Dudgeon; 274(cl), A. Berliner/Liaison International; 274(cr), Allen/Liaison International; 274(br), Michel Renaudeau/Liaison International; 276(l), HRW Photo by Sam Dudgeon; 276(c), Bob Riha/Liaison International; 278(c), HRW Photo by Louis Boireau/Edge Productions; 281(tc), 281(bl), Ciné Plus; 281(c), Francois Duhamel/Fotos International/Archive Photos; 281(all remaining), Motion Picture and TV Photo Archive; 283(all), Cherie Mitschke; 284-285(all), HRW Photo by Sam Dudgeon; 286(tl), Motion Picture and TV Photo Archive; 286(br), Ciné Plus; 286(all remaining), Archive Photos; 288(t), Ciné Plus; 288(c), Motion Picture and TV Photo Archive; 289(t), Fotos International/Archive Photos; 289(tc), 289(b), Ciné Plus; 289(bc), Archive Photos.

UNIT SIX: Page 296(cr), Maryo Goudreault/L'Imagier; 296(all remaining), 297(t), Winston Fraser; 297(b), P. H. Cornut/Tony Stone Images. **Chapter Twelve:** Page 304(l), Winston Fraser; 304(c), L'Imagier; 305(top row), (1) Serge Coté/L'Imagier; (2) Stephen J. Krasemann/AllStock; (3) L.L. Rue/SuperStock; 305(bottom row), (1) Darrell Gulin/AllStock; (2) Daniel J. Cox/AllStock; (3) Renee Lynn/AllStock; (4) Serge Coté/L'Imagier; 306(tr), Winston Fraser; 306(cl), L'Imagier; 306(c), N. Paquin/L'Imagier; 309(c), HRW Photo by Eric Beggs; 309(all remaining), HRW Photo by Sam Dudgeon; 313(c), HRW Photo by Louis Boireau/Edge Productions; 314(t), Winston Fraser.

ILLUSTRATION AND CARTOGRAPHY CREDITS

Amadieu, Françoise: 65, 119, 176

Baur, Gilles-Marie: 66, 118, 120, 146, 165, 166, 167, 204, 226, 241, 251, 310, 312

Bouchard, Jocelyne: 10, 26, 35, 38, 69, 166, 168, 174, 228, 232, 236, 250, 256, 316, 322

Bylo, Andrew: 148

Copper, Holly: i, v, viii, xii, xvi

de Masson, Anne: 94, 98, 106, 253

Gnangbel, Gilbert: 194, 200, 208, 212

Hildreth, Deborah: 130, 131

Kell, Leslie: xx, xxi, xxii, xxiii, 1, 79, 109, 187, 217, 295

La Rue, Doug: 62

Larrière, Jean-Jacques: 59, 69, 70, 230

Larvor, Yves: 15, 265, 275, 307

Lyle, Maria: 13

Rio, Vincent: 16, 20, 259

Roberts, Bruce: 20, 33, 124, 145, 165, 169, 233, 242, 276, 311

Russell, Lynne: 99

Stanley, Anne: 88, 104, 303

Wilson, Neil: 37, 128